中国-东盟法律研究中心

重庆市人文社会科学重点研究基地

最高人民法院东盟国家法律研究基地

本书是中国-东盟法律研究中心规划课题成果

中国法学会法治研究基地

China Law Society Research Institute for Rule of Law

东盟国家刑法研究

主　编：梅传强

撰稿人：黄美强　藏金磊　李国权　邓　巧

张公典　韩　超　王冠群

厦门大学出版社 XIAMEN UNIVERSITY PRESS 国家一级出版社 全国百佳图书出版单位

图书在版编目(CIP)数据

东盟国家刑法研究/梅传强主编. —厦门:厦门大学出版社,2017.11

(中国-东盟法律研究中心文库)

ISBN 978-7-5615-6136-2

Ⅰ.①东… Ⅱ.①梅… Ⅲ.①刑法-对比研究-东南亚 Ⅳ.①D933.04

中国版本图书馆 CIP 数据核字(2016)第 144719 号

出 版 人 蒋东明
责任编辑 邓 臻
封面设计 蒋卓群
技术编辑 许克华

出版发行 厦门大学出版社
社 址 厦门市软件园二期望海路 39 号
邮政编码 361008
总 编 办 0592-2182177 0592-2181406(传真)
营销中心 0592-2184458 0592-2181365
网 址 http://www.xmupress.com
邮 箱 xmup@xmupress.com
印 刷 厦门集大印刷厂

开本 720mm×1000mm 1/16
印张 26.5
插页 2
字数 448 千字
版次 2017 年 11 月第 1 版
印次 2017 年 11 月第 1 次印刷
定价 79.00 元

厦门大学出版社
微信二维码

厦门大学出版社
微博二维码

总序一

中国与东盟的关系是中国实施周边外交战略的重要内容。2003 年 10 月第七次中国-东盟领导人会议，时任中国国务院总理温家宝与东盟领导人签署了“面向和平与繁荣的战略伙伴关系联合宣言”，至此中国正式加入《东南亚友好合作条约》。2013 年 10 月，在印尼国会发表的演讲中，国家主席习近平首次提出“携手建设更为紧密的中国-东盟命运共同体”的倡议，标志着将中国与东盟国家合作推动至更高的阶段，预示着再创中国和东盟合作黄金十年的辉煌前景。

2013 年恰逢中国与东盟建立战略伙伴关系 10 周年。回首过去展望未来，正如国务院总理李克强在第十届中国-东盟博览会开幕式所指出的，中国与东盟携手开创了合作的“黄金十年”，必将创造新的“钻石十年”。为此李总理提出开创未来宏伟蓝图的五点倡议：打造自贸区升级版；推动互联互通；加强金融合作；开展海上合作；增进人文交流。这进一步表明，中国未来仍将坚定不移地把东盟国家作为周边外交的优先方向，坚定不移地深化同东盟的战略伙伴关系，坚定不移地与东盟携手，共同维护本地区的和平与稳定。“中国-东盟法律研究中心文库”正是在这样政策指引与时代背景下出版问世的。

作为文库编辑单位的中国法学会中国-东盟法律研究中心，是由中国法学会在 2010 年第四届“中国-东盟法律合作与发展高层论坛”期间创设，依托西南政法大学建设的专门从事中国与东盟法律法学界交流合作的重要平台。“中国-东盟法律研究中心文库”是中心规划课题成果，聚集中心研究员的最新研究成果，围绕本区域的法律变革、合作与发展的问题，整合中国与东盟法律法学界的专家学者，以突出现实问题为导向、服务国家战略为根本，开展对中国与东盟法律的系统性、基础性和前瞻性的研究。文库已成为展示研究中国与东盟法律制度的最新成果平台，也将为政府、社会组织、商业团体和其他机构提供基础性资料参考与前沿性理论分析。

“中国-东盟法律研究中心文库”的出版，为中国-东盟法律研究中心的实体化建设及其目标的实现书写了浓墨重彩的新篇章。我期盼并相信“中国-东盟法律研究中心文库”能够助推中国-东盟法律研究中心在开展中国与东盟法律法学交流中发挥领军作用,为促进本地区的法律交流与合作繁荣,为中国实施周边外交战略提供重要的智力支持。

全国人大法律委员会副主任
中国法学会副会长　　　　　张鸣起
中国-东盟法律研究中心理事长

2014 年 6 月

总序二

自2013年10月，习近平主席提出携手建设中国-东盟命运共同体倡议以来，中国与东盟及各成员国的合作发展进入一个崭新的历史时期，由中国-东盟法律研究中心规划的“中国-东盟法律研究中心文库”，正是在主动呼应这一时代背景和现实需要的条件下出版的。

中国-东盟法律研究中心是中国法学会依托西南政法大学于2010年成立的智库型研究机构。2012年，中国法学会又将“中国-东盟高端法律人才培养基地”落户西南政法大学，依托西南政法大学开展对东盟法律人才的学历和非学历教育培养活动。中国-东盟法律研究中心始终以“问题导向、紧贴地气、协同创新、引领前沿”为理念指引，以国家战略需求为指针，以国内国际协同创新机制为重要平台，以期成为国家推进周边安全与外交战略和“一带一路”建设的重要智库机构。

2013年，中国-东盟法律研究中心被评定为重庆市人文社科重点研究基地，2016年被评定为中国法学会首批重点法治研究基地。中心自成立以来，着力从科学研究、人才培养、社会服务三个方面开展工作，整合中国与东盟法学界法律界资源，打造中国和东盟国家学术界和实务界专家合作交流的重大平台，逐渐形成鲜明的“东盟军团”特色。中心围绕东盟区域的法律变革、合作与发展问题，以突出解决现实问题为导向、以服务国家和区域战略为根本，广泛开展对中国与东盟法律的系统性、基础性和前瞻性研究。“中国-东盟法律研究中心文库”是中心规划课题成果，集中体现了中心研究员的最新研究成果，亦是教育部国别和区域研究中心——东盟研究中心的成果。

作为中国-东盟法律研究中心和中国法学会首批重点法治研究基地的重要依托，西南政法大学是新中国最早建立的高等政法学府之一，被称为中国法学教育的“黄埔军校”。在新时期，西南政法大学正全面开展“双一流”建设工作，中国-东盟法律研究中心的建设将突出特色、中国立场和国际视野，提升研究水平和平台集聚功能，为促进区域法律交流与合作繁荣，服务国家“一带一路”建设提供重要的智力支持。

中国-东盟法律研究中心秘书长
西南政法大学国际法学院院长、教授　张晓君

2016年3月

目　录

第一章

新加坡刑法研究

第一节　新加坡刑法立法概况

一、新加坡国家概况

新加坡全称新加坡共和国(Republic of Singapore)。新加坡属热带城市国家,位于马来半岛南端、马六甲海峡出入口,北隔柔佛海峡与马来西亚相邻,南隔新加坡海峡与印度尼西亚相望。由新加坡岛及附近63个小岛组成,其中新加坡岛占全国面积的88.5%。新加坡总面积为714.3平方公里,总人口为540万(2013年),其中公民和永久居民384.5万,华人占75%左右,其余为马来人、印度人和其他种族。马来语为国语,英语、华语、马来语、泰米尔语为官方语言,英语为行政用语。主要宗教为佛教、道教、伊斯兰教、基督教和印度教。

新加坡古称淡马锡。8世纪属室利佛逝王朝,18—19世纪是马来柔佛王国的一部分。1819年,英国人史丹福·莱佛士抵达新加坡,与柔佛苏丹订约,开始在新设立贸易站。1824年,新沦为英国殖民地,成为英在远东的转口贸易商埠和在东南亚的主要军事基地。1942年被日本占领。1945年日本投降后,英国恢复殖民统治,次年划为直属殖民地。1959年实现自治,成为自治邦，英保留国防、外交、修改宪法、宣布紧急状态等权力。1963年9月16日与马来西亚、沙巴、沙捞越共同组成马来西亚联邦。1965年8月9日脱离马来西亚，成立新加坡共和国；同年9月成为联合国成员国，10月加入英联邦。

1963年9月，新加坡并入马来西亚后，颁布了州宪法。1965年12月，州宪法经修改成为《新加坡共和国宪法》，并规定马来西亚宪法中的一些条文适用于新加坡。《宪法》规定，新加坡实行议会共和制。总统为国家元首。1992年国会颁布民选总统法案，规定从1993年起总统由议会选举产生改为民选产生，任期从四年改为六年。总统委任议会多数党领袖为总理；总统和议会共同行使立法权。总统有权否决政府财政预算和公共部门职位的任命；可审查政府执行内部安全法令和宗教和谐法令的情况；有权调查贪污案件。总统在行使主要公务员任命等职权时，必须先征求总统顾问理事会的意见。[①]

高度的社会危机意识与崇尚秩序、权威、有序的社会价值观构成了新加坡法治的基础。[②] 面对国土狭小、资源缺乏、人口很少的国情，新加坡从政府官员到普通民众，都有一种强烈的危机意识：因为新加坡地方小，所以必须有纪律，才能走在其他竞争者的前头。新加坡前总理李光耀说过："新加坡只有一个机会，那就是抓紧努力些、更有纪律些，来踏上经济的阶梯。如果你放松些，你不会掉在软垫子上，而是又冰又冷的水泥地上，粉身碎骨。"这种强烈的危机意识、忧患意识促使新加坡人非常崇尚纪律和权威，强烈追求法治和秩序，十分重视发挥法治在解决社会危机、保持政治和社会稳定方面的作用，法律统治成为新加坡社会运作的基本形式。新加坡人认为，法律的内容与要求的具体反映是社会秩序与纪律，对法律的认同实际上是对经过秩序所表现的社会共同价值观的认同。人们在危机感中普遍感受到秩序的可靠、社会稳定的珍贵，因而从内心信仰法治。正是这种危机感，保持了新加坡长时期的政局稳定，也使其法治具备了更为坚实的社会认同心理和承受基础以及文化继承环境。[③]

---

① 参见：http://www.fmprc.gov.cn/mfa_chn/gjhdq_603914/gj_603916/yz_603918/1206_604786/，访问日期：2014年7月10日。

② 韩大元教授认为，新加坡法的基础建立在社会危机理论之上，法实际上成为解决社会危机、稳定社会秩序的工具。（参见韩大元：《东亚法治的历史与理念》，北京：法律出版社2000年版，第227页。）

③ 邹平学：《新加坡法治的制度、理念和特色》，载《法学评论》2002年第5期。

二、新加坡刑法发展历程

《新加坡刑法典》制定于1871年，经过多次大规模的修改，目前的基本版本是1985年版。1985年之后，新加坡又通过了多部法律，对《新加坡刑法典》进行修改，现行的《新加坡刑法典》是经过1998年18号法令修改的版本。新加坡刑法的历史与新加坡法律制度的发展是分不开的，可以分为以下几个阶段。

（一）英国占领时期（1819—1866年）

在1819年之前，新加坡属于马来西亚柔佛州苏丹的管辖范围。1819年，新加坡岛的最高官员（the Dato Temenggong）与英国驻苏门答腊的总督Stamford Raffles爵士签署了一个协议，将新加坡岛的管辖权转归苏门答腊所有。自此，新加坡为英国所占领。而在1823年，Stamford Raffles爵士又宣布了一个法令，将新加坡岛的管辖权转归印度所有。这样，新加坡的司法管辖权也转归印度所有，以加尔各答最高法院作为其终审法院。[①] 1826年，英国政府建立了数个独立法院，包括威尔士王子岛法院、新加坡与马六甲法院。这样新加坡岛开始直接使用英国法律，其中当然包括英国的各种刑事法律。有人提出，当时直接使用英国刑事法律的原因是，新加坡开埠早期，随着世界各地移民蜂拥进入新加坡，社会秩序极不稳定，犯罪现象层出不穷，为尽快加大力度打击犯罪，维持社会秩序，在殖民当局来不及制定刑法时，使用了英国刑法。[②] 当时，新加坡与马六甲法院建在马来西亚槟榔屿，只有一个职业法官（the Recorder）在数个非职业法官的辅助下进行审判工作，而这个职业法官一年只到新加坡两次。1855年，英国政府授权将该法院移至新加坡，并且又任命了一个职业法官。

---

① Introduction to Singapore Law & Legal System，at http://www.s.sma.org.sg/whatsnew/ethics/Y1_S2_siva_article.doc.

② 何勤华、李秀清主编：《东南亚七国法律发达史》，北京：法律出版社2002年版，第510页。

(二)殖民统治时期(1867—1963年)

1867年,新加坡与马六甲、槟榔屿一起,组成英属海峡殖民地,管辖权归英国伦敦的殖民当局。同年,英属海峡殖民地第一个立法委员会成立,取代了原印度立法委员会在英属海峡殖民地的地位。1868年,英属海峡殖民地最高法院建立,新加坡的职业法官成为英属海峡殖民地最高法院的首席大法官。

英属海峡殖民地立法委员会成立后,通过了一系列的法律来管理新加坡、马六甲和槟榔屿,其中就包括《新加坡刑法典》。从1826年起,新加坡就开始直接适用英国刑法来审理刑事案件,可是英国刑法大多来源于普通法,即使有制定法也往往是针对某一特定犯罪而制定的单行法规,这种情况并不能适应新加坡的实际情况。英国刑事法规中规定了大量的叛逆罪,而在新加坡则基本上不存在这种犯罪。英国刑事法规中规定的贪污贿赂犯罪很少,而在新加坡这种犯罪却十分猖獗。现实的矛盾促使英属海峡殖民地立法委员会开始考虑制定自己的刑法。

最终,《新加坡刑法典》于1871年制定。该法是以1860年《印度刑法典》作为模板而制定的,意图将与刑事犯罪有关的法律规范集中于一个法典之中。1860年《印度刑法典》的编纂工作开始于1833年,该法典吸取了英国普通法和衡平法的精神,并适合于印度本土的具体情况。1871年《新加坡刑法典》与1860年《印度刑法典》具有相似的特征:第一,同一性。两部刑法典都贯彻了资产阶级刑法的一系列基本原则。第二,多样性。以英国普通法和衡平法为基础,吸收了许多本土法及当地习惯法,特别是有利于维护社会稳定和宗教方面的行为规范。第三,确定性。两部刑法典对罪名和刑罚的规定都较明确细致。第四,两部刑法典都具有浓厚的殖民地色彩。

(三)独立国家时期(1965年以后)

1963年,新加坡与马来西亚合并。但是由于政治、民族等激烈矛盾的存在,1965年,新加坡从马来西亚分离成为一个独立的国家。由于新加坡刑法产生于英国殖民统治时期,因此不可避免地打上了殖民主义的烙印。新加坡共和国成立后,对《新加坡刑法典》进行了修改,删除了其中具有殖民统治色彩的法律规定。同时,新加坡也废除了一些不适合本国需要的刑事审判制度,如1969年废除了原有的"陪审团"审判制度,而确立了法官掌握审判权的制度。新加坡还建立起社会需要的新的法律制度,如1968年根据《穆斯林法实施法令》建立了 Syariah 法院来负责处理穆斯林法律在新加坡适用的问题。此后，根据新加坡本土的犯罪状况和社会发展的需要，新加坡于 1970 年和 1985 年对《新加坡刑法典》进行了较大规模的修改，而小的修改则非常之多。新加坡还制定了一些单行刑法，并在其他法律中规定有刑事处罚的规范。但是，经过多次修改的《新加坡刑法典》如今仍是新加坡最主要的刑事法律规范。

三、新加坡刑法的渊源

新加坡原为英国殖民地，法律制度属于英美法系。新加坡的法律是伴随着英国殖民统治而产生的，英国法律对其产生了广泛而深远的影响。新加坡建国后，仍然继续沿用根据《英国法令应用法令》和新加坡成文法所允许的英国法律，并且以英国枢密院作为其终审法院，实行向英国枢密院上诉的制度。但是新加坡于 1994 年 2 月通过的《司法委员会（废除）法案》（同年 4 月 8 日生效），废除了向英国枢密院上诉的制度。这样，新加坡的最高上诉法院成为终审法院。新加坡法律发展的独特历史，对于其法律渊源也产生了重要影响。新加坡刑法的渊源可以分为成文法、不成文法和国际法规则。

（一）成文法

作为新加坡刑法渊源的成文法，包括宪法、法令和法规。

1. 新加坡宪法

目前，新加坡宪法包括三份基本文件：

（1）新加坡宪法（在新加坡还是马来西亚的一个州的时候制定的，原称为新加坡州宪法）。

（2）1965 年新加坡共和国独立法令。

（3）马来西亚宪法（部分适用于新加坡）。

2. 法令、法规

法令、法规是新加坡国会以及有权为新加坡立法的机构所制定的，包括刑法典、单行刑法和附属刑法的规定。

（1）刑法典。《新加坡刑法典》是新加坡最主要的刑事法规。

（2）单行刑法。如《刑法（临时规定）法》《防止贪污贿赂法》等。

（3）附属刑法规范。这些刑法规范规定在非刑法的法令、法规之中，如在《破产法》《公司法》《计算机滥用法》《证券产业法》等法规中，都有关于犯罪和刑罚的规定。[①] 这些法律规范也是新加坡刑法的组成部分。

(4)英国法令。新加坡建国后,仍然继续沿用根据《英国法令应用法令》和新加坡成文法所允许的英国法律。而根据《英国法令应用法令》第 4 条的规定,除了该法附件一中所列明的以及新加坡成文法所允许的英国法律之外,英国制定法不得适用于新加坡。这意味着,明确指定的英国制定法才可以在新加坡适用,如《英国合伙企业法》《英国虚假陈述法案》《英国货物买卖法》等。因此,英国法令也是新加坡刑法的渊源之一。

(二)不成文法

作为新加坡刑法渊源的不成文法,包括英国普通法、衡平法,判例及习惯法等。

1.英国普通法、衡平法

自 1826 年 11 月 27 日英国颁布《第二司法宪章》之日起,英国刑法就开始在新加坡直接适用了。从历史传统来说,英国刑法中最重要的部分就是其司法审判过程中逐渐形成的普通法和衡平法。普通法在新加坡的适用十分广泛。新加坡法院在审理案件时有经常引用英国法的传统,在没有新加坡法律的具体规定时,可广泛采用英国法的原则与原理。根据《英国法令应用法令》第 3 条的规定,已经成为新加坡法律一部分的英国普通法将继续作为新加坡法律的一部分,只要其经过修订就能够适合于新加坡本土的环境和居民。而衡平法作为弥补普通法不足而产生的规则,同样被新加坡刑法所吸收。

2.判例

在新加坡刑事案件审判中,实行遵循先例的原则。这一原则也是源于英国法的传统。具有约束力的判例,不仅包括新加坡最高上诉法院审判案件所产生的判例,而且包括英国枢密院审理新加坡居民向其上诉的案件所产生的判例。

3.习惯法

习惯法适应于新加坡多元种族的特点,不同种族在家庭、民事关系和继承等方面的古老的习惯法在某种程度上起着成文法起不到的作用。[②] 有的习惯

---

① Judical System of Singapore,at http://en. wikipedia. org/wiki/Judicial_system_of_ Singapore.

② 邹平学:《新加坡法治的制度、理念和特色》,载《法学评论》2002 年第 5 期。

法则得到了成文法一定程度上的确认。如1968年颁布的《穆斯林法实施法令》，就规定了如何处理穆斯林法律在新加坡适用的问题。

（三）国际法规则

在新加坡，国际法规则同样是刑法的渊源之一。新加坡所加入和批准的国际公约、条约、协议、议定书等，对于新加坡刑事法律具有十分重要的影响。

第二节　新加坡刑法典的主要内容

新加坡的刑事法律是由《新加坡刑法典》、单行刑事法律和规定于其他法律中的附属刑法规范组成的。而规定在新加坡法典第224编的《新加坡刑法典》作为新加坡刑事法律规定的集合，是其中最为重要的部分。

一、关于基本结构

《新加坡刑法典》第1条规定，本法简称为《刑法典》。《刑法典》的体例主要是章（chapter）、条（art）、款（paragraph）、项（rule或subsection），共计511条，分为总则和分则两部分。总则下设章，共六章，分别为：第一章，序言；第二章，一般解释；第三章，刑罚；第四章，排除责任；第五章，教唆；第五A章，犯罪共谋。分则下设章，由于第十九章被删除，现行《刑法典》共有十八章。将所有具体罪名按一定类别分门别类予以规定，分别为：第六章，国事罪；第六A章，海盗罪；第七章，与武装力量有关的犯罪；第八章，破坏公共秩序罪；第九章，公务员犯罪或与之有关的犯罪；第十章，藐视公务员法定权力罪；第十一章，伪证及破坏公正司法罪；第十二章，与货币及政府印花票有关的犯罪；第十三章，与度量衡有关的犯罪；第十四章，危害公共卫生、安全、便利、礼仪和道德的犯罪；第十五章，与宗教有关的犯罪；第十六章，侵犯人身的犯罪；第十七章，侵犯财产的犯罪；第十八章，与文件、流通券及银行票据有关的犯罪；第十九章（删除）；第二十章，与婚姻有关的犯罪；第二十一章，诽谤罪；第二十二章，恐吓、侮辱和骚扰罪；第二十三章，未遂犯罪。与我国不同的是，《刑法典》总则和分则拉通排列章节，而不是总则、分则分别从第一章开始排序。

值得注意的是，《刑法典》中包含有“释义”和“说明”两种形式。“释义”是对条文本身的解释,“说明”通常是举例说明哪种行为构成或不构成犯罪或构成何种犯罪。这两种规定形式正体现了新加坡刑法立法建制完备、具体而严密的特点。

二、关于基本原则

《刑法典》并未明确规定刑法的基本原则,但在具体条文中有所体现。其中,疑罪从轻原则是最为重要的原则之一。《刑法典》第三章“刑罚”第72条规定,若判决认为某人犯有数罪中的一罪,但对构成哪一罪存有疑问,在数罪都规定了刑罚的情况下,就应当以数罪中量刑最轻的罪定罪量刑。据此可以归纳为疑罪从轻原则。

三、关于适用范围

《刑法典》第2条和第3条分别规定,任何人在新加坡境内违反本法规定,实施构成犯罪的作为或者不作为,都应当受到本法规定的刑罚处罚;对任何人在新加坡境外实施的,依照本法规定构成犯罪并可以在新加坡审判的行为,应当如同该行为在新加坡境内实施一样受到处罚。据此,本刑法典适用于在新加坡境内实施的犯罪和在新加坡境外实施的依法可以在新加坡审判的犯罪行为。

四、关于犯罪

(一)犯罪的定义

《刑法典》第40条对“犯罪”的定义进行了分类规定:(1)除了下面第(2)款和第(3)款提到的章、条之外,“犯罪”是指根据本法典的规定应当处罚的行为。(2)在第四章和第五A章中,在第71条、第109条、第110条、第112条、第114条、第115条、第116条、第117条、第187条、第194条、第195条、第203条、第211条、第213条、第214条、第221条、第222条、第223条、第224条、第225条、第327条、第328条、第329条、第330条、第331条、第347条、第348条、第388条、第389条和第445条中,“犯罪”是指根据本法典的规定或者当时有效的其他法律的规定应当处罚的行为。(3)在第 141 条、第 176 条、第 177 条、第 201 条、第 202 条、第 212 条、第 216 条和第 441 条中,“犯罪”是指其他当时有效的法律规定应当判处 6 个月以上有期徒刑的行为,无论是否附罚金刑。

这与我国刑法规定的犯罪的定义有较大的区别,我国刑法对犯罪的定义属于混合的犯罪概念,不仅详细列举了犯罪的行为表现形式,而且规定了“但是情节显著轻微危害不大的,不认为是犯罪”的但书内容。这一犯罪定义既有入罪功能又有出罪功能,是入罪和出罪机制的统一。相比之下,新加刑法典对犯罪的定义属于形式的犯罪概念,并对具体条文中的“犯罪”进行了区别定义,相对简单明了。两国刑法对犯罪的定义各有特色。

(二)犯罪的分类

《刑法典》虽未明确规定对犯罪的分类,但从法律条文中可以明确地看出其所规定的犯罪的分类。一是故意犯罪与过失犯罪。本法第 39 条对“故意”作出解释,一个人“故意地”引起某一后果,是指此人实施该行为时使用了企图引起这种后果的方法,或者其在使用这些方法时知道或有理由相信可能会引起这种后果。此外,本法有一部分罪名直接用“故意”表述,如本法第 321 条故意伤害、第 436 条故意用火或爆炸物毁坏房屋等而造成损害等。《刑法典》虽未对过失犯罪单独明确规定,但从罪名表述中可以看到过失犯罪。如本法第 337 条因危及他人生命或者人身安全的行为造成伤害:“任何人轻率或疏忽地实施了危及他人生命或者人身安全的行为,且给他人造成伤害的,处……”这里的“轻率或疏忽地”即是“过失”的表述方式之一,据此,本法第 337 条应是过失犯罪的一种。二是按照犯罪完成与否,分为犯罪既遂、犯罪未遂与犯罪预备。《刑法典》虽未规定犯罪预备,但《刑法(临时规定)法》第 17 条却对此有规定:“(1)在不违反《刑法典》第 5 章和第 23 章的情况下,任何人企图犯罪,或者实施任何本法规定之犯罪的预备行为的,应当认定为构成该犯罪……”《刑法典》第二十三章规定了未遂犯罪的刑罚。三是按照在犯罪中的作用,规定了教唆犯。《刑法典》第五章专章规定了“教唆”,第 108 条规定,教唆实施某项犯罪的人,或者教唆实施一项行为的人,若该行为由有刑事责任能力者以相同的故意和认识实施即可构成犯罪,则该人构成教唆犯。

五、关于责任

《刑法典》关于责任的规定主要集中在第四章"排除责任"一章。本章内容相当于我国刑法理论中的"排除犯罪性行为",详细规定了哪些行为不构成犯罪。根据第76条至第106条的规定,以下行为可成立排除责任:

(一)依法应当实施的行为或者因事实错误而确信是依法实施的行为

本法第76条规定,任何人依法应当实施某行为,善意地认为他所实施的行为是依法应当实施的行为,或者因事实认识错误而非法律认识错误而实施的行为,不构成犯罪。如本条"说明"中所举例的士兵A执行上司的命令,向一个暴徒开枪,且符合法律的要求,则A的行为不构成犯罪。该项排除责任行为与我国刑法理论中"其他排除犯罪性行为"中的"执行命令行为"类似。

(二)司法审判中的审判行为

本法第77条规定,法官在刑事司法审判权过程中实施的法律授权实施的行为,或其认为符合法律的行为,不构成犯罪。

(三)依照法院的判决或者命令实施的行为

本法第78条规定,如果根据法院的判决或者命令实施行为,且实施行为时该判决或命令仍然有效,那么无论法院有无权力通过该判决或命令,只要行为人善意地认为法院有此种司法权,则其行为不构成犯罪。

(四)依法实施的正当行为或者因事实错误而确信是依法实施的正当行为

本法第79条规定,任何人善意地认为其依法实施的是正当行为,或者因事实认识错误而非法律认识错误而认为所实施的是正当行为,不构成犯罪。如市民A善意地判断Z是通缉犯,便行使法律赋予的正当权力将其抓捕至有关当局,而后事实证明Z的行为是出于自我防卫不构成犯罪,尽管如此,市民A的行为也不构成犯罪。

(五)实施合法行为过程中的意外事件

本法第80条规定,不具有犯罪动机或者意识,以适当的注意与谨慎并以合法方式和合法手段实施合法行为而产生意外或不幸的，不构成犯罪。

（六）为防止其他伤害，非出于犯罪故意而实施的可能造成伤害的行为

本法第 81 条规定，为了防止或者避免对人或财产造成其他的伤害，仅认识到所实施的行为可能引起危害，但并非出自故意的犯罪动机而善意实施的引起危害的行为，不构成犯罪。这种排除责任行为要求被防止或避免的危害的性质和急迫程度足以豁免该造成危害结果的行为或使其正当化。如本条“说明”中(b)项列出的：A 在一场大火中摧毁了一幢房屋以阻止大火蔓延。他这样做是出于故意且是善意地为了抢救生命或财产。在此，被阻止的损害是真实且紧迫的，因此，A 的行为可以得到豁免，即不构成犯罪。

（七）具有特殊刑事责任年龄和刑事责任能力的情形

1. 不满 7 岁儿童的行为

本法第 82 条规定，不满 7 岁的儿童实施的行为，不构成犯罪。据此，新加坡刑法中的最低刑事责任年龄为 7 岁。

2. 缺乏足够理解判断能力的 7 岁以上不满 12 岁儿童的行为

本法第 83 条规定，7 岁以上不满 12 岁的儿童，在实施行为时对行为的性质和后果缺乏足够理解判断能力的，不构成犯罪。

3. 智力缺乏者的行为

本法第 84 条规定，行为人因智力缺陷，在实施行为时对行为的性质缺乏认识或者不可能判断其行为是错误的或违法的，则行为人的此种行为不构成犯罪。

4. “醉酒者”的抗辩

本法第 85 条至第 86 条规定了“醉酒者”的责任。同我国刑法规定类似，醉酒者的行为除具有特定抗辩事由外，均不得免于刑事指控。本法第 85 条第 2 款规定了“醉酒者”的抗辩事由：如果被指控者在实施作为或不作为时并不知道其作为或不作为有过错或不知道他正在做什么，并且(a)醉酒状态并非出于醉酒者本人意愿，而是由他人恶意或过失行为所造成；(b)被指控者因醉酒而实施作为或不作为时出现精神错乱。(b)项内容与我国关于“病理性醉酒”的规定类似。但不同的是，第 86 条第 3 款规定，醉酒应当包括麻醉品或毒品造成的状态。而在我国，醉酒并不包括麻醉品或毒品所造成的“醉酒状态”。

(八)几种“同意行为”

1.基于权利人的同意,且不是出自故意或者不知道可能引起死亡或重伤害的结果而实施的行为

本法第87条规定,如果行为人并非故意致人死亡或重伤害,并且不知道会引起死亡或重伤害的结果,而18岁以上之人明示或默示同意忍受该伤害,则行为人不因其可能引起或故意引起的伤害而构成犯罪;行为人对甘冒受伤危险的人所实施的可能引起伤害的行为也不构成犯罪。本条规定与我国刑法理论中的“被害人承诺行为”类似。

2.为了某人利益且征得其同意而善意实施的并非故意引起死亡的行为

本法第88条规定,只要征得他人同意,受害者同意忍受此种伤害或甘冒受到此种伤害的危险,则不论其明示或默示同意,不论此种伤害是行为人行为可能引起的,或故意引起的,或行为人明知可能引起的,为他人利益而善意实施的造成伤害的行为不是犯罪。本条“说明”中举例了医生对生命垂危的病人进行可能致其死亡的手术而不构成犯罪。据此,本条规定与我国刑法理论中的“正当业务行为”类似。

3.为了儿童或者智力缺陷者的利益,由其监护人或者征得监护人的同意而善意实施的行为

本法第89条规定,为不满12岁儿童或智力欠缺者的利益而善意实施的对该人构成伤害的行为,如果由其监护人或其他负有法律监护责任的人实施,或者征得其监护人或其他负有法律监护责任的人的明示或暗示的同意,则无论此种伤害是行为人行为可能引起的,或故意引起的,或明知可能引起的,都不构成犯罪。同时,本条第2款列举了四项例外规定,分别是:(a)故意引起死亡或企图引起死亡的;(b)除了为防止死亡或重伤害,或者治疗严重疾病或虚弱之外,实施行为时明知该行为可能导致死亡的;(c)除了为防止死亡或重伤害,或者治疗严重疾病或虚弱之外,故意引起重伤害或企图引起重伤害的;(d)任何上述犯罪的教唆行为。

4.未经同意为某人利益而善意实施的行为

此种排除责任行为要求是在当事人不可能或无能力做出同意,且无监护人或其他法定代理人以获取同意的情况下实施的。且本条第2款列举了四项例外规定,这四项例外规定与本法第89条第2款的例外规定一致,不再赘述。

以上四种“同意行为”受本法第90条和第91条的限制。本法第90条规

定，因害怕或者错误认识而同意的行为不构成本法任何条文中的同意行为，具体包括三项内容：(a)同意行为是基于害怕受到伤害或因事实认识错误而作出的，且行为人知道或有理由相信同意行为是此种害怕或错误认识而导致的；(b)同意行为是由不能理解其同意行为的性质和后果的智力缺陷者或醉酒者作出的；(c)同意行为是由不满 12 岁的儿童作出的，除非从上下文判断并非如此。

同时，独立于造成同意者伤害而成立的犯罪，不适用于第 87 条至第 89 条关于排除责任的规定。本法第 91 条规定，对作出同意的人或由他人代表其作出同意的人实施的犯罪行为，无论是否可能产生、意图产生或明知可能产生危害均构成犯罪，则对此情形，不得适用第 87 条至第 89 条的例外规定。

六、关于刑罚

(一)刑罚种类

《刑法典》第 53 条规定，本法典规定的犯罪应判处刑罚——(a)死刑；(b)徒刑；(c)没收财产；(d)罚金；(e)鞭刑。据此，新加坡刑罚种类便分为死刑、徒刑、没收财产、罚金、鞭刑五种。其中“释义”补充到鞭刑应当以藤条执行。

(二)其他规定

1.数罪并罚的限制

《刑法典》第 71 条规定：(1)如果一个犯罪行为由几部分行为构成，且每一部分行为都构成犯罪，除非有明确的法律规定，否则对犯罪者不应判处重于其中任一部分行为所构成犯罪的刑罚。(2)如果某一犯罪行为在当时有效的法律中具有两个以上独立的规定并规定分别判处刑罚，或者构成某一犯罪的几个行为分别单独构成犯罪，则对犯罪人所处的刑罚不应超过法院就该犯罪各个独立构成犯罪的行为所处的刑罚。

根据第 71 条“说明”的举例解释可知，这里对数罪并罚的限制，主要是对连续犯(我国刑法学理论术语)的刑罚的说明与限制。如故意伤害行为，如果每一次打击行为都应处罚一年，则对 50 次打击行为应处共计 50 年徒刑，但犯罪人仅需对整个殴打伤害行为承担一次处罚。

2. 犯有数罪而对构成哪一罪存有疑问的情况

《刑法典》第 72 条规定:若判决认为某人犯有数罪中的一罪,但对构成哪一罪存有疑问,在数罪都规定了刑罚的情况下,就应当以数罪中量刑最轻的罪定罪量刑。本条规定体现了疑罪从轻的刑罚原则,同时也体现了新加坡刑法中保障人权的理念。

3. 对侵害女佣犯罪的加重处罚

《刑法典》第 73 条详细规定了对侵害女佣犯罪的加重处罚。第 1 款对加重处罚的犯罪类型进行了五项详细列举,分别是:(a)由雇主引起家庭女佣伤害或重伤害而按照第 223 条、第 324 条或第 325 条应当处罚的犯罪;(b)雇主非法限制家庭女佣而按照第 342 条、第 343 条或第 344 条应当处罚的犯罪;(c)雇主对家庭女佣攻击或者使用暴力而按照第 354 条应当处罚的犯罪;(d)雇主事实行为意图侵犯家庭女佣的尊严而按照第 509 条应当处罚的犯罪;(e)企图实施、教唆实施或者共谋实施上述第(a)至(d)项规定之犯罪。对照《新加坡刑法典》分则条文便知,对侵害女佣犯罪的加重处罚犯罪类型包括故意伤害、故意重伤害、非法限制、故意或者使用非法暴力攻击侵犯他人尊严、故意侮辱女子尊严的语言或姿势以及企图实施、教唆实施或共谋实施上述行为等六种行为。

本条第 2 款规定加重刑罚为应处刑法的 1.5 倍。第 3 款规定,无论《刑事诉讼法》是否有相反规定,治安法院和地区法院都有权审判侵害女佣的犯罪。第 4 款对"家庭女佣""居所""雇主家庭成员"进行了解释,以便法官审理案件。

4. 曾被判处 3 年以上有期徒刑的人又犯应判处 3 年以上有期徒刑之犯罪所应判处的刑罚

《刑法典》第 75 条对累犯的处罚进行了规定:任何人曾经犯有第七章或第十七章所规定的应判处 3 年以上有期徒刑的罪行,或者在马来西亚或文莱犯有性质和上述犯罪相似的罪行,根据上述诸章规定又犯有应判处 3 年以上有期徒刑的罪行,则应处以无期徒刑,或其本应处刑期两倍的刑罚:如果他应被判处之监禁刑不超过 10 年有期徒刑。据此,新加坡刑法中的累犯的起刑点是三年以上有期徒刑,适用范围是在新加坡、马来西亚或文莱犯有第七章与武装力量有关的犯罪和第十七章侵犯财产罪。新加坡累犯的处刑原则分两种:一是应被判处之监禁刑不超过 10 年有期徒刑的,处其本应处刑期两倍的刑罚;二是应被判处之监禁刑超过 10 年有期徒刑的,处无期徒刑。

七、关于具体罪名

《刑法典》分则共有十八章(第十九章已删除),将所有具体罪名按犯罪所侵犯的法益不同分为十七类予以规定,分别为国事罪与海盗罪,与武装力量有关的犯罪,破坏公共秩序罪,公务员犯罪或与之有关的犯罪,藐视公务员法定权力罪,伪证及破坏公正司法犯罪,与货币及政府印花票有关的犯罪,与度量衡有关的犯罪,危害公共卫生、安全、便利、礼仪和道德的犯罪,与宗教有关的犯罪,侵犯人身的犯罪,侵犯财产犯罪,与文件、流通券及银行票据有关的犯罪,与婚姻有关的犯罪,诽谤罪,恐吓、侮辱和骚扰罪,未遂犯罪(单设一章规定未遂犯),各章之下设若干节规定具体犯罪。

(一)第六章　国事罪与第六A章　海盗罪

这一章相当于我国刑法中的危害国家安全罪,规定的均是与国家安全紧密相关的犯罪。所不同的是,本章规定了我国刑法所没有规定的海盗罪。这涉及刑事管辖权问题。

(二)第七章　与武装力量有关的犯罪

这一章相当于我国刑法中的危害国防利益罪,规定的均是与国家军事武装力量紧密相关的犯罪。所不同的是,相较于我国刑法,本章罪名较少,且多为煽动型教唆类犯罪,且主要集中点在人(即军官或服役者),而对针对武器装备和军事设施的犯罪几乎没有规定。

(三)第八章　破坏公共秩序罪

这一章相当于我国刑法第六章妨害社会管理秩序罪中的扰乱公共秩序罪,规定的均是破坏公共秩序的犯罪。本章罪名主要集中在非法集会和暴乱两种犯罪行为,相比之下,我国刑法关于扰乱公共秩序罪的规定范围更广,更加详尽。

(四)第九章　公务员犯罪或与之相关的犯罪

这一章与我国刑法中的贪污贿赂犯罪相对应,规定的大多是公务员非法收受钱财的贪污贿赂犯罪。不同的是,本章除了规定公务员贪污贿赂犯罪外,还规定了公务员故意违反法律规定给他人造成损害、假冒公务员等其他犯罪，而在我国刑法中这些犯罪并非规定在贪污贿赂犯罪一章。

本法第166条规定了公务员故意违反法律规定给他人造成损害罪，第167条规定了公务员故意伪造错误文件给他人造成损害罪。根据法律条文的“说明”可知，这两种犯罪相当我国刑法中的渎职罪。本法第166条第2款“说明”规定：A是一名官员，根据法院对Z有利的命令应该执行一项财产，但却故意不依该命令去做，且明知可能因此而侵害Z。则A犯有本条所规定的罪行。该“说明”所陈述的案例符合我国刑法中执行判决、裁定滥用职权罪的构成要件，构成我国《刑法》第399条规定的执行判决、裁定滥用职权罪。

本法第168条至第169条规定了我国刑法中所没有的犯罪。第168条规定了公务员非法从事贸易罪，第169条规定了公务员非法购买或者出价竞购财产罪，这两种行为在我国并不构成犯罪，只是违反行政法中《公务员法》关于公务员纪律的有关规定。①

本法第170条规定了假冒公务员罪，第171条规定了穿着或佩戴公务员服饰、标志欺骗他人罪。这两种犯罪相当于我国刑法第六章第一节扰乱公共秩序罪第279条招摇撞骗罪。

(五)第十章　藐视公务员法定权力罪

根据具体罪名与法条“说明”，本章所规定的有关藐视公务员法定权力的犯罪与我国刑法第六章第一节扰乱公共秩序罪中的妨害公务罪类似。所不同的是，本章内容规定的藐视公务员法定权力（或妨害公务）的行为比我国对妨害公务的理解更加广泛。除了以暴力、威胁方法阻碍国家机关工作人员依法执行职务外，还包括其他一些较为轻微的妨害公务的行为，一些在我国仅构成一般违法行为的行为在本法典中被规定为犯罪。

本章规定的以暴力、威胁方法阻碍国家机关工作人员依法执行职务的犯罪有：第183条阻碍公务员依法对财产采取措施、第189条以伤害威胁公务员、第190条以伤害相威胁迫使他人不敢向公务员请求保护；本章规定的其他藐视公务员法定权力的犯罪有：第172条潜逃以躲避公务员对其进行的传讯

---

① 我国《公务员法》第53条规定：“公务员必须遵守纪律，不得有下列行为：……（十四）从事或者参与营利性活动，在企业或者其他营利性组织中兼任职务……”

等，第173条妨碍传讯等公务行为或者妨碍上述公务行为的公告，第174条不服从公务员关于出席的命令，第175条法律规定其有责任向公务员出示某项文件而不出示的，第176条法律规定其有责任通知公务员或者向公务员提供情报而不通知，提供的，第177条提供虚假情报，第178条拒绝公务员要求进行的宣誓，第179条拒绝回答有权提问的公务员的问题，第180条拒绝在陈述上签字，第181条宣誓而向公务员或者经授权掌管宣誓的人员作虚假陈述，第182条提供虚假情报，意图使公务员行使法定权力给他人造成损害，第184条妨碍公务部门所提供财产的销售，第185条非法购买或者出价竞购由公务部门提供销售的财产，第186条妨碍公务员履行其职责，第187条法律规定应向公务员提供协助而不与协助的，第188条不服从公务员正式宣布的命令。由此可见，《刑法典》对妨害公务行为的规定相当详细，新加坡非常重视对国家公权力权威的保护。

(六)第十一章 伪证及破坏公正司法罪

这一章与我国刑法第六章第二节妨害司法罪相对应，规定的均是妨害司法公正的犯罪行为。所不同的是，本章规定的犯罪集中在“伪证”和“窝藏”两部分内容，除此之外，还规定了一些我国刑法中第九章渎职罪的内容。如第217条公务员不遵守法律规定故意使应受刑法处罚或者罚没财产的人免受法律追究(与我国《刑法》第399条徇私枉法罪类似)、第223条公务员因疏忽大意而致使他人逃脱(与我国《刑法》第400条失职致使在押人员脱逃罪类似)等。

(七)第十二章 与货币及政府印花票有关的犯罪

这一章与我国刑法第三章第四节破坏金融管理秩序罪相对应，规定的均是与货币、票据有关的破坏金融管理秩序的犯罪。所不同的是，本章罪名集中在“货币”(包括“通货”)和“政府印花票”两部分，没有规定与信用卡有关的犯罪。但本法典相较于我国刑法规定得更加详细具体，将持有犯罪工具或材料也规定为犯罪，如第256条拥有伪造政府印花票的工具或者材料。

(八)第十三章 与度量衡有关的犯罪

这一章规定了我国刑法所没有规定的与度量衡有关的犯罪。本章规定的罪名内容即我国俗话所说的“缺斤短两”行为，在我国，这种行为并不构成犯罪,只是一般的道德败坏的无良奸商行为。新加坡将这种行为规定为犯罪加以处罚,足以证明其对诚信品质的重视程度和国家法治的完备程度。

(九)第十四章　危害公共卫生、安全、便利、礼仪和道德的犯罪

这一章规定的犯罪与公共卫生、安全、便利、礼仪、道德有关,根据罪名的不同,分别与我国刑法中的不同犯罪类型相对应:一是危害公共卫生罪,本法第269条可能导致某种致命疾病传染的过失行为、第270条可能导致某种致命疾病传染的恶意行为与我国《刑法》第六章第五节危害公共卫生罪中第330条妨害传染病防治罪相近;二是危害公共安全罪,如第279条在公路上轻率驾车或者骑车(与我国《刑法》第133条危险驾驶罪相近)、第284条处理有毒物质的疏忽行为(与我国《刑法》第115条过失投放危险物质罪相近)等;三是扰乱公共秩序罪,本法第268条公共滋扰罪与我国《刑法》第293条寻衅滋事罪相近;四是生产、销售伪劣商品罪,如第273条销售有毒的食品或者饮料(与我国《刑法》第144条生产、销售有毒、有害食品罪相近)、第275条销售假药(与我国《刑法》第141条生产、销售假药罪相近)等;五是破坏环境资源保护罪,本法第277条污染公共泉水或者水库中的水、第278条制造有害健康的气体与我国《刑法》第338条污染环境罪相近;六是制作、贩卖、传播淫秽物品罪,本法第292条销售淫秽书籍等、第293条向年轻人出售淫秽物品、第294条淫秽歌曲与我国刑法第六章第九节制作、贩卖、传播淫秽物品罪规定的犯罪相近。

(十)第十五章　与宗教有关的犯罪

这一章规定了我国刑法所没有规定的与宗教有关的犯罪,这与新加坡的具体国情相适应。新加坡是一个多元民族、多元文化的移民社会,当中有宗教信仰的新加坡人占全国人口的83%。新加坡提倡宗教与族群之间的互相容忍和包容精神,实行宗教自由政策,确认新加坡为多宗教国。①

(十一)第十六章　侵犯人身的犯罪

本章分八个小节具体规定不同类型的侵犯人身的犯罪,分别是危害生命的犯罪;引发流产、伤害胎儿、弃婴、隐瞒婴儿出生;伤害;非法阻止和非法限

---

① 参见:http://www.ynpxrz.com/n300709c1416.aspx.

制；非法暴力和攻击；绑架、劫持、奴役和强迫劳动；强奸；非自然性犯罪。

1.危害生命的犯罪

本节规定的犯罪与我国《刑法》第232条故意杀人罪和第233条过失致人死亡罪所规定的内容相近。具体对比分析，有以下不同之处：一是本法关于危害生命的犯罪规定较我国更加详细具体；二是本法区分了“刑事杀人”与“谋杀”两种危害生命的杀人行为；[①]三是本法将教唆自杀行为单独定罪，如本法第305条教唆儿童或者精神病患者自杀、第306条教唆自杀；四是本法将杀害婴儿的行为单独定罪，如本法第310条杀婴罪。而在我国刑法中，教唆自杀和杀害婴儿这两种行为均被规定在第232条故意杀人罪中。

2.引发流产、伤害胎儿、弃婴、隐瞒婴儿出生

本节规定的是我国刑法所没有规定的危害胎儿、婴儿生命的犯罪，如本法第312条引发流产、第318条秘密处置婴儿尸体，隐瞒婴儿出生等。《刑法典》将危害胎儿、婴儿生命的犯罪单独予以详细规定，足以说明其对保护胎儿、婴儿生命权的重视程度。需要注意的是，本法第317条父母或者监护人遗弃不满12岁的儿童与我国《刑法》第261条遗弃罪相近。

3.伤害

本节规定的犯罪与我国《刑法》第234条故意伤害罪、第235条过失致人重伤罪所规定的内容相近。具体对比分析，有以下不同之处：一是本法关于伤害的犯罪规定较我国更加详细具体；二是本法以法条形式明确区分了“伤害”与“重伤害”，除了定义上的区分外，各罪罪名也对此予以区分，如第321条故意伤害、第322条故意重伤害；三是本法关于伤害的罪名多以方法（手段）和目的分类命名，如第328条利用投毒等方法故意犯罪造成伤害是以方法为中心，第330条故意造成伤害以逼取口供或者强制返还财产则是以目的为中心。

---

① 本法第299条规定，任何人意图引起他人死亡，或者意图引起可能导致他人死亡的身体伤害，或者明知其行为可能导致他人死亡，而实施一项行为致使他人死亡的，构成形式杀人罪。本法第300条规定，除后面的例外规定外，下列刑事杀人构成谋杀：(a)如果致死行为是故意致人死亡行为；(b)如果故意造成身体上的侵害且罪犯明知可能会因此伤害而引起被害人的死亡；(c)如果故意对任何人造成身体上的侵害，而该侵害足以合规律地引起被害人的死亡；(d)如果行为者明知所实施的行为具有迫在眉睫的危险，可能致人死亡或造成可能引起死亡的身体侵害，且没有导致上述死亡或身体上的侵害的豁免理由，而实施了该行为。

4. 非法阻止和非法限制

本节所规定的非法限制与我国《刑法》第 238 条非法拘禁罪的内容相近，而非法阻止是我国刑法所没有规定的。本法第 339 条规定，任何人故意阻止他人，以妨碍此人按照其有权行进的方向行进的，称作非法阻止此人。由此可见，新加坡刑法对于人的合法范围内的自由权的保护更加全面具体。

5. 非法暴力和攻击

本节规定的非法暴力和攻击是我国刑法所没有规定的。根据本法对“暴力”和“攻击”的定义可知，非法暴力是伤害等侵害他人人身行为的前行为，攻击是非法暴力的前行为。本法第 350 条规定，任何人未征得他人同意，故意对他人使用暴力，旨在实施任何犯罪，或者故意通过使用此种暴力非法地引起，或明知其使用此种暴力会非法地导致受暴力攻击者的伤害、害怕或烦恼的，构成对他人实施非法暴力。本法第 351 条规定，任何人作出任何姿势或准备，故意或明知这样做可能会引起任何在场的人理解为自己将要对其实施犯罪暴力的，称为实施攻击。

6. 绑架、劫持、奴役和强迫劳动

本节规定的有关侵犯人身的犯罪，根据具体罪名，分别与我国《刑法》第 239 条绑架罪，第 240 条拐卖妇女、儿童罪（本法所规定的犯罪对象部分为任何自然人），第 358 条强迫卖淫罪，第 244 条强迫劳动罪相对应。所不同的是，本法对“绑架”和“劫持”行为进行了区分。同时，从新加坡国情出发，规定了买卖奴隶的犯罪，如第 370 条作为奴隶购买他人或者处置他人。

7. 强奸

本节所规定的犯罪与我国《刑法》第 236 条强奸罪的内容相对应。所不同的是，本法除了处罚强奸罪之外，对乱伦行为也进行了规定，并且区别了对男性乱伦和对女性乱伦的处罚。而在我国，乱伦行为不构成刑法意义上的犯罪，属于道德评价的范畴。

8. 非自然性犯罪

（十二）第十七章　侵犯财产罪

本章分十个小节具体规定不同类型的侵犯财产的犯罪，分别是盗窃；敲诈；抢劫和结伙抢劫；侵占财产罪；背信罪；收受被盗财产；诈骗；对财产的欺诈行为和处置；损害；非法侵入罪。

1. 盗窃

本节所规定的盗窃与我国《刑法》第 264 条盗窃罪基本一致。本法第 378 条规定，任何人未经动产拥有人的同意，故意移动动产，意图不诚实地使该动产脱离其拥有人的占有的，构成盗窃。

2. 敲诈

本节所规定的敲诈与我国《刑法》第 274 条敲诈勒索罪基本一致。本法第 383 条规定，任何人故意使任何人处于怕自己或其他人受伤害的恐惧之中，因此不诚实地诱使处于恐惧之中的此人交出任何财产或有价证券，或者任何可以兑换成有价证券的签字或盖印的东西，称为“敲诈”。

3. 抢劫和结伙抢劫

本节所规定的抢劫与我国《刑法》第 263 条抢劫罪相近。所不同的是，本法将“抢劫”规定在“盗窃”和“敲诈”两种犯罪行为中。[①] 同时，本法规定了我国刑法所没有规定的“结伙抢劫”。本法第 391 条规定，5 人以上联合实施或企图实施抢劫，或共同实施或企图实施抢劫的总人数或者参与以及协助实施或企图实施抢劫的总人数达到 5 人以上的，则每一个实施、企图实施或协助实施的成员均构成“结伙抢劫”。

4. 侵占财产罪

本节所规定的侵占财产罪与我国《刑法》第 270 条侵占罪相近。所不同的是，我国刑法将侵占罪的犯罪对象规定为代为保管的他人财物、他人的遗忘物和埋藏物，而本法对侵占财产罪的犯罪对象没有明确限定，只要是他人财物或他人享有份额的财物均可成为本罪犯罪对象。本法第 403 条将侵占财产罪定义为任何人不诚实地侵占或转移动产归自己使用。

5. 背信罪

本节所规定的背信罪与我国《刑法》第 270 条第 1 款侵占罪的规定基本一致。本法第 405 条规定，任何人以任何方式被委托以财产或被委托管理财产，而不诚实地侵占或将此财产归于己用，或者违背规定此种受委托权限行使方式的法律，或者违背任何其签订的履行此种委托的明示或默示合同，不诚实地使用或处分该财产，或者故意放纵其他人如此行为的，构成“背信罪”。由此可知，本罪的犯罪对象主要是委托物，即代为保管的他人财物。同时，本节还规

① 本法第 390 条规定：“(1)抢劫既可以在盗窃中又可以在敲诈中发生……”

定了特殊身份者犯背信罪的处罚，如第407条承运人等犯背信罪、第408条职员或雇员等犯背信罪。

6.收受被盗财产

本节所规定的收受被盗财产与我国《刑法》第312条掩饰、隐瞒犯罪所得、犯罪所得收益罪相近。所不同的是，我国刑法将此种犯罪规定在第六章妨害社会管理秩序罪第二节妨害司法罪中，而不是侵犯财产罪中。

7.诈骗

本节所规定的诈骗与我国《刑法》第266条诈骗罪基本一致。本法第415条规定，任何人通过诈骗，即欺诈地或不诚实地诱使被骗者将任何财产送给任何人，或者同意任何人保留任何财产，或者故意诱使被骗者做或不做如果他未被骗则不愿意做或不做的事，该作为或不作为导致或可能导致此人身体、精神、荣誉或财产上的损害或伤害的，称为"诈骗"。

8.对财产的欺诈行为和处置

本节规定了我国刑法所没有规定的对财产的欺诈行为和处置。本节犯罪虽然也是对财产的欺诈，但与诈骗有所区别。本节所规定的对财产的欺诈行为和处置包括以下四种犯罪行为：一是不诚实地或者欺诈地转移或隐匿财产以阻止财产在债权人之间的分配；二是不诚实地或者欺诈地阻止应由犯罪人承担的债务或支付请求生效；三是不诚实地或者欺诈地以虚假报价进行让与；四是不诚实地或者欺诈地转移或者隐匿财产或放弃权利请求。

9.损害

本节所规定的损害与我国《刑法》第275条故意毁坏财物罪相近。本法第425条规定，任何人故意或明知可能会引起对公众或任何人的非法损失或损害，而造成任何财产的毁坏、改变，或者破坏或减少财产的价值或使用效果，或对财产造成损害性影响的，称为实施了"损害"。所不同的是，本法所规定的损害对象除了一般财物外，还包括影响公共交通和安全的公共财物，如铁路机器、火车等(如本法第430A条影响铁路机器、火车等而造成损害等)，损害方法除了一般破坏方式(如砸、敲打)外，还包括用火或爆炸物引起财产损失等(如第436条故意用火或爆炸物毁坏房屋等而造成损害等)，而我国刑法将这些行为规定在危害公共安全罪而非侵犯财产罪一章。

10.非法侵入罪

本节所规定的非法侵入罪与我国《刑法》第245条非法侵入住宅罪相近。本法第441条规定，任何人进入或到达他人拥有的财产之中，意图实施一项犯罪，或威胁、侮辱或烦扰该财产的拥有人，或者合法地进入或到达他人拥有的财产之中后，非法地在此财产中逗留，意图威胁、侮辱或烦扰此财产的拥有人，或实施一项犯罪的，称为实施“非法侵入”罪。所不同的是，我国刑法将此罪规定在侵犯公民人身权利、民主权利罪而非侵犯财产罪一章。原因在于，我国将非法侵入住宅罪所侵犯的法益界定为公民的人身权利和民主权利，而新加坡刑法将此罪所侵犯的法益界定为公民的财产权。

此外，本节对非法侵入的时间、方式等都有作不同规定，处以不同刑罚，如本法第 443 条潜伏侵入住宅、第 444 条夜晚潜伏侵入住宅等。

(十三)第十八章　与文件、流通券及银行票据有关的犯罪

这一章规定的犯罪与我国刑法第三章第四节破坏金融管理秩序罪中第 177 条伪造、变造金融票证罪，第 178 条第 1 款伪造、变造国家有价证券罪、第 178 条第 2 款伪造、变造股票、公司、企业债券罪相近。本章主要规定了“伪造”和“制作假文件”两种犯罪行为。所不同的是，本章所规定的伪造和造假的对象范围比我国刑法有关此罪的规定更加广泛，除了有价证券、银行票据外，还包括遗嘱、法院记录、政府出生登记、账目等。如本法第 466 条伪造法院记录或者政府出生登记等、第 477A 条伪造账目等。

(十四)第二十章　与婚姻有关的犯罪

这一章规定的与婚姻有关的犯罪除了与我国《刑法》第 258 条重婚罪相近的重婚外，还包括“骗婚”和引诱、拐走、容留已婚女子的行为。如本法第 493 条男子骗取同居并使人误信为合法婚姻，第 496 条无合法婚姻而故意采用欺骗手段使人与之举行结婚仪式，第 498 条以犯罪为目的而引诱、拐走或者容留已婚女子。

(十五)第二十一章　诽谤罪

这一章规定的犯罪与我国《刑法》第 246 条诽谤罪基本一致。本法第 499 条规定，除下述例外规定之外，任何人使用口头或者书面语言，通过符号或者可视表达，制造或公布诋毁他人的言论，意图损害他人名誉，或者明知或有理由相信此种诋毁将会损害他人名誉的，称为诽谤他人。

(十六)第二十二章　恐吓、侮辱和骚扰罪

这一章规定的犯罪除了与我国《刑法》第 246 条侮辱罪相近的故意侮辱意图煽动破坏社会秩序、故意侮辱女子尊严的语言或姿势外,着重规定了我国刑法所没有规定的恐吓罪。本法 503 条规定,任何人以侵害他人人身、名誉或财产或者与其有利益关系的人之人身或名誉相威胁,以警告他人,或导致他人做依法不应做的事,或不做其依法应做的事,称为实施恐吓行为。此外,本章还规定有关骚扰他人的犯罪,如本法第 505 条有助于公共骚扰的陈述、第 510 条醉酒者在公共场合的不端行为。

(十七)第二十三章　未遂犯罪

这一章规定的是与我国《刑法》第 23 条犯罪未遂相近的未遂犯罪。仔细阅读对比法条,二者具有以下区别:一是所属法条版块不同,我国刑法将犯罪未遂规定在总则部分,而新加坡刑法将其规定在分则部分;二是对未遂犯的处罚不同,我国《刑法》第 23 条第 2 款规定,对于未遂犯,可以比照既遂犯从轻或者减轻处罚;而《刑法典》第 511 条规定,若本法典或其他成文法无明文规定,则应依照其意图实施的犯罪的应处刑罚论处;但是,所处刑期不得超过该罪应处最长刑期的二分之一。

第三节　其他单行刑事法规

新加坡的刑事法律除了最为重要的《刑法典》外,还包括单行刑事法律和规定于其他法律中的附属刑法规范。其中比较重要的单行刑事法律有《刑法(临时规定)法》《新加坡反贿赂法》《恐怖主义(制止提供资助)法》。

一、《刑法(临时规定)法》

本法规定在《新加坡法典》第 67 编,是一部为了维护公共秩序,控制从海上向新加坡的供给,以及防止基础服务行业中的罢工和停工,而规定临时性规定的法律。

本法共有五个部分。第一部分是基本规定,共有两个条文,第 1 条规定了

标题简称和效力范围，第 2 条规定了有关本法的一些名词解释。第二部分规定了与公共安全有关的各种犯罪，主要集中在与供给品有关的犯罪，此外，本法第 4 条还规定了破坏性文件的制作与拥有犯罪。第三部分规定了基础服务中的非法罢工与停工犯罪。第四部分是一般规定，规定了有关集会、不报告犯罪的犯罪，此外，本部分还规定了如地区法院的管辖权、证据等刑事诉讼法方面的问题。第五部分规定了与我国刑事诉讼法中强制方法拘留相近的拘留，主要对拘留的命令发布、拘留的方式等作了详细规定。

二、《新加坡反贿赂法》

本法规定在《新加坡法典》第 241 编，是一部规定更加有效地防止腐败的法律。众所周知，新加坡是一个非常廉政的国家，这与新加坡对贪污贿赂行为的严厉规定与处罚是分不开的。

本法共有六个部分。第一部分为序言，共有两个条文，第 1 条规定了标题简称，第 2 条规定了有关本法的一些名词解释。第二部分为人员任命事项，主要规定了局长和官员的任命、职业退休金计划以及其他利益的规定。第三部分为犯罪与刑罚，主要规定了贿赂罪的刑罚以及其他与贿赂有关的犯罪和刑罚，如本法第 6 条与代理人非法交易的刑罚、第 11 条有关议会成员的贿赂等。第四部分为逮捕和调查权，规定的是有关逮捕和调查权等刑事诉讼法方面的问题。第五部分为证据，规定的是有关证据的刑事诉讼法方面的问题。第六部分为杂项规定，同时规定了有关刑法和刑事诉讼法的内容，前者如本法第 29 条教唆犯罪、第 31 条共谋等，后者如本法第 33 条征得检察官同意进行起诉、第 36 条对告发者的保护等。

三、《恐怖主义(制止提供资助)法》

本法规定在新加坡法典第 325 编，是一部为实施《制止向恐怖主义提供资助的国际公约》以及相关事项而制止向恐怖主义提供资助的法律。

本法共有七个部分。第一部分为序言，共有两个条文，第 1 条规定了标题简称，第 2 条规定了有关本法的一些名词解释。第二部分为恐怖主义财产，规定了与恐怖主义财产相关的犯罪，主要集中于制止向恐怖主义提供财产资助，如本法第 3 条禁止为恐怖行为提供或者筹集财产、第 6 条禁止交易恐怖分子的财产等。第三部分为披露,规定了对资助恐怖主义行为的披露义务和审核义务。第四部分为恐怖分子财产的查封、冻结和没收,主要是对恐怖分子财产的查封、冻结、没收的一些程序性规定以及违反规定的处罚规定。第五部分为互助与引渡,主要规定了对恐怖分子的国家互助与引渡问题。第六部分为管辖权,规定了有关本法犯罪的管辖权问题。第七部分为杂项规定,规定了如法人犯罪、地区法院的管辖权等刑法和刑事诉讼法方面的琐碎问题。

第四节　新加坡刑法典主要特色

新加坡司法制度的根本原则是群体利益至上。新加坡大法官杨邦孝曾经说过:"刑事司法的目的必须是保护公众,这是任何一名主审刑事案件法官最优先最重要的考虑","法庭判刑时,公众利益有时会比被告人的处境更重要"。因此,新加坡选择了用严刑峻法来达到维护社会利益的目的,至于为世人所关注的人权保护,在新加坡似乎主要体现为群体的人权而非个人的人权。也许正是由于这个原因,新加坡刑法才呈现出"刚柔并济,以刚为主"的特色。

一、处罚严厉

(一)死刑之规定

死刑的存废问题几百年来一直是各国刑法领域中争议十分激烈的问题。对于死刑的不人道性,基本上已经达成了共识。各国在此问题上的分歧,往往集中在本国实际犯罪状况和本国国情的需要是否为死刑提供了存在理由,以及死刑是否有效的问题上。"大赦国际"提出,死刑不仅是不人道的,而且它在防止犯罪方面也并不比其他刑罚措施有效。很多国家都赞同这种观点,目前世界上大约一半的国家已经废除了死刑,或者停止了死刑的适用。

相比而言,在新加坡,死刑似乎来得太容易了。《刑法典》中规定的可判处死刑的犯罪行为包括:从事、企图从事或者教唆从事反政府的战争,对总统人身的犯罪,国家法律规定的海盗罪,煽动叛乱既遂,提供或者制造伪证意图使某项可判处死刑的犯罪成立,谋杀罪,教唆儿童或者精神病患者自杀,企图谋杀,为了谋杀而进行绑架或者劫持,结伙抢劫中杀人等。其他法律中还规定,对贩运武器、贩运毒品等行为，处以死刑。

对于达到一定数额的毒品犯罪，新加坡法律规定的是必须判处死刑。[1]当地的民权组织“思考中心”(the Think Centre)指出，新加坡 70%的绞刑是适用于毒品犯罪人的。同时，那些犯有绑架、叛国和涉及武器犯罪而被判处死刑的犯罪，往往也会面临绞刑。新加坡政府所透露的数字表明，在 1991 年至 2000 年间，被执行绞刑的犯罪人有 340 人。[2] 新加坡之所以保留而且大规模地执行死刑，有一个很重要的原因，即人们认为新加坡的低犯罪率和法治化社会秩序，是新加坡保留死刑的结果，因此也是保留死刑最有力的佐证。在新加坡的立法者和公众中间普遍存在一种认识，即认为死刑是有效的，而废除死刑则可能会给犯罪者一个错误的信息，使潜在犯罪者认为国家正在放松对犯罪的打击力度。

(二)鞭刑之规定

保留肉刑刑种——鞭刑，是新加坡刑法中最具特色的一点。《刑法典》中规定可处鞭刑的犯罪包括：国家法律规定的海盗罪，海盗行为，暴乱罪，武装暴乱，刑事杀人罪，企图谋杀，故意使用危险的武器或者手段造成伤害，故意重伤害罪，故意使用危险的武器或者手段造成重伤害，故意造成伤害以勒索财产或者强迫他人实施非法行为，故意造成重伤害以勒索财产或者强迫他人实施非法行为，故意或者使用非法暴力攻击侵犯他人尊严，在盗窃或者企图盗窃他人携带的财物时攻击或者使用非法暴力，绑架，为了谋杀而进行绑架或者劫持，为了秘密、非法地限制他人而进行绑架或者劫持，为了使他人受到重伤害、奴役等而进行绑架或者诱拐，强奸罪，为了盗窃准备致人死亡或者伤害，敲诈罪，抢劫罪，潜伏住宅或者闯入住宅预谋伤害他人等。由此可见，新加坡刑法中的鞭刑适用的主要对象是：实施暴力犯罪或者采取暴力手段实施犯罪的人。而鞭刑恰恰是“以暴制暴”。

鞭刑往往是与监禁刑同时适用的。鞭刑是以杖鞭打犯人之臀部的刑罚方法。此杖用藤条制成，长四英尺，厚一英寸，行刑前要进行消毒。鞭刑只针对

---

① Singapore Law FAQ. SHTan&Associates (c) 2000. (http://singaporelawfaq.com).

② Amy Tan, Singapore death penalty shrouded in silence, Reuters, SINGAPORE, April 12, 2002.

年龄50岁以下的男性。一般犯罪处以1至8鞭，最多15鞭。犯人受刑前后都要接受狱医的检查，受刑者如果挨鞭打后昏厥，狱医必须使他苏醒，如果经检验犯人昏厥不醒，则停止用刑。行刑完毕后，狱医在犯人身上涂上消炎药。受鞭刑的犯人经常被打得皮开肉绽，鲜血淋漓。三鞭下去，犯人数周内都不能坐下，一个月起不了床。据新加坡律师介绍，许多犯重罪的犯罪嫌疑人都非常恐惧鞭刑，一般都会请求辩护律师尽量使其免于此刑。1994年，新加坡地方法院对美国少年费伊作出鞭刑判决，美国政府认为这是残酷的刑罚，总统克林顿出面求情，要求新加坡政府对费伊免予鞭刑或用其他刑罚代替。当时新加坡政府认为，美国政府对新加坡法院的判决进行指责是对新加坡司法主权和司法独立的干涉，后虽考虑外交关系改判减了两鞭，但仍坚持执行余下的鞭刑。此事曾轰动一时，足见新加坡执法之严厉。①

虽然鞭刑是源自英国的刑罚，但仅在新加坡保留下来。因为对刑罚威吓力的崇拜，正是新加坡刑法的特点。而这是和新加坡的法律文化传统分不开的。新加坡人多为华人，中华文化的传统注重的是群体利益，为了群体的利益而采取严厉的刑罚，正是中华法律文化传统的体现。新加坡很多市民就认为，虽然惩罚措施过于严厉，甚至有点残忍，但是新加坡的街道更加安全了，更加干净了。② 这种做法在当今西方人权保护理念的冲击下，往往被时髦者摒弃。但是，新加坡的强硬之处就体现在敢于对西方的颇多指责说“不”，根据其实施的社会控制政策，保持其严刑峻法的特色。

（三）刑事责任年龄偏低

根据新加坡《1993年儿童及青年人法令》(Children and Young Persons Act 1993)的规定，儿童是14岁以下的人，少年人是7至16岁的人，而青年人则是14至16岁的人。《刑法典》第82条规定：“不满7岁的儿童实施的行为，不构成犯罪。”该法典第83条规定：“7岁以上不满12岁的儿童，在实施行为时对行为的性质和后果缺乏足够理解判断能力的，不构成犯罪。”而根据新加坡《刑事诉讼程序法典》(the Singapore Criminal Procedure Code)第2条的规定：“青少年罪犯的定义包括任何被裁定犯了可处以罚款或监禁的罪行的儿

---

① 邹平学：《新加坡法治的制度、理念和特色》，载《法学评论》2002年第5期。

② The Official Father's Manifesto. (http://fathers.ourfamily.com/prison.htm).

童，且在法律上没有相反证明的情况下，将该儿童定罪的法庭认为他的年龄是在 7 岁以上但在 16 岁以下的。”因此，在新加坡，刑事责任年龄最低为 7 岁。这种规定来源于英国法，但是英国刑法如今已经提高了刑事责任的最低年龄，新加坡却继续沿用这一规定。与世界上其他国家相比较，新加坡属于刑法中规定的刑事责任年龄下限最低的国家之一。

(四)严格责任之规定

各国刑法一般都规定，一个人承担刑事责任的基础是要具备两个要素：主观要素和客观要素。主观要素是行为人的一种可归责的心理状态，一般都包括故意和过失。而客观要素是指行为人构成刑法所禁止的侵害的一种行为或者举动，一般包括作为或者不作为。但是，新加坡刑法中有些犯罪却并不要求具备主观要素，即属于一种严格责任的规定，如《道路交通法》《公司法》中规定的法定犯罪，以及《刑法典》第 375 条规定的强奸罪均属于此类严格责任。《刑法典》第 375 条规定：“除后面例外规定之外，一名男子在下述五种情况下和一名女子发生性关系的，构成强奸：(a)违背她的意愿；(b)未征得她的同意；(c)虽然征得她的同意，但同意是在使其处于死亡或受伤害恐惧的情况下获得的；(d)征得了她的同意，而行为人明知其不是她的丈夫，同意是因为该妇女认为他是她要或她相信自己要与之合法结婚或她愿意的另外一个人；(e)该妇女不满 14 岁，征得或未征得她的同意的。”根据该条(c)之规定，如果行为人征得了女子的同意而与之发生性关系，此时，从主观要素而言，行为人并不具有强迫女子与之发生性关系的犯罪意图，但是也构成强奸罪。这一规定很明显属于一种严格责任，并不要求具备主观要素即可构成犯罪。

二、法网严密

新加坡立法严格细密，滴水不漏。大至政治体制、经济体制、经济管理、商业往来、公民权利和义务，小到旅店管理、停车规则、钞票保护、公共卫生，甚至人们的言谈举止、衣食住行，都有相应的法律规定。

(一)犯罪规定之严密

新加坡刑法中的犯罪规定非常严密。即使对于没有规定处罚的行为，它也专门有法条进行规定。如关于“违反新加坡法律但未规定具体刑罚的犯罪”,《刑法典》第225C条规定:“任何人实施新加坡生效法律规定禁止实施的行为,或对新加坡生效法律规定应实施的行为不作为,若法律对此种作为或不作为未规定特定处罚的,则应判处200新元以下罚金。”对于具体犯罪同样如此。如对于“在本法没有规定的情况下公务员不履行逮捕职责或者放任他人逃跑”的情况,《刑法典》第225A条规定:“任何依法有义务逮捕或监禁任何人的公务员,故意不逮捕此人,或放任其从监禁下脱逃,若该行为在第221条、第222条或第223条或当时生效的其他法律中均未规定,则——(a)如果此行为出于故意,则应判处3年以下的有期徒刑,或处罚金,或两罚并处;(b)如果此行为出于疏忽大意,则应判处2年以下的有期徒刑,或处罚金,或两罚并处。”又如对于“在本法没有规定的情况下,抗拒或者妨碍合法的逮捕,逃脱或营救行为”,《刑法典》第225B条规定:“任何人故意抵抗或非法阻碍依法对其或其他人实施的逮捕,或从依法应予拘留的地点脱逃或企图逃跑,或营救或企图营救依法被拘留的其他人逃脱拘留的,若该行为在第224条和第225条或生效的其他法律中未予规定,则应处6个月以下的有期徒刑,或处罚金,或两罚并处。”

(二)犯罪解释之“宽”

犯罪解释的“宽”“紧”程度往往决定了打击犯罪的力度之大小。对犯罪解释得越“宽”,则纳入法网的犯罪行为就越多。对犯罪解释得越“紧”,则纳入法网的犯罪行为就越少。这其实也是一个犯罪化规模大小的问题。

在新加坡,当出现一个功利主义的迫切需要的时候,立法者就会毫不犹豫地创造出一个界定得非常宽泛的犯罪,当地人称此为“浮动法网”犯罪(“drift-net crimes”)。例如在《滥用毒品法》中,“贩运毒品”中“贩运”(trafficking)的定义是“使用工具出售、给予、管理、运输、递送或者分发”。这个定义来源于加拿大法律,但是,新加坡对此行为的处罚却比加拿大要严厉得多,使用了监禁、鞭刑,甚至死刑。新加坡法院对此的解释也非常之“宽”,采取的是字面含义的解释方法。只要某人意图将毒品转移给他人占有,即构成“贩运”。即使该毒品是用于行为人自己使用或者由他人保管,也不影响“贩运”的成立。[①]

---

① Michael Hor, Singapore's Innovations to Due Process, presented at the International Society for the Reform of Criminal Law's Conference on Human Rights and the Administration of Criminal Justice, Dec 2000, Johannesburg.

三、刑罚轻缓的特别规定

当然，新加坡刑法也并不全是严厉的规定，其也规定了一些轻缓的内容。

(一)引起轻微伤害的行为不构成犯罪

《刑法典》第 95 条规定："如果通常感觉和情绪的人都认为危害很轻并不抱怨计较，则引起、意图引起或者明知可能引起危害的行为，不构成犯罪。"按照此条之规定，引起轻微伤害的行为，并不构成犯罪。

(二)"想象竞合犯"从一轻罪定罪处罚

《刑法典》第 72 条规定："若判决认为某人犯有数罪中的一罪，但对构成哪一罪存有疑问，在数罪都规定了刑罚的情况下，就应当以数罪中量刑最轻的罪定罪量刑。"此处规定的情况类似于我国刑法理论中所称的"想象竞合犯"。对于"想象竞合犯"，我国刑法理论一般主张应当从一重罪处断。而新加坡刑法中，某人犯有数罪中的一罪，但对构成哪一罪存有疑问时，则从一轻罪定罪处罚。

(三)窝藏抢劫犯或者抢劫团伙的成员等的犯罪，不适用于罪犯丈夫或妻子实施窝藏行为的案件

《刑法典》第 216A 条规定："任何人明知或有理由相信任何人将要实施或刚刚实施抢劫或结伙抢劫，而窝藏抢劫者或其中任何成员意图给此种抢劫或结伙抢劫犯罪的实施提供便利，或使抢劫者或其中任何成员逃避处罚的，处 7 年以下的有期徒刑，并处罚金。……例外，本规定不适用于罪犯丈夫或妻子实施窝藏行为的案件。"

按照该条中"例外"之规定，窝藏抢劫犯或者抢劫团伙的成员等的犯罪，不适用于罪犯丈夫或妻子实施窝藏行为的案件。这与我国法文化传统中的"亲亲相隐"的内涵一致。

上述这些规定所体现的人权保障色彩，似乎与整个新加坡刑法中蕴含的"严厉"存在着激烈的矛盾冲突。然而，这也正是新加坡这个多元的现代化法治国家所具有的特色。这些内容与前述的处罚严厉、法网严密结合起来，形成了新加坡刑法"刚柔并济，以刚为主"的独特风景。

第五节　新加坡刑法典主要瑕疵

如前一节所介绍的，新加坡刑法具有诸多特色。但正如硬币之两面，新加坡刑法也伴随着某些瑕疵。

一、未明确规定刑法的基本任务和基本原则

新加坡刑法未对刑法的基本任务、基本原则作出相应规定。对于刑法基本任务，新加坡刑法并未明确规定。一些刑法相关原则散落在条文之中，刑法的框架结构不完善，指导性和统领性不强。如第72条规定的犯有数罪而对构成哪一罪存有疑问的情况，若判决认为某人犯有数罪中的一罪，但对构成哪一罪存有疑问，在数罪都规定了刑罚的情况下，就应当以数罪中量刑最轻的罪定罪量刑。本条规定实际上可以归纳阐述为疑罪从轻原则，但新加坡刑法未对刑法的基本原则作规定。

二、保留古老的肉刑——鞭刑

尽管鞭刑使新加坡的刑法显得与众不同，常常作为一大特色被论及，但事物都有两面性，鞭刑同时也是新加坡刑法的不足点之一。新加坡刑法中的鞭刑从规定至今一直在学界存在广泛争议，对此形成了反对派和赞成派。赞成派主要站在目的刑的立场，着眼于鞭刑所带来的刑罚效果。而反对派主要基于报应刑的视角，其核心在于强调罪刑相适应和人权保障。在一般预防论上，新加坡实际上是采纳了边沁的功利主义一般预防观和费尔巴哈心理强制说为基础的威慑预防论，即通过对犯罪规定和适用刑罚而向一般人宣告：谁实施犯罪行为谁就受到刑罚处罚；从而威慑一般人，使其不敢犯罪。从整个刑罚理论的发展过程来看，这样的威慑论受到了如下的批判，并因为其难以反驳而逐渐失去了支持：其一，这样的刑罚观必然导致刑罚上的过于严苛；其二，威慑效果至少仍然无法得到科学的证明；其三，通过威慑进行一般预防，意味着不是因为犯罪受处罚，而是为了他人不犯罪才受处罚，犯罪人成为预防他人犯罪的工

具，侵犯了人的尊严。[1] 新加坡的鞭刑恰好正对威慑论的批判矛头，这种古老的肉刑常常不能做到罪刑相适应，往往会加重对罪犯的处罚。尽管新加坡对鞭刑的处刑方式有诸多看似文明卫生的规定，但这种处刑方式本身就显得极为不人道，是对人的尊严的直接强烈的不尊重，是不尊重人权的表现。

由于鞭刑普遍被国际组织认为是对受刑人不人道及侵犯其人权，此刑罚在世界上多数地区已经被废除。在我国，鞭刑是一种古老的刑罚方式，起源于隋、唐时期的笞、杖、徒、流、死的五刑制度中的"笞"刑，直至明、清沿用不改。在清朝统治最后两年里生效实行的《现行刑律》，在事实上取消了笞杖刑，自此具有千百年历史的笞杖刑罚在清朝末年寿终正寝。至今我国已废除鞭刑一百年有余，而列于发达国家的新加坡仍在沿用鞭刑，这无疑成为文明创新的新加坡的一丝瑕疵。

三、具有宗教色彩，注重保护宗教利益

新加坡刑法的宗教色彩较浓厚，这可以在新加坡刑法条文规定上找到根据，分则第十五章专章规定与宗教有关的犯罪。新加坡刑法特别注重保护宗教利益，无论是宗教人员的宗教感情、宗教事务还是宗教建筑物和宗教场所，刑法条文都有较为详细的规定。第 295 条规定侵害或者污损朝觐场所以侮辱任何类型的宗教罪，对破坏、损害或亵渎任何宗教圣地或者被任何群体朝圣的物品的行为予以处罚；第 296 条规定扰乱宗教集会罪，处罚故意扰乱依法举行的履行宗教信仰或者宗教仪礼的任何聚会的行为；第 297 条规定侵犯墓地等罪，规定任何人意图伤害任何人的感情，或者侮辱任何人的宗教信仰，或者明知任何人的感情可能会遭伤害或者任何人的宗教信仰可能会受侮辱，而侵犯任何宗教信仰地、墓地、为举行葬礼留出的地方或者停尸场，或者侮辱任何尸体，或者扰乱正在举行葬礼集会的任何人的，都会受到相应的处罚。总而言之，无论从相关条文的具体内容还是其精神实质来看，新加坡刑法的宗教色彩都较为浓厚。

---

[1] 张明楷：《外国刑罚纲》，北京：清华大学出版社 2007 年版，第 3 页。

第六节　中国与新加坡刑事司法合作展望

在某种意义上，国际刑事司法合作也就是国际刑事司法协助。刑事司法合作是加强各国刑事司法领域的沟通与交流的重要渠道，是合作打击跨国犯罪的利器。近年来，中国与东盟国家之间的交流与合作不断加强，包括政治、经济、文化等在内的各领域合作的广度和深度前所未有。中国-东盟之间越来越向往合作，在合作发展的道路上越来越相互依赖，成为推动双边进一步发展的命运共同体。在中国-东盟加强全方位合作的新形势下，中国与新加坡加强包括刑事司法在内的各领域合作更凸显其重要意义。

一、新加坡治理贪腐犯罪的经验

党的十八大以来，中央加强了反腐倡廉的力度。在党的十八大报告中明确指出，要努力做到干部清正、政府清廉、政治清明。新加坡在成立之初也曾经历过腐败横生的现象，但经过该国人民行动党的不断治理，现在已经被公认为世界上最廉洁的国家之一。虽然不同的政治形态导致不同的反腐败之策，我们不能全盘进行拿来主义，但在新加坡，华人超过该国总人口的78%，而且和中国一样都属于儒家文化阵营，新加坡的反腐倡廉经验对我国有着重要的启迪意义。[①] 新加坡的反腐经验可以总结为以下三点：一是严密的反贪刑事立法，二是强力的反贪专门执法机构，三是严厉的反贪刑事执法。

新加坡在反贪刑事立法方面，除了《刑法典》和《刑事诉讼法典》中的相关规定外，还有《新加坡反贿赂法》和《没收贪污、贩毒和其他严重罪行所得利益法》。后两者是根据实践需要对前两者的补充和完善。《刑法典》第九章“公务人员或与公务人员有关的犯罪”把公务员利用职务收贪贿赂的行为规定为犯罪，并对犯罪主体和贿赂概念作了具体规定。《新加坡反贿赂法》是新加坡反贪污犯罪的基础性单行刑事法律，该法融实体规定和程序规定于一体，内容全

① 隋立双、赵励宁、刘博识：《新加坡反腐倡廉的经验及其当代启示》，载《甘肃警察职业学院学报》2013年第12期。

面、严密、明确、具体，操作性强，其中不仅对CPIB的职权及其行使程序、CPIB成员的任命及其权力、有关贪污案件的保释和证据制度等程序和组织问题作了全面的规定，而且还在《刑法典》第九章的基础上，进一步规定了一般贿赂、代理人贿赂交易、腐化的完成或撤销投标、议员贪贿、公共机构人员贪贿等贪贿犯罪和妨碍特别调查、妨碍搜查、提供错误或虚伪资料等妨碍查处贪污行为的犯罪及其处罚，对“代理人”“报酬”等法律名词的含义、内容和范围作了专门的解释和界定。《没收贪污、贩毒和其他严重罪行所得利益法》制定于1999年，该法基本保留了制定于1988年的《没收贪污所得利益法》的内容，其中对贪污所得利益的含义、估价、没收的条件、没收令及其程序，对潜逃的贪污犯罪分子所得利益的没收，以及该法所涉及的有关用语的具体解释等都作了明确具体的规定。[①] 与我国刑法所不同的是，新加坡刑法中贪污贿赂罪的犯罪主体范围非常广，《刑法典》第161条规定贪贿罪的主体是“公务员和将要成为公务员的人”，《新加坡反贿赂法》扩大了犯罪的主体范围，根据该法第5条和第6条的规定，贪污犯罪的主体为“任何人”，即不仅包括在政府或政府部门供职的公务人员，甚至包括私人、私人机构和半官方机构中的人员。在犯罪对象的规定上，新加坡和我国的贪贿犯罪刑事立法的区别主要体现在非财产性利益与财产性利益的相关规定上。新加坡贪贿犯罪的犯罪对象范围很广，不仅包括财产性利益，还包括非财产性利益。《新加坡反贿赂法》规定，“报酬”不仅包括金钱或任何礼物、贷款、赏金、酬谢、佣金、有价证券或其他任何形式的财产或财产性利益，不论这种财产为动产或是不动产，还包括任何职位、就业或契约，各种服务、恩惠或好处等。[②] 此外，在贪贿犯罪的入罪标准上，新加坡远远低于我国的“高入罪标准”，而是采取了“零容忍”的态度。新加坡《新加坡反贿赂法》第8条规定，如果能够证明在政府及其任何部门或公共团体中任职的人，由已经或正在谋求与政府及其任何部门或者公共团体有业务关系的人或其代理人支付或给予贿赂，或接受任何贿赂，则这种非法支付、给予或者接受的贿赂应当认为是上述引诱或报酬，除非有相反证明。也就是说，在新加坡贪污数额不论多少，都构成犯罪。

除了刑事立法上对贪贿犯罪的强硬之外，新加坡还有强力的反贪专门执

---

① 贾学胜：《新加坡反贪刑事法治的特色》，载《东南亚研究》2009年第2期。

② 何立荣、何明凤：《我国与新加坡受贿犯罪立法比较及其启示》，载《广西社会科学》2014年第9期。

法机构——CPIB(新加坡贪污调查局)。《新加坡反贿赂法》对CPIB的职权及其行使程序、CPIB成员的任命及其权力、有关贪污案件的保释和证据制度等程序和组织问题作了全面的规定,为有力打击贪贿犯罪提供了强有力的立法和组织保障。

此外,新加坡针对贪贿犯罪具有一套严厉的反贪刑事执法传统。新加坡反贪刑事执法的严厉主要通过两个方面表现出来:其一是对于贪污行为,不论数额,一律治罪。例如一个监狱管理处官员为一罪犯购买香烟,贪贿仅15新元,结果被指控犯了贪污罪,被判入狱1年并罚款15新元。[①] 其二是对于贪污者,不论职位多高,都要受到严惩,概莫能外。对此,值得一提的尤其是郑章远案,郑章远曾与李光耀并肩战斗,为争取独立、创建共和国立下了汗马功劳。郑章远于1960年进入建屋发展局,1979年担任主管国家发展与建设的部长。他在实施"居者有其屋"的政策时功劳显赫,深受李光耀器重。1986年12月,CPIB指控郑章远收取两笔各50万新元的贿赂。因郑章远与李光耀私交甚厚,公众普遍认为此案将不了了之。李光耀虽感痛心,但并未因其"劳苦功高,人才难得"而心慈手软,他立即令郑章远停职,接受审查。郑章远自知法网难逃,最后畏罪自杀。他留给李光耀的信中称,自己"用自杀来表达对新加坡法律的尊重"。新加坡对贪腐案件的刑事执法敢于碰硬,不允许任何人,尤其是身居高位者,享有法外特权,维护了法律面前人人平等的现代法治原则,也向民众传递了政府打击贪腐的信心和决心。[②]

二、中国对新加坡治理贪贿犯罪经验的借鉴

(一)在犯罪论上的改进

首先,扩大贪贿犯罪的犯罪主体。新加坡在打击贪贿犯罪方面取得举世瞩目的成绩,其广泛的犯罪主体是重要的影响因素之,在一些贪贿犯罪中,其犯罪主体为一般人,法律没有对其作出任何限定。而我国《刑法》对于贪贿犯罪的主体限制相当严格,没有任何一个罪名能够涵盖一般主体,这在一定程度

① 佚名:《央行预测:经济活动提高今年央行有价证券资金将下降》,载《印尼商报》2007年1月7日。

② 贾学胜:《新加坡反贪刑事法治的特色》,载《东南亚研究》2009年第2期。

上限制了我国打击贪贿犯罪的范围。当然,借鉴新加坡的刑事立法也必须结合我国的具体国情,在现行刑法体系的框架内,极端地扩大贪贿犯罪的犯罪主体缺乏合理性,但在一定范围内进行主体范围的调整却有利于我国对贪贿犯罪的预防和惩罚。立法者对贪贿犯罪主体的限定采用的是列举的方式,虽能在判断犯罪主体时更具有明确性,但在一定程度上却将本应成为犯罪主体的某类人排除在外,缩小了犯罪主体的范围,也不利于顺应社会的发展需求,因此,立法者在对犯罪主体进行限制时应该采用概括式与列举式相结合的方式。

其次,完善贪贿犯罪的客观要件。一方面,明确贪贿犯罪对象的范围。新加坡刑法将一切存在的不法利益都作为贪贿犯罪的对象范围,彰显了其打击贪贿犯罪的严厉态度,并且取得了良好的社会效果。法律既然不能容忍贪贿犯罪的存在,就应当禁止达到"贿赂"目的的一切可能。随着社会的发展,以非财产性利益进行贿赂已成为腐败方式中的重要组成部分,某些"隐形"贿赂手段已造成严重的社会危害性,严重侵犯了我国刑法所保护的法益。另外,从犯罪的本质上看,国家工作人员索取或收受的财产性利益与索取或收受的非财产性利益在本质上是一致的。因此,我国现有的法律中的"财物"仅包括财产性利益,而排除了非财产性利益,不但不能顺应时代的发展需求,还将对我国有效打击贪贿犯罪造成不利影响。借鉴新加坡刑事立法模式,我们应当将贪贿犯罪的对象范围扩大到包含财产性利益和非财产性利益等一切不正当利益,以适应社会的发展要求,不能因为无法用金钱计算的非财产性利益在司法实践中难以把握就对现有法律存在的缺陷不做调整和完善。

(二)完善我国贪贿犯罪的刑罚体系

首先,废除贪贿犯罪中关于死刑的规定。新加坡对于贪贿犯罪的处罚并没有设置"死刑"的刑种,其追求的是刑法上整体的协调和统一。适用死刑所对应的犯罪类型,应当与犯罪的罪质相适应,新加坡的立法者在此理论的指导下构建了如今的刑罚体系,并且也取得了良好的社会效果。而我国虽有死刑之规定,但贪贿犯罪并未得到有效遏制,因此,我们不得不重新审视现行的刑罚体系。新中国成立后,我国刑法立法之初保留死刑是为了两方面的目的:特殊预防和满足群众的报应要求。我国保留"罪行极其严重"的刑事犯罪的死刑依然符合死刑存在的两方面目的,但是贪贿犯罪中的死刑制度已经无法实现其存在的目的。贪贿犯罪属于贪利性犯罪,无论其所侵犯的客体多么重要,都无法等同于人的生命,两者间存在本质上的区别。另外,随着人们文化水平的提高以及受传统的“杀人偿命”的价值观的影响，人们对待贪利性犯罪的厌恶程度并不能与暴力性犯罪相提并论。

其次，扩大罚金刑的适用范围。根据废除死刑的论述，我们国家有必要借鉴新加坡现有的刑罚体系，对贪贿犯罪中设置的死刑加以废除。但结合我国目前的刑法规定，仅仅废除死刑不但不能达到我们预防和威慑犯罪的目的，还有可能适得其反。因此，在废除死刑的同时，应该合理增设罚金刑，以替代死刑的威慑功能，其符合贪利性犯罪的性质，对惩罚贪贿犯罪具有重要意义。在文明社会的今天，我国已不存在残酷的肉刑，但对贪利性犯罪处罚设置资格刑、罚金刑与自由刑相结合对完善我国现有的刑罚体系具有现实意义。在司法实践中，自由刑对贪贿犯罪的行为人往往不具有足够的威慑力，我们将其称之为贪利性犯罪原因在于行为人对金钱的在乎，因此，如果在自由刑的基础上并课以罚金刑，剥夺其金钱，将其对金钱的欲念彻底粉碎，对情节严重的犯罪分子而言，将起到遏制其再犯的作用；而对于情节较轻的贪利犯罪，有时单处罚金刑即可使犯罪人感到在经济上不仅无利可图，而且得不偿失，不得不对自己的行为重新估价，从而发挥刑罚的特殊预防功能。[①]

综上所述，新加坡贪贿犯罪的刑事立法为本国的反腐工作提供了准确的工作准则，同时也取得了良好的反腐效果，比较新加坡贪贿犯罪的相关刑法规定，我国当下有关贪贿犯罪的刑事立法存在较多缺陷和不足。我们应当借鉴新加坡贪贿犯罪的刑事立法经验，在贪贿犯罪的犯罪主体、对象、刑罚体系等方面进行修改和完善，推动我国反腐工作进一步发展。

---

① 何立荣、何明凤：《我国与新加坡受贿犯罪立法比较及其启示》，载《广西社会科学》2014 年第 9 期。

第二章

菲律宾刑法研究

第一节　菲律宾刑法制度沿革

一、菲律宾国家概况

菲律宾全称菲律宾共和国(Republic of the Philippines),位于亚洲东南部,北隔巴士海峡与中国台湾省遥遥相对,南和西南隔苏拉威西海、巴拉巴克海峡与印度尼西亚、马来西亚相望,西濒南中国海,东临太平洋,共有大小岛屿7000多个。菲律宾全国划分为吕宋、维萨亚和棉兰老三大部分,设有首都地区、科迪勒拉行政区、棉兰老穆斯林自治区等17个地区,下设81个省和117个市。[①] 菲律宾是一个宗教国家,主要有天主教、基督教新教、伊斯兰教、佛教和其他宗教,其中天主教处于主要地位。16世纪中后期,菲律宾成为西班牙在亚洲的第一个殖民地。[②] 1899年1月23日,菲律宾共和国宣告成立,西班

---

① 参见:http://www.fmprc.gov.cn/mfa_chn/gjhdq_603914/gj_603916/yz_603918/1206_604162/,访问日期:2014年7月10日。

② [菲]格雷戈里奥·F.赛义德:《菲律宾共和国:历史、政府与文明》,吴世昌、温锡增译,北京:商务印书馆1979年版,第149～150页。

牙在菲律宾长达300多年的殖民统治结束。1902年美国国会通过《菲律宾法案》,宣布菲律宾对美国的依附地位,美国控制了菲律宾的行政、司法和立法大权。1941年日军入侵菲律宾,美军在日军的协助下重新占领马尼拉并于1945年恢复对菲律宾的殖民统治。1946年7月4日,美国被迫同意菲律宾独立,菲律宾获得完全独立。①

菲律宾实行总统制。总统是国家元首、政府首脑兼武装部队总司令。根据现行宪法,菲律宾实行行政、立法、司法三权分立政体;总统拥有行政权等。国会是菲律宾的最高立法机构,由参、众两院组成。参议院由24名议员组成,由全国直接选举产生,任期6年,每三年改选1/2,可连任两届;众议院由250名议员组成,其中200名由各省、市按人口比例分配,从全国各选区选出,25名由参选获胜政党委派,另外25名由总统任命。众议员任期3年,可连任三届。菲律宾司法权属于最高法院和各级法院。最高法院由1名首席法官和14名陪审法官组成,均由总统任命,拥有最高司法权;下设上诉法院、地方法院和市镇法院。检察工作由司法部检察长办公室负责。菲律宾有大小政党100余个,大多数为地方性小党。菲律宾主要政党和团体有自由党、基督教穆斯林民主力量党、民族主义人民联盟、摩洛民族解放阵线、摩洛伊斯兰解放阵线、菲律宾共产党;其他政党有民主行动党、地方发展优先党、改革党、民主战斗党、民族党等。②

二、菲律宾刑事法发展历程

菲律宾的法律发展历程受到其国家发展历程的影响。一般认为,菲律宾的国家发展历程可以划分为七个阶段:西班牙统治前阶段(1521年以前)、西班牙统治阶段(1521—1898年)、美国统治阶段(1898—1935年)、自治政府阶段(1935—1945年)、共和国政府阶段(1946—1972年)、军法统治阶段(1972—1986年)和共和国政府复兴阶段(1987年至今)。因此,菲律宾法律发展历程也可以分为这七个阶段。由此可以看出,菲律宾法律受到菲律宾国家政治的影响而非常复杂,特别是在保留原有传统法律的基础上又明显受到大陆法系、

① 参见:http://baike.so.com/doc/3304549.html,访问日期:2014年9月3日。

② 参见:http://www.fmprc.gov.cn/mfa_chn/gjhdq_603914/gj_603916/yz_603918/1206_604162/,访问日期:2014年9月3日。

英美法系等的影响而形成一种复合体。正如学者所言,菲律宾法律体系因是大陆法、英美法、穆斯林法和本地法的混合体而成为世界上独一无二的法律体系。[①]

菲律宾刑事法发展历程亦如此,其刑事法特别是刑法在其独一无二的法律体系下形成了具有独自特色的法律。在西班牙统治前,菲律宾刑法具有"诸法合体"的特征,民刑不分,具有自身的特征。在西班牙统治时期和美国统治时期,一系列西班牙法律和美国法律在菲律宾实施,菲律宾刑法受到西班牙法律和美国法律的深刻影响。在自治政府时期、共和国政府时期、军法统治时期和共和国政府复兴时期,菲律宾刑法一直处于调整、修改、补充中。经过各个时期的修正和补充,菲律宾现行刑法典终于基本成型和稳定。

菲律宾现行刑法称为《修正刑法典》(The Revised Penal Code)。该刑法典修正于1930年12月8日、实施于1932年1月1日。该刑法典受到西班牙法和美国法的影响,但受西班牙法的影响更大且主要基于1870年《西班牙刑法典》而修正,因而兼具大陆法和英美法的特征,又保留了诸多自身特色。西班牙法和美国法对菲律宾刑法的影响在于,菲律宾刑法注意保护西班牙和美国的利益。这一点至今仍可以从个别条文中看出。例如,《菲律宾刑法》第114条规定的叛国罪和第116条规定的包庇叛国罪就明确含有"美国"字眼,把美国政府作为危害国家安全犯罪的保护对象。自1930年修正后,菲律宾未就《修正刑法典》作重大修改,此后对《修正刑法典》的修正和补充主要以公法案、总统令和共和国法案等形式进行。因而,现行的菲律宾刑法主要由1930年的《修正刑法典》和其他修正和补充的相关法案组成。

第二节　菲律宾刑法典主要内容

一、基本结构和基本原则

菲律宾现行刑法典称为《修正刑法典》(The Revised Penal Code),其体例

---

① 杨家庆译、谢望原审校:《菲律宾刑法》,北京:北京大学出版社2006年版,第3页。

主要是册（book）、编（title）、章（chapter）、节（section）、条（art）、款（paragraph）、项（rule 或 subsection），共计 367 条，分为两册，分别为总则、犯罪与刑罚。第一册是总则，册下设编，共五编，分别为：第一编犯罪和影响刑事责任之情形，第二编刑事责任主体，第三编刑罚，第四编刑事责任之消灭，第五编民事责任。在第一编前设序言编（preliminary title），用两个条文规定本法典生效日期和适用范围。第二册共计十四编，将所有具体罪名按一定类别分为十四类予以规定，分别为危害国家罪与违反国家法律之犯罪、违反国家基本法之犯罪、危害公共秩序罪、危害公共利益罪、有关鸦片和其他禁止毒品罪、危害公共道德犯罪、渎职犯罪、侵犯人身罪、侵犯人身自由与安全罪、侵犯财产罪、侵犯贞节罪、侵犯个人公民身份罪、侵犯名誉罪、准犯罪（单设一章规定过失犯罪）；各编之下设若干章规定具体犯罪。第二册之后设附则，规定《修正刑法典》所废止的法案和其他修正的刑事法案。

菲律宾《修正刑法典》规定或体现的基本原则主要可以概括为两个，一是无罪推定，二是罪刑法定。《菲律宾宪法》第三章"人民的权利"第 14 条规定非经法律程序，不得迫使任何人负刑事责任。在任何刑事诉讼中，被告在最终定罪之前应被推定为无罪，并享有由其本人和辩护人进行陈述、被告知其所受控告的性质和原因、要求迅速进行公正和公开的审判，同证人对质，要求以强制程序保证证人出庭并提供对其有利的证据等权利。但在传讯后，尽管被告缺席，审讯得以继续进行，但以已正式通知被告且缺席为无理者为限。这即是在刑事诉讼中无罪推定原则的明确表述。罪刑法定原则是当代世界法治国家所规定的基本原则之一，菲律宾刑法亦如此。菲律宾《修正刑法典》第 21 条规定："犯罪前法律未规定的刑罚不适用于该犯罪。"这可以看作是菲律宾刑法规定罪刑法定原则的明证。

二、关于犯罪

（一）关于犯罪的定义和分类

《修正刑法典》第 3 条明确规定了犯罪的定义，犯罪是指应受法律惩罚的作为和不作为。犯罪不仅包括欺诈也包括过失。欺诈是指具有故意意图的实行行为；过失是指由于轻率、疏忽、缺乏预见力或缺乏技能而引起的不法作为。

这与我国刑法规定的犯罪的定义有较大的区别，我国刑法对犯罪的定义属于混合的犯罪概念，不仅详细列举了犯罪的行为表现形式，而且规定了“但是情节显著轻微危害不大的，不认为是犯罪”的但书内容。这一犯罪定义既有入罪功能又有出罪功能，是入罪和出罪机制的统一。相比之下，菲律宾刑法典对犯罪的定义属于形式的犯罪概念，相对简单明了。两国刑法对犯罪的定义各有特色。

从《菲律宾刑法典》条文中可以明确地看出其所规定的犯罪的分类。一是故意犯罪和过失犯罪。《菲律宾刑法典》第 3 条规定，犯罪不仅包括欺诈也包括过失。其中的欺诈即是故意犯罪，过失犯罪包括轻率和疏忽行为。二是按照犯罪完成与否分为犯罪既遂、犯罪受阻和犯罪未遂。《菲律宾刑法典》第 6 条规定，“……行为人完成了能导致犯罪既遂的所有实行行为，但由于意志以外的原因未发生犯罪结果称为犯罪受阻。犯罪未遂是指犯罪人直接着手实施犯罪行为，非出于本人主动中止，而是由于外界原因或意外事件导致犯罪人没有完成所有能引起犯罪发生的行为”。这里的受阻犯和未遂犯与我国的未遂犯不同，分别相当于我国刑法中的实行终了的未遂和未实行终了的未遂。三是共谋犯和建议犯。《菲律宾刑法典》第 8 条规定，共谋犯是指两人或两人以上共同协商并决定共同实施犯罪行为的犯罪；建议犯是指建议他人实施犯罪行为的犯罪。四是按照刑罚的轻重分别分为重罪、次重罪、轻罪。《菲律宾州法典》第 8 条规定，重罪是指根据本法第 25 条之规定应处以死刑或任一量刑幅度属于重刑的犯罪；次重罪是指刑法规定最高刑为矫正刑的犯罪；轻罪是指应单处或并处短期禁闭或 200 比索以下罚金的违法行为。

（二）关于责任

菲律宾《修正刑法典》规定的责任包括刑事责任和民事责任。

1. 刑事责任

《修正刑法典》第 4 条规定，以下行为应承担刑事责任：(1)任何人实施了与主观意志不一致的违法行为；(2)任何人实施侵犯人身或财产之犯罪，但如果行为本来不可能完成或因为采用了不充分或者无效的犯罪手段而使犯罪不得逞的除外。此外，某些应给予适当的约束但法律并未规定其应受处罚时，法院认为应当予以处罚时也应承担刑事责任。

菲律宾《修正刑法典》第一册第二编专门规定了刑事责任主体，按照重罪、次重罪和轻罪分别规定了相应的刑事责任主体。第 16 条规定，主犯、共犯和从犯为重罪和重罪的责任主体，主犯和共犯为轻罪责任主体。第 17 条、第 18 条和第 19 条规定了主犯、共犯和从犯的概念。在刑事责任主体部分具有特色的规定是其第 20 条作出了免除刑事责任的从犯的规定，即除了通过犯罪结果为自己谋利或帮助罪犯谋利的情况外，为保护其配偶、血亲或姻亲的直系尊亲、直系卑亲、私生或被收养的兄弟姐妹而实施帮助行为的，可以免除从犯的刑事责任。

《修正刑法典》第 11 条至第 15 条规定了影响刑事责任之情形，包括正当行为与免责情形、减轻刑事责任之情形、加重刑事责任之情形和其他情形。首先，正当行为是不负刑事责任的，主要包括相当于我国刑法中的正当防卫和紧急避险，还包括履行义务、行使职权、执行命令等行为；免除刑事责任的情形包括行为人为弱智者或精神病人、未满 9 周岁的、年满 9 周岁但未满 15 周岁的未成年人（犯罪时具有识别能力的除外）、意外事件、不可抗力、受恐惧的刺激而作出的行为、因合法的不可克服的原因而未能完成法律要求之行为。其次，减轻刑事责任的情形包括十类，主要为正当行为和免责之必需要件不完全具备时、罪犯年龄、主观意志或主观目的、精神状态、罪犯自首或坦白、罪犯生理缺陷或疾病以及其他类似行为。再次，加重刑事责任之情形包括二十类，主要为利用特殊身份犯罪、在特殊地点犯罪、特殊方式犯罪、特殊时期犯罪、累犯、特殊目的犯罪和特殊手段犯罪等。最后，具有特色的是，菲律宾刑法典第 15 条专门规定了影响刑事责任的“其他情形”，即“指依据犯罪的限制和结果以及其他在犯罪中出现的情形，必须作为加重或减轻刑事责任予以考虑的情节”，主要包括亲属关系、酒后犯罪及罪犯知识水平和受教育程度等。这些情节显然属于司法人员自由裁量的空间，但值得一提的是，这些情节是“必须（must）”作为加重或减轻刑事责任的情节，而不是我国刑法中的“可以”情节。

《修正刑法典》第一册第五编规定了刑事责任之消灭，其规定的刑事责任消灭包括完全消灭和部分消灭。刑事责任完全消灭的情形包括七类，即罪犯死亡、服刑完毕、特赦、完全赦免、已过追诉时效、已过行刑时效以及犯第 344 条规定之罪（通奸罪、姘居罪、诱奸罪、诱拐妇女罪、强奸罪和猥亵罪）而与被害妇女结婚的。具有特色的是，《修正刑法典》在规定追诉时效的同时还规定了行刑时效，即终审判决的刑罚经过一定期限不执行就失效；同时，明确规定行刑时效之计算与中断，这是我国刑法所没有规定的。刑事责任部分消灭的情形包括三类，即有条件之赦免、减刑及罪犯在服刑期间因表现好而获得奖励。罪犯被有条件赦免后应承担严格遵守附加的条件的义务，否则将撤回赦免并按第 159 条之规定处罚。这里的减刑与对表现良好的奖励不同，一是减刑既包括刑期的减短也包括刑罚性质的减轻，而对表现良好的奖励只包括刑期的减短，即根据被关押年限每月减少一定天数的刑罚；二是给以表现良好的囚犯减短刑期的奖励一旦给予就不得撤回。

2. 民事责任

除了刑事责任之外，《修正刑法典》还规定了民事责任。第一册第五编专门规定罪犯应承担的民事责任，下设三章分别规定犯罪的民事责任人、民事责任的内容以及民事责任的消灭和存在。《修正刑法典》第 100 条明确规定，犯罪人既要负刑事责任又要负民事责任。这为犯罪人承担相应的民事责任提供了法律依据。菲律宾刑法典按照不同案件和不同主体划分了主要民事责任、次要民事责任和补充民事责任。刑事责任之免除不等于民事责任之免除。行为人是弱智或精神病人、未满 9 周岁之未成年人或不具有识别能力的年满 9 周岁未满 15 周岁的未成年人的，其有过错或有疏忽的合法代理权人或监督权人应承担民事责任；如果其无合法的监护人或管理人或他们无偿还能力，则上述弱智者、精神病人或未成年人以其所有的财产承担民事责任。紧急避险之受益人由法院根据其受益比例确定应承担的民事责任；对各方的责任不能作出公平的决定时，应根据特别法或规章规定的方式作出赔偿。在他人强迫或不可抗拒的暴力下作出行为或在受到无法控制的恐惧的刺激下作出行为之人应承担主要民事责任，如无此类行为人则具体实施者以其豁免之外的财产负次要民事责任。旅馆主人、客栈老板和业主在特定情况下应承担补充民事责任。此外，雇主、老师、个人和从事任一行业的团体也应承担由其仆人、学生、工人、学徒和雇员犯罪但免责的民事责任。

犯罪的民事责任人应承担的民事责任包括归还原物、偿还直接损失、赔偿间接损失。归还原物具有优先性，只要可能就必须归还原物，即使原物有一定损耗或通过合法方式转至第三人，但按照规定第三人不需要返还原物的除外。法院应尽可能根据犯罪过程中和犯罪之外的相关因素确定直接损害赔偿和间接损害赔偿数额。民事责任之权利人和承担人具有继承性，即可以由各自继承人继承。在同一犯罪中，主犯、共犯和从犯的民事责任由法院决定；主犯、共犯和从犯应承担各自的责任份额，并对其他人员承担补充责任；补充赔偿责任按照主犯、共犯、从犯的顺序执行；已承担责任的罪犯有权要求其他犯罪人支付其应分担之责任份额。此外,无代价分享了犯罪所得收益的人应在其分享的范围内承担赔偿责任。

《修正刑法典》所规定的民事责任按照民法的规定,以相同的民事责任方式消灭。即使罪犯以一定方式服刑或因特殊原因不需要服刑,其也应当承担其犯罪所产生的民事责任。也就是说,无论是否承担刑事责任或是否正在承担刑事责任,罪犯的民事责任仍然存在,罪犯均需继续承担由其犯罪所产生的民事责任。犯罪人之民事责任仅能以民法中规定的方式消灭。

《修正刑法典》对民事责任之规定是比较完善的。民事责任的规定使得刑事责任与民事责任相互衔接,能够保证被害人得到相应的赔偿或补偿。因此,可以说,《修正刑法典》不仅关注打击罪犯,而且更加关注被害人的权益的恢复。这不仅有利于犯罪的惩治与预防,而且有利于被害人相关权益的保障,减轻或消灭被害人的仇恨、愤怒的感情,消解犯罪人与被害人双方之间的矛盾和冲突,不断修复被破坏的社会关系,为社会的安定有序提供条件。这与修复性司法的理念是完全契合的,是这一理念之贯彻,也能为修复性司法提供条件。但是,刑法与民法毕竟有别,刑事责任不同于民事责任,刑法典中专章规定民事责任是否模糊了刑法与民法的界限,是否模糊了刑事责任与民事责任的边界,这是需要进一步观察和研究的。

三、关于刑罚

刑罚是菲律宾《修正刑法典》规定得最为详细的部分之一。《修正刑法典》第一册第三编规定刑罚,下设五章,分别规定刑罚总则、刑罚的分类、刑期和刑罚的效力、刑罚的适用以及刑罚之执行与服刑。

(一)刑罚适用原则

菲律宾《修正刑法典》明确规定的适用刑罚的原则可以概括为以下两个。第一,刑罚法定。《修正刑法典》第 21 条规定:"犯罪前法律未规定的刑罚不适用于该犯罪。"因此,刑罚的适用以犯罪时的法律规定为准,犯罪时的法律未规定的刑罚不得适用。这也是罪刑法定原则在刑罚中的贯彻。第二,在刑法溯及力上采取类似从旧兼从轻原则。《修正刑法典》第 22 条规定,虽然刑法颁布时已经对案件作出终审且罪犯在服刑,但只要罪犯不是惯犯,刑法在对罪犯有利的范围内具有追溯效力。刑罚的适用亦如此,即只要在对罪犯有利的范围内，即使案件已经终审且正在执行中，新颁布的刑法中规定的刑罚也对其具有追溯力。这一原则不同于从旧兼从轻原则。从旧兼从轻原则对已经终审判决的案件没有追溯效力，而菲律宾《修正刑法典》规定的这一原则对于已经终审的案件也具有追溯效力。这似乎更有利于罪犯权利之保障，但突破了从旧兼从轻原则，不利于保证判决的确定性，也无助于保证刑法的安定性。

（二）刑罚的种类与结构

1. 刑罚种类

《修正刑法典》规定的刑罚分为主刑和附加刑，主刑包括极刑、重刑、矫正刑与轻刑。极刑即死刑，重刑包括无期徒刑、有期徒刑、终身或有期剥夺全部权利、终身或有期剥夺特别权利、监禁，矫正刑包括监狱矫正、长期禁闭、停职、流放，轻刑包括短期禁闭、遣责。另外，罚金和守法保证可以与上述重刑、矫正刑、轻刑同时并用，罚金刑依据其数额不同可以作为重刑、矫正刑或轻刑适用。附加刑包括终身或有期剥夺所有权利、终身或有期剥夺特别权利、临时剥夺公职、选举权与被选举权或者从事某种职业或行业的权利、民事权利禁止、赔偿、追缴或没收违法所得、支付诉讼费用[①]。此外，《修正刑法典》以一节的内容专门规定了“其他附加刑”，几乎各类刑罚均有附加刑，如死刑的附加刑、无期徒刑和有期徒刑的附加州、监禁的附加刑、监狱矫正的附加刑、禁闭的附加刑等。一般来说，附加刑的内容为终身或有期剥夺全部权利、民事权利、资格权利、特别权利、选举权利或中止公职或中止某种职业或行业的权利。菲律宾刑法规定的刑罚由主刑到附加刑、由重到轻，刑罚之间轻重衔接。

2. 刑罚期限

《修正刑法典》规定了各类刑罚的期限，即刑期。较为显著的特征是，菲律宾刑法中各类刑罚的刑期精确到“天”。各类刑罚刑期如表 2-1 所示。

---

① 在菲律宾刑法中，被告需要承担诉讼费用。依据《修正刑法典》第 37 条之规定，司法程序中所包括的费用和赔偿金都是诉讼费用。

表 2-1 菲律宾各类刑罚罚期

刑　　罚	期　　限
死刑	—
无期徒刑	执行 30 年后赦免,除非总统认为不应赦免
有期徒刑	12 年零 1 天至 20 年
监禁和有期剥夺权利	6 年零 1 天至 12 年
监狱矫正、停职和流放	6 个月零 1 天至 6 年
长期禁闭	1 个月零 1 天至 6 个月
短期禁闭	1 天至 30 天
守法保证	法院决定
罚金	重刑:6000 比索以上;矫正刑:200 比索以上 6000 比索以下;轻刑:200 比索以下

(三)刑罚的具体适用

1.各刑事责任主体适用的刑罚及其等级规则

《修正刑法典》规定了各类刑事责任主体适用的刑罚,首先将犯罪分为既遂犯、受阻犯罪、未遂犯,再在各类犯罪之下分主犯、共犯和从犯,分别适用各自等级的刑罚。主犯适用重罪刑罚。对重罪既遂适用重罪刑罚,对既遂犯之共犯适用比既遂犯法定刑轻一等级的刑罚,对既遂犯之从犯适用比既遂犯轻两等级的刑罚。对受阻犯之主犯适用比既遂犯的法定刑轻一等级的刑罚,对搜主犯之共犯适用比受阻犯轻一等级的刑罚,对受阻犯之从犯适用比受阻犯轻两等级的刑罚。对未遂犯之主犯适用比既遂犯的法定刑轻两等级的刑罚,对未遂犯之共犯适用比未遂犯轻一等级的刑罚,对未遂犯之从犯适用比未遂犯轻两等级的刑罚。从对各类犯罪所适应的刑罚来看,可以总结出如下规律:主犯适用重罪刑罚。对重罪既遂适用重罪刑罚;受阻犯之主犯和未遂犯之主犯参照既遂犯的法定刑分别轻一等级或两等级处罚;各类犯罪之共犯和从犯参照本类犯罪之主犯分别轻一等级或两等级处罚。

《修正刑法典》规定了不适用死刑之情形,犯罪分子年龄 70 周岁以上的、有提出上诉或最高法院重审案件之情形,法庭成员对该死刑的执行意见不一致的。

当犯罪分子实施的某一行为构成两种或两种以上的罪行时，对犯罪分子处以数罪中最严重犯罪的最高幅度的刑罚。当犯罪分子所犯罪行与其预期犯罪不一致时，对主犯处以客观上所犯之罪与主观上欲犯之罪中相对较轻犯罪的最高幅度的刑罚；但是，如果行为人之犯罪行为成为另一犯罪的未遂或受阻，而法律对之规定了更重的刑罚时，这一规则并不适用，而应处以另一犯罪的未遂或受阻的最高幅度的刑罚。如果由于犯罪分子使用的工具或追求的目标不可能致使犯罪不能的，法院将根据犯罪分子所表现出的社会危险性和犯罪危害程度，对其处以长期禁闭或200～500比索的罚金。

2.刑罚适用等级规则

《修正刑法典》第50条至第57条规定了受阻犯罪、未遂犯罪之主犯、共犯、从犯之处罚，即参照相应犯罪之法定刑轻一等级或轻两等级进行处罚。在《修正刑法典》所规定的刑罚体系下，此处之"轻一等级"与"轻两等级"具体何指？具体如何适用？根据第61条之规定，对于犯罪受阻、犯罪未遂的主犯、共犯、从犯的处罚应遵循如下规则。如果参照适用之刑罚是单一且不可分割，轻一等级的刑罚为本法第71条规定的各种不可分割刑罚的下一等级刑罚。如果所参照适用之刑罚为两种且不可分割或在一个总幅度内适用一种或多种可分割的刑罚，轻一等级的刑罚即所参照之的较轻的刑罚的下一等级的刑罚。如果所参照适用之刑罚为一种或两种且不可分割和另一最高幅度的可分割刑罚，轻一等级的刑罚包括中间幅度和最低幅度的可分割刑罚、最高幅度的适当可分割刑罚、前述刑罚低一等级的最高幅度的刑罚。如果所参照适用之刑罚为多种不同的可分割的多个不同的量刑幅度，轻一等级之刑罚为最低幅度的刑罚低一个或两个等级的刑罚。如果在前四种情形下所规定的范围内无对某一犯罪适当的处罚，由法院通过类推决定处以相应的刑罚。

3.影响刑罚适用之情节及其规则

《修正刑法典》规定的影响刑罚的情节包括减轻情节、加重情节和惯犯。适用减轻情节或加重情节时应具备以下条件：第一，加重情节是法律特别规定的或法定的犯罪所包括的且规定了刑罚的，除此以外不可作为适用加重刑罚的情节；第二，加重情节必须是在犯罪中固有的且存在一定程度上的必然伴随性；第三，加重或减轻情节必须基于犯罪人的道德品质、其与被害人的私人关系或其他个人原因而发生；第四，如果加重或减轻情节存在于主要实行行为或犯罪手段中时，仅加重或减轻行为时知晓此类情节的行为人的刑事责任。

对于适用不可分割刑罚的犯罪中的加重情节与减轻情节的适用，法院应作如下考虑:对于单一不可分割的刑罚,法院不考虑此类犯罪中是否存有减轻或加重情节。对于由两种不可分割的刑罚构成的刑罚,法院适用时应遵循以下规则:如果犯罪行为既无减轻亦无加重情节,适用较轻的刑罚,如果犯罪行为仅有一个加重情节,适用次种刑罚;如果犯罪行为仅有一些减轻情节,适用较轻刑罚;如果犯罪行为同时伴有减轻情节和加重情节,法院根据损害结果、数量和重要程度酌情对两者进行适当地相互抵消。

在包含三个量刑幅度的刑罚(中间幅度的法定刑、最低幅度的法定刑、最高幅度的法定刑)的情形下,法院将根据减轻情节与加重情节的情况按照如下规则确定刑罚。如果犯罪行为既无减轻情节也无加重情节,处以中间幅度的法定刑罚;如果仅有一个减轻情节,处以最低幅度的法定刑罚;如果仅有一个加重情节,处以最高幅度的法定刑罚;如果既有减轻情节又有加重情节,法院进行合理抵消;如果仅有两种以上的减轻情节,在适当幅度内处以比法定刑罚轻一等级的刑罚。在一个犯罪中,无论加重情节多少,法院均不能处以超过法定最高刑的刑罚。最后,在各个刑罚等级范围之内,法院根据减轻情节或加重情节的相关因素决定刑罚的幅度。

另外,在不包含三个量刑幅度的刑罚时,法院将法定刑罚分为三个等额刑期,每一个刑期就是一个刑罚幅度,再遵照前述规则适用刑罚。在确定罚金数额时,法院除了考虑减轻情节和加重情节外,更需考虑犯罪人的财产和收入。对于具备《修正刑法典》第 12 条规定的部分免责要件的情形,对犯重罪与次重罪的犯罪人,分别处以最高幅度长期禁闭至最低幅度的监狱矫正刑和中间幅度至最低幅度的长期禁闭。对于未满 18 周岁且不符合未成年人延迟宣判条件的,区别情况处以比所犯罪行为的法定刑至少低两等级至一等级的刑罚。在行为人之行为欠缺成为正当行为的某些条件或缺乏部分完全免责的条件的情形下,法院根据具体情况处以比法定刑轻一等级或两等级的刑罚。

4.刑罚等级表

《修正刑法典》规定了适用刑罚的等级表,法院在适用情节较轻或较重的刑罚时应严格遵循相应的等级标准。相应的等级标准分为以下两类:第一类分为十个等级,分别为死刑、无期徒刑、有期徒刑、监禁、监狱矫正、长期禁闭、流放、短期禁闭、责难、罚金;第二类分为五个等级,分别为终身剥夺所有权利、有期剥夺所有权利、停止公职、选举权和被选举权、从事某种职业或行业的权利、责难、罚金。法院适用刑罚时必须遵循相应规则,选择相应等级的刑罚。

(四)刑罚的执行

《修正刑法典》以专章形式规定刑罚之执行与服刑,下设两节,分别规定总则和主刑之执行。刑罚执行的对象必须是终审判决,必须以法律规定的形式执行,还需遵守刑罚执行机构政府关于刑罚执行的专门规章。刑罚执行应实行性别区分原则,对男女服刑人员由不同的服刑机构或至少在同一机构分管分押。对于终审宣判之后成为精神病患者或弱智者的,法院根据规定指令将其限制在专门的医院或精神病院,其刑罚将暂缓执行直至罪犯恢复正常。对于未成年罪犯实行延迟宣判制度。未成年人犯重罪或次重罪时未满 16 周岁的,法院经审查后不作出有罪判决而中止所有下一步诉讼程序,将未成年犯罪人交予相关机构或个人监管或监护,根据未成年犯的具体表现、是否遵守相关规定或被附加的条件、有无悔改等作出恢复庭审并决定释放或作出有罪判决的决定。未成年犯所交托机构的生活费用由法院根据其父母或亲属或有抚养义务的抚养人的承担能力裁决其承担全部或部分费用,如果法院裁决上述人员无须承担或无能力承担的,其生活费用由所在地的市、所属的省份和国家各承担 1/3。如果财政部长证实某市不能承担其应分担之部分,此部分由国家负担。特别市应承担 2/3 的费用,若特别市不能承担,则其应被分配的税收用于承担未成年犯的生活费用。

《修正刑法典》对主刑的执行规定较为详细,特别是对死刑的规定。死刑的执行有统一的时间、地点和方式。法院指定一个工作日执行死刑,但不指定具体几点钟,执行当天日出之后方可告知罪犯具体执行日期。发出死刑执行布告后至少满 8 小时且在日落前执行,在此间隔期间应尽可能为犯人提供帮助以减轻其痛苦。死刑应在比利比汤监狱内的一封闭空地执行。死刑统一用电刑执行(1996 年已修改为使用注射方法执行死刑),如果罪犯要求,执行电刑时应将其麻醉。死刑执行的目击者有严格的要求且不得超过 6 人。对于死刑犯的尸体,如其家属无要求,执行程序完成后将交给为学习研究目的而首先申请的学术或科研机构,由其对尸体进行合理埋葬;如家属无要求也无机构申请的,由监狱长用政府费用安排埋葬。死刑是极刑,《修正刑法典》也规定了缓期执行的制度,即妇女从宣判之日起 3 年内或怀孕期间不得处以死刑,70 周岁以上的也不得处以死刑。在此种情形下,该罪犯将减为无期徒刑并附加终身完全剥夺权利和剥夺民事权利。

对于无期徒刑、有期徒刑、监禁、监狱矫正和长期禁闭应在法定的执行场所并由刑罚机构执行。长期禁闭的执行场所由法院根据罪犯的健康状况和其他理由确定,确定的地点包括地方监狱和有司法警察监视下的被告人住所地。对于被判处流放刑的罪犯,不得进入判决明确指定的地方,也不得进入以该地方为中心的至少25千米至多250千米半径范围内的地方。

四、关于具体罪名

《修正刑法典》第二册共计十四编,将所有具体罪名按分为十四类予以规定,分别为危害国家罪与违反国家法律之犯罪、违反国家基本法之犯罪、危害公共秩序罪、危害公共利益罪、有关鸦片和其他禁止毒品罪、危害公共道德犯罪、渎职犯罪、侵犯人身罪、侵犯人身自由与安全罪、侵犯财产罪、侵犯贞节罪、侵犯个人公民身份罪、侵犯名誉罪、准犯罪(单设一章规定过失犯罪);各编之下设若干章规定具体犯罪,章下设节进一步按类别规定章内具体犯罪。这些罪名基本上按照法益的重要程度、行为的危害程度由重到轻排列。这与我国刑法分则具体罪名排列类似。

第一编为危害国家安全罪与违反国家法律之犯罪。这一编相当于我国刑法中的危害国家安全罪,规定的犯罪均为与国家安全紧密相关的犯罪。所不同的是,本编规定了我国刑法所没有规定的普通海盗罪、公海上暴动罪和特别海盗罪。这涉及刑事管辖权问题。第二编为违反国家基本法之犯罪。本编主要规定公职人员特别是行政和司法公职人员在执法、司法过程中的滥用职权、玩忽职守擅自羁押和驱逐公民、侵犯他人住所、阻止干扰和解散和平会议、侵犯宗教信仰等犯罪。第三编为危害公共秩序罪。本编规定谋反、暴乱和不忠犯罪,侵犯公众代表犯罪,非法集会,非法结社犯罪,威胁、抵抗、违抗政府官员及其代理人犯罪,扰乱公共秩序犯罪,逃避服刑犯罪,服刑期间犯新罪等,类似于我国刑法中的妨害社会管理秩序罪中的部分犯罪。第四编为危害公共利益罪。本编规定伪造罪、其他伪造罪、欺诈罪,相当于我国刑法中破坏金融管理秩序罪中的伪造型犯罪、扰乱市场秩序罪、妨害司法罪中的部分犯罪。第五编为有关鸦片和其他禁止毒品罪,专编规定毒品犯罪(以鸦片为主),与我国刑法中规定的毒品犯罪类似,但规定过于简单,不及我国刑法对毒品犯罪的规定为详细。第六编为危害公共道德犯罪。本编规定游戏罪和赌博罪、侵犯公序良俗罪。第七编为渎职犯罪。本编规定渎职罪和玩忽职守罪、公职人员诈骗罪和非法勒索和交易罪、贪污公款或公共财物罪、公职人员不忠于职守罪、公职人员渎职罪。这一编规定相对较为详细，操作性较强，相当于我国刑法分则第八章贪污贿赂罪和第九章渎职罪，但不及我国刑法规定得详细，仍有不完善之处。第八编为侵犯人身罪。本编规定侵害生命罪、伤害罪，相当于我国刑法中的故意杀人罪和故意伤害罪。值得注意的是，本编中规定了堕胎罪，包括故意堕胎和过失堕胎。[①] 这是我国刑法没有明确规定的。这一规定也带来一些比较敏感而又难以获得一致认可的问题，如胎儿是否属于侵犯生命罪中的"生命"，"生命"以什么为标志等。第九编为侵犯人身自由与安全罪，包括侵犯人身自由罪、侵犯人身安全罪、发现和泄露秘密罪。第十编为侵犯财产罪。本编规定抢劫罪、强盗罪、盗窃罪、侵占罪、逃债罪、诈骗罪和其他欺骗罪、转移、出售或抵押已被抵押的动产罪、纵火罪和其他毁灭性犯罪、故意损害他人财产罪。第十一编为侵犯贞节罪。本编规定通奸和姘居、强奸罪和猥亵罪、诱奸罪、堕落未成年人罪和卖淫罪、诱拐妇女罪。第十二编为侵犯个人公民身份罪。本编规定假冒出生罪和冒用公民身份罪、非法婚姻罪。第十三编为侵犯名誉罪。本编规定诽谤罪、阴谋罪。第十四编为准犯罪。本编单设一章规定过失犯罪。

五、关于其他刑事法案

为更好地惩治犯罪，保证《修正刑法典》与社会发展的适应性，菲律宾对《修正刑法典》进行了修正和补充。迄今为止，修正和补充的主要内容包括以下部分：一是对违反菲律宾赌博法行为处以更严厉处罚的简要规定。这一法案列举了更加全面的违法赌博行为并规定了对其更加严厉的处罚。二是纵火罪的修正案。这一法案完善了原对纵火罪的不完整性规定，增加了纵火罪的情形。三是对《修正刑法典》第 320 条(毁灭性纵火罪)关于纵火罪的修改。这一法案解释了毁灭性纵火的内涵，修改了对纵火罪的处罚规定，即将对纵火罪的最高刑罚提高至死刑。四是反渎职和反腐败法案。本法案详细规定了公务人员的渎职和腐败行为方式。五是批准在贿赂和其他渎职案件中的行贿人和其礼品及其共犯免予起诉的决定。为给惩治公务人员渎职和腐败犯罪提供证

---

① 菲律宾《修正刑法典》第 256 条规定："任何人故意导致堕胎的应追究刑事责任……"第 257 条规定："行为人无堕胎故意，因实施暴力行为而导致堕胎的处以最低幅度和中间幅度的监狱矫正。"

人做证，分化瓦解贪污贿赂犯罪，本法案作出了对此类案件中行贿人及其共犯免予起诉的决定。六是为修改3815号法案(即《修正刑法典》)和其他目的，扩大解释强奸罪、将强奸罪重新归类到人身犯罪一编中的法案(即“1997年反强奸法案”)。本法案扩大了强奸罪的定罪范围，将强奸罪归类于人身犯罪之下。七是指定用注射方法适用死刑的法案。本法案将死刑的执行方式由电刑修改为注射死刑。八是定义暴虐妇女儿童的行为、为受害人提供保护性措施以及其他目的、规定相应刑罚的法案(即2004年反暴虐妇女儿童法案)。本法案详细列举和解释了各种暴虐妇女儿童的行为、详细规定了对受害人的保护性措施并规定了对暴虐妇女儿童行为的刑罚。九是菲律宾反对恐怖主义议案。本法案规定了恐怖主义定义、恐怖主义实施方式、恐怖主义犯罪基本行为方式及相关人员责任、反对恐怖主义委员会及其职能等。

相对于我国刑法而言，菲律宾《修正刑法典》对具体罪名的设置既有其相对详细的地方，也有其规定得不到位之处。具体说来，对于某些具体犯罪的行为方式、行为对象、责任主体列举较为详细，但难免挂万漏一；在一些重要的法益保护上，体现了重点保护、严厉打击的要求，能够有力地保护相关权益。但是，在某些领域对某些具体犯罪的规定过于粗糙，难以完全满足打击犯罪的需要。此外，规定具体犯罪的某些条文之间重复累赘、逻辑性较欠缺；某些条文规定的犯罪似乎模糊了法律与道德的界限。

修正和补充的其他刑事法案完善了《修正刑法典》，与《修正刑法典》一道共同有力地应对犯罪，保证了《修正刑法典》的稳定性、协调性和适应性。但是，其中混杂了行政法的相关内容，如反暴虐妇女儿童法案中反暴虐妇女儿童内部机构委员会的组成、其他政府机构和地方政府部门的责任，反对恐怖主义法案中反对恐怖主义委员会及其职能等。这些规定混淆了刑法与行政法的界限。此外，一些法案的规定体现出很强的突击应对性，相关规定的严密性较为欠缺。

从总体上看，菲律宾刑法对具体犯罪的规定相对完善，能够较为有力地惩治犯罪；只是个别地方存在瑕疵，尚需完善。

第三节　菲律宾刑法典主要特色

综观菲律宾刑法，其展现出诸多具有自身特色的规定。相较于我国刑法，菲律宾刑法的特色之处主要包括以下方面。

一、专编规定民事责任

菲律宾《修正刑法典》第一册第五编专编规定(犯罪的)民事责任,下设三章分别规定犯罪的民事责任人、民事责任的内容、民事责任的消灭和存在。《修正刑法典》第100条至第113条共计14个条文,详细规定了犯罪的民事责任主体、民事责任形式、民事责任内容、民事责任的确定、民事责任的承担、民事责任的存续与消灭等。民事责任主体包括犯罪人、犯罪所受损害相关责任人员、旅馆主人、客栈老板、业主、雇主、老师、个人和从事任一行业的团体等。民事责任形式包括主要责任、次要责任和补充责任。民事责任内容包括归还原物、赔偿直接损失、赔偿间接损失。民事责任的确定包括直接损害赔偿的确定、间接损害赔偿的确定,各自采取不同的确定方式。在共同犯罪案件中,主犯、共犯和从犯需要承担个别民事责任,并对其他犯罪人承担补充赔偿责任;补充赔偿责任的财产执行实行"主犯—共犯—从犯"的顺序;承担个别责任和补充赔偿责任的犯罪人具有对其他责任人员的追偿权利。犯罪人的刑事责任免除,民事责任仍然存续,民事责任仅以民法规定的方式消灭。

我国刑法对犯罪的民事责任规定相对较少,仅有《中华人民共和国刑法》第36条规定的民事赔偿责任、第37条规定的部分内容即非刑罚处罚方法中的赔偿损失以及相关司法解释。我国刑法对犯罪的民事责任、刑事附带民事责任规定略显粗糙,责任主体范围较小、赔偿责任范围较小、民事责任内容单一、民事责任承担方式略显单一。更为重要的是,我国刑法对犯罪的民事责任规定不集中,没有对民事责任的统一、专门的规定,在保证民事责任承担和实现上存有欠缺。

反观菲律宾刑法典,其在犯罪的民事责任方面呈现出诸多优点。一是责任主体明确全面。民事责任主体不仅包括犯罪人本人,还包括犯罪人以外的相关人员,承担民事责任的主体范围有所扩大,而不像我国刑法将其限于犯罪人本人或其监护人或亲属,这更能够有效地保障被害人民事权利的实现。二是责任形式多样。民事责任的形式包括主要责任、次要责任和补充责任。责任等级和层次清晰明确,能够明确各责任主体应承担的责任形式。三是责任内容多样全面。责任内容包括归还原物、赔偿直接损失、赔偿间接损失,而不限于我国刑法所规定的赔偿经济损失,并且在我国刑事诉讼法中这种损失只能是物质损失。四是责任范围明确科学。《修正刑法典》规定的民事责任赔偿范围不仅包括直接损失,而且包括间接损失,责任范围明确。在损害赔偿的确定上,对直接损害赔偿和间接损害赔偿作出区分。在直接损害赔偿的确定上,要求法院考虑包括财物的价格、受害人的特别情感价值和应作出的补偿等在内的因素;在间接损害赔偿的确定上,其对象不仅包括遭到损害的被害人,而且包括因犯罪而受到损害的家属或第三人。《修正刑法典》不仅注重被害人利益的保护,而且关注遭受犯罪损害的相关人员的利益的维护。五是责任承担方式科学。在民事责任的承担上,根据具体案件区分主犯、共犯和从犯,各自承担各自的个别民事责任,并需承担补充民事责任(即连带责任),补充赔偿责任依照主犯—共犯—从犯的顺序进行执行,已承担补充责任的犯罪人获得追偿的权利。这不仅有助于犯罪人之间赔偿责任的清晰明确科学分配,而且有利于被害人切实获得赔偿。六是专编规定民事责任,专门统一、详细全面。《修正刑法典》采取专编专章的体例规定犯罪人的民事责任,在世界各国尚属于少数。这种专编的形式将犯罪人的民事责任规定得既详细又全面。这充分体现了对被害人权益的关注和保障,既有利于对犯罪人的惩治,也有助于对犯罪的遏制,更有助于社会关系的修复,对于整个社会的安定有序助益良多。从总体上看,菲律宾刑法典中的民事责任条款的规定使得刑事法与民事法由冲突走向融合,并体现了对被害人的损失尽可能全面恢复的理念。[①] 这或许是今后刑法发展的重要方向之一。

二、个罪规定详细全面

菲律宾《修正刑法典》对各个罪名的规定详细全面,从以下方面可略见一斑。

第一,在体例安排上,个罪类别划分详细。《修正刑法典》第二册下设十四编,每编规定一类犯罪。在重要的法益上,同一大类的犯罪划分为多编分别予以详细规定。这使得同一大类的犯罪规定更加全面,更有力地惩治犯罪,更有力地保护重要法益。例如,第二册第一编是危害国家安全与违反国家法律之

① 邓崇专:《刑事法与民事法的冲突与融合——菲律宾刑法典中的“民事责任”条款及其启示》,载《河北法学》2011 年第 7 期。

犯罪，其中规定了违反国家法律之犯罪，而第二编接着规定违反国家基本法之犯罪，充分显示出国家法律之不可侵犯性和重要性。又如，社会公共秩序和公共利益是社会公共生活的前提和基础，也是社会公共生活追求的目标，社会公共道德更是社会公众应当遵守的社会公共生活规则。社会公共秩序、公共利益和公共道德对于社会公共生活具有重要意义。因而，《修正刑法典》以三编的内容分别规定危害公共秩序罪、危害公共利益罪、危害公共道德犯罪。再如，人的生命、自由与安全具有至高无上的重要性，《修正刑法典》也以三编的内容分别规定侵犯人身罪、侵犯人身自由与安全罪、侵犯个人公民身份罪等。

第二，在罪名设置上，个罪设置详细全面。《修正刑法典》对同一类别的个罪规定非常详细、罪名的设置非常全面。例如，第二册第八编第二章规定的伤害罪，其下设置五个条文分别规定伤残罪、重伤罪、给予有害食品或饮料罪、次重伤害罪、轻微伤害罪和虐待罪。这种根据伤残程度设置具体罪名的方式对不同程度的伤害罪予以详细全面规定，能够较有针对性地惩治不同伤害程度的伤害罪。又如，第二册第九编第二章第三节规定的威胁罪和胁迫罪，其下以八个条文分别规定严重威胁罪，轻微威胁罪，其他的轻微威胁罪，严重强迫罪，轻微强迫罪，其他类似强迫罪，使用暴力或威胁促使、保持和禁止资金或劳动力结合罪。根据威胁的程度或胁迫的程度，将威胁罪和胁迫罪设置为八个具体的罪名，相对全面详细。

第三，在具体个罪上，要件列举详细全面。综观《修正刑法典》，在具体个罪的规定上，每一个具体罪名的行为主体、行为方式、行为对象、危害结果等要件规定得相对细致、全面。例如，第 229 条进入他人住所或公共建筑物或宗教建筑物抢劫罪。本罪以两款分别规定不同行为方式的犯罪，(a)款列举 4 项不同的途径进入被抢劫的住所或建筑物而构成的犯罪，(b)款列举两项犯本罪的行为方式。又如，对重伤罪损伤结果的规定，即伤害、殴打、袭击他人而造成以下伤害的即构成重伤罪，一是致使被害人成为精神病人、弱智者、性无能者或盲人的；二是致使被害人丧失说话、听觉、嗅觉功能或失去一眼、一手、一脚、一胳膊、一腿或上述部分失去效用或丧失日常工作能力的；三是致使被害人残疾或失去身体某一部分、身体某部分功能丧失、生病或 90 天以上不能从事日常工作的；四是致使被害人生病或失去劳动能力 30 天以上的。这样详细全面列举犯罪行为主体、行为方式、行为对象、危害结果等的具体罪名规定，能够全面掌握和理解具体罪名，也有利于具体犯罪的认定。

三、专门规定道德犯罪

《修正刑法典》的又一极具特色之处就是其中规定违反公共道德犯罪或与道德相关的犯罪。第二册第六编的编名即为“危害公共道德犯罪(Crimes Against Public Morals)”,第十一编的编名即为“侵犯贞节罪(Crimes Against Chastity)”。仅仅从两编的编名就能够大致看出其中所规定的犯罪的性质。“公共道德(Public Morals)”“贞节(Chastity)”等这些关键词汇透露出所规定犯罪的道德性。值得注意的是,此处之“道德”稍不同于我们日常区分于法律之“道德”,但也似乎没有本质上的区别。

第六编之下设有两章,第一章是游戏罪和赌博罪,所规定的是赌博罪、进口、出售和持有彩票或彩票广告罪、体育竞赛中的赌博罪、非法赛马罪、非法斗鸡罪。这些罪名大致类似于我国刑法中规定的赌博罪,但也有较大区别。第二章是侵犯公序良俗罪(Offenses Against Decency and Good Customs),其中规定的宣传不道德学说罪和流浪罪特别是宣传不道德学说罪具有明显的道德性质。

第十一编第一章规定的通奸罪和姘居罪具有更为明显的道德性质。《修正刑法典》第333条规定通奸罪,即“任何已婚妇女与其丈夫之外的男性发生性关系和与其发生性关系之男人明知对方为已婚妇女,均犯通奸罪,即使婚姻后来被宣布无效……”;第334条规定姘居罪,即“任何丈夫在令人反感的情况下留宿妻子以外的其他女性于夫妻共同住处或者与妻子以外的女性发生性关系或者在其他地方同居的,处……”这里所规定的“通奸罪”和“姘居罪”与我们通常意义上所说的通奸和姘居并无二致。通奸与姘居在很大程度上是当事人双方的道德问题。

由此观之,菲律宾在个别犯罪问题上采用的是以刑法来应对道德的缺失、败坏和沦丧。这是其极具特色之处,也是我国刑法所不采的。这样的规定的理论基础和实际效果值得进一步研究。

四、专章规定过失犯罪

《修正刑法典》第十四编规定准犯罪,其下单设一章规定过失犯罪。在这一章下并没有诸多过失犯罪的条文,而只有一个条文,即第365条规定轻率和疏忽行为，没有规定具体的过失犯罪的罪名、罪状和法定刑。然而，我国刑法往往在相应的故意犯罪后规定相应的过失犯罪，与故意犯罪一样规定过失犯罪的罪名、罪状和法定刑。这是菲律宾《修正刑法典》又一特色，也是与我国刑法不同之处。

本章仅规定第 365 条轻率和疏忽行为，分为 9 款，第 1 款至第 4 款规定过失犯罪的形式及相应刑罚，第 5 款至第 9 款规定本条的例外情形、特定情况下认定过失犯罪应考虑的因素、判处刑罚应考虑的因素和遵循的原则。第 1 款规定，如果行为人故意违反法律，实施不计后果的轻率行为在构成重罪、次重罪和轻罪情况下分别处以相应的刑罚。第 2 款规定，如果行为人由于轻微的轻率或疏忽行为而构成重罪和次重罪情形下处以相应的刑罚。第 3 款规定，如果行为人实施过失犯罪仅仅导致财产损失时，处以相应的罚金。第 4 款规定，如果行为人故意实施轻微的轻率或疏忽的不法行为时，处以相应的刑罚。本条第 1 款和第 4 款规定的轻率和疏忽行为是对相应的结果有认识的过失，具有过于自信的过失的性质，类似于我国刑法中的过于自信的过失；本条第 2 款规定的轻率和疏忽行为具有疏忽大意的过失的性质，类似于我国刑法中的疏忽大意的过失。

本条第 5 款规定，对于行为人实施的轻率和疏忽的过失犯罪行为，法院在判处刑罚时不需要考虑第 64 条规定的刑罚适用规则，而进行“合理目的”的自由裁量。本条第 6 款规定了两种不适用本条相关规定的情形，一是行为人的刑罚等于或低于本条第 1 款、第 2 款规定的刑罚时，二是行为人的轻率和疏忽行为违反汽车法并造成一人死亡的。第 7 款规定，在认定行为人非恶意蓄谋的轻率行为时，法院应综合考虑行为人的职业、智力水平、身体状况以及其他相关的人物、时间和地点因素。第 8 款规定，由于缺乏预防措施的轻微的轻率行为导致的即将发生的损害既不是直接造成的也不是明显的危险造成的。第 9 款规定，如果罪犯在犯罪现场，其能够为受害方提供其所能够提供的帮助而未提供的，法院加重对罪犯的惩罚，对其“处以比本条规定重一等级的刑罚”。

与我国刑法相比，菲律宾《修正刑法典》在规定过失犯罪上的特色表现在以下方面：第一，以专编专章的形式规定过失犯罪。《修正刑法典》在第二册第一编至第十三编规定的具体犯罪中基本上是故意犯罪，几无涉及过失犯罪的罪名；所有过失犯罪均囊括于第十四编。第二，《修正刑法典》仅规定过失犯罪的形式及相应的刑罚，未规定具体罪名。第 365 条具体规定了三种情形下的轻率和疏忽行为构成的过失犯罪并规定分别构成重罪、次重罪和轻罪时的刑罚。第三,在对过失犯罪判处刑罚时,法院不遵循具有影响刑罚的情节的刑罚适用规则,具有较大的自由裁量权。

第四节　菲律宾刑法典主要瑕疵

如前一节所介绍的,菲律宾《修正刑法典》拥有诸多特色,尤其是在刑法典形式创新方面。但正如硬币之两面,菲律宾《修正刑法典》也伴随着某些瑕疵。

一、宗教色彩浓厚,注重保护宗教利益

菲律宾刑法的宗教色彩较浓厚。这可以在菲律宾刑法条文规定上找到根据。首先,菲律宾刑法注重宗教(牧师)的作用,特别是宗教的教导和感化作用。这应该与其国家宗教文化有关。在刑法典的相关规定中有较多的体现。例如,在第 80 条规定的未成年罪犯延迟宣判制度中,当未成年人犯重罪或次重罪后,法院将未成年人交托给相关的机构,但要求法院必须考虑未成年人本人、父母或近亲属的宗教信仰,以使其被交托给他们所信仰的教派。又如,第 82 条规定,为了减轻死刑犯的痛苦,在死刑布告发布后至执行死刑前的间隔期间应尽可能应其所要求为其安排所信仰的宗教的神父或牧师参加其生命的最后一刻。再如,第 84 条规定的死刑执行的目击人员中就有提供帮助的牧师。这些规定充分展现了菲律宾对宗教人员的尊重与宗教功能和作用的重视。

其次,菲律宾刑法特别注重保护宗教利益。无论是对宗教信仰自由、宗教人员的宗教感情、宗教人员的人身权利还是宗教建筑物和宗教场所,刑法条文都有较为详细的规定。第 132 条、第 133 条分别规定妨碍宗教信仰罪、侵犯宗教情感罪,对于公职人员或雇员妨碍宗教仪式、亵渎宗教的行为予以惩治;第 299 条规定进入他人住所或公共建筑物或宗教建筑物抢劫罪,本条专门列举了对于进入宗教建筑物及其附属建筑实施抢劫的处以相应的刑罚;从"1997 年反强奸法案"对强奸罪所作的修改可以看出,在修改后的第 266B 条第 6 款列举了十类处以死刑的加重情节,其中就包括对于明知是从事合法的宗教职业或行业的尼姑(religious)实施强奸的情节。从这些规定可以看出菲律宾刑法极其强调对宗教的保护,强化了对宗教利益和宗教人员的保护。

最后，在菲律宾刑法中也不可避免地存在着宗教与法律相冲突的个别情况。当宗教与法律冲突时，法律稍占优势。例如，第352条规定举行非法婚姻仪式罪，对于牧师或教士或民间权威机构执行或批准非法婚姻仪式的，依据《婚姻法》相关规定给予处罚。这就是在宗教与法律在批准非法婚姻仪式问题上相冲突时，《婚姻法》将成为定纷止争的标准。

总而言之，无论从相关条文的具体内容还是其精神实质来看，菲律宾刑法的宗教色彩都较为浓厚。

二、条文繁杂累赘，逻辑性协调性欠缺

法律条文需要简练，条文之间需要具有很强的逻辑性，这样才能避免法律条文的繁杂和累赘，避免条文之间产生冲突，保证法律条文之间良好的协调性，这也是正确理解和准确适用具体法律条文的前提。任何法律条文只要不简洁、简练或言简意赅，就必然出现部分条文或条文的部分的多余和累赘，法律条文之间的逻辑性就必定有所欠缺，法律条文所要表达的真实意图就肯定会打折扣，法律条文的具体适用就会受到影响。

菲律宾《修正刑法典》也存在这方面的问题。其所规定的内容繁杂累赘，不甚简练，条文之间的逻辑性和协调性也较欠缺。

第一，从编排体例看，编、章、节的内容编排设置存在重复累赘、相互冲突和不合逻辑之处。首先，在各编内容安排上，各编之间存在重复或累赘。各编内容设置不合逻辑，分类标准不一。例如，仅从菲律宾《修正刑法典》各编编名看，第一册第二编规定刑事责任主体，第三编转而规定刑罚，第四编又回到刑事责任上规定刑事责任之消灭。在刑法上，刑事责任与刑罚是两个不同的概念，理应分开规定，《修正刑法典》由“刑事责任主体”到“刑罚”再到“刑事责任之消灭”的编排设置就有问题。又如，第二册第一编规定危害国家安全罪与违反国家法律之犯罪，第二编规定违反国家基本法之犯罪。其中，“违反国家法律之犯罪”是否能够包括“违反国家基本法之犯罪”，如果包括，第二编规定“违反国家基本法之犯罪”是否多余？再如，第八编规定侵犯人身罪，第九编规定侵犯人身自由与安全罪，第十一编规定侵犯贞节罪。人身权利包括人身自由和人身安全，《修正刑法典》分两编规定侵犯人身罪和侵犯人身自由与安全罪就没有必要，两编实可用一编内容进行规定。另外，通奸、姘居、强奸、猥亵、诱奸、诱拐妇女等犯罪侵犯的法益不是被害人的人身权利而仅仅是贞节吗？在

人身权利下面再区分贞节的实际意义何在？各编之间法益分类的标准是什么？其次，在各章之间也存在同样的问题。例如第二册第四编规定危害公共利益罪，其中第一章规定伪造罪，第二章规定其他伪造罪。试问，伪造罪与其他伪造罪是什么关系？二者不是同样是伪造吗？只是伪造的对象不同而已。那么，这两章的区分标准为何？分开规定有何必要？又如，第二册第九编规定侵犯人身自由与安全罪，下设三章，其中第三章规定发现和泄露秘密罪。发现和泄露秘密与人身自由与人身安全的关系似乎不那么紧密，这样的设置导致条文整体的逻辑性欠缺，实属无益。此外，此类问题在各节之间也并不少见。

第二，从条文设置看，各条文之间相互涵盖重叠，周延性不足。例如，第二册第六编第一章规定游戏罪和赌博罪，下设五个条文分别规定赌博罪、进口、出售和持有彩票或者彩票广告罪，体育竞赛中的赌博罪，非法赛马罪，非法斗鸡罪。这里的赌博罪本来已经涵盖了体育竞赛中的赌博罪、非法赛马罪和非法斗鸡罪，后面这三种犯罪就是赌博罪的一种表现形式。然而，如此规定只会使得各条文之间出现重叠和冲突，进而导致条文的涵盖范围有限、条文的周延性不足。试问，如果有人斗牛、斗猪、斗狗，是否还需要在非法赛马和非法斗鸡之外规定非法斗牛罪、非法斗猪罪和非法斗狗罪等？

第三，从个罪内容看，具体犯罪的行为主体、行为方式、行为对象、行为的时间、地点、主观目的、客观后果等列举详细，但不免重复或遗漏，导致理解和适用上的困难。例如，第248条规定的谋杀罪，其下列举了谋杀犯罪伴随的六种情形，对谋杀犯罪的行为方式、行为的特殊时期、地点、行为人的主观目的、客观后果等进行了详细列举。其中，第二种情形“基于赏金、报酬或承诺而实施的”与第五种情形“有明显预谋的”就有重复。基于赏金、报酬或承诺而实施的谋杀犯罪的行为人往往就带有明显的预谋。第三种情形和第四种情形分别规定“行为人通过决水、放火、投毒、爆炸、海难、使船只搁浅、火车出轨、袭击街车或火车、坠机来犯罪，或利用机动车辆以及其他大规模损耗和破坏的方法犯罪的”“行为人在前项所列的灾难实施犯罪的行为，或在地震、火山爆发、暴风、流行性疾病或其他社会灾难发生时实施犯罪行为的”。其中，第五种中的“行为人在前项所列的灾难实施犯罪的行为”就实属多余。第三种情形所列举的就不能包括行为人通过使用自行车等靠人力驱动的装置犯罪的情形，第五种情形所列举的就不包括行为人在暴雨、暴雪、冰雹、极端炎热等恶劣天气下实施犯罪的情形。其实，第四种情形和第五种情形分别用“行为人利用或制造人为灾难或事故实施犯罪的”和“行为人在发生自然灾害或社会性灾害时实施犯罪的"就能很好地涵盖所有情形，逻辑性和协调性明显增强，理解和适用上也能够避免不必要的困难。

三、道德与法混杂，犯罪圈设置不合理

犯罪圈与刑罚圈的设置是刑法的两个核心问题。犯罪圈的大小取决于政治、经济、文化、刑事政策等诸多因素。合理的犯罪圈的设置不仅关系到刑法理论的研究，更关系到刑法实务适用，关系到刑法功能和机能的充分而有效发挥。合理的犯罪圈的设置是一项综合工程，不仅要处理好刑法与其他法律的关系，还要处理好刑法与本国政治、经济、文化、科技等诸多因素的关系，也要处理好道德与法律特别是刑法的关系。如果未能处理好道德与刑法的关系，就很可能将属于道德调整的内容纳入刑法的范畴，成为刑法的调整对象。这是不必要的，也无任何助益，更不可能取得所欲想的效果。

菲律宾刑法就存在这方面的问题。在菲律宾刑法条文和具体罪名的字里行间都充满了道德的气息，公共道德、个人道德等与刑法相互交织、互相混杂。将道德范畴的个别事项纳入刑法调整的轨道，就必然导致犯罪圈的设置出现不必要的扩张，犯罪圈的设置不甚合理也就"水到渠成"。刑法的任务或目的是保护法益而不是维护社会伦理的已在理论和实务界占据通说地位。[①] 然而，菲律宾在此问题上坚持刑法是维护社会伦理秩序的法律。这是菲律宾刑法将类似于通奸、姘居规定为犯罪的根本原因。

菲律宾《修正刑法典》第二册第六编的编名就是危害公共道德犯罪。且不说本编之下的具体犯罪，单单这一编名中的"公共道德"一词就让人质疑该编所规定的犯罪是否含有违反道德的行为。确实不假，本编之下除规定违反刑法而应受到刑罚惩罚的犯罪外，还规定了违反一般道德的"道德犯罪"，包括宣传不道德学说罪、流浪罪等。第二册第十一编的编名为侵犯贞节罪。"贞节"一词的伦理道德意味太过浓重。本编第一章即第 333 条与第 334 条分别规定通奸罪和姘居罪。通奸与姘居在相当大程度上是与个人伦理道德相关的问题，很难说是刑法调整的对象，有伦理道德去调整就已足够，无须动用具有"最后防线"性质的刑法。再者，菲律宾《修正刑法典》第 344 条之规定，"除非被告

① 张明楷：《外国刑法纲要》，北京：清华大学出版社 2007 年版，第 34 页。

配偶提起控诉，否则对通奸罪和姘居罪不起诉”。根据这一规定，通奸罪和姘居罪属于自诉案件，刑法对这两罪的态度是“消极预防”而不是“积极出击”。既然如此，有何实质理由将通奸与姘居规定为犯罪呢？刑法干预通奸和姘居的正当性何在？此外，《修正刑法典》第275条规定遗弃处于危险中的人员罪和遗弃受害人罪。这是典型的“见危不救”犯罪化的规定。“见危不救”是否犯罪化在我国已经进行过多次激烈的讨论，最终立法机关还是未将其规定为犯罪。究其原因，刑法不能干预道德领域的行为，不能用刑法强制人们遵守道德。

刑法不是万能的，刑法只能在特定的范围内发挥其作用。在这一范围之外，刑法要么“失灵”，要么变成“洪水野兽”。“刑罚的目的仅仅在于：阻止罪犯再重新侵害公民，并规诫其他人不要重蹈覆辙。”[①]既然没有侵害公民，行为人的行为就不应该确定为犯罪并判处刑罚，因为这并不能取得应有的效果。菲律宾刑法将属于伦理道德范畴的内容纳入其中，正是刑法万能主义和刑法工具主义的做法。这显然模糊了刑法与道德的界限，刑法僭越了道德的领地，从而使得伦理道德与刑法混杂。犯罪圈设置在这里出现了不必要的扩张，其不合理性显而易见。

四、规定过于详细，自由裁量空间狭小

自由裁量权是法官判案必不可少的权力，其前提是法律条文需要留下一定的自由裁量的空间。法律不能规定得过于详细和具体，而要追求一定的一般性和抽象性。一方面，刑法是正义的文字表述，而正义却有一张普罗透斯(proteus)似的脸，为了在具体案件中实现正义，就需要法律使用抽象性和一般性的概念；另一方面，刑法规定得越具体，外延就越窄，漏洞就越多。[②] 这样一来，司法人员的自由裁量余地便越小。

前已述及，菲律宾刑法的一大特色就是规定详细全面，特别是个罪列举方面。这导致其自由裁量空间过于狭小。这主要表现在两个方面。第一，定罪

---

① ［意］切萨雷·贝卡里亚：《论犯罪与刑罚》，黄风译，北京：北京大学出版社2008年版，第29页。

② 张明楷：《刑法分则的解释原理（上）》（第2版），北京：中国人民大学出版社2011年版，第7页。

的自由裁量空间狭小。菲律宾《修正刑法典》对具体个罪的内容规定得很详细,尤其是在行为方式、行为对象、行为的时间、地点、危害后果等方面。然而,社会生活是多变的,具体案件也是纷繁复杂的,刑法规定得越详细,其遗漏的就越多,涵盖的范围就越小。例如,第 14 条规定了 20 种加重刑事责任的情节,其中第 18 项为非法侵入犯罪,也就是非法侵入犯罪需要加重刑事责任。其后列举了非法侵入的方式,"罪犯通过破坏墙壁、屋顶、地板、门窗而进入的为非法侵入",即只要是这几种方式进入的均可认定为非法侵入。但是,其他方法就不能认定为非法侵入吗,如伪造钥匙侵入?又如,第 195 条至第 199 条分别规定赌博罪,进口、出售和持有彩票或者彩票广告罪,体育竞赛中的赌博罪,非法赛马罪,非法斗鸡罪。第 195 条详细列举了赌博罪的行为方式,其后又分别规定体育竞赛中的赌博罪、非法赛马罪和非法斗鸡罪,后面这三种犯罪就是赌博罪的一种表现形式。当行为人以第 195 条列举的方式实施犯罪时很容易认定为赌博罪,当行为人非法赛马、非法斗鸡时很容易认定为非法赛马罪、非法斗鸡罪。然而,当行为人非法斗牛、斗猪、斗狗时怎样定罪?这就显现出了法条规定得太过详细而导致的弊端,即由于规定过于详细,留给司法人员的自由裁量空间有限,当出现法条未予以详细规定的新情况时无法定罪的局面。

第二,刑罚的自由裁量空间狭小。刑罚需要有合理的幅度,这是由社会生活的多样化和具体案件的复杂化决定的。社会生活纷繁复杂,具体案件的情节各式各样,只有刑罚保持一定的伸缩性才能更好地应对瞬息万变的社会和复杂多样的案件情节。在合理的刑罚幅度内,司法人员才能根据案件的具体情况选择适当的刑罚,也才能在千变万化的具体案件中实现普遍的正义。菲律宾《修正刑法典》在刑罚方面的缺陷就是其留给司法人员的自由裁量空间较小,司法人员的自由裁量权的运用受到限制。这具体表现在两个方面。一是刑事责任主体的刑罚适用及其分等级的规定的合理性有所欠缺。《修正刑法典》第一册第四章第一节规定了各类刑事责任主体适用的刑罚,首先将犯罪分为既遂犯、受阻犯罪、未遂犯,再在各类犯罪之下分主犯、共犯和从犯,分别适用各自等级的刑罚。主犯适用重罪刑罚。对重罪既遂适用重罪刑罚;受阻犯之主犯和未遂犯之主犯参照既遂犯的法定刑分别轻一等级或两等级处罚;各类犯罪之共犯和从犯参照本类犯罪之主犯分别轻一等级或两等级处罚。此处对于未遂犯之主犯、受阻犯之主犯的处罚参照既遂犯轻一等级或两等级的规定似乎有将刑罚固定化的嫌疑。为何对于未遂犯之主犯、受阻犯之主犯的处罚要参照既遂犯轻一等级或两等级？为何对于未遂犯之主犯、受阻犯之主犯的处罚只能参照既遂犯轻一等级或两等级？一般情况下，未遂犯或受阻犯的危害性确实小于既遂犯，但在某些情况下某些未遂犯或受阻犯的危害性并不亚于既遂犯。这样硬性规定其刑罚适用只会束缚司法人员的手脚，致其自由裁量的空间所剩无几。二是具体个罪规定的绝对确定期刑较多。在菲律宾刑法中，规定绝对确定的法定刑的罪名主要在杀人犯罪、绑架犯罪、强奸犯罪、纵火犯罪等方面，其规定的刑罚主要为流放、无期徒刑和死刑三种；所涉及的相关条文主要为第 247 条、第 267 条、第 321 条、第 326A 条、第 334 条、第 335 条，所涉及的法案主要包括 1980 年《对〈修正刑法典〉第 320 条关于纵火罪的修改》、“1997 年反强奸法案”等。在面对此类犯罪时，司法人员毫无自由裁量的空间，只能判处相应的绝对确定的法定刑。限制司法裁量权可以通过立法和司法两方面的限制来实现；在立法上应当给法官行使自由裁量权留有余地，司法上应当对这一权力的行使作出具体操作上的规定并从程序上予以规范化。[①] 因此，法官的自由裁量权并不能仅仅从立法上进行限制，而应从立法、司法及程序上予以综合全面的规定。况且，仅仅从立法上对法官自由裁量权进行限制只会给司法带来诸多困境。

五、民、行杂糅其间，刑、民、行界限模糊

虽然每一门学科都不足以自足，但每一门学科都有一定的独立性。学科之间都有一定的交叉但又有一定的界限，每一门学科都需要保持相对的独立性以确保自身的发展。

菲律宾刑法中规定了较多的本应由民事法律和行政法律规定的内容。在民事法律方面，如第一册第五编以专编形式规定的民事责任、第 319 条规定的转移、出售或抵押已被抵押的动产罪，事实上，这些内容可以由民事法律予以规定，特别是第 319 条规定的转移、出售或抵押已被抵押的动产罪。这完全是民事法律调整的对象，而不需要刑法予以规定。在行政法律方面，菲律宾刑法中的行政性规定主要包括“2004 年反暴虐妇女儿童法案”中规定的保护命令、医疗保健服务者对虐待的反应、其他政府机构和地方政府部门的责任、反暴虐

① 陈兴良：《刑法的人性基础》，北京：中国人民大学出版社 2006 年版，第 521 页。

妇女儿童内部机构委员会、为受害者提供的必要方面和服务、罪犯的医疗服务和治疗、有关对暴虐妇女儿童案件作出反应人员的训练等;“2005 年反对恐怖主义法案”中规定的反对恐怖主义委员会及其职能等。这些民事性法律规定和行政性法律规定虽然一方面有利于对犯罪行为作出迅速反应,对犯罪行为造成的损害进行快速综合处理;但从另一方面来看,民事性规定和行政性规定过多反而模糊了刑法与民事法律和行政法律的界限,不利于界分刑法与民事法律和行政法律。

对于刑法学科的独立发展而言,保持刑法相对于其他法律的独立性实属必要;对于刑法学的理论研究而言,分清刑法与其他法律的界限不无必要;对于刑事司法实务而言,清晰刑法与其他法律的“疆域”确也必要。因而,在我们看来,菲律宾刑法中杂糅的民事性法律和行政性法律不仅模糊了刑法与民事性法律和行政性法律的界限,而且不利于刑法学科的独立发展、刑法学理论的研究和刑事司法实务的开展。

第五节　中国刑法与菲律宾刑法之比较

中菲两国刑法具有较多共同之处,但也存在一些差异。对中菲两国刑法进行比较研究对于促进两国刑法学界的沟通与交流、两国刑事法治建设、两国刑事司法实务发展都具有重要的意义。对两国刑法加以比较研究,能够为两国刑法相互借鉴、取长补短,最终促进两国刑法理论与实务的共同进步和发展。下面拟从体系结构和基本原则、立法技术、立法内容等方面对两国刑法进行比较研究。

一、关于体系结构之比较

在体系结构上,中国刑法典分为总则和分则,附有附则,采用了“编、章、节、条、款、项、目”的形式,菲律宾刑法典也分为总则和分则,附有附则,采用了“册、编、章、节、条、项”的形式。因此,“编、章、节、条、款、项”是两国刑法共同采用的形式。中菲两国刑法都按照一定标准,如犯罪所侵犯的法益及其轻重对各章犯罪按照一定顺序排列,中菲两国刑法所包含的章节数量大致相同。此外,两国刑法在结构体系上存在一些差异,主要体现在以下方面。

首先，总则规定的内容的差别。我国刑法总则设五章，分别规定刑法的任务、基本原则和适用范围、犯罪、刑罚、刑罚的具体运用、其他规定。“其他规定”主要对某些术语的含义作出规定，如公共财产的范围，公民私人所有财产的范围，国家工作人员的范围，司法工作人员的范围，重伤、违反公家规定之含义，首要分子的范围，告诉才处理的含义，以上、以下、以内之界定等。菲律宾刑法总则设五编，分别规定犯罪和影响刑事责任之情形、刑事责任主体、刑罚、刑事责任之消灭、民事责任。从两国刑法总则规定的内容来看，我国刑法囊括的内容较广泛，包括犯罪、刑罚及其具体运用等，而菲律宾刑法却主要集中于规定犯罪的刑罚与刑事责任的内容。菲律宾刑法对犯罪的刑罚与刑事责任规定得非常详细，这是其极具特色的方面。这反映了两国不同的立法思想和立法技术，是与两国刑法文化相适应的。因此，中菲两国在总则上具有可资借鉴之处，菲律宾刑法可以借鉴我国刑法总则规定内容的广泛性，我国刑法可以借鉴菲律宾刑法总则中有关刑罚与刑事责任的规定。值得一提的是，菲律宾刑法总则中还规定有犯罪人的民事责任，这也是我国刑法需要借鉴之处。

其次，关于刑法分则各章犯罪的分类和排列。中国刑法各章犯罪以犯罪的同类客体为分类的依据。犯罪的同类客体就是犯罪所共同侵犯的同一个方面的社会关系，如国家安全、公共安全、财产权利、人身权利等。根据犯罪同类客体的不同，我国将犯罪划分为十类，分设十章予以规定。我国刑法分则的犯罪的分类方法标准统一、逻辑清晰、科学合理。菲律宾刑法分则设十四编，分别规定危害国家安全罪与违反国家法律之犯罪、违反国家基本法之犯罪、危害公共秩序罪、危害公共利益罪、有关鸦片和其他禁止毒品罪、危害公共道德犯罪、渎职犯罪、侵犯人身罪、侵犯人身自由与安全罪、侵犯财产罪、侵犯贞节罪、侵犯个人公民身份罪、侵犯名誉罪、准犯罪。从菲律宾刑法分则各章犯罪来看，其分类标准是不统一的，有些编规定的犯罪相互之间有重叠或不周延的地方。这导致分则各编的内在逻辑矛盾，各编犯罪之间丧失应有的逻辑性和协调性。例如，第一编规定的危害国家安全罪与违反国家法律之犯罪与第二编规定的违反国家基本法之犯罪之间存在重叠之处，第八编规定的侵犯人身罪与第九编规定的侵犯人身自由与安全罪似乎有交叉的地方。因此，菲律宾刑法分则各编规定的犯罪在分类标准和排列顺序上需要予以完善。

二、关于立法技术之比较

立法技术直接关系到司法实务中法律的准确适用。因此,立法技术需要科学合理,这样才能为便利司法实务提供条件。中菲两国刑法的立法技术具有相似的一面,也有不相同之处。

(一)罪名问题

首先,中菲两国刑法中的具体条文是否标明罪名不同。我国刑法典在具体条文中并没有标明罪名,罪名交由司法机关确定。为了统一认定罪名,截至2011年,最高人民法院、最高人民检察院已联合发布了五个《最高人民法院、最高人民检察院关于执行〈中华人民共和国刑法〉确定罪名的补充规定》,对在司法实践中确定罪名起到了重要作用。然而,在菲律宾刑法典中,具体条文标明了罪名,各条文采取的是这样一种规定方式,即"第×条××罪——×××(罪状和法定刑)"。这是菲律宾刑法与我国刑法的一个不同之处。从罪刑法定主义的角度而言,包括罪名、罪状、法定刑等在内的内容都属于刑法应当明文规定的范围,否则不能对犯罪人施以刑罚。只是条文中规定罪名的重要性不及罪状和法定刑,因为罪状中包含有罪名,罪名可以从罪状中归纳概括出来。但是,从严格意义上的罪刑法定原则来说,具体条文中应当标明罪名。因此,我国刑法需要借鉴菲律宾刑法,在具体条文中标明罪名。这不仅是罪刑法定原则的必然要求,也有助于司法机关在司法实务中准确适用罪名。

其次,罪名的设置及其标准问题。罪质和犯罪构成是我国刑法设立罪名的标准,不同的罪质和犯罪构成设立不同的罪名。罪质和犯罪构成是内容与形式的关系,以此为标准设立罪名正确处理了罪名与罪质的关系,是科学合理的。然而,在设立罪名及其标准上,菲律宾刑法显得过于杂乱,即没有统一的标准。如有些条文以行为的对象、行为方式或行为的特定地点等为标准设立罪名。例如,第十编第一章规定抢劫罪的一般规定,其中第294条至303条分别规定对人实施暴力或胁迫之抢劫罪、在无人居住地抢劫或团伙抢劫致人伤害罪、拦路持枪抢劫罪、暴力或胁迫订契约之抢劫罪、进入他人住所或公共建筑物或宗教建筑物抢劫罪、在无人居住地团伙抢劫罪、在无人居住地或私人建筑物抢劫罪、抢劫无人居住地或私人建筑物的谷物、水果或柴火罪等。实际上,这些罪名是可以在高度抽象的类型化研究中进行概括成抢劫罪,将特定地点、特定行为方式、特定行为对象作为该罪的情节。由此可见，菲律宾刑法在罪名的设置及其标准问题上需要予以完善。

（二）罪状问题

总体而言，我国刑法对罪状的描述较为具体，但尚存在较多罪状规定得过于简单和原则。例如，第 232 条规定的故意杀人罪，罪状为“故意杀人的”和“情节轻微的”；第 234 条规定的故意伤害罪，罪状为“故意伤害他人身体的”“犯前款罪，致人重伤的”和“致人死亡或以特别残忍的手段致人严重残疾的”。类似这些高发多发的常见犯罪，其罪状描述相对较为简单和过于笼统，不够细致。菲律宾刑法典对罪状的描述也存在这个问题，即较多犯罪具体条文中的罪状描述并不够具体和详细。例如，第 249 条规定杀人罪，具体内容为“行为人在第 246 条所规定的情形下杀害他人且没有出现前条所列的情形的，处以有期徒刑”；又如，第 262 条规定伤残罪，其内容为“故意毁伤他人，使他人丧失部分或全部器官，或者毁伤他人重要生殖器官的，处以有期徒刑至无期徒刑；其他故意造成他人伤残的，处以中间幅度和最高幅度的监禁”。故意杀人罪和故意伤害罪是关系个人生命健康的重要罪名，对此类犯罪本应详细区分具体情况，对犯罪行为的不同情形作出具体规定。虽然两国的刑法在总体上对罪状都没有较为详细的规定，但类似上述情形的犯罪条文还是值得进一步完善的，这是罪刑法定原则和罪刑相适应原则的必然要求。

（三）法定刑问题

首先，两国刑法在法定刑模式上都采用了相对确定的法定刑。相对确定的法定刑的优点在于，司法人员可以根据犯罪的具体情节和犯罪人的具体情况，在所给定的法定刑幅度内选择恰当的刑罚，做到罪刑相适应。但是，无论是我国刑法还是菲律宾刑法都存在一些绝对确定的法定刑条文。例如，我国《刑法》第 121 条中规定的劫持航空器罪的条文的后段规定“致人重伤、死亡或者使航空器遭受严重破坏的，处死刑”；第 239 条规定的绑架罪在第 2 款规定“犯前款罪，致使被绑架人死亡或者杀害被绑架人的，处死刑，并处没收财产”。在菲律宾刑法中同样有一些绝对确定法定刑的条文。例如，第 246 条规定杀亲罪，“杀害自己婚生或私生的父母或子女，或任何直系尊亲属或直系卑亲属，或配偶的行为构成杀亲罪，处以无期徒刑或死刑”；又如，第 267 条规定绑架罪和严重非法拘禁罪，第 1 款规定，“绑架、拘禁或者通过其他手段剥夺他人人身自由的，处以无期徒刑至死刑……”第2款规定，“不具有上述任何一种情形，但以从被绑架者或被拘禁者或其他人手中诈取赎金为目的而实施绑架或拘禁行为的，同样处以死刑”。由此可见，中菲两国刑法中都存在一些绝对确定法定刑的条文，这使得在司法实务中对这些犯罪难以完全做到罪刑相适应。所以，两国都需要在刑法立法中尽量减少绝对确定法定刑条文，乃至所有犯罪都配置相对确定的法定刑。

其次，具体条文是否都有独立的法定刑。我国刑法分则的具体条文基本上都有独立的法定刑，但也有少数条文没有配置法定刑。较为典型就是第289条规定的聚众“打砸抢”，根据不同情形，分别依照第234条、第232条、第263条的规定定罪处罚。在菲律宾刑法中，也存在少量未规定独立法定刑的条文。例如，第184条规定提供虚假证人证言犯罪、第212条规定对公职人员行贿罪，这两条均只对罪状作出描述，在刑罚上仅分别规定“构成伪证罪并分别按本节各相应规定予以处罚”，“除不处以剥夺权利和中止公职以外，其他刑罚与前几条规定相同”，未规定具体刑罚。从某种意义上说，此类条文丧失了独立存在的意义，因为其本身并没有关于处罚的规定，而是需要参照其他条文；另外，在司法实践中也容易导致量刑的不准确和不公正，难以做到罪刑相适应。因而，中菲两国刑法都需要在为每一具体犯罪条文配置独立的法定刑方面作出努力。

三、关于重要罪名之比较

中菲两国刑法条文规定的罪名，有相当一部分是相同或相似的，有些罪名在我国刑法中有所规定而菲律宾刑法未作规定，有些罪名则是菲律宾刑法有所规定而我国刑法未作规定。鉴于两国刑法在某些方面存在一定差异，为了比较研究的方便，下面以我国刑法中各重要章规定的犯罪为线索，对中菲两国刑法中规定的重要罪名进行概括性的比较分析。

（一）危害国家安全犯罪

菲律宾刑法与我国刑法中的危害国家安全罪相对应的是第二册第一编危害国家安全与违反国家法律之犯罪。两国刑法都规定的犯罪有背叛国罪、间谍罪、叛逃罪。两国规定的不具体的犯罪有，我国刑法中的分裂国家罪，煽动分裂国家罪，武装叛乱、暴乱罪，颠覆国家政权罪，煽动颠覆国家政权罪，资助危害国家安全犯罪活动罪等,菲律宾刑法中的共谋与建议叛国罪、包庇叛国罪、煽动战争罪或给予报复动因罪、违反中立罪、与敌国通讯罪、普通海盗罪和公海上的暴动罪、特别海盗罪等。所不同的是,菲律宾刑法在本编中还规定有违反国家基本法之犯罪。

(二)危害公共安全犯罪

菲律宾刑法与我国刑法中的危害公共安全罪相对应的是第二册第三编危害公共秩序罪,但本编规定的具体罪名却与危害公共安全几无多大关系。例如,我国刑法在本章规定的是放火、决水、爆炸、投放危险物质、以危险方法危害公共安全犯罪、危险驾驶罪、破坏交通设施等破坏交通工具或交通设施类危害公共安全罪、危险物品危害公共安全罪、重大安全事故类危害公共安全罪。此外,我国刑法还将组织、领导、参加恐怖组织罪、资助恐怖活动罪规定在危害公共安全罪一章中。然而,菲律宾刑法在危害公共秩序罪一编中规定的却是谋反罪、暴乱罪和不忠罪;侵犯公众代表罪,包括侵犯立法机关和类似机关罪、侵犯议员豁免权罪;非法集会罪和非法结社罪;威胁、抵抗、违抗政府官员或其代理人罪;扰乱公共秩序罪;逃避服刑罪;服刑期间犯另一新罪。这些犯罪类似于我国刑法中的部分危害国家安全罪和妨害社会管理秩序罪。由此可见,中菲两国在“公共安全”和“公共秩序”的理解上存在某些不一致的地方。

(三)破坏社会主义市场经济秩序罪

菲律宾刑法中没有与我国刑法中规定的破坏社会主义市场经济秩序罪相对应的章节,只是第二册第四编危害公共利益罪有个别规定。我国刑法在本章中分八节规定生产销售伪劣商品罪,走私罪,破坏金融管理秩序罪,妨害对公司、企业的管理秩序罪,金融诈骗罪,危害税收征管罪,侵犯知识产权罪和扰乱市场秩序罪。菲律宾刑法在第四编规定有以下三类犯罪:第一,伪造罪,包括伪造菲律宾政府图章、总统签字或者印章罪,伪造货币罪,伪造国库券或者银行票据、债务和有价证券罪,进口和使用伪造或伪造票据、债务和有价证券罪,伪造立法、公用、商用或秘密文件罪和伪造无线电、电报、电话信息罪,伪造诊断书、荣誉证书或服务证书或类似证书罪,制造、进口和持有打算用于伪造犯罪之器具或工具罪;第二,其他伪造罪,包括冒用权力、职衔、头衔罪和不正当使用名字、制服和徽章罪、伪造罪;第三,欺诈罪,包括密谋罪、垄断罪和联合罪、工商业欺诈罪。由此可见,菲律宾刑法可以借鉴我国刑法有关经济类犯罪的规定对其经济类犯罪进行丰富和完善。

（四）侵犯公民人身权利、民主权利罪

菲律宾刑法中的第八编规定的侵犯人身罪、第九编规定的侵犯人身自由与安全罪、第十一编规定的侵犯贞节罪、第十二编规定的侵犯个人公民身份罪、第十三编规定的侵犯名誉罪与我国刑法中的侵犯公民人身权利、民主权利罪大致相对应。两国刑法规定的相同或相似的犯罪有故意杀人，故意伤害，过失致人重伤、死亡等，非法拘禁罪，绑架罪，拐卖，强迫劳动，强奸罪，猥亵罪，诽谤罪，重婚罪等。此外，我国刑法还规定了刑讯逼供、暴力取证等妨害司法类犯罪，公民宗教信仰类犯罪，侵犯公民个人信息类犯罪，干涉婚姻自由类犯罪，虐待、遗弃等犯罪；菲律宾刑法则规定有通奸、姘居、诱奸罪、堕落未成年人罪和卖淫罪、假冒出生罪、冒用公民身份证罪等。

（五）侵犯财产罪

菲律宾刑法中第十编规定的侵犯财产罪与我国刑法中的侵犯财产罪相对应。两国刑法规定的相同或相近的犯罪有抢劫罪、盗窃罪、侵占罪、诈骗罪、故意毁坏财产罪。我国刑法中规定有挪用型犯罪、破坏生产经营罪、恶意不支付劳动报酬罪；菲律宾刑法中还规定有强盗罪，逃债罪，转移、出售或抵押已被抵押的动产罪，纵火罪和其他毁坏性犯罪等。

（六）妨害社会管理秩序罪

菲律宾刑法中没有与我国刑法中规定的妨害社会管理秩序罪相对应的章节，而是分散规定于第三编、第五编和第六编中。我国刑法分九节规定扰乱公共秩序罪，妨害司法罪，妨害国（边）境管理罪，妨害文物管理罪，危害公共卫生罪，破坏环境资源保护罪，走私、贩卖、运输、制造毒品罪，组织、强迫、引诱、容留、介绍卖淫罪，制作、贩卖、传播淫秽物品罪。菲律宾刑法中与我国刑法本章规定的相同或相似的犯罪有扰乱公共秩序犯罪、有关鸦片和其他禁止毒品罪、赌博罪等。菲律宾还规定有游戏罪、侵犯公序良俗罪、发现和泄露秘密罪等。

（七）贪污贿赂罪和渎职罪

我国刑法第八章和第九章分别规定了贪污贿赂罪和渎职罪。菲律宾刑法

中没有与我国刑法中规定的这两章相对应的犯罪，但在其第七编规定了渎职犯罪。我国刑法中主要规定了贪污罪、受贿罪、挪用公款罪、滥用职权罪、玩忽职守罪等犯罪。值得注意的是，菲律宾在1960年制定并通过了《反渎职和腐败法案》，专门用于惩治渎职和腐败犯罪；1975年制定了《批准在贿赂和其他渎职案件中的行贿人和其礼品及其共犯免予起诉的决定》。因此，菲律宾刑法对于贪污贿赂犯罪和渎职犯罪的打击力度是很大的。

（八）危害国防利益罪和军人违反职责罪

我国刑法分则第七章和第十章分别规定了危害国防利益罪和军人违反职责罪。我国刑法在这两类犯罪上规定的具体罪名较多，有阻碍军人执行职务，阻碍军事行动，故意或过失提供不合格武器装备，聚众冲击军事禁区或军事管理区犯罪，伪造、变造、买卖、盗窃、抢夺武装部队公文、证件、印章罪，战时造谣扰乱军心罪，战时窝藏逃离部队军人罪等危害国防利益犯罪，还包括战时违抗命令隐瞒、谎报军情、拒传、假传军令罪，阻碍执行军事职务罪，军人叛逃罪，涉及军事秘密类犯罪，涉及武器装备类犯罪，涉及伤病军人、俘虏等军人违反职责罪。然而，在菲律宾《修正刑法典》中，没有与上述两章犯罪相对应的犯罪。

综观菲律宾刑法和中国刑法，在刑法理论、立法规定和司法实践等方面既有共通之处，亦有相异之点，两国刑法可谓各有所长各有所短。在立法体例上，菲律宾刑法由册、编、章、节、条、款、项组成，体例科学、严谨。在具体内容上，菲律宾刑法在刑罚的结构和种类、刑罚适用规则、刑罚的执行、犯罪行为人的民事责任、具体罪名的规定、过失犯罪的规定、道德性质的犯罪的规定、相关犯罪的防控措施等方面具有独特性。在这些方面，中国刑法有效仿和借鉴的空间。但从另一方面来看，菲律宾刑法呈现出明显的不足。例如，各类犯罪的划分标准不清晰，所规定的各类犯罪之间存在一定程度的逻辑矛盾；具体犯罪的行为方式或保护对象等列举过于详细反而导致诸多不必要的漏洞的出现，使得某些本应涵摄于相关犯罪中的行为成为“漏网之鱼”；带有道德性质的犯罪的规定是典型的“刑法万能主义”的体现；过失犯罪的规定方式是与现代刑法的罪刑法定原则相悖的；相关犯罪的综合反应措施中的民事性、行政性规定等虽然在一定程度上有助于对相关犯罪的综合处置，但这完全忽视了刑法学科的独立性。在这些方面，菲律宾刑法存在较多需要克服的缺陷，而我国刑法在某种程度上可以作为其完善的方向。

我国刑法典的体例是编、章、节、条、款、项，由总则和分则构成，总则之下设五章分别规定刑法的任务，基本原则和适用范围，犯罪，刑罚，刑罚的具体运用和其他规定；分则按照犯罪的同类客体将具体犯罪划分为十类以十章的形式分别予以规定，并按照同类客体的重要性程度确定排列顺序。这一立法体例使得我国刑法典科学、严谨、协调。在具体内容上，我国刑法在犯罪与刑事责任、犯罪的停止形态、共同犯罪等方面规定得较为清晰详细。在刑罚及其适用上，我国刑法规定得较好，但不及菲律宾刑法详尽和可操作。此外，刑法分则对具体个罪的划分标准清晰明确，规定也较为详细。这样一来，我国刑法在整体上体例科学、内容详尽、逻辑清晰。在此意义上，我国刑法可以作为菲律宾刑法克服其某些缺陷的借鉴和参考。

中菲两国在政治、经济、文化等方面存在较多差异。然而，作为一国法律制度的重要部分的刑法却受到这些因素的广泛而深刻的影响。因此，两国刑法在理论、立法规定和司法实践等方面的差异在所难免。但作为一门学科，两国刑法有着更多的共通的地方。这些差异和共通之处成为中菲两国在刑法理论、刑事立法和刑事司法实务等方面进行相互交流、相互学习和相互借鉴的依据。在现代社会，任何一门学科或任何一部法典都应以开放的态度对待外部世界，中菲两国刑法亦如此。

第六节　中国刑罚与菲律宾刑罚之比较

一、中菲刑罚种类比较

（一）中菲刑罚种类比较的基础

刑罚的分类大致存在三种视角：基于刑罚适用对象的不同特征可以分为适用于重罪的刑罚、适用于轻罪的刑罚、适用于违警罪的刑罚；基于刑罚适用特性的不同特征可以分为主刑、附加刑；基于刑罚内容的不同特征可以分为生命刑、自由刑、资格刑、财产刑。[1] 中国与菲律宾在刑罚的分类问题上，都是采用了二级分层的方式，首先基于刑罚适用特性的不同特征将刑罚划分为主刑与附加刑两大类，其次再按照刑罚内容的不同特征以刑罚的轻重为顺序列举具体的若干刑种。我国 1997 年《刑法》按照由轻到重的顺序列举，菲律宾《修正刑法典》按照由重到轻的顺序列举。虽然两国都采用了主刑与附加刑的分类方法，但是在主刑与附加刑项下所列的具体刑种中有交叉重叠之处，为避免在下文论述中出现混淆，对中国与菲律宾刑罚种类的比较，笔者采用生命刑、自由刑、财产刑、资格刑的划分方式。

菲律宾的《修正刑法典》将刑罚分为主刑和附加刑，其中主刑包括极刑、重刑、矫正刑、轻刑。极刑就是死刑的一种；重刑包括无期徒刑、有期徒刑、终身或有期剥夺全部权利、终身或有期剥夺特别权利和监禁；矫正刑包括监狱矫正、长期禁闭、停职和流放；轻刑包括短期禁闭和谴责；其中罚金和守法保证可以与上述三类刑罚同时并用。附加刑包括终身或有期剥夺全部权利，终身或有期剥夺特别权利，临时剥夺公职，选举权与被选举权或者从事某种职业或行业的权利，民事权利禁止，赔偿、追缴或者没收违法所得，支付诉讼费用。

我国 1997 年《刑法》同样将刑罚分为主刑和附加刑，其中主刑包括管制、拘役、有期徒刑、无期徒刑和死刑，其中，管制属于限制自由刑，拘役、有期徒刑、无期徒刑属于剥夺自由刑，死刑属于生命刑。附加刑包括罚金、剥夺政治权利、没收财产，以及具有附加刑性质的驱逐出境。另外，还有非刑罚处置措施，包括训诫或者责令具结悔过、赔礼道歉、赔偿损失或者由主管部门予以行政处罚或者行政处分。

虽然在二级分层中主刑与附加刑各自的种类有所不同，存在相互交叉的部分，但从总体上来看，中菲两国的刑罚种类多数都存在普遍、共性的内容。以我国的刑罚种类为标准，以生命刑、自由刑、财产刑、资格刑的分类划分中菲两国刑法典中规定的刑罚种类，其中从刑罚的性质和功能上，基本可以一一对应的见表 2-1。

---

[1] 张小虎：《刑罚论的比较与建构》，北京：群众出版社 2010 年版，第 29 页。

表 2-1　中菲刑罚对比

	我国刑罚种类	菲律宾刑罚种类
生命刑	死刑	死刑
自由刑	无期徒刑	无期徒刑
	有期徒刑	有期徒刑
		监禁
		监狱矫正
	拘役	长期禁闭
	管制	流放
财产刑	罚金	罚金
	没收财产	追缴或者没收违法所得
资格刑	剥夺政治权利	终身或有期剥夺全部权利
		终身或有期剥夺特别权利
		临时剥夺公职、选举权与被选举权 或者从事某种职业或行业的权利(停职)
	非刑罚处置措施	短期禁闭
		谴责
		赔偿

不能一一对应的只有:我国刑法典中规定的驱逐出境,菲律宾刑法典中规定的守法保证、民事权利禁止和支付诉讼费用。由上述表格可见,中菲两国虽然规定的刑罚种类繁多,但是多数刑罚都可以一一对应,因此可以将两国刑罚种类相同或相近的刑罚相比较。

(二)菲律宾独有的刑罚种类

菲律宾《修正刑法典》中规定的守法保证、民事权利禁止和支付诉讼费,这三种刑罚种类是我国刑法中所没有规定的,根据菲律宾《修正刑法典》,这三种刑罚分别是指:

1. 对守法保证的规定

菲律宾《修正刑法典》中的守法保证规定:“任何罪犯都有义务做出守法的

保证,同时需有两位担保人担保,保证罪犯不再犯此罪,如果罪犯犯罪,担保人得支付法院在判决中所决定的罚金,或将担保书规定的保证金交至法院书记员办公室来担保上述保证。”守法保证的规定主要是为了达到刑法特殊预防的目的,为了防止正在接受审判的犯罪人员,在接受完其应当承受的刑罚改造后的再犯此罪提供了多一道的防范工序。其后半段规定,守法保证可以有两种保证方式,分别为保证人保证和保证金保证;在做出守法保证的人违反了保证内容,再次触犯其保证之罪时,法院首先可以要求担保人缴纳罚金,以示其未做到保证义务,或者收缴保证金以示对未做到守法保证的人的惩罚,并且对罪犯按照其应当被起诉的罪行的轻重,分别处以不同期限的拘留。我国刑法中并没有规定类似于能够预防犯罪人再犯此罪的特殊预防制度,但是对于刑法条文的后半段中,关于守法保证的效力的规定,我国在各个部门法或者条文的立法思想中也有与其相近似的地方。需要有保证人或保证金作保,违反保证义务的时候对保证人处以罚金或没收保证金等,都与我国在刑事诉讼法取保候审中规定的保证人与保证金的保证方式有相近之处。

2.对民事权利禁止的规定

菲律宾《修正刑法典》中的民事权利禁止规定:“民事权利禁止是指在服刑期间剥夺罪犯基于监护权、婚姻权、财产管理权而享有的对人或财产的父母代理权、监护权以及基于法律或当事人生前合法转让的财产的处置权。”除此之外,菲律宾刑法对刑事附带民事部分的规定也相当详细,是我国刑法中的刑事附带民事部分所不能比拟的。菲律宾刑法中规定的民事权利禁止从其性质上属于资格刑,但是因其剥夺的是民事权利,不是我国资格刑意义上的剥夺政治权利,因此属于我国刑法典中没有规定的内容,笔者在这里单独叙述,并不列在资格刑当中。

3.对支付诉讼费用的规定

菲律宾《修正刑法典》中的支付诉讼费用规定:“无论是法律法规生效时规定的还是生效前不可变更的,或者是不可预计的,只要是司法诉讼程序中所包括的费用和赔偿金都是诉讼费用。”并且规定当罪犯的财产不足以支付其所有债务时诉讼费为最后支付的一项。在菲律宾刑法中,支付诉讼费用作为附加刑的一种,可以由法院判给被告人承担,是与许多国家不同的一点。

(三)我国独有的刑罚种类

我国1997年《刑法》中规定的死缓制度和驱逐出境,这两种刑罚种类是菲律宾《修正刑法典》中所没有规定的，根据我国1997年《刑法》，这两种刑罚分别是指：

1.对死刑缓期执行的规定

从死缓的适用条件上看，我国1997年《刑法》规定，对于应当判处死刑的犯罪分子，如果不是必须立即执行的，可以判处死刑同时宣告缓期二年执行。死缓不是独立的刑种，而是死刑的适用制度，死缓制度是我国刑事立法的独创，对于贯彻少杀慎杀原则，缩小死刑立即执行的适用范围，促使罪犯改过自新具有重要意义。[①] 从死缓的适用结果上看，被判处死缓的犯罪分子，在死刑缓期执行期间，如果没有故意犯罪，二年期满后减为无期徒刑；如果确有重大立功表现，二年期满后减为二十五年有期徒刑；如果故意犯罪，查证属实的由最高人民法院核准，执行死刑。从死缓的执行期间上看，死刑缓期执行的期间，从判决或者裁定核准死刑缓期二年执行的法律文书宣告或者送达之日起计算，死缓减为有期徒刑的，不管何时裁定，有期徒刑的期限从死刑缓期执行期满之日起计算，而不是从裁定之日起计算。

2.对驱逐出境的规定

作为刑罚方法的驱逐出境，在我国刑罚体系中的地位是一种特殊的附加刑。[②] 我国规定的驱逐出境的适用对象为外国人，包括外国国籍人与无国籍人，驱逐出境可以独立适用，也可以附加适用，附加适用的驱逐出境待主刑执行完毕后才开始执行。

除了上述两国刑法典中独有的刑罚种类之外，其余的刑罚种类在两国刑法典中均有规定。但是即便是同一种刑罚，其具体规定有相似之处，也有差异之处。笔者将在下文分别对两国刑法典中生命刑、自由刑、财产刑、资格刑的规定进行比较。根据比较的重要性和我国可以借鉴的价值，笔者认为，菲律宾《修正刑法典》中关于死刑与财产刑的规定最有比较价值，也最值得我国借鉴，因此将死刑与财产刑分别单列一个章节，将自由刑与资格刑合并为一部分进行阐述。

---

① 张明楷：《刑法学》，北京：法律出版社2011年版，第479页。

② 高铭暄、马克昌主编：《刑法学》，北京：北京大学出版社2000年版，第256页。

二、中菲死刑比较

(一)菲律宾刑罚中的死刑

1. 菲律宾死刑的存废之争

死刑是人类社会最古老的刑罚方法,由来已久。菲律宾的死刑制度确实值得密切关注,因为菲律宾的死刑废除经历一波三折,很具有研究价值。在古代的菲律宾就有死刑的记载,如重罪的侮辱、谋杀、盗窃、放火、强奸、渎圣等,对于这类罪行的惩罚中都有死刑。在西班牙统治时代以前的菲律宾现在所知最早的成文法典《马拉塔斯法典》中,就有死刑的记载。第二部成文法典《卡兰莱雅奥法典》中也有很多死刑的规定,如杀人、盗窃处以淹死于河水或沸水中;第二次不能还清首长债务鞭打致死;第二次犯过分结婚、过分淫荡的则荆棘鞭打死;还有烧死喂鳄鱼等酷刑处死。①

1987 年,菲律宾第一次正式提出要废除死刑,同时也是当时第一个废除死刑的亚洲国家。之前被法庭判处死刑的五百多名犯人都改判终身监禁,菲律宾唯一的一把实施死刑的电椅也被烧毁。② 当时菲律宾政府给出的废除死刑的理由是死刑是不人道的残酷刑罚,并且并没有证据可以证明死刑能够有效地降低犯罪率。

此后的拉莫斯总统却持相反的态度,极力恢复死刑法案,他认为,需要通过法律重塑投资者信心和满足公众对整顿法律秩序的要求。③ 并且菲律宾还严格划分了强制性死刑罪名和适用性死刑罪名。菲律宾颁布第 7659 号共和国法案(即《对集中罪行极为严重的犯罪适用死刑的法案》)的理由是:尽管《菲律宾宪法》特别规定"不得判处过重的罚款,也不得判处残酷的、侮辱性的或不人道的刑罚",但是本法案规定的应处死刑的犯罪是极严重可恶的犯罪,因为其固有和明显的不道德、邪恶、残暴和反常与正义、文明、有序的社会公共标准、行为准则和道德严重不符,且令人无可容忍。因此,国会为了正义、公共秩

---

① [菲]格雷戈里奥·F. 赛义德:《菲律宾共和国:历史、政府与文明》,吴世昌、温锡增译,北京:商务印书馆 1979 年版,第 199 页。

② 杨家庆译:《菲律宾刑法》,北京:北京大学出版社 2006 年版,第 18 页。

③ 黄伟明:《死缓制度的当代价值》,北京:科学出版社 2007 年版,第 39 页。

序和法律规则的利益以及为罪行极恶的犯罪的刑罚执行的合理和协调，对上述犯罪适用死刑是有充分的依据的；采用有效的措施促进维持和平有序的生活，保护生命、自由和财产，促进人民在一个正义仁慈的社会里享受民主国家的福祉。

2001年，菲律宾总统阿罗约宣布暂停执行死刑，将死刑犯改为终身监禁。但在2003年，因为菲律宾境内屡禁不止的抢劫和绑架等犯罪，又宣布取消暂停执行死刑的决议。大量的天主教徒不能接受这一总统令，认为违背了他们的信仰，但与此同时，收入属于中产阶级的菲律宾国民则表示支持恢复执行死刑的决议，因为他们是日益增长的犯罪率的最直接的受害者。2006年菲律宾国会再次通过废除死刑法案，总统阿罗约签署废除死刑的共和国第9346号法案，再度终结死刑，并声称不管是什么犯罪，她都会在余下的任期内暂停死刑的执行。对于自己在任期内反复变换的死刑态度，阿罗约曾经表示："当我是参议员的时候，我的确支持过终身监禁，但现在我是总统，有更多压力迫使我必须这样做。"

从上述菲律宾废除死刑的艰辛历程中可以看出，菲律宾在短短的20年时间内，在死刑存废问题上反复不定。一方面，作为一个天主教徒占84%的国家，政治家们为了达到自己的目的匆匆废除死刑，另一方面，菲律宾国内屡屡发生的恶性绑架人质等暴力事件，使得社会治安越来越差，民怨沸腾。

2.菲律宾现行刑法的死刑规定

菲律宾现行刑法判处死刑的罪名包括叛国、谋杀、绑架和强奸等8项。《修正刑法典》中适用死刑的罪名具体包括：

第114条　叛国罪：任何隶属于(美国或)菲律宾共和国之本国国民，自菲律宾群岛或其他地方发动战争或拥护敌人而为其提供资助或帮助的，处以无期徒刑至死刑并处不超过20000比索的罚金。

第123条　特别海盗罪：在以下情形下犯前条(即第122条普通海盗罪和公海上暴动罪)所述任一罪行的，处以有期徒刑至死刑：1.通过强行登船或放火夺取船只的；2.海盗者抛弃无法自救的被害人的；3.犯罪时伴有谋杀、杀人、伤害或强奸行为的。

第246条　杀亲罪：杀害自己婚生或私生的父母或子女，或任何尊亲直系亲属或配偶的行为构成杀亲罪，处以无期徒刑至死刑。

第248条　谋杀罪：行为人在第246条规定的情形之外杀害他人，如果犯罪伴有下列任何情形之一的属于谋杀，处以最高幅度的有期徒刑至死刑……。

第 267 条　绑架罪和严重非法拘禁罪：绑架、拘禁或通过其他手段剥夺他人人身自由的，处以无期徒刑至死刑……不具有上述任何一种情形，但以从被绑架者或被拘禁者或其他人手中诈取赎金为目的而实施绑架或拘禁行为的，同样处以死刑。

第 294 条　对人实施暴力或胁迫之抢劫罪：任何对人实施暴力或胁迫进行抢劫的，由于实施抢劫行为或者在抢劫时犯杀人罪的，处以无期徒刑至死刑。

第 326—A 条　纵火致人死亡罪：对任何财产纵火或者在前面各条规定的情形下纵火致人死亡的，处以死刑。

第 335 条　强奸罪：只要是犯强奸罪时使用致命武器或者是两人或者两人以上犯罪的，处以无期徒刑至死刑，因强奸或者在强奸时致被害人精神失常的，处以死刑，强奸未遂或者强奸受阻和由于强奸行为或者在实施强奸行为时犯杀人罪的，处以死刑。

菲律宾现行刑法还规定了死刑的缓期执行，妇女从宣判之日起 3 年以内或怀孕期间不得处以死刑，对于 70 周岁以上的老人也不处以死刑。在此种情况下，将其死刑减为无期徒刑并附加第 40 条规定的附加刑。

（二）中国刑罚中的死刑

1. 中国死刑的存废之争

死刑作为一种可以法定剥夺犯罪人生命的刑罚，自其产生之后，在我国几千年的刑罚史上一直占据着刑罚体系的主导地位。1764 年贝卡利亚在《论犯罪与刑罚》一书中提出应该废除死刑的观点，他主张，在一个秩序正常的法律社会里，国家并不享有把一个人处死的权力，死刑是不必要的，也是不人道的。自贝卡利亚之后，边沁、菲利、李斯特等群起和之，极力拥护贝卡利亚的主张，与之相对的，黑格尔、龙勃罗梭、加罗法洛等学者站在死刑保留论的立场上对死刑废止论予以有力的批判。[①] 西方刑法学者、思想家围绕死刑的优劣利弊展开了长达 200 余年的死刑的存废之争。我国作为一个保留死刑的大国，受到来自各方面的质疑与挑战。

在新中国成立初期，毛主席从阶级和阶级斗争的角度出发，主张保留死

① 任志忠：《死刑适用问题研究》，北京：知识产权出版社 2012 年版，第 33 页。

刑，在坚持保留死刑的主流态势下，逐步废除死刑。[①] 自 80 年代后期开始，受世界死刑废除趋势的影响，我国学者对死刑的存废也展开了激烈的争论。在学界形成了死刑限制论、死刑慎用论和死刑扩张论。学界关于死刑存废之争，双方的观点都有形形色色的理论根据，无论是废除论还是存置论都提出了精辟的见解，各有各的道理。但是改革开放以来，随着经济建设的迅猛发展，经济犯罪日益猖獗，社会治安也有不断恶化的趋势。当时的国内外政治、经济形势的变化，都以实际情况说明，我国更加不具备废除死刑的社会大环境。进入 21 世纪以来，死刑问题的研究进入高潮时期，许多国家开始审视本国的死刑政策，死刑在刑罚体系中的核心地位受到撼动。死刑的限制和废止已经成为不可阻挡的国际潮流，全面废止死刑或者采取措施严格控制死刑的适用是目前世界上大多数国家的选择。以赵秉志、陈兴良等为代表的学者提出，我国尚不具备完全废除死刑的社会条件，但应当减少社会对死刑的依赖程度，逐步废除死刑；以邱兴隆、曲新久等为代表的学者提出，我国现在完全可以立即全面废除死刑。

到目前为止，已经鲜少有学者主张死刑保留论和死刑扩张论，同时，限制死刑、废除死刑的观念日益增强。目前，学界普遍的观点是在当前以及今后一段时间内，由于物质生活条件和文化、法治观念等有关条件尚不具备，在中国废止死刑为时尚早，但严格控制和减少死刑，已经成为立法和司法界高度重视的问题，并成为学界的共识。

虽然不能立即废除死刑，但是，为了更严格地限制死刑的适用，世界上不少保留死刑的国家还设置了其他制度，主要有死刑犯的赦免制度、减刑制度和中国的死缓制度。我国不存在大赦制度，而减刑制度不能适用于死刑立即执行。因此，为了落实要“保留死刑，但要少杀、慎杀，防止乱杀”的政策，我国在 1951 年设立了死刑缓期执行制度。死缓制度作为一种特殊的死刑执行制度，并非是一种独立的刑种，在 1979 年《刑法》和 1997 年《刑法》的制定与修改时逐步得到了确立和完善。死缓制度在很大程度上弥补了我国当前因尚不能完全废除死刑而造成的刑罚适用问题，在实践中，可以通过死缓制度，限制死刑的实际执行，将死缓制度作为在尚不能马上废除死刑的情况下向废除死刑过渡的替代措施。

---

① 邱兴隆：《死刑问题三人谈之六——中国死刑问题反思（下）》，载《中国律师》1999 年第 3 期。

2.中国现行刑法的死刑规定

就中国而论,澳门地区不但废除了死刑,也废除了无期徒刑,香港地区已经废除了死刑,台湾地区还有死刑,但是只有 17 个条文可以判处死刑,实际的犯罪行为只有 10 种,仅大陆尚保留死刑而且适用条文较多。在我国大陆 1979 年《刑法》中,原有死刑罪名 28 个,以后的单行刑法又增加了 46 个,合计 74 个。在 1997 年《刑法》中,死刑罪名略有减少,有 68 个,占当时 413 个罪名的 16.5%。而且在全世界每年被执行死刑的人当中,有 2/3 发生在中国,中国是世界上执行死刑最多的国家之一。《刑法修正案(八)》取消了 13 个非暴力犯罪的死刑,严格限制死刑的适用对象,调整死刑与无期徒刑、有期徒刑之间的结构关系,为 1979 年我国《刑法》颁布以来的第一次,凸显了我国政府对生命的尊重和对人权的保障,也迈出了废除死刑最关键的第一步。这样使得死刑的罪名降为 55 个,占全部 451 个罪名的比例也降为 12.2%。《刑法修正案(九)》,在"少杀、慎杀"理念下,再减 9 个死刑罪名:走私武器、弹药罪,走私核材料罪,走私假币罪,伪造货币罪,集资诈骗罪,组织卖淫罪,强迫卖淫罪,阻碍执行军事职务罪,战时造谣惑众罪。近年来,我国执行死刑的人数越来越少。现有 46 个适用死刑的罪名中,主要集中在故意杀人罪、抢劫罪、强奸罪等。此次削减的 9 项死刑罪名,已在司法审判中较少适用死刑,即便取消,最高还可以判处无期徒刑。

(三)中国与菲律宾刑罚中的死刑比较

1.中国与菲律宾死刑的差异性

大多数国家从提出废除死刑这个目标到实际上真正地废除死刑,一般都要经历一个渐进的过程。比如,首先会将死刑的执行方式单一化、人道化;再慢慢地减少死刑实际执行的数量,通过严格的法定程序控制每一例死刑案件;再逐渐减少非暴力型犯罪的死刑罪名;作为完全废除死刑的过渡阶段或者实验阶段,最后死刑在实际上和法律上被完全废除。但是由克拉松·阿基诺夫人领导的菲律宾政府,在做出对本国刑法典规定的所有罪行都免除死刑这个历史性决定的时候,并没有遵循这条道路。

菲律宾的死刑废除几经反复,其根本原因是国内的严峻形势与高发的犯罪事态。菲律宾的各界领导人废除死刑的理由均围绕着人权与宗教在进行,诚然在这个大部分国民虔诚信奉天主教的国家里,政府做出的绝大多数政治决定本身都有着浓厚的宗教印记,自然包括死刑的废除在内。先不论其他的政治决策，单单就废除死刑而言，宗教是一个需要考虑的重要因素，但绝不是唯一因素。菲律宾除了是一个宗教国家之外，同时又是一个绑架成风、犯罪率居高不下的国家，本身尚不具备一夕之间完全废除死刑的条件。直接的废除死刑而不在其他任何制度上加以填补是一个草率的决定，死刑废除需要法律各个方面通过严格和苛刻的执行来进行补充，否则，不仅不能达到保障人权的目的，还会引发社会动乱，实在是得不偿失。

对比菲律宾在死刑存废问题上的几存几废、曲折反复，我国政府在面对死刑废除这个问题时，真正做到了严格、审慎，不盲目冒进，不犯“左”的错误。死刑废除的高潮源于国际人权法律的发展，它促使死刑的废除从一个完全或主要由一个国家的刑事司法政策决定的问题，转变为违反基本人权的问题。在20世纪60年代，国际社会上普遍接受了废除死刑的观点，越来越多的国家废除了死刑。作为一个有几千年死刑适用历史的国家，我国无论是在刑法典规定的死刑罪名上，还是在死刑每年的适用人数上，都是一个较大的数字。每年因为对犯罪人执行死刑而涉及的人权问题，很长一段时间成为在国际上被攻讦的借口。再加上在我国刑法学者当中，一直以来都有一种坚定的声音认为，我国当前应当立即废除死刑，在死刑的存废问题上面我国一直面临着十分严峻的考验。但是每个国家有其各自不同的国内外形势和政治、经济、文化背景，综合我国的基本国情，在当时，即使是在现在，甚至是未来的一段时间内，我国依旧不具备从法律上完全废除死刑的条件。

为了弥补我国当前因尚不能完全废除死刑而造成的刑罚适用问题，我国独创死刑缓期执行制度。死缓使得一些罪当处死的犯罪分子，在具备特定的从宽情节的情况下不被立即执行。为某一国人民而制定的法律，应该是非常适合于该国人民的。[①] 而死缓制度的制定，在保留死刑的情况下，较为充分地表达了人权观念，遵循了惩罚与教育这一刑罚本质，弥补了死刑立即执行在刑罚教育功能上的缺失，相比死刑立即执行更能发挥一般预防与特殊预防的目的，[②]充分体现了我国一贯坚持的惩办与宽大相结合的刑事政策，有利于从整体上实际限制和减少死刑的适用，是有中国特色的刑罚制度，充分体现了中华民族的伟大智慧。

---

① [法]孟德斯鸠:《论法的精神》，张雁深译，北京:商务印书馆1997年版，第6页。

② 赵秉志、时延安:《中国刑法中死缓制度的法理研析》，载《中国司法评论》2001年第1卷。

2.中国与菲律宾死刑的相似性

菲律宾《修正刑法典》中规定妇女从宣判之日起3年以内或怀孕期间不得处以死刑，对于70周岁以上的老人也不得处以死刑。在此种情况下，将其死刑减为无期徒刑并附加第40条规定的附加刑。还规定“有提出上诉或者最高法院重审的案件，法庭成员对该死刑的执行意见不一致的，最高法院判处死刑或维持下级法院的死刑判决时，应作出法庭的决定意见，该意见应由除无资格参加该案件之外的所有法官签名外，还应包括其他法官的不一致意见和签名”。也就是说，审理上诉案件或最高院重审案件，当审判人员对是否应该判处该名罪犯死刑有争议时，最高院在做出最终判决之前出具的庭审意见中，应当包括除了没有资格参加该案件的法官以外的所有本院法官的意见和签名。这些规定体现了菲律宾刑法典对死刑适用的慎重，菲律宾现在虽然通过了国会法案暂停执行死刑，但是死刑毕竟尚未从法律上彻底废除，依然应当严格审慎地运用判处死刑的诉讼程序，审慎地适用死刑。

三、中菲财产刑比较

(一)菲律宾刑罚中的财产刑

1.菲律宾刑罚中的罚金刑

罚金刑是财产刑的一种典型类型，在菲律宾刑法典中被规定为主刑的一种，但是同时又规定罚金刑可以与重刑、矫正刑、轻刑同时并用。菲律宾《修正刑法典》第26条规定：“在重刑、矫正刑、轻刑中，罚金刑不管是作为单独刑罚或是可选择刑罚，如其金额在6000比索以上时视为重刑；如其金额在200比索以上6000比索以下时视为矫正刑；如其金额在200比索以下时视为轻刑。”

菲律宾的《修正刑法典》中将主刑分为四个等级，分别为极刑、重刑、矫正刑以及轻刑，罚金刑可以单独适用，也可以与重刑、矫正刑、轻刑三种主刑并用。罚金刑无论是单独适用还是与三种主刑并用，都可以对罪犯处以6000比索以上、200比索以上6000比索以下、200比索以下三种不同等级的罚金，如果罚金数额在6000比索以上则视为罚金的重刑，如果罚金数额在200比索以上6000比索以下则视为罚金的矫正刑，如果罚金数额在200比索以下则视为罚金的轻刑。罚金刑的重刑、矫正刑、轻刑只由法院判处的罚金数额决定，该分类与罚金刑同三种主刑中的哪一种主刑并用无关。换句话说，判处200比索以下的罚金刑，与重刑中的无期徒刑并用，则罚金刑属于轻刑，而不属于重刑，再比如，判处200比索以上6000比索以下的罚金刑，与矫正刑中的长期禁闭并用，则罚金刑属于矫正刑，自由刑也属于矫正刑。

在菲律宾刑法中还有一个比较特殊的规定——补充刑。如果罪犯的财产不足以支付法院判处的罚金刑，则负有每天支付8比索的补充个人责任，并要遵从以下规定：(1)如果主刑为监狱矫正或禁闭和罚金刑，罪犯须缴清上述罚金才能解除羁押，但其补充的羁押期限不得超过所判刑期的1/3，且累计羁押期限不得超过1年，不许不利于羁押犯而将一天分开计算；(2)当主刑只有罚金时，如果罪犯被起诉为重罪或是次重罪时补充羁押期不得超过6个月，如果是轻罪则不得超过15天；(3)主刑比监狱矫正更为严重时，不得对罪犯补充羁押；(4)当有确定刑期的主刑是在刑罚机构以外执行时，罪犯在上述确定的服刑期间内应受到同等对待；(5)罪犯由于无力偿还而导致的附带个人责任未能执行时，当其经济状况改善后附带个人责任中的罚金不能免除。

根据补充刑的规定，当罪犯服刑期满后，在缴纳清法院判处的罚金之前，每天除了需要支付额外多出来的8比索的补充个人责任之外，亦需要在判处的主刑刑期之外延长羁押时间。但是罚金刑剥夺的只是罪犯的经济利益，而延长的羁押措施剥夺的却是服刑人员的人身自由，因此为了不过多地加重犯罪人的负担，为了确保服刑人员的切身利益不受到无限制的侵害，刑法典同时对每天8比索的补充个人责任做了限制性的规定，严格规定了羁押期限可延长的最长时限，并且按照罪犯所犯罪行的严重程度进行区分对待，不过度增加重刑犯的负担。

菲律宾刑法中还对罚金的适用原则作出了明确的规定，法院应当在法定范围内确定罚金数额；确定罚金数额时不仅要考虑减轻情节和加重情节，而且更应考虑犯罪分子的财产或收入。这表明除了在菲律宾《修正刑法典》第一编第三章规定的10种法定减轻情形与第一编第四章规定的20种法定加重情形之外，犯罪分子的经济状况同样是在确定罚金数额时必须应当考虑的因素。在罚金的适用原则上，将犯罪分子的经济状况同加重情节与法定减轻情节作为并列的参考条件，可以极大地改善罚金刑实际执行难的问题，有效地提高判处的罚金刑的实际执行率，避免罚金刑流于空判。

2.菲律宾刑罚中的没收

没收财产同样是财产刑当中的一个重要类型，基于没收所针对的财产范围的特定与否，分为一般没收与特别没收。“没收”在菲律宾刑法典中称为“追缴或者没收违法所得”,从字面意思上就可以看出,菲律宾刑法典中规定的没收为通常意义上的特别没收,为了表达统一,以下统称为特别没收。

基于各国立法模式的不同,特别没收在不同国家的刑法典中有不同的性质与地位,有的国家将特别没收作为刑罚方法,有的国家将特别没收作为保安处分,有的国家将特别没收作为非刑罚措施或者犯罪行为的法律后果。菲律宾刑法典将“追缴或者没收违法所得”列为附加刑的一种,因此,在菲律宾,特别没收属于刑罚方法。菲律宾《修正刑法典》第 45 条规定:“任何犯罪将被处以没收犯罪所得和没收犯罪器具或工具,但是政府所追缴或者没收的这些犯罪所得和犯罪工具,不得是与犯罪无关的第三人的财产,除非该物品属于违禁物品。”特别没收将没收的对象限定为犯罪所得和犯罪器具或工具,并且即使该物品确是犯罪所得和犯罪器具或工具,只要该物品并不属于犯罪分子所有,而是第三人的合法财产也不得予以没收。如果没收的犯罪所得和犯罪器具或工具属于违禁物品,无论该物品为谁所有均应予以销毁。

(二)中国刑罚中的财产刑

1. 中国刑罚中的罚金刑

在新中国成立之初,颁布了一系列规范性文件,包括诸多有权解释,其中有不少条文中有关于罚金的规定,然而,一直没有形成统一的罚金制度。1979 年,我国第一部《刑法》正式颁布与实施,其中对罚金刑做了比较全面的具体规定。在罚金的性质上规定:设置罚金刑作为首要的财产刑,并且明确规定罚金既可以附加适用,也可以独立适用;在罚金的判处上规定:判处罚金,应当根据犯罪情节决定罚金数额;在罚金的缴纳上规定:罚金的缴纳方式分为一次性缴纳、分期缴纳、强制缴纳三种,以及在特殊情况下的罚金减免制度。1997 年的《刑法》基本上延续了 1979 年《刑法》中的相关内容,只是加入了随时追缴的规定。

在罚金的适用范围上,1979 年《刑法》颁行至 1997 年《刑法》通过之前,全国人大常委会共通过了 24 个单行刑法,其中有 14 个单行刑法中规定有罚金刑。[①] 1979 年《刑法》分则共 103 个条文,规定了 150 多个罪名,其中直接规定有罚金的条文有 20 条,约占条文总数的 19.4%,法定刑设有罚金的罪名 23

① 邢绡红:《罚金刑立法配置研究》,吉林大学 2013 年博士学位论文,第 45 页。

个，约占罪名总数的15.3%。相对而言，1997年《刑法》对于罚金的适用有所扩大，分则中368个条文（截至《刑法修正案（七）》），规定了445个罪名，其中，直接规定有罚金的条文有155条，约占条文总数的42.12%，法定刑设有罚金的罪名201个，约占罪名总数的45.27%。在2011年全国人大常委会通过的《刑法修正案（八）》中，并未在总则部分对罚金规定作出修改，但在分则中进一步扩大了罚金刑的适用范围。我国现行《刑法》共规定了453个罪名，在这453个罪名中，规定有罚金刑的罪名共212个，占全部罪名的46.8%。从罪名的分布上看，罚金刑在我国刑法分则中的配置十分广泛，罚金刑主要针对财产类犯罪以及经济类犯罪的相关领域中，主要集中在破坏社会主义经济秩序罪和妨害社会管理秩序罪这两章中。

2.中国刑罚中的没收

在我国刑法典中规定“没收”的有第59条中作为附加刑之一的“没收财产”和第64条中作为非刑罚处罚方法的对“犯罪物品的处理”。在判处没收财产时，是没收全部财产，还是没收部分财产，要根据犯罪的社会危害性与犯罪人的人身危险性确定。针对没收的财产范围而言，第59条规定的没收属于一般没收。根据《刑法》第64条的规定：“犯罪分子违法所得的一切财物，应当予以追缴或者责令退赔；对被害人的合法财产，应当及时返还；违禁品和供犯罪所用的本人财物，应当予以没收。没收的财物和罚金，一律上缴国库，不得挪用和自行处理。”据此，追缴犯罪所得的财物，不属于没收财产；没收违禁品和供犯罪所有的本人财物，也不属于没收财产；针对没收的财产范围而言，第64条规定的没收属于特别没收。没收财产是附加刑中最严厉的一种，从内容上看，它是一种能将犯罪分子的个人所有的全部财产予以强制性无偿收归国有的刑罚方法；从刑罚种类的排序上看，我国《刑法》第34条按由轻到重的顺序将附加刑排列为罚金、剥夺政治权利、没收财产，由此表明，在我国刑法中，没收财产是作为最严厉的附加刑加以对待的。[①] 从刑法修订的具体情况看，基于没收财产是一种颇为严厉的刑罚方法的认识，在修订刑法的讨论过程中，有的学者提出应严格限制没收财产刑的适用，主张没收财产刑只能附加适用而

① 翟中东主编：《刑种适用中疑难问题研究》，长春：吉林人民出版社2001年版，第322页。

不能独立适用。[①] 1997 年《刑法》采纳了上述建议,将单处没收财产的规定予以删除。[②]

(三)中国与菲律宾刑罚中的财产刑比较

1. 中国与菲律宾罚金刑比较

(1)罚金刑地位的比较

罚金刑的地位主要是指罚金刑在刑罚体系中所处的位置,在一个国家的刑罚体系中,划分主刑与附加刑的依据应当是对罚金刑的重视程度以及期望罚金刑服务于刑罚目的的作用大小。从目前世界各国立法的情况看,罚金可以作为主刑、可以作为附加刑、既作为主刑又作为附加刑、无主从之分的刑罚体系中的罚金。在中菲两国的刑罚体系中,罚金刑的地位有着明显的差异。我国《刑法》第 32 条规定,刑罚分为主刑和附加刑。第 34 条中将罚金作为附加刑加以列举性规定,可以独立适用。由此可知,在我国刑罚体系中罚金属于附加刑,同时可以独立适用。菲律宾《修正刑法典》第 25 条规定,刑罚同样分为主刑和附加刑,主刑包括一种极刑、五种重刑、四种矫正刑、两种轻刑以及两种可以与重刑、矫正刑和轻刑并用的刑罚(罚金、守法保证)。由此可知,在菲律宾刑罚体系中罚金属于主刑,同时可以与重刑、矫正刑和轻刑并用。

根据我国的通说观点认为,主刑是对犯罪人适用的主要刑罚方法,附加刑是补充主刑适用的刑罚方法。[③] 罚金刑是属于主刑还是属于附加刑,体现了立法者在最初制定罚金制度的时候,寄希望于罚金刑发挥的作用大小。不同于多数从赔偿金制度逐渐演化而来的现代罚金制度,我国罚金刑起源于"金作赎刑",与现代意义上的罚金制度大相径庭。在我国传统主义的刑罚观里,如果犯罪人没有被关进监狱,老百姓就认为其没有受到刑罚处罚,[④]囿于上千年的重刑主义传统,我国立法者在最初制定 1979 年《刑法》时采用了能突出重刑刑罚结构的死刑与自由刑,在主刑的种类中只规定能剥夺犯罪人生命和人身自由的管制、拘役、有期徒刑、无期徒刑和死刑,将仅仅剥夺犯罪人经济利益的

---

① 高铭暄主编:《刑法修改建议文集》,北京:中国人民大学出版社 1997 年版,第 378 页。

② 王洪青:《附加刑研究》,上海:上海社会科学出版社 2009 年版,第 92 页。

③ 马克昌主编:《刑法学》,北京:高等教育出版社 2003 年版,第 232 页。

④ 陈兴良:《口授刑法学》,北京:中国人民大学出版社 2007 年版,第 400 页。

罚金归为附加刑，这一方面是由于立法者对其一般性功能认识不足，另一方面由于对适用轻刑是否会轻纵犯罪而导致犯罪泛滥难以控制存有疑虑，[①]导致了在我国的刑罚体系中，罚金刑一直都处于附加刑地位。

（2）罚金刑裁量原则的比较

罚金刑的裁量原则是指在判处罚金刑时，决定科处的罚金数额的依据。根据各国立法中的规定不同，形成了三种类型的立法例，在理论上可以概括为三种不同的罚金刑裁量适用原则，分别为以犯罪情节为原则、以犯罪人经济状况为原则、以犯罪情节与参酌犯罪人经济状况并重的原则。我国《刑法》第 52 条原则性地规定了以犯罪情节为根据的立法例。菲律宾《修正刑法典》第 66 条规定，确定罚金数额时不仅要考虑减轻情节和加重情节，而且更应考虑犯罪分子的财产或收入。由此可知，菲律宾罚金刑的适用原则采用了以犯罪情节与参酌犯罪人经济状况并重的原则。我国立法机关在两个刑法典版本中均采用了单纯以犯罪情节为原则的裁量方法，犯罪情节较轻的，判处罚金的数额就应少一些，犯罪情节较重的，判处罚金的数额就应多一些。

（3）罚金刑执行方式的比较

罚金刑的执行是罚金刑机制中最为关键的一个环节，同时也是一个世界性的难题。为了提高罚金刑的执行率，不使罚金处罚沦为一纸空文，各个国家在实践中创制了多种执行方式，包括一次或者分期缴纳、日额缴纳、延期缴纳、暂缓缴纳；特别执行方式包括强制缴纳、以自由劳役偿付罚金、罚金易科自由刑。根据我国《刑法》第 53 条的规定，我国罚金刑的执行方式分为一次性缴纳、分期缴纳、强制缴纳、减少甚至免除缴纳、随时追缴等方式。罚金易科自由刑即指在犯罪人不能足额缴纳判处的罚金时，以自由刑代替罚金，作为补救罚金刑不能及时执行的最后手段。菲律宾刑法中对补充刑的规定，在性质上即属于罚金刑特别执行方式中的罚金易科自由刑。

2. 中国与菲律宾没收的比较

纵观中外刑法，对于犯罪所涉及的财产如犯罪所使用的或者犯罪所得的财产予以没收（即特别没收）的规定是普遍的，但是，其规定的性质有所不同。在我国，特别没收的性质属于非刑罚处罚措施，而在菲律宾，特别没收的性质属于附加刑的一种。这与我国的规定正好相反，我国规定为非刑罚措施的特

---

① 邢绡红：《罚金刑立法配置研究》，吉林大学 2013 年博士学位论文，第 36 页。

别没收，在菲律宾被纳入附加刑的范围；我国规定为附加刑之一的没收财产（即一般没收），在菲律宾刑法典中没有规定。

四、中菲自由刑与资格刑比较

（一）中国与菲律宾自由刑比较

根据自由刑刑期的长短和对自由剥夺的程度，可以将自由刑分为无期自由刑、有期自由刑、短期自由刑、限制自由刑四类。[①] 菲律宾《修正刑法典》中规定的自由刑有无期徒刑、有期徒刑、监禁、监狱矫正、长期禁闭和流放六种，其中无期徒刑属于无期自由刑，有期徒刑、监禁、监狱矫正属于有期自由刑，长期禁闭属于短期自由刑，流放属于限制自由刑。我国1997年《刑法》中规定的自由刑有无期徒刑、有期徒刑、拘役、管制四种，其中无期徒刑属于无期自由刑，有期徒刑属于有期自由刑，拘役属于短期自由刑，管制属于限制自由刑。

1. 两国刑法典对无期自由刑的规定

菲律宾《修正刑法典》中规定的无期徒刑："任何被处以无期徒刑的罪犯在服刑30年后都应被赦免，除非总统认为由于罪犯的行为或有其他严重的原因不应赦免。"这条规定使得罪犯在服刑期间，即使没有做到因表现良好而减刑，在被关押30年后，绝大多数被判处无期徒刑的人依然可以活着出来，重返社会。在我国的刑罚体系中，无期徒刑是仅次于死刑的刑罚方法，主要适用于性质非常严重的犯罪分子。我国1997年《刑法》规定，无期徒刑不能孤立适用，即对于被判处无期徒刑的犯罪分子，应当附加剥夺政治权利终身。在实际执行的过程中，被判处无期徒刑的犯罪分子在无期徒刑执行期间还可以减刑为有期徒刑，也可以假释，年老有病的还可以保外就医，真正执行到死亡的很少。由此可见两国立法者在制定刑法时，除了实现刑罚的惩罚功能以外，还希望犯罪人在接受改造之后能够早日重返社会。

2. 两国刑法典对有期自由刑的规定

从有期自由刑的种类上看，菲律宾《修正刑法典》中规定的有期自由刑有三种，分别为有期徒刑、监禁、监狱矫正。我国1997年《刑法》中规定的有期自

---

① 童德华：《外国刑法原论》，北京：北京大学出版社2005年版，第391页。

由刑为有期徒刑。从有期自由刑的刑期长度上看，菲律宾《修正刑法典》中规定的有期徒刑的刑期为 12 年零 1 天到 20 年，监禁的刑期为 6 年零 1 天到 12 年，监狱矫正的刑期为 6 个月零 1 天到 6 年，即菲律宾有期自由刑的刑期总长度为 6 个月零 1 天到 20 年。我国 1997 年《刑法》中规定的有期徒刑的刑期为六个月以上十五年以下。在死刑缓期执行期间，如果没有故意犯罪，确有重大立功表现，二年期满以后，减为二十五年有期徒刑。数罪并罚的，有期徒刑总和刑期不满三十五年的，最高不能超过二十年，总和刑期在三十五年以上的，最高不能超过二十五年。

从有期自由刑的适用范围上看，菲律宾《修正刑法典》将犯罪做了重罪、次重罪和轻罪的划分，有期徒刑与监禁属于重刑，监狱矫正属于矫正刑，并且规定重罪是指应处以死刑或者任一量刑幅度属于重刑的犯罪，次重罪是指刑法规定最高刑为矫正刑的犯罪。根据我国 1997 年《刑法》的规定，我国的有期徒刑刑期幅度宽，能适用于轻重不同的犯罪，是我国刑罚体系主刑中的主刑。从有期自由刑的执行方式上可以将有期自由刑分为不需要劳动的监禁和需要劳动的监禁。菲律宾《修正刑法典》中未规定服刑者需要劳役，可见，菲律宾的有期自由刑属于不需要劳动的监禁。我国 1997 年《刑法》规定罪犯在刑罚执行期间，凡有劳动能力的应当参加劳动，接受教育和改造，也就是说劳动改造是我国有期自由刑的法定服刑内容。

3. 两国刑法典对短期自由刑的规定

从短期自由刑的种类上看，菲律宾《修正刑法典》中规定的短期自由刑为长期禁闭，我国 1997 年《刑法》中规定的短期自由刑为拘役。从短期自由刑的刑期长度上看，菲律宾《修正刑法典》中规定的长期禁闭的刑期为 1 个月零 1 天到 6 个月，我国 1997 年《刑法》中规定拘役的期限为一个月以上六个月以下。

从短期自由刑的执行场所上看，菲律宾《修正刑法典》中规定的长期禁闭的执行地点是在地方监狱或在一个司法警官的监视下的被告人住所地，并且法院在决定长期禁闭的执行场所时还应当考虑罪犯的健康状况和其他合理因素。我国 1997 年《刑法》中规定被判处拘役的犯罪分子，由公安机关就近执行，可见短期自由刑的执行场所相比有期自由刑而言相对宽松。我国还规定，在执行期间，被判处拘役的犯罪分子每月可以回家一天至两天，参加劳动的可以酌量发给报酬。

4.两国刑法典对限制自由刑的规定

从限制自由刑的种类上看,菲律宾《修正刑法典》中规定的限制自由刑为流放,我国1997年《刑法》中规定的限制自由刑为管制。从限制自由刑的刑期长度上看,菲律宾《修正刑法典》中规定的流放的刑期为6个月零1天到6年,我国1997年《刑法》中规定管制的期限为三个月以上两年以下。可见,菲律宾刑法中规定的限制自由刑的刑期明显长于我国。笔者认为,限制自由刑既然是区别于剥夺自由刑而设立的刑罚,其严厉程度低于剥夺自由刑,期限以短为宜,最高刑期不宜超过3年。

从限制自由刑的执行方式上看,菲律宾《修正刑法典》中规定"被判处流放刑的罪犯,不得进入判决指定的地方,也不得进入从该指定的地方起算最多250千米和至少25千米之半径范围内的地方"。我国1997年《刑法》中规定"判处管制,可以根据犯罪情况,同时禁止犯罪分子在执行期间从事特定活动,进入特定区域、场所,接触特定的人"。可见,两国被判处限制自由刑的罪犯均不被关押在监狱,并且同时限制一定的自由。

(二)中国与菲律宾资格刑比较

1.两国刑法典对资格刑地位的规定

资格刑在刑罚体系中的法律地位并不一致,菲律宾刑法中的资格刑,有终身或者有期剥夺全部权利,终身或者有期剥夺特别权利,临时剥夺公职、选举权与被选举权或者从事某种职业或行业的权利,民事权利禁止四种。其中,民事权利禁止在上文中已有交代,在此则不再赘述。除了民事权利禁止之外的三种资格刑在法律地位上既可以作为主刑,又可以作为附加刑。因为,在菲律宾《修正刑法典》所规定的刑罚种类中,作为主刑之一的重刑中规定有资格刑(终身或有期剥夺全部权利、终身或有期剥夺特别权利),作为主刑之一的矫正刑中规定有资格刑(停职),附加刑中同样规定有资格刑(终身或有期剥夺全部权利,终身或有期剥夺特别权利,临时剥夺公职、选举权与被选举权或者从事某种职业或行业的权利)。根据菲律宾《修正刑法典》的规定,资格刑可以作为主刑独立适用,也可以作为附加刑附加适用。当资格刑作为附加刑附加适用时,属于重刑的资格刑一般只能附加适用于被判处重刑的犯罪人,属于矫正刑的资格刑一般只能附加适用于被判处矫正刑的犯罪人。而我国刑法中的资格刑的内容仅为剥夺政治权利一种,在法律地位上属于附加刑,可以附加适用,也可以独立适用。

2. 两国刑法典对资格刑种类的规定

菲律宾《修正刑法典》中规定的终身或有期剥夺全部权利、终身或有期剥夺特别权利、临时剥夺公职、选举权与被选举权或者从事某种职业或行业的权利(停职)都属于资格刑。终身或有期剥夺全部权利包括:剥夺罪犯的公共职务和公共职业,即使其由全民选举产生;剥夺罪犯在公共职务中的选举权与被选举权;剥夺其从事公职和公务的资格;丧失领取退休金的资格。终身或有期剥夺特别权利包括:剥夺罪犯行使公共职务、公共职业或者公共行业的权利;终身或有期剥夺担任类似公职或工作的权利。菲律宾刑法典中规定的资格刑种类多,并将不同的资格刑剥夺的权利种类做了进一步的划分。我国1997年《刑法》规定,剥夺政治权利包括剥夺以下四个方面的权利:(1)选举权和被选举权;(2)言论、出版、集会、结社、游行、示威自由的权利;(3)担任国家机关职务的权利;(4)担任国有公司、企业、事业单位和人民团体领导职务的权利。

对比菲律宾关于资格刑内容的规定,我国刑法中的资格刑政治色彩过于浓厚,刑种单一,没有规定剥夺从事特定职业或活动的资格刑。在刑事犯罪中,存在许多利用特定职业进行的犯罪,例如律师、会计等利用其特定职业进行与其职业相关的犯罪,对这些人采用剥夺从事特定职业资格,实际上剥夺了罪犯再犯的能力。

3. 两国刑法典对资格刑刑期的规定

菲律宾《修正刑法典》中规定,当有期剥夺权利作为主刑适用时,其刑期为6年零1天到12年,当停职作为主刑适用时,其刑期为6个月零1天到6年。我国1997年《刑法》中对剥夺政治权利期限的规定,判处拘役、有期徒刑附加剥夺政治权利或者单处剥夺政治权利的期限,为1年以上5年以下;判处管制附加剥夺政治权利,剥夺政治权利的期限与管制的期限相等,同时执行,即3个月以上2年以下;判处死刑、无期徒刑的犯罪分子,应当剥夺政治权利终身;死刑缓期执行或者无期徒刑减为有期徒刑的,附加剥夺政治权利的期限改为3年以上10年以下。在资格刑的刑期规定上,中国与菲律宾刑法典中都有关于终身剥夺全部权利或者有期剥夺全部权利的规定。菲律宾《修正刑法典》将资格刑的刑期按照犯罪分子最终被判处刑罚的严重程度,做了重刑与矫正刑的划分。我国1997年《刑法》将剥夺政治权利的期限按照所判处的主刑种类的不同一一规定,笔者认为,对于资格刑的刑期,我国现有刑法的规定已经相对完善。

对于中菲自由刑与资格刑比较这一部分,笔者着墨不多,并非认为自由刑与资格刑这两类刑罚在刑罚体系中的地位不重要，而是本节毕竟是基于比较法的视角，对中国与菲律宾刑罚类型的规定进行比较，文章所涉及的内容不能脱离中国与菲律宾刑法典的规定。对于自由刑的立法规定，虽然在具体规定的细节上有所差异，但两国关于自由刑的立法宗旨与目的多有相似，对于两国规定的一些细微差别之处，相互参考、借鉴的价值不大，限于文章篇幅，便未对中国与菲律宾自由刑的规定一一进行比较罗列，并且在下文暂且不谈及对菲律宾刑法中自由刑的借鉴。对于资格刑的立法规定，从资格刑的种类与内容上看，菲律宾对于资格刑的立法规定确实比我国更加全面，更加科学合理，但除了种类与内容之外，菲律宾《修正刑法典》对资格刑的规定也不完善，具体刑法条文较少，对资格刑在菲律宾的具体适用情况，笔者无从判断。因此，将自由刑与资格刑合为一部分，主要对菲律宾关于自由刑与资格刑的规定做简要介绍，以期能使读者对菲律宾刑罚体系有整体性的了解。

第七节　中国与菲律宾刑事司法合作展望

在某种意义上，国际刑事司法合作也就是国际刑事司法协助。[①] 刑事司法合作是加强各国刑事司法领域的沟通与交流的重要渠道，是合作打击跨国犯罪的利器。近年来，中国与东盟国家之间的交流与合作不断加强，包括政治、经济、文化等在内的各领域合作的广度和深度前所未有。2015 年 3 月 28 日，博鳌亚洲论坛 2015 年年会在海南省博鳌开幕，本次年会主题为“亚洲新未来:迈向命运共同体”。习近平主席在本次年会上围绕“建设更为紧密的中国-东盟命运共同体”做了主旨演讲。可见，中国-东盟之间越来越向往合作，在合作发展的道路上越来越相互依赖，成为推动双边进一步发展的命运共同体。在中国-东盟加强全方位合作的新形势下，中国与菲律宾加强包括刑事司法在内的各领域合作更凸显其重要意义。

中国与菲律宾之间存在一些刑事司法合作机制，如《中菲双边引渡条约》《刑事司法互助条约》等。随着经济社会等各方面的发展，涉及中菲双方的跨

① 王君祥:《中国-东盟区域刑事合作机制研究》，北京:中国人民公安大学出版社 2012 年版，第 12 页。

国刑事犯罪日益增多,危害性不断增强,单凭借中国或菲律宾任何一国的司法力量都不足以打击当前及今后犯罪的嚣张气焰。因此,为了更加有力和有效地打击涉及中菲两国的刑事犯罪,中国与菲律宾之间需要进一步加强刑事司法协助,提高双方刑事司法协助的能力,为有力而有效地打击犯罪创造条件。

一、中菲刑事司法合作现状

中国与菲律宾之间已存在某些刑事司法合作机制,也有刑事司法合作的成功案例。首先,中国与菲律宾都参加了《联合国反腐败公约》《联合国打击跨国有组织犯罪公约》,为中菲两国进行包括引渡、被判刑人移交、资产没收、司法协助、联合调查、特殊侦查手段、刑事诉讼的移交、执法合作等在内的刑事合作提供了法律依据。其次,为开展具体刑事司法协助,中国与菲律宾签订了双边引渡条约和双边刑事司法协助条约。这两个双边条约为中菲两国开展诸如引渡罪犯、刑事案件的侦查、起诉及其他刑事诉讼程序中相互提供帮助等刑事司法协助提供了具体的可操作的条款。最后,中菲两国已有成功的司法协助的先例。2004 年,中国与菲律宾首次联手破获了数量达 296 千克冰毒、涉案金额 1 亿多元的走私毒品案,并将主要犯罪嫌疑人陈天福引渡回国。由此可见,中菲之间已存在一定程度的刑事司法协助,并在打击跨国犯罪中发挥了一定作用。

然而,中菲现行的刑事司法合作机制存在某些不利因素。虽然中菲两国都加入了《联合国反腐败公约》和《联合国打击跨国有组织犯罪公约》,但菲律宾对将这两个公约作为引渡合作依据的态度是不积极的。对于《联合国反腐败公约》,菲律宾明确表示"不接受将该公约作为与其他国家开展引渡合作的法律依据";对于《联合国打击跨国有组织犯罪公约》,菲律宾并没有明确的态度。因而,中菲两国依据国际公约开展刑事司法合作受到一定的限制和制约。这是其一。其二,中菲两国签订了引渡条约,但引渡条约在司法实践中适用很少;虽然也签订有刑事司法协助条约,但现有的刑事司法协助条约的内容主要集中于犯罪人的引渡和狭义的刑事司法协助。随着中菲两国的发展,外国判决的执行和刑事诉讼的移管已经成为包括菲律宾在内的中国-东盟之间的新的刑事司法协助的内容,而现有的刑事司法协助并不能提供这两项新型的司法协助。其三,中国-东盟之间有主管司法机关会议联系机制,如中国-东盟总检察长会议机制,菲律宾也包括在内。但各国检察机关之间的资讯情报交流不是很畅通，合作的渠道不宽，在很多方面都没有具体的操作规程。其四，中菲之间有较多的涉及两国的犯罪，如毒品走私、绑架、拐卖人口、洗钱犯罪等，但双方合作打击的面并不够宽广。

从整体上来看，中菲之间的刑事司法合作取得了一定成效，但是，现有的刑事司法合作机制并不能完全满足中菲两国合作打击跨国犯罪的需要，因而中菲两国需要进一步加强刑事司法合作。

二、中菲刑事司法合作的必要性和可行性

中菲两国之间存在的较多的涉及两国的犯罪和两国刑事司法合作的客观现实需要中菲两国一道为加强刑事司法合作共同努力。

(一)中菲刑事司法合作的必要性

中菲两国加强刑事司法合作，共同打击包括涉及两国在内的跨国刑事犯罪既是现实的需要，也完全符合两国的共同利益，更是完善两国现行刑事司法合作机制和提高刑事司法水平的必然要求。

第一，近年来，中菲两国在总体上以更加积极开放的姿态拥抱世界，中菲两国之间的交流不断加强，人员往来、物品交换等更加频繁，合作领域不断扩展，合作水平不断提高。与此同时，随之而来的涉及双方的跨国犯罪不断增加，如恐怖主义犯罪、走私犯罪、毒品犯罪、拐卖人口犯罪、绑架勒索犯罪、洗钱犯罪、海上犯罪等。这些犯罪的危害性日益严重，气焰更加嚣张，单单凭借中国或菲律宾任何一个国家都不可能完全有力有效地予以打击，只有两国加强刑事司法合作才能增强共同打击跨国犯罪的能力。第二，中菲双方在加强刑事司法合作上存在共同的利益。“国家的利益无论从道义上还是从法律和科学上讲，都是政府行为合法性的最终源泉。”[①]中国与菲律宾之间存在广泛的共同利益。自 2010 年 1 月 1 日中国-东盟自由贸易区启动以来，中国与包括菲律宾在内的东盟各国的经贸往来不断加强，经济贸易关系更加密切，双方经济贸易得到了较好的发展。中菲两国良好的经贸关系需要包括刑事司法合作

① 俞可平:《权利政治与公益政治——当代西方政治哲学评析》，北京:社会科学文献出版社 2000 年版，第 140 页。

在内的司法合作的有力保障。另外，当前，中菲共同面临着新的非传统安全的威胁，如毒品贩运、海盗行为、恐怖主义、武器走私、洗钱、国际经济犯罪和计算机犯罪等。近年来，中国-东盟首脑会议达成或签署或通过了《中国-东盟关于在非传统安全领域合作的联合声明》《关于在非传统安全领域合作的谅解备忘录》《实施中国-东盟和平与繁荣战略关系联合声明行动计划》等文件。中菲两国也更加重视非传统安全领域的合作。第三，中菲现行的刑事司法合作机制在法律依据、司法主管机关会议联系机制等方面存在一定欠缺，刑事司法合作尚缺乏详细具体的操作规程和实践经验。所有这些都需要中菲双方在刑事司法合作上作出实质性的努力，推动中菲刑事司法合作进一步发展。

(二)中菲刑事司法合作的可行性

中国与包括菲律宾在内的东盟已经在政治、经济、法律等领域进行了广泛的交流和合作，中菲双方完全具备为共同打击跨国犯罪而进行刑事司法合作的现实可行性。

首先，中国-东盟的政治、经济、文化等合作进一步加深，这为中菲刑事司法合作提供了良好的契机。自 2010 年 1 月中国-东盟自贸区全面建成以来，中国与东盟各国贸易投资增长，经济融合加深，企业和人民都广泛受益，实现了互利共赢、共同发展的目标。目前，中国已成为东盟第一大贸易伙伴，东盟成为中国第三大贸易伙伴。近年来，博鳌亚洲论坛不断升级，各国关系也更加密切。可见，中国-东盟将更加紧密地团结在一起促进双边共同发展，因而，中菲两国可以借助这一契机，加强刑事司法领域的合作。其次，中国和包括菲律宾在内的东盟有共同合作的观念，有着合作打击跨国犯罪的意愿。2015 年的博鳌亚洲论坛年会在海南省博鳌开幕，本次年会主题为“亚洲新未来：迈向命运共同体”，习近平主席在本次年会上围绕“建设更为紧密的中国-东盟命运共同体”做了主题演讲。中国-东盟双方已经将各自视为命运共同体，在包括刑事司法合作在内的所有领域的合作应属中菲两国的题中之义。再次，中国与菲律宾都参加了《联合国反腐败公约》《联合国打击跨国有组织犯罪公约》，签订了引渡条约和刑事司法协助条约。这为中菲进一步加强刑事司法合作提供了良好的制度规范。最后，中菲之间已经存在初步的刑事司法合作机制，如中国与包括菲律宾在内的东盟建立的中国-东盟总检察长会议机制。并且，中菲之间已经有了较为成功的刑事司法合作的先例，如中国与菲律宾 2004 年首次联手破获一起重大毒品走私案，并将主要犯罪嫌疑人陈天福引渡回中国，这为中菲两国未来的刑事司法合作提供了可资借鉴的经验。

三、中菲刑事司法合作的开展

中菲两国进行刑事司法合作是打击跨国犯罪的利器。中菲两国需要进一步加强刑事司法领域的合作,提高刑事司法合作能力,提升刑事司法合作水平。就目前的实际情况而言,中菲两国需要进一步加强在以下几类犯罪方面的司法合作。

(一)反恐怖主义犯罪合作

中国和菲律宾都面临着恐怖主义犯罪的威胁。加强两国在恐怖主义犯罪方面的刑事司法合作是共同打击该类犯罪的需要。笔者认为,中菲两国针对恐怖主义犯罪需要在以下方面加强合作。

1.建立反恐情报信息库,实现双方反恐情报信息的共享。反恐情报信息是精准打击恐怖主义犯罪的重要条件。东盟国家非常重视反恐情报信息的合作,2002年5月,菲律宾与马来西亚及印尼三国外长在吉隆坡签署《情报交换及建立联系网络协定》,实现三国反恐情报信息的交换;2007年东盟国家签订了《东盟反恐公约》。中菲之间可以效仿菲律宾与马来西亚及印尼三国就反恐达成情报信息合作协议,并在此基础上建立反恐情报信息库,对反恐情报信息实现实时共享。

2.加强反恐联合执法。中国与菲律宾隔海相望,恐怖主义犯罪分子很容易通过我国边境逃往菲律宾、马来西亚、印度尼西亚等国。在打击恐怖主义犯罪上,中菲两国为防止犯罪分子外逃,需要加强执法方面的合作。

3.加强反恐审判合作。打击恐怖主义犯罪在审判恐怖主义犯罪分子方面也需要合作,因为恐怖主义犯罪分子的罪行往往涉及多个国家或多个区域,只有全面评价其所涉及的所有犯罪才能对犯罪人准确适用刑罚。对于谋划、资助恐怖主义犯罪者也要确保得到制裁。

4.扩展刑事司法协助内容,加强恐怖主义犯罪的诉讼的移管。被判刑人移管和刑事诉讼的移管已经成为当前及今后国际刑事司法协助的新的内容。刑事诉讼移管是指根据国际条约和国内法,对特定犯罪享有管辖权但因无法进行或完成追诉该犯罪的刑事诉讼的国家,请求将案件移交给另一国,并由该另一国对案件进行刑事管辖的国际刑事合作形式。[1] 狭义的刑事司法协助在一定程度上已经难以满足当前的刑事司法协助的需要,因而需要扩展刑事司法协助的内容。恐怖主义犯罪同样如此。恐怖主义犯罪是具有严重社会危害性的犯罪,一般都与当事国政治相关,因而将恐怖主义犯罪分子移交给当事国相对较好。中菲之间加强恐怖主义犯罪的移管是符合现实需要的。

(二)反腐败犯罪合作

中国一直注重对腐败犯罪的惩治。自从2012年以来,我国进一步加大了对腐败犯罪的打击力度。我国逃往东南亚国家的腐败犯罪官员不在少数,而将这些腐败犯罪官员绳之以法更需要相关国家之间密切的刑事司法合作。在反腐败犯罪方面,中菲两国之间进行刑事司法合作的内容主要有以下方面。

首先,加强双方引渡合作。中国与菲律宾虽然签订了引渡条约,也有某些成功的引渡实践,但是,中菲之间在司法实践中适用引渡很少,在很多跨国犯罪中并没有适用引渡。对于腐败犯罪,中菲之间需要在引渡条约之外进一步规定具体的引渡操作规程等,使腐败犯罪分子更多地引渡回国。此外,还要进一步开展对腐败犯罪分子的缉捕和移交合作。

其次,加强资产追回合作。腐败犯罪的一个重要危害在于巨额资金非法流向国外。据此,《联合国反腐败公约》和《联合国打击跨国有组织犯罪公约》规定了追缴犯罪所得方面的刑事司法协助的内容。《联合国反腐败公约》第五章专门规定了资产追回,内容包括预防和监测犯罪所得的转移、直接追回资产的措施、通过没收事宜的国际合作追回资产的机制、没收事宜的国际合作、特别合作和资产的返还和处分等内容。黄风教授认为,类似的对被非法转移的犯罪所得或犯罪收益的追缴是国际刑事司法协助的第二个中心。[2] 中菲之间在惩治腐败犯罪上,需要进一步加强在资产追回方面的合作。2012年修改后的《中国刑事诉讼法》增加了犯罪嫌疑人、被告人逃匿、死亡案件违法所得的没

① 黄风、赵林娜:《国际刑事司法合作:研究与文献》,北京:中国政法大学出版社2009年版,第185页。

② 黄风、凌岩、王秀梅:《国际刑法学》,北京:中国人民大学出版社2007年版,第274~275页。

收程序，这也为我国海外追逃腐败资产创造了条件。具体而言，中菲两国应加强追逃资产信息的交流合作，实现追逃资产信息的共享；加强资产追逃追缴执法合作。

(三)反毒品犯罪合作

中国与东盟国家有较多的毒品犯罪，我国云南省是受“金三角”毒品犯罪影响最深的省份。打击毒品犯罪是中国与东盟国家之间合作最早、成效较好的领域之一。中国-东盟所有国家都加入了《联合国禁毒公约》，这为我国与包括菲律宾在内的东盟国家在该公约的统一框架下开展刑事司法合作提供了条件。我国与东盟国家之间在禁毒方面签订了一些协议、建立了一定的工作机制，如 2000 年 10 月《东盟和中国禁毒合作行动计划》等。2001 年中菲之间签订了《打击跨国犯罪和禁毒合作谅解备忘录》，将走私、制造、贩卖甲基苯丙胺类毒品犯罪作为共同合作打击的对象。为具体落实双边禁毒合作，中菲两国于 2003 年 8 月签订了相关的谅解备忘录，进一步密切了中菲双方的禁毒合作。这都为中菲两国进行打击毒品犯罪的刑事司法合作创造了条件。中菲两国在共同打击毒品犯罪上可以在以下方面进行有效的合作。

首先，毒品犯罪信息交流共享。毒品犯罪信息交流与合作是打击毒品犯罪的前提和基础。中菲两国应共同建立毒品犯罪信息库，对毒品犯罪人员信息进行管理，实现双方之间毒品犯罪信息的实时共享，为精准打击毒品犯罪提供契机。

其次，进一步扩大毒品犯罪打击的范围。2001 年中菲之间签订了《打击跨国犯罪和禁毒合作谅解备忘录》，将走私、制造、贩卖甲基苯丙胺类毒品犯罪作为共同合作打击的对象。在很大程度上，中菲两国之间在打击毒品犯罪上的合作并没有完全铺开，共同打击毒品犯罪的领域较小，对于大多数的毒品犯罪并没有纳入共同合作打击的范围，这不利于全面打击涉及两国的毒品犯罪。因此，今后中菲两国更需要在共同打击毒品犯罪的范围上达成一致协议，将大多数毒品类犯罪纳入到共同打击的范围，全面打击毒品犯罪，遏制毒品犯罪猖獗的势头。

再次，加强打击毒品犯罪的联合执法。双边或多边就毒品犯罪进行联合行动是有力有效打击该类犯罪的重要手段。例如，中国和湄公河次区域国家签署《次区域禁毒行动计划》等文件，并已经在共同打击毒品犯罪领域进行了卓有成效的合作。2012 年 5 月，中老警方联手抓获的湄公河流域“金三角”地区特大武装贩毒集团首犯糯康并依法移交中国就是成功合作打击毒品犯罪的典型。因此，中菲两国可以根据具体情况效仿中国和湄公河次区域合作打击毒品犯罪的既有经验，加强中菲双方之间就毒品犯罪的联合调查取证、跨境追捕逃犯、移交逃犯等。

第三章

马来西亚刑法研究

第一节　马来西亚刑法制度沿革

一、马来西亚国家概况

马来西亚(Malaysia),位于东南亚,国土被南中国海分隔成东、西两部分。西马位于马来半岛南部,北与泰国接壤,南与新加坡隔柔佛海峡相望,东临南中国海,西濒马六甲海峡。东马位于加里曼丹岛北部,与印尼、菲律宾、文莱相邻。马来西亚全国分为 13 个州和 3 个联邦直辖区。13 个州是西马的柔佛、吉打、吉兰丹、马六甲、森美兰、彭亨、槟榔屿、霹雳、玻璃市、雪兰莪、丁加奴以及东马的沙巴、沙捞越。另有首都吉隆坡、布特拉加亚和纳闽 3 个联邦直辖区。公元初马来半岛有羯茶、狼牙修等古国。15 世纪初以马六甲为中心的满剌加王国统一了马来半岛的大部分。16 世纪开始先后被葡萄牙、荷兰、英国占领。20 世纪初完全沦为英国殖民地。加里曼丹岛沙捞越、沙巴历史上属文莱,1888 年两地沦为英国保护地。二战中,马来半岛、沙捞越、沙巴被日本占领,战后英国恢复殖民统治。1957 年 8 月 31 日马来亚联合邦宣布独立。1963 年 9 月 16 日,马来亚联合邦同新加坡、沙捞越、沙巴合并组成马来西亚

(1965 年 8 月 9 日新加坡退出)。[①]

马来西亚实行君主立宪联邦制。因历史原因,沙捞越州和沙巴州拥有较大自治权。1957 年颁布马来亚宪法,1963 年马来西亚成立后继续沿用,改名为马来西亚联邦宪法,后多次修订。马来西亚国会是最高立法机构,由上议院和下议院组成。下议院共设议席 222 个,任期 5 年,可连任。马来西亚中央政府设有 2 个部门。马来西亚最高法院于 1985 年 1 月 1 日成立。1994 年 6 月改名为联邦法院。设有马来亚高级法院(负责西马)和婆罗洲高级法院(负责东马),各州设有地方法院和推事庭。另外还有特别军事法庭和伊斯兰教法庭。政党方面,马来西亚有注册政党 40 多个。巫统、马华公会和印度人国大党等政党组成国民阵线联合执政。2008 年 4 月,反对党人民公正党、民主行动党和伊斯兰教党联合组成"人民联盟"。[②]

二、马来西亚刑事法发展历程

马来西亚刑事法的发展受到了其国家政治经济发展的深远影响。16 世纪起,马来亚先后遭到葡萄牙、荷兰和英国侵略,1911 年沦为英国殖民地。1957 年 8 月 31 日,马来亚正式脱离英国独立。1963 年 9 月 16 日,马来西亚正式建立,是一个多元民族共同建立的国家。

1871 年,英国海峡殖民地立法议会制定了一部刑事法令。在沦为英属殖民地后,马来亚受到英国海峡殖民地立法议会制定的刑事法令的深重影响,并逐步发展为马来西亚的现行刑法典,即马来西亚第 574 号法案《马来西亚刑法典》。因而,现行马来西亚刑法典中的英国法律的印记较深。英国普通法、衡平法等成为马来西亚刑法的不成文法渊源,马来西亚成文法中对适用英国普通法及衡平法有着明确的规定。[③] 1985 年,马来西亚正式废除由英国枢密院审理马来西亚居民向其上诉的案件的制度。自 1936 年以来,马来西亚对本国

---

① 参见:http://www.fmprc.gov.cn/mfa_chn/gjhdq_603914/gj 603916/yz_603918/1206_604426/,访问日期:2015 年 1 月 9 日。

② 参见:http://www.fmprc.gov.cn/mfa_chn/gjhdq_603914/gj_603916/yz_603918/1206_604426/,访问日期:2015 年 1 月 12 日。

③ 曾粤兴主编:《马来西亚刑法》,杨振发译,中国政法大学出版社 2014 年版,代前言第 2 页。

《刑法典》进行了大幅度的修改。1936 年 12 月 29 日至 2014 年 1 月 1 日，马来西亚刑法共进行了 36 次修改，即分别颁布实施 21 件以“刑法（修正案）”命名的法案和 15 件与刑法条文修改相关的联邦宪法、法院组织法、诱拐法、刑事诉讼法等法案。

近年来，马来西亚显露出明显的法典化的倾向，即由目前的刑法典、诸多的单行刑法、附属刑法规范、地方刑法和宗教刑法、判例等为渊源的刑法规范体系转变为以刑法典为单一形式的大一统的刑法格局。[①] 例如，2014 年 4 月，马来西亚废除了备受国内外争议的《内安法令》，同时，在 2013 年和 2014 年通过并颁布了两项《刑法典修正案》，一定程度上将原来《内安法令》中关于国家安全保护的刑法规范法典化，完善了对打击国家安全犯罪、恐怖犯罪、有组织犯罪的刑法规范，增强了对本国国家安全的保护。

另外，伊斯兰化也是马来西亚刑法近年来发展的一个动向。其中的两个重要原因在于，一是伊斯兰法律制度很早就开始形成，二是马来西亚拥有大量的穆斯林人口，大约占全国总人口的 60%。这两个原因促使马来西亚刑法逐步伊斯兰化。《马来西亚宪法》规定伊斯兰教为马来西亚的国教。1970 年，伊斯兰教开始进入马来西亚政治，1999 年以来逐步与政治融合。[②] 20 世纪 90 年代开始，马来西亚政府开始制定伊斯兰法或者修订既有法律，对伊斯兰法律地位的提高起到了很大作用。马来西亚国内的伊斯兰党曾在夺得吉兰丹和丁加奴两州的执政权后，在两州分别颁布了《伊斯兰刑法》。

马来西亚现行刑法是《马来西亚第 574 号法案刑法典》(Laws of Malaysia Act 574：Penal Code)。该法典于 1936 年首次实施，1997 年 8 月 7 日通过第 574 号修正案，最近的一次修正在 2013 年。1936 年 12 月 29 日至 2014 年 1 月 1 日，马来西亚刑法共进行了 36 次修改，即分别颁布实施 21 件以“刑法（修正案）”命名的法案和 15 件与刑法条文修改相关的联邦宪法、法院组织法、诱拐法、刑事诉讼法等法案。从总体而言，马来西亚刑法正在不断完善并向统一的法典化方向发展。

---

① Norbani Mohamed Nazeri, Criminal Law Codification and Reform in Malaysia：An Overview, Sing. J. Legal studies, 375(2010).

② 钮松：《东盟“伊斯兰化”与东盟 10 国对以关系的互动研究》，载《南洋问题研究》2012 年第 4 期。

第二节　马来西亚刑法典主要内容

一、关于刑法典的基本结构

马来西亚现行刑法是《马来西亚第574号法案刑法典》(Laws of Malaysia Act 574:Penal Code,以下简称《马来西亚刑法典》),其体例相对较为简单,即主要为章、(节)、条、款、项,分为二十六章,共计511条(其中某些条文有留空)。各章内容如下:第一章为前言,即马来西亚刑法的管辖权规定;第二章为一般解释,即对刑法典中重要术语的解释;第三章为刑罚;第四章为一般例外,即非犯罪行为的规定;第五章为教唆犯罪;第五A章为刑事共谋;第六章国事犯罪;第六A章为恐怖主义有关犯罪;第六B章为有组织犯罪;第七章为与武装部队相关的犯罪;第八章为破坏公共秩序的犯罪;第九章为与公职人员相关的犯罪;第十章为藐视公职人员合法权力犯罪;第十一章为伪证与破坏司法公正罪;第十二章为与货币及政府票证相关的犯罪;第十三章为与度量衡相关的犯罪;第十四章为影响公共卫生、安全、便利、礼仪与道德的犯罪;第十五章为与宗教相关的犯罪;第十六章为侵犯人类身体与生命的犯罪;第十七章为侵犯财产犯罪;第十八章为与文件、钱币和银行票据相关的犯罪;第十九章为违反服务契约的犯罪;第二十章为与婚姻相关的犯罪;第二十一章为诽谤罪;第二十二章为刑事恐吓、侮辱和寻衅滋事罪;第二十三章为犯罪未遂。各章之下分别是规定各种犯罪的相关条文。在一些章中,犯罪行为所侵犯的法益类似的相关条文相对集中,类似于我国刑法中的"节",只是没有明确标出"节"的名称而已。例如,在《马来西亚刑法典》第十六章规定的侵犯人类身体与生命的犯罪中,划分为九个部分,即相当于九"节"。这九"节"分别为第299条至第311条规定的危害生命罪、第312条至第318条规定的伤害胎儿、遗弃婴儿及隐瞒出生的犯罪、第319条至第338条规定的伤害罪、第339条至第348条规定的非法限制和非法拘禁犯罪、第349条至第358条规定的刑事暴力与刑事暴力威胁罪、第359条至第374条规定的绑架、诱拐、奴役、强迫劳动的犯罪、第374A条规定的劫持人质罪、第375条至第376条规定的强奸罪、第376A条至第376B条规定的乱伦犯罪、第377条至第377E条规定的违反自然性犯罪。

二、关于刑法典的适用范围

马来西亚现行刑法典在其第一章规定的前言中对本法的适用范围作出了较为详细的规定。概括起来,本法典的适用范围主要为以下方面,即属地原则、属人原则、保护原则。《马来西亚刑法典》第2条规定,在马来西亚境内,无论任何人实施了犯罪(包括作为与不作为),都将适用刑罚。这相当于我国刑法中的“属地原则”,即本法典对于任何人在马来西亚境内实施的犯罪行为都具有管辖权,都将依照本法典进行处罚。《马来西亚刑法典》第3条规定,在马来西亚境外实施的、依照本法应当受到审判的犯罪,与在马来西亚境内实施的犯罪一样,均适用本法。根据本条规定,马来西亚人在马来西亚境外实施的犯罪,适用本法规定,这相当于我国刑法中的“属人原则”;非马来西亚人在马来西亚境外实施的依照本法应当受到审判的犯罪的,本法典也具有管辖权,这类似于我国刑法中的“保护原则”。此外,《马来西亚刑法典》对特别犯罪还作出了领域外犯罪延伸管辖的规定。基于国事犯罪、恐怖主义犯罪、有组织犯罪的重大危害性,本法典第4条规定,在下列情况下实施的第六章规定的国事犯罪、第六A章规定的恐怖主义有关犯罪、第六B章规定的有组织犯罪,马来西亚具有相应的延伸管辖权:对任何本国公民或永久居民在公海上的船舶或航空器上实施的犯罪、在马来西亚境外的任何地方实施的犯罪、任何侵害马来西亚公民的犯罪、任何侵害马来西亚公私财产的犯罪、任何人强迫马来西亚政府(包括州政府)实施的犯罪、居住在马来西亚的无国籍人实施的犯罪、停靠在马来西亚大陆架上的固定平台的人实施的犯罪、任何人实施犯罪后出现在马来西亚的。这强化了对国事犯罪、恐怖主义犯罪、有组织犯罪等严重犯罪的打击力度。

三、关于犯罪

(一)犯罪的定义

《马来西亚刑法典》第40条分三款规定了犯罪的定义。第1款规定,除第2款、第3款所提及的各章和各条外,“犯罪”一词指依本法典应受到惩罚的行为。依照本款的规定,犯罪是指根据《马来西亚刑法典》应当受到刑罚处罚的行为。第 2 款规定，在本法典第四章及其他 30 个条文中，“犯罪”指依照本法典或其他生效的法律应当受到刑罚惩罚的行为；第 3 款规定，在第 141 条、第 176 条、第 177 条、第 201 条、第 202 条、第 212 条、第 216 条及第 441 条中，“犯罪”指依照其他生效法律应受到刑罚处罚并依照本法典应当处以 6 个月以上监禁的行为。由此可以看出，本法典中的“犯罪”一词的含义有所不同，但没有本质的区别，只是施以刑罚惩罚的根据有所不同，有些行为是根据《马来西亚刑法典》应施以刑罚，有些行为是根据其他生效的法律应当施以刑罚惩罚。综合起来看，本法典中的犯罪，指的是依照本法典或其他生效法律应当受到刑罚惩罚的行为。这便是《马来西亚刑法典》中的“犯罪”的含义。

另外，本法典还从反面对非犯罪行为作出了详细列举，明确规定哪些行为不属于犯罪。本法典第四章一般性例外对犯罪行为作出了反向排除规定。在下列情况下，行为人实施的行为不构成犯罪。第一，由于事实认识错误而非法律认识错误并基于善意的误以为具有法律上的义务而实施的行为，不构成犯罪。例如，法院工作人员甲依照命令逮捕了乙，但经询问后发现将丙当成了乙而予以逮捕的，甲不构成犯罪。第二，依法实施的或基于事实认识错误而非法律认识错误而善意地认为自己实施的行为是法律所允许的行为，不构成犯罪。例如，乙正在实施正当防卫，甲以为乙正在实施谋杀而将其抓获并扭送适当机关，甲的行为不构成犯罪。第三，合法行为中的意外事件，不构成犯罪。第四，为避免其他损害，并非出于犯罪意图而实施可能产生损害的行为不构成犯罪。第五，10 周岁以下的儿童实施的行为不构成犯罪。第六，理解能力尚未充分成熟的 10 周岁以上 12 周岁以下的儿童的行为不构成犯罪。第七，不能辨认自己的行为的性质的精神病人实施的行为不构成犯罪。第八，特定情况下，行为人醉酒后实施的行为不构成犯罪。第九，不希望也不知道可能导致死亡或严重损害的，对方同意实施的行为，不构成犯罪。第十，为了对方利益，不希望导致死亡且经对方同意而善意实施的行为，不构成犯罪。第十一，为了儿童或精神病人的利益，由监护人实施或经监护人同意而善意实施的行为，不构成犯罪。第十二，特定情形下经对方同意而实施的伤害行为，不构成犯罪。第十三，特定情形下，为了对方利益，没有取得对方同意而善意实施的行为，不构成犯罪。第十四，因行为人的善意的通知而造成损害的，不构成犯罪。第十五，在特定情形下，行为人受威胁被迫实施的行为，不构成犯罪。第十六，依照通常理解，行为人实施的导致轻微伤害的行为，不构成犯罪。第十七，个人防卫中实施的特定行为不构成犯罪。综合而言，行为人实施的不构成犯罪的行为包括以下几类：一是因行为人的缺陷而非罪化的行为，即未达到法定年龄、不具有充分成熟的理解能力、精神病人；二是在特定情形下实施的行为，即法律授权下、醉酒状态下、受到威胁胁迫的情形下、紧急避险、正当防卫、意外事件中；三是被害人（及其监护人）同意或承诺情形下实施的行为；四是造成的损害极为轻微的情形下实施的行为。

（二）犯罪的分类

根据《马来西亚刑法典》条文内容，犯罪主要分为以下三种。一是作为犯罪和不作为犯罪。《马来西亚刑法典》第 33 条规定，“作为”指一个单独的行为，也指一系列的作为；“不作为”指一个单独的不作为行为，也指一系列的不作为行为。根据相关条文的规定，犯罪有作为犯罪和不作为犯罪两种。尽管有些犯罪可能由部分作为和部分不作为共同完成，这种情况下区分作为还是不作为要看哪一行为对犯罪结果的发生起到关键或决定性的作用。二是故意犯罪和过失犯罪。《马来西亚刑法典》第 35 条规定，当一个共同的行为具有犯罪的故意才能构成犯罪时，每一个具有这种犯罪故意的共同参与者，都应承担与其单独实施该犯罪时一样的刑事责任。该法典第 39 条规定，一个人有意使用引起结果发生的方法，明知或有理由相信使用这些方法会发生的后果，该后果发生时，就是“故意”的。故意犯罪就是明知会发生一定后果而实施一定行为的犯罪。过失犯罪就是行为人并不明知其行为会造成一定的危害结果，但应当知道却没有做到应有的谨慎防止危害结果发生，或者行为人已经知道其行为会造成一定的危害结果，但没有根据地认为自己能够避免这一结果发生而实施的犯罪。三是不严重的犯罪与严重的犯罪。《马来西亚刑法典》第 52A 条规定，“不严重的犯罪”指应处 10 年有期徒刑以下刑罚的犯罪；第 52A 条规定，“严重的犯罪”指应处 10 年有期徒刑或 10 年有期徒刑以上刑罚的犯罪。

（三）犯罪的形态

《马来西亚刑法典》中的犯罪大致规定了以下犯罪形态：犯罪预谋、犯罪未遂、犯罪中止和犯罪既遂。其中，犯罪预谋、犯罪未遂、犯罪中止是犯罪的未完成形态，犯罪既遂是犯罪的完成形态。该法典第 120A 条规定，2 人或 2 人以上，协商实施或促成如下行为时，该行为称之为刑事共谋：(a)实施一项非法行为；或(b)利用非法手段从事一项并不违法的行为，这样的协议构成刑事共谋。这就是犯罪预谋阶段实施的行为。第 120B 条规定了刑事共谋的刑罚，即分别情况以教唆犯罪处罚，处 6 个月以下有期徒刑或罚金或二者并处，或不超过相关法条规定的最高量刑。该法典第 511 条对犯罪未遂及其刑罚作出了规定，即任何人企图实施或企图促成实施根据本法典或其他成文法应处以监禁、罚金或监禁并处罚金的犯罪，且已为完成犯罪实施了一定的行为的，如本法或其他成文法律对该未遂行为未作出明文规定，则比照该罪既遂进行处罚，处不超过该犯罪所规定的最高刑期的 1/2 的刑期。因此，犯罪未遂就是行为人企图实施或促成实施应处以监禁、罚金或二者并处以上刑罚的犯罪，已经实施了一定的犯罪行为但未完成的犯罪。犯罪既遂就是行为人为了一定目的实施犯罪并最终完成了犯罪行为的实施或实现了其欲想的结果或产生了一定的结果的犯罪形态。

（四）共同犯罪

《马来西亚刑法典》对共同犯罪作出了较为详细的规定。本法典第 120A 条规定，2 人或 2 人以上，协商实施或促成如下行为时，该行为称之为刑事共谋：(a)实施一项非法行为；或(b)利用非法手段从事一项并不违法的行为，这样的协议构成刑事共谋。虽然本条规定的是刑事共谋，但刑事共谋本身属于共同犯罪的内容。从这条规定可以看出，共同犯罪的成立需要以下两个条件：一是主体条件，即 2 人或 2 人以上；二是共同实施犯罪行为，这里的“共同”并不需要共同犯罪人一同实施同样的行为，可以是部分共同犯罪人实施甲行为，部分共同犯罪人实施乙行为，甚至不实施任何行为。

本法典第 34 条规定了多人共同参与实施共同犯罪应如何承担刑事责任，即“为共同的目的，多人共同实施的同一犯罪行为，每一参与者都应承担与其单独实施该犯罪时一样的刑事责任”。第 37 条规定了多人“合力”共同导致犯罪结果的共同犯罪及其刑事责任，即“当犯罪由数个行为构成时，任何人主动与他人合作，单独或与他人共同实施数个行为中的某个行为的，均构成犯罪”。第 38 条规定，数人共同实施一个犯罪行为，但行为人可由于同一犯罪行为构成不同的罪名。根据本条，多人实施共同犯罪并不一定完全定同一罪名，可由于行为人实施犯罪的原因、样态等不同而定不同的罪名。

四、关于刑罚

《马来西亚刑法典》中的刑罚部分规定得并不十分详细，仅规定了适用刑罚的一般原则,对刑罚的结构和种类并没有明确而具体的规定。

(一)刑罚的适用的原则

该法典第三章第53条至第75A条规定了适用刑罚的五个原则。

1.刑罚分项计罚原则

本法典第57条规定,在分段计算刑罚时,无期徒刑应当计算为相当于30年刑期。根据本条规定,当行为人犯有数罪需要并罚,其中既有有期徒刑又有无期徒刑时,其中的无期徒刑应折算成30年有期徒刑予以计算。

2.数罪并罚的限制原则

本法典第71条规定数罪并罚的限制原则。其中,第1款规定由多个独立行为构成的犯罪时的处罚原则,即除非法律另有规定的情况下,只能对犯罪人处以其中一个罪名进行处罚,而不能按照两个或两个以上的罪名进行处罚。这类似于我国刑法中牵连犯的手段行为和目的行为、原因行为与结果行为都触犯一定罪名的情形,在此情形下,除了法律明文规定如何处罚外,只能以目的行为和结果行为定罪量刑。马来西亚刑法的处罚方法跟我国刑法中的牵连犯的处罚类似,但与我国刑法中的数罪并罚限制加重原则是有区别的。第2款规定的是当多条有效的法律对统一犯罪行为作出判处刑罚的规定或同一犯罪中的多个独立的行为均构成犯罪时如何判处刑罚。这相当于我国刑法中的法条竞合犯和牵连犯。马来西亚刑法对这类行为的处罚是“不应超过法院就任一独立构成犯罪的行为所处的刑罚”。综合而言,马来西亚刑法对数罪并罚的限制的关键在于,当行为人依照本法典或其他生效法律规定犯有数罪时,只能对行为人以其中一罪判处,并且被判处的刑罚不能超过所判罪名的最高幅度。

3.疑罪定罪从轻原则

本法典第72条规定了在行为人犯有数罪而对具体构成哪一罪有疑问的情形下如何定罪的问题。本条规定,对于数个犯罪行为按照一罪进行处罚的,在不能明确按照哪一个罪名量刑的情形下,如果各犯罪行为的量刑不同,则按照法定量刑最轻的犯罪定罪量刑。因此,对于行为人犯有数罪但依照法律以一罪论处的,对于以哪一罪论处存有疑问的,应作出有利于被告人的解释,即只能以处罚最轻的犯罪论处。

4.再犯量刑从重原则

本法典规定了对于特定情况下的再犯从重适用刑罚的规定。第75条规定，曾在马来西亚犯有第七章或第十七章规定的罪行而应判处3年监禁以上刑罚的犯罪人或在新加坡、文莱实施与上述行为相同或类似的行为而被判处有罪的人，如果再犯上述章节中的犯罪并应被判处3年监禁以上刑期的犯罪的，对于犯罪人应按照其所犯罪行的法定量刑加倍处以刑罚。这类似于我国刑法中的特殊累犯，但成立条件相对严格，即范围相对较小。在马来西亚刑法中，当行为人曾经犯有与军人相关的犯罪、侵犯财产犯罪而被判处3年监禁以上的刑罚，以后又实施这些犯罪或类似违法行为而应判处3年监禁以上刑罚的，基于这些犯罪的严重性并为了威慑这些犯罪人，对其应按照所犯罪行加倍处罚。

5.强制关押制度和最长刑期的2倍量刑制度

《马来西亚刑法典》第75A条规定，任何人已经因两次犯罪而被判处刑罚，且每次实际服刑2年以上的，其之后再犯罪的，应按照强制关押制度进行处罚，且按照所犯罪行的最高量刑幅度的2倍确定刑期。这是对多次犯罪经服刑后屡教不改的犯罪人适用刑罚的规定。

《马来西亚刑法典》对刑罚的适用作了原则性的规定，对于不同情形下对犯罪人适用刑罚具有重要的指导意义。其中的疑罪从轻、再犯从重、多次犯罪从重等原则规定的基本价值取向是完全正确的，体现了宽严相济的刑罚适用准则，符合现代法治精神，对于惩治犯罪、保护人民合法权益具有重要的意义。但是，其中某些原则的具体规定的科学性是值得思考的。例如，刑罚分项计罚原则中，无期徒刑为何折算为30年有期徒刑，二者折算的根据何在？在数罪并罚的限制原则中，虽然目的是为了限制对犯罪人处以过重的刑罚，但为何只能以一罪判处？在强制关押制度和最长刑期的2倍量刑制度中，为何对多次犯罪者要处以所犯罪行的最高刑期的2倍的刑罚？“30年”“2倍”等这些数字的科学性在哪？虽然“一门学科只有当它用数学表示的时候，才能被最后称为科学”，但是，作为一门社会学科，其根本宗旨和价值目标并不在于数字的精确性，而在于是否有助于促进社会和个人的发展以及人民福祉的增加。因此，《马来西亚刑法典》中的刑罚适用原则在具体规定上还有某些值得商榷的地方。

（二）刑罚的种类与结构

1.刑罚的种类

马来西亚刑法中的刑罚分为死刑、无期徒刑、有期徒刑、鞭刑、罚金。死刑是最重的刑罚。在马来西亚刑法中,死刑主要适用于国事犯罪、谋杀犯罪等。例如,发动或企图发动战争,或教唆发动战争反对马来西亚最高元首、统治者或州元首;包庇或企图包庇在马来西亚境内反对马来西亚最高元首的任何人或居住在交战国或交战状态下边疆地区的武装人员;教唆兵变;谋杀罪;为谋杀而实施绑架或诱拐;抢劫团伙谋杀等。这些犯罪均适用死刑。在全世界各国都在努力限制适用死刑乃至废除死刑的潮流下,马来西亚却有扩大死刑适用范围的趋势。这主要体现在其对有组织犯罪、恐怖犯罪等犯罪中。例如,马来西亚在其2013年《刑法修正案》中就首次引入了死刑的适用。在《马来西亚刑法典》第130B条、第130C条、第130I条、第130N条、第130O条、第130QA条中均有处以死刑的规定。

无期徒刑的适用范围相对死刑更大,其主要适用于国事犯罪、有组织犯罪、恐怖犯罪、侵犯人身的犯罪中。有期徒刑适用于几乎所有条款的犯罪,只是有期徒刑的期限有从6个月以下至30年的巨大幅度,差别较大。

鞭刑是马来西亚刑法的特点。在东南亚国家中,也还有些国家保留有鞭刑的规定,如新加坡。在《马来西亚刑法典》及其单行刑法中有较多可处鞭刑的犯罪规定。例如,暴乱罪、武装暴乱、刑事杀人罪、企图谋杀、故意伤害罪、故意或使用非法暴力侵犯他人尊严、强奸罪、敲诈勒索罪、抢劫罪等。鞭刑在大多数情况下适用于暴力犯罪。鞭刑被国际组织普遍认为是不人道和侵犯人权的刑罚,世界上绝大多数国家都废除了这一刑罚,马来西亚保留鞭刑的规定明显与人道、人权相违背。

罚金是马来西亚刑法中唯一的财产刑。马来西亚刑法中规定的罚金的一个普遍特征是没有规定科处的具体范围或具体幅度,大多数条文中仅仅规定"处……有期徒刑,或处罚金,或两者并处",只有在个别条文中规定科处的罚金不能低于或高于一定的林吉特(Ringgit)。另外,科处的罚金数额一般过低,但近年来,马来西亚在其刑法修正案中逐步提高了相应犯罪的罚金数额,加大了处罚力度。罚金一般适用于与财产相关的犯罪。

与大多数国家的刑罚不同的是,马来西亚刑法中没有监禁、监狱矫正、剥夺(政治)权利、没收财产等刑罚。

2.刑罚的期限

《马来西亚刑法典》及其单行刑法和附属刑法详细规定了各类刑罚的期限。各类刑罚刑期如表3-1所示。

表 3-1 各类刑罚的刑期

刑罚	期限
死刑	—
无期徒刑	在刑罚分项计罚中,无期徒刑应被计算为相当于 30 年有期徒刑的刑期
有期徒刑	1 个月以下至 30 年
鞭刑	—
罚金	1000 林吉特以下至无限制(仅规定"处罚金")

从表 3-1 可知,马来西亚刑法规定的刑期呈现出以下特点:一是在刑罚分项计罚中,无期徒刑可相应地折算为 30 年有期徒刑;二是有期徒刑的幅度较大,从 1 个月以下有期徒刑至 30 年有期徒刑;三是财产刑仅规定罚金一科,且大多数条文中规定无限额罚金制。

马来西亚刑法对于其规定的刑罚的具体适用和刑罚的执行鲜有规定。

五、关于具体罪名

《马来西亚刑法典》规定的具体罪名分布于第六章至第二十二章,根据犯罪所侵犯的权利或利益的相似性,将所有犯罪分为 19 大类。各章内容如下:国事犯罪,恐怖主义犯罪,有组织犯罪,与武装部队相关的犯罪,破坏公共秩序的犯罪,与公职人员相关的犯罪,藐视公职人员合法权力罪,伪证与破坏司法公正罪,与货币及政府票证相关的犯罪,与度量衡相关的犯罪,为影响公共卫生、安全、便利、礼仪与道德的犯罪,与宗教相关的犯罪,侵犯人类身体与生命的犯罪,侵犯财产犯罪,与文件、钱币和银行票据相关的犯罪,违反服务契约的犯罪,与婚姻相关的犯罪,诽谤罪,刑事恐吓、侮辱和寻衅滋事罪。由此可以看出,各章罪名的先后顺序大致根据其所侵犯的利益的重要性或重大性排列。各章之下各条规定相应的犯罪及其刑罚(部分条文有留空)。某些章下面将一些关联性较强的犯罪予以集中规定,类似于我国刑法中的"节",如第六 A 章规定的恐怖主义犯罪中,下设两"节",第 130C 条至第 130M 条规定打击恐怖活动和支持恐怖活动的犯罪,第 130N 条至第 130T 条规定打击为恐怖活动提供资助的犯罪。

第六章是国事犯罪。这一章相当于我国刑法中的危害国家安全罪，但比我国刑法规定的罪名的行为方式列举更为详细。第六 A 章是恐怖主义有关犯罪。为了加大对恐怖主义犯罪的处罚力度，《马来西亚刑法典》将恐怖主义犯罪单独列为一章予以规定。本章下设两“节”，分别规定恐怖活动和支持恐怖活动的犯罪、为恐怖活动提供资助的犯罪。第六 B 章是有组织犯罪。第六 A 章的恐怖主义犯罪和第六 B 章的有组织犯罪关系密切，因而两章分别以“第六 A 章”和“第六 B 章”予以命名，似姊妹篇。[①] 第七章为与武装部队相关的犯罪。本章规定的是与军人相关的犯罪，主要有教唆兵变、军人脱逃、教唆军人脱逃、包庇逃兵等犯罪。第八章为破坏公共秩序的犯罪。本章主要规定非法集会、在集会中制造骚乱等犯罪，类似于我国刑法中的妨害社会管理秩序罪中的部分犯罪。第九章为与公职人员相关的犯罪。本章专门规定公职人员犯罪，包括贪污受贿、从事非法贸易、非法购买或竞买财产、诈骗、意图伤害或损害他人。第十章为藐视公职人员合法权力罪。本章规定对公职人员行使权力的藐视的犯罪，如为逃避公职人员送达的传票或其他的法庭文书而潜逃、拒不遵照公职人员签发的命令出庭、故意提供虚假信息、拒绝回答提问、拒绝签字、妨碍公职人员执行公务、抗拒服从公职人员发布的命令、伤害威胁公职人员等。第十一章为伪证与破坏司法公正罪。这一章相当于我国刑法中的妨害司法罪。本章主要规定在法庭上做伪证、为了做伪证而实施的相关犯罪，如制作伪证、提供或泄露虚假信息、窝藏等妨害司法机关工作、破坏司法公正的犯罪。第十二章为与货币及政府票证相关的犯罪。本章主要规定伪造、持有、使用、销售、涂改货币和票证的犯规，属于破坏金融秩序和票证秩序的犯罪。第十三章为与度量衡相关的犯罪。这是马来西亚刑法的特色之一。本章主要规定制作、持有、销售、欺诈地使用假的度量衡的犯罪。本章规定的犯罪实质上是通过虚假的度量衡实施的诈骗犯罪。第十四章为影响公共卫生、安全、便利、礼仪与道德的犯罪。本章规定的主要是危害公共生活的犯罪，包括扰乱公共秩序、危害食品、药品、水源、空气等的犯罪、违反交通规则驾乘交通工具和破坏交通工具的犯罪、任一处置危险物品、管理动物过失犯罪、贩卖、传播淫秽

① 这只是笔者的推断。但恐怖主义犯罪是有组织犯罪的高级形态，一般的犯罪组织具有发展为恐怖组织的潜能，因而恐怖主义犯罪与有组织犯罪确实存在密切的联系。笔者的猜测也就基于这一理由。

物品等犯罪。第十五章为与宗教相关的犯罪。本章主要规定侮辱宗教、损害宗教场所、扰乱宗教集会、伤害他人宗教信仰等犯罪。第十六章为侵犯人类身体与生命的犯罪。本章犯罪的对象是人的身体和生命。本章下设十“节”，分别规定危害生命罪，堕胎，伤害胎儿、遗弃婴儿及隐瞒出生犯罪，伤害罪，非法限制和非法拘禁犯罪，刑事暴力和刑事暴力威胁罪，绑架、诱拐、奴役、强迫劳动犯罪，劫持人质犯罪，强奸罪，违反自然性犯罪。这与我国刑法中的侵犯公民人身权利罪类似。第十七章为侵犯财产犯罪。本章分为十“节”，分别规定盗窃罪、敲诈勒索罪、抢劫与团伙抢劫、非法侵占财产罪、违背信托犯罪、收受赃物犯罪、诈骗犯罪、欺诈行为和欺诈财产的处置、故意毁坏财产、非法侵入犯罪。本章大致与我国刑法中的侵犯财产罪相对应。第十八章为与文件、钱币和银行票据相关的犯罪。本章主要规定伪造、变造、持有、使用虚假文件、货币和银行票据的犯罪。第十九章为违反服务契约的犯罪。第二十章为与婚姻相关的犯罪。本章主要规定男子诱骗女子同居、重婚、隐瞒已婚事实、无合法婚姻登记却以欺骗为目的举行婚礼、非法引诱或拐带或扣留已婚妇女等犯罪。第二十一章为诽谤。本章主要规定诽谤犯罪。第二十二章为刑事恐吓、侮辱和寻衅滋事。本章规定的大致是以恐吓、侮辱和寻衅滋事等方式扰乱公共秩序的犯罪，主要有刑事恐吓、故意侮辱、醉酒者在公共场所寻衅滋事等犯罪。

六、关于其他刑事法案

为了更有力地惩治犯罪和保护人民权益，马来西亚通过两种方式使其刑法能够与变化发展着的社会实际相适应，保持对一般犯罪的打击力度和打击的周延性，并能够更好惩治特定犯罪。

第一种方式是修改刑法条文、出台刑法修正案。这种方式的目的是修改和补充那些不适应社会发展需要的条文使其与社会生活相适应，或者增加一些规制因现代社会发展而产生的新型犯罪的条文，使得刑法条文保持与社会的适应性并能够保持对新型犯罪的惩治的周延性。自 1936 年马来西亚通过这部刑法典后，马来西亚就对本法典进行了多次修改和完善。据相关资料统计，从 1936 年 12 月 29 日到 2014 年 1 月 1 日，马来西亚对其刑法条文共进行了 36 次修改，涉及大量条款。其中，马来西亚颁布了 21 件直接以“刑法(修正案)”命名的法案，颁布了 15 件与刑法条文修改相关的法案。

第二种方式是直接制定并出台惩治特定犯罪的刑事法案。这种方式的好处在于，针对特定犯罪制定专门的惩治法案，更有利于惩治专门的特定类型的犯罪。马来西亚自1959年至2002年共制定了八部惩治特定犯罪的刑事法案。一是《1959年预防犯罪法》。本法是为了更有效地预防在马来西亚境内发生的犯罪，控制犯罪分子、秘密社团成员及其他不受欢迎的人以及相关的活动。本法在其开篇中对其背景和目的陈述道：本法是鉴于有组织团体在马来西亚境内和境外曾构成及将来可能构成的威胁活动或组织对人身或财产的暴力而引发的公民的恐惧，并有必要阻止此类行为而制定本法。由此可见，本法的主要对象之一是有组织团体犯罪，目的在于有力并更有效地惩治此类罪行。本法分为六章，分别规定逮捕和羁押权、审讯、登记、登记后的结果、拘留令、一般规定。二是《1952年危险毒品法》。本法旨在促进和提高对进口、出口、生产、销售和使用鸦片及其他危险毒品和物质的管理，制定与法院管辖相关的特殊条款，以应对相关罪行的审理等问题。因此，本法的目的在于控制和打击毒品等危险物品犯罪。本法分设七章，主要规定对鸦片、古柯叶、罂粟秆和大麻原材料的控制，对精制鸦片、大麻、大麻脂的控制，对特定危险毒品的控制，对外贸易的管制等。三是《1961年绑架法》。本法在其开篇中写道："本法是一部专门防止与惩治为索要赎金而拐诱、非法拘禁和非法限制人身自由犯罪及其他与之相关犯罪的法律。"因此，这部法案的宗旨在于防止和惩治索要赎金而实施的绑架犯罪。四是《2001年反洗钱法》。本法分为七章，主要规定洗钱相关的罪名、金融情报、报告义务、调查、冻结、扣押和没收等。本法的目的是更好地惩治洗钱犯罪、预防洗钱及没收与洗钱相关的财产的措施等。五是《1994年家庭暴力法》。本法规定了对家庭暴力的临时保护令和保护令、赔偿和咨询、申请临时保护令和保护令的程序等，为惩治家庭暴力事件及其相关犯罪提供了法律依据。六是《1997年反腐败法》。本法主要规定了反腐败局机构的建立、任命及权力、犯罪与惩罚、调查、搜索、没收和逮捕、公诉人的相关规定、证据、犯罪的起诉及审判等，并在其开篇中明确"本法为设立反腐败局，并为及时有效地防止腐败及相关事项提供进一步的完善的法律依据而制定"。因此，本法主要是为了有力地打击公职人员及相关的腐败犯罪。七是《1997年计算机犯罪法》。本法的宗旨在于有效地惩治不当使用计算机的犯罪及相关犯罪。八是《2002年刑事司法互助法》。本法的宗旨在于为便利马来西亚与其他国家的刑事司法互助提供依据，主要规定了马来西亚向其他国家提出的请求及其处理、其他国家向马来西亚提出的请求的处理。

与我国刑法比较而言，《马来西亚刑法典》对具体罪名的设置既有其特色之处,也有其规定得不到位的地方。具体而言,对于某些具体犯罪的行为方式、刑罚规定较为详细;罪名及相关条文的解释与例释通贯全篇,有助于理解和适用刑法条文;刑法条文规定相对具体,具有很强的可操作性;在一些重要的法益保护上,体现了重点保护、严厉打击的要求,能够有力地保护相关权益。刑罚在总体上有轻有重,宽严相济。但是,瑕疵是必然存在的。首先是鞭刑的存在,这与现代文明和法治精神相违背。其次,规定具体犯罪的条文较为杂乱,缺乏逻辑性和协调性。另外,某些条文规定过于细致,因而丧失了灵活性和变通性等。

《马来西亚刑法典》的修正案及其他相关的刑事法案对马来西亚刑法起到了完善和补充的作用,更加有利于惩治各种犯罪。但是,其中的相关内容较为杂乱,且包含某些行政法律方面的规定,如在《1997 年反腐败法》中,第二章规定了反腐败局的建立、任命及权力,内容包括反腐败局的设立和局长的任命、反腐败局官员的权力和职责。虽然这些规定与反腐败犯罪融为一体,对有效地打击腐败犯罪起到了极为重要的作用,但是,这些规定混淆了刑法与其他相关法律的界限,对马来西亚正努力追求的统一法典化造成一定影响。此外,一些法案的某些规定还需要进一步修改和完善。

整体而言,在有效地惩治和预防犯罪方面,马来西亚刑法的规定相对完善;但是,从法典的完美的角度考虑,马来西亚刑法还有某些瑕疵尚需完善。

第三节　马来西亚刑法典主要特色

《马来西亚刑法典》是一部特色较为鲜明的刑法典。无论从其体例结构、章节编排、罪名排列、罪名设置,还是具体罪名的规定、刑罚的设置,乃至于其体现出的价值取向、精神实质,都呈现出与大多数刑法典不同的特色。

一、特定术语解释详细具体

刑法相关术语的解释是任何刑法典都无法回避的,但不同国家所采取的方式和详细程度存在较大差别。大多数国家对特定术语进行解释采取的是分散式的方式,在规定的相关犯罪的章节中遇到需要解释的术语时对其进行解释;在对术语的解释的详细程度上往往为司法留下较大的裁量空间。例如,我国刑法总则中对重伤作出解释:“本法所称重伤,是指有下列情形之一的伤害:(一)使人肢体残废或者毁人容貌的;(二)使人丧失听觉、视觉或者其他器官机能的;(三)其他对于人身健康有重大伤害的。”在毒品犯罪这一章中,因认定毒品的需要而对毒品进行了解释,即“本法所称的毒品,是指鸦片、海洛因、甲基苯丙胺(冰毒)吗啡、大麻、可卡因以及国家规定管制的其他能够使人形成瘾癖的麻醉药品和精神药品。”由此可见,我国刑法对相关术语的解释采取分散式的方式,从对上述提及的“重伤”和“毒品”的解释也可看出我国刑法对术语的解释并未作充分而全面的列举,而以兜底性规定予以概括。

然而,马来西亚刑法对刑法术语的解释却呈现出另一番景象。首先,马来西亚刑法对涉及全篇的术语予以专章解释。《马来西亚刑法典》第二章以“一般解释”为章名对术语予以解释,从第 6 条至第 52B 条对几十个术语进行了详细解释。例如,第 21 条对“公职人员”作出详细解释,“公职人员指下列任何人:(a)[根据 1957 L. N. (N. S.)1 删除];(b)马来西亚武装部队任命的军官;(c)法官;(d)……(j)”,列举了十项属于“公职人员”的人。通过这一术语的解释可以清晰地判断出哪些人属于公职人员,哪些人不属于公职人员。第 52 条对“善意”进行解释,“未尽到审慎义务实施或相信(某事),不认为是‘善意’的”。这一解释虽未从正面对“善意”进行解释,但从反面作出“非善意”的解释,通过审查行为人在做某事或相信某事时是否尽到审慎义务就可以明确“善意”的含义。马来西亚刑法以专章形式对特定术语进行解释,一方面有利于对语的理解和掌握,另一方面对整部刑法典的理解和适用也大有裨益。

其次,各章对与其犯罪相关的术语进一步作出解释。《马来西亚刑法典》除在第二章以专章形式对术语进行解释外,在规定具体犯罪的各章中还对涉及的相关术语进一步解释。例如,本法典第五 A 章第 120A 条对“刑事共谋”作出解释,即“2 人或 2 人以上,协商实施或促成如下行为时,该行为称之为刑事共谋:(a)实施一项非法行为;或(b)利用非法手段从事一项并不违法的行为,这样的协议构成刑事共谋”。从本条解释可以清晰地看出成立刑事共谋的条件,一是主体必须是 2 人或 2 人以上,二是具有协商实施或促成实施(a)或(b)两项非法行为。又如,在第六 A 章恐怖主义有关犯罪中,其第 130B 条对“实体”“爆炸装置或其他致命装置”“包庇”“无期徒刑”“船主”“控制人”“财产”“恐怖主义资金犯罪”“恐怖分子”“恐怖实体”“恐怖组织”“恐怖财物”等术语进行了详细的解释。这些术语基本包含了恐怖主义犯罪中涉及的大多数内容,通过对这些术语的解释,恐怖主义犯罪的认定和处罚就更为便利了。各章中对相关术语的进一步解释有助于具体认定相关犯罪。

最后，对相关术语的内涵进行详细列举。“列举＋概括”是大多数刑法典对刑法术语解释的方法，其列举一般并不会太详细，但马来西亚刑法在相关术语的解释上却是非常详细到位的。例如，第 320 条对“重伤”的解释就是如此。第 320 条规定：“下列各种伤害，被认为是‘重伤’：(a)阉割；(b)一只眼睛永远失去视觉；(c)一只耳朵永远失去听觉；(d)任何肢体或关节的丧失；(e)任何肢体或关节的能力被损坏或受到永久性的损伤；(f)容貌永久性的变形；(g)一根骨头的折断或脱臼；(h)危及生命、引起受伤者 10 天内剧烈痛苦或不能从事日常工作的伤害。”本条列举了八项情形对重伤进行极为详细具体的解释，从本条的解释就可以对被害人的伤害是否属于重伤作出快速的判断。本法典中涉及的术语的解释的大部分都是如此。

《马来西亚刑法典》中对刑法术语的解释采用的“专章解释＋各章分别解释”的层层深入的解释方式以及详细列举的解释方法是独具特色的。这种独特的解释方式有助于准确而全面地理解相关术语的内涵，也有益于刑法理论的研究，更有利于司法人员对刑法典的全面理解和准确适用。

二、专门规定除罪化行为

大多数国家的刑法典一般只在总则或相当于总则的规定中对非罪行为作出原则性的规定，不对诸多具体的非罪行为予以规定，而是遵循“法无明文规定不为罪”的罪刑法定原则，只要刑法典没有作出规定的行为就不是犯罪行为。《马来西亚刑法典》在此却是一个例外。

《马来西亚刑法典》在第四章一般性例外中用 31 个条文对非罪行为进行了详细具体的规定，即凡是属于这 31 种情形之一的就不认为是犯罪。但是，并不是说只有这 31 种情形才不属于犯罪行为，只要不符合刑法规定的所有行为都不属于犯罪行为，这里列举的 31 种情形只是相对而言更为典型的。《马来西亚刑法典》在第 40 条对“犯罪”的含义作出了规定，只要不在本条规定范围内的行为都不是犯罪行为，第四章中规定的 31 种情形应排除于第 40 条的范围。概括起来，本法典第 76 条至第 106 条大致规定以下非罪行为：依法授权而实施的行为、依法履行职责的行为、意外事件、紧急避险、正当防卫、未达到刑事责任年龄的人实施的行为、理解能力尚未充分成熟的限制刑事责任年龄人的实施的行为、精神病人的行为、特定情形下醉酒后实施的行为、经被害人同意而实施的行为、经被害人的监护人同意而实施的行为、为了对方利益而善意实施的行为、受威胁胁迫而实施的行为、造成轻微伤的行为等。通过这些列举的条款可以得知具体在何种情形下实施的行为不构成犯罪,也能从反面得知除此之外的行为应属于刑法典调整的行为。

《马来西亚刑法典》对除罪化行为采取的“正面列举+反面排除”的规定方式不愧是一种创新。刑法典第四章的对非罪行为的正面列举使得典型的非罪行为清晰明白,第 40 条对“犯罪”的定义更从反面廓清了罪与非罪的界限,更加明确了除了第四章列举的典型非罪行为外还有哪些行为属于非罪行为,因为法无明文规定不为罪的罪刑法定主义是所有刑法的铁律。因此,根据马来西亚刑法,依据《马来西亚刑法典》及有关的生效的法律不受刑罚处罚的行为都是非罪行为。这些规定作为刑法条文,除了具有裁判功能外,也具有识别功能,为司法人员和一般民众清晰明确地了解犯罪行为和非犯罪行为提供了便利条件,更具有导向功能,引导民众守法并且不去实施犯罪行为。

三、解释与例释通贯全篇

刑法条文是对社会生活的高度浓缩和概括,因而需要对刑法条文进行解释,刑法才有生命力,才能适用。一般而言,大多数国家都在刑法典之外采取特定的形式对刑法典条文进行解释,并单独编码,形成解释文本,如我国刑法。在《马来西亚刑法典》中,对刑法条文的解释和例释随处可见,但马来西亚刑法在这方面有自己与众不同的特色。

第一,刑法解释附于相关条文之后。在本法典中,几乎每一条重要的并需要予以解释的刑法条文之后都附有对条文的解释。附于各个条文后的解释对于准确理解该条文的真实含义具有重要意义,不至于误读条文内容。对于理论研究和一般公众而言,附于条文后的解释有助于全面准确地理解刑法条文,有利于对刑法理论的深入研究。对于司法实务人员来说,这些解释是避免其在司法实务中发生失误的重要内容。例如,第 193 条规定:“无论任何人,在一个司法诉讼的任何阶段故意做伪证,或在一个司法诉讼的任何阶段制作伪证加以使用的,处 7 年以下有期徒刑,并处罚金;在其他情况下故意做伪证或制作伪证的,处 3 年以下有期徒刑,并处罚金。”本条后附有两条解释,解释 1 是“军事法院的审判,属于司法诉讼”;解释 2 是“依法作为法律诉讼程序前的调查,尽管该项调查未在法庭进行,但仍然属于某一司法程序的一个阶段”。从这两个解释中可以得知，行为人在军事法院的审判中做伪证或在依法作为法律诉讼程序前的调查中做伪证的，都属于第139条的适用范围并受到本条规定的刑罚处罚。

第二，刑法条文的解释之后还设有一个或多个例释，即案例说明。在刑法典的大多数条文中都设有例释，例释的数量不定，有些条文后是一个，有些条文后有多个。这便于进一步理解刑法条文及相关要素，对于刑法的准确适用也具有重要意义。例如，第299条规定杀人罪。在该条之后设有3个例释："(a)甲企图致他人死亡或明知可能致他人死亡，在一个陷阱上铺了树枝和草皮。乙认为地面是结实的，因而踏上陷阱，跌入后死亡。甲构成刑事杀人罪。(b)甲知道乙在灌木丛后，但丙不知道。甲意图致乙死亡，或明知会导致乙死亡，诱使丙向灌木丛开枪。丙开枪后打死了已。本案中，丙不构成杀人罪，但甲构成杀人罪。(c)甲意图杀死并偷走一只家禽，所以向该家禽开枪，不料却杀死了在灌木丛后的乙；甲并不知道乙在灌木丛后。在此，虽然甲实施了一个违法行为，但由于他并未意图杀乙，没有实施一个他明知会造成他人死亡的行为而致人死亡，所以甲不构成杀人罪。"从这三个例释可以得知，构成杀人罪不仅需要有杀人的行为，而且需要有杀人的意图或明知会造成他人死亡的心理，也就是客观和主观必须一致。从而，在判断行为人的行为是否构成杀人罪时有了更加直观的案例参照，能够使司法人员在作出判断之前更加谨慎。在刑法典中的各个条文之后设置案例说明对条文进行解释是《马来西亚刑法典》最具特色的地方之一。

第三，解释与例释与刑法条文一道成为刑法典的重要组成部分。一般而言，刑法条文的解释和例释，特别是例释不会出现在刑法典中，但在马来西亚刑法中，解释和例释不仅出现在法典中，而且附于每一条重要的条文之后，它不仅成为刑法典的一个组成部分，而且是极为重要的组成部分。其重要作用不亚于相关的刑法条文，如果缺少了这些解释和例释，刑法典在某些具体问题的适用上就很可能遇到困难。因此，附于刑法条文之后的解释和例释的重要性是不言而喻的。

四、具体条文的可操作性强

马来西亚刑法具有较强的可操作性。对于具体的行为可以很准确清晰地判断出行为的性质，并确定这些行为应受的刑罚。这源于以下几方面的原因。

第一，罪名的设置较为特殊。仔细研究《马来西亚刑法典》可以发现，其设置罪名的标准与大多数国家的刑法都不同。大多数国家的刑法在罪名设置上几乎都是一定的标准，如侵犯的法益或客体对各种行为予以高度的概括。马来西亚刑法在罪名的设置标准上却较为模糊和不统一，其中很多罪名的设置是以行为的实施方式、行为的对象、主观目的、既遂与否等为标准。例如，第130W条和第130X条分别规定帮助有组织犯罪团伙和包庇有组织犯罪团伙成员，这两条即是以行为的实施方式不同，即分别为帮助和包庇不同而设置的。又如，第130R条与第130S条分别规定故意不举报有关恐怖财产的信息和故意不举报有关恐怖资金的信息，这两条就是以行为的对象不同，即分别为恐怖财产的信息和恐怖资金的信息为标准而设置的。再如，第124K条和第124L条分别规定敌特破坏和敌特破坏未遂，这两条就是以行为既遂与未遂为标准设置的。如此一来，司法实务中的行为的定性就简单了。在具体的某类行为中，只要明确了行为的对象或行为的方式或行为的主观目的或行为完成与否，就能够快速地为行为定性。

第二，因不同行为方式、行为对象等而设立的罪名分别规定刑罚。在马来西亚刑法中，同一类型的行为只因行为主体不同、行为对象不同或主观目的等不同而设立的罪名并不适用同样的刑罚。每一罪名独自设立不同的刑罚。例如，第408条规定职员或佣人违背信托的，应被判处1年以上14年以下的有期徒刑；第409条规定公职人员或代理人违背信托的，应被判处2年以上20年以下的有期徒刑。从这两条可以看出，不同行为主体实施的同种类型的行为，刑罚是不同的。又如，第356条规定为了盗窃而实施刑事暴力威胁或使用刑事暴力的，处2年以下有期徒刑或鞭刑，或以上三种刑罚中的两种；第357条规定为了非法拘禁而实施刑事暴力威胁或刑事暴力的，处1年以下有期徒刑或2000林吉特以下的罚金，或两项并罚。从这两条可以看出，基于不同主观目的实施的行为的刑罚也是不同的。因此，每一种类型的行为设置不同的刑罚能够快速地确定具体行为的刑罚的具体幅度，能够实现刑罚适用的公正性。

第三，详细具体的解释和例释为刑法条文的适用提供了便利。在《马来西亚刑法典》中，解释和例释与刑法条文一道成为刑法典的重要组成部分。在本法典中，几乎在每一条重要的并需要予以解释的刑法条文之后都附有对条文的解释和例释。附于各个条文后的解释和例释对于准确理解该条文的真实含义具有重要意义。对于理论研究和一般公众和司法实务人员来说，附于条文之后的解释和例释有助于全面准确地理解刑法条文、准确地适用相关刑法条文。在具体的司法实务中，这些解释与例释增强了刑法条文的可操作性。

五、刑罚轻重有度、宽严相济

马来西亚的刑罚体系体现出的是轻重有度、宽严相济的政策和精神。整个刑罚体系有宽有严，宽严结合。对于严重犯罪，处以重刑；对于轻微犯罪，处以轻刑。

首先，刑罚适用的基本原则体现出轻重有度、宽严相济的刑罚精神。《马来西亚刑法典》第三章规定了刑罚适用的基本原则。这些原则主要包括刑罚分项计罚原则、数罪并罚的限制原则、疑罪定罪从轻原则、再犯量刑从重原则、强制关押制度和最长刑期的2倍量刑制度。就这几个原则来说，刑罚分项计罚原则、数罪并罚的限制原则和疑罪定罪从轻原则体现的是刑罚适用的“轻”和“宽”的方面；再犯量刑从重原则、强制关押制度和最长刑期的2倍量刑制度体现的是“重”和“严”的方面。因而，在刑罚适用的原则中，轻重有度、宽严相济的刑罚精神或刑罚政策得到了彻底的展现。

其次，在具体犯罪中，轻重有度、宽严相济是配置刑罚的最重要的标准。在刑法典规定的各章的具体犯罪中，可以明显地看出各类不同的犯罪在刑罚上轻重有别、宽严有度的痕迹。具体而言，对于国家政权、社会秩序、公共安全、人民的生命财产安全造成严重威胁和严重影响的犯罪，其刑罚的处罚力度是很大的；对于特定人员犯罪、造成的危害结果轻微的犯罪，其刑罚总体上趋向于“轻”。在具体章节的犯罪中，国事犯罪、有组织犯罪、恐怖主义犯罪、严重违反性道德和性伦理的犯罪等会受到严厉的惩罚。例如，在国事犯罪一章中，较多犯罪的刑罚可处至死刑、无期徒刑，即使是有期徒刑也相对较重，一般在20年有期徒刑以下。然而，对于初次犯罪、未成年人犯罪、引起轻微伤害的犯罪等的刑罚相对而言更为轻微。例如，第120B条第3款规定，“如果实施某项犯罪是某刑事共谋的目的，而该犯罪是根据《1955年未成年人犯罪法》规定的未成年人犯罪的，对该未成年人的刑罚不超过该法规定的最高量刑”。

总体来说，《马来西亚刑法典》中的刑罚的设置较为合理，轻重有度、宽严相济是其刑罚体系的总基调。

第四节　马来西亚刑法典主要瑕疵

一个国家的刑法是其文化在刑事法制方面的集中体现。任何国家的刑法文化必然是优劣共存的。马来西亚刑法具有诸多与众不同的特色的同时，在某些方面也存有瑕疵，具有进一步完善的必要。

一、鞭刑尚存，违反现代刑法精神

鞭刑是一种古老的刑罚方式。鞭刑又称鞭笞、打藤或笞刑，是体罚的一种执行方式，执行者会以竹片或藤制成的鞭，鞭打犯人的臀部，受者的臀部常会皮开肉绽。鞭笞不但见于国家刑罚，也常见于家庭和学校，施行地方主要是手掌或臀部，但其残酷程度通常不及国家刑罚。由于鞭刑普遍被国际组织认为是对受刑人不人道及侵犯其人权，此刑罚在世界上多数地区已经废除。[①] 鞭刑源自于英国，英国于 1948 年废除了本国鞭刑；而由于受穆斯林习惯法的影响，马来西亚刑法继承了这一制度。[②] 目前世界上约有 16 个国家实施鞭刑或类似鞭刑的刑罚，除了马来西亚之外，还有阿富汗、伊朗、坦桑尼亚、博茨瓦纳、尼日利亚、新加坡等。

在马来西亚刑法中，存在较多可以处以鞭刑的犯罪。根据《马来西亚刑法典》的规定，可以处以鞭刑的犯罪大致如下：国家法律规定的海盗罪，暴乱罪，武装暴乱，刑事杀人罪，企图谋杀，故意使用危险武器或手段造成伤害，故意重伤害罪，故意使用危险的武器或手段造成重伤害，意图勒索财物或实现非法目的的故意致人伤害，故意造成伤害以勒索财产或强迫他人实施非法行为，故意造成重伤害以勒索财产或强迫他人实施非法行为，故意或使用非法暴力攻击侵犯他人尊严，在盗窃或企图盗窃他人携带的财物时攻击或使用非法暴力，绑架，为了谋杀而进行绑架或劫持，为了秘密、非法地限制他人而进行绑架或劫

① 参见：http://baike.haosou.com/doc/5351128-5586585.html，访问日期：2015 年 4 月 4 日。

② 曾粤兴主编：《马来西亚刑法》，杨振发译，北京：中国政法大学出版社 2014 年版，代前言第 2 页。

持，为了使他人受到重伤害，奴役等而进行绑架或诱拐，强奸罪，为了盗窃准备致人死亡或伤害，敲诈罪，抢劫罪，潜伏住宅或闯入住宅预谋伤害他人等罪。从这些罪名可以看出，鞭刑的主要适用对象是暴力犯罪或以严重的暴力手段实施的侵犯财产或侵犯人身权利的犯罪。

刑法应以真善美、公平正义为其追求的价值目标之一。刑法具有自身的道德性。富勒在其经典之作《法律的道德性》中提出，法律应具备内在道德和外在道德。法律的外在道德指通常意义上的道德，即由“正确”“好坏”“公平”“正义”等原则和观念组成的道德。[①] 刑法是法律的重要部分，必然应具备内在道德和外在道德属性。同时，现代社会的刑法应与现代文明相融合、相协调。具体而言，现代刑法应具备道德性，应讲求宽容，应以真善美、公平正义为其价值追求。刑法的各项制度和具体规定应展现出现代刑法的基本精神。在一国刑罚体系上，其规定的刑罚在总体上应宽和、人道，而不是残酷、不人道；其规定刑罚的价值目标不仅在于惩罚犯罪，更在于保障人权。

马来西亚刑法中规定的鞭刑是不人道的，对犯罪人适用鞭刑是对犯罪人的人权的侵犯。鞭刑并不是惩罚犯罪所必要的，也可能不是惩罚犯罪的最佳手段。马来西亚刑法中的鞭刑的规定违反了现代刑法精神，与现代刑法所倡导的宽和、人道、保障人权等背道而驰。这不仅无助于惩罚犯罪，更不利于保障犯罪人的人权。

二、条文杂乱，缺乏逻辑性协调性

从《马来西亚刑法典》的各章章节排列来看，各章犯罪的排列较为有序，其逻辑性和协调性也较好。但是，就其具体条文而言，整部法典大多数条文较为杂乱，其逻辑性和协调性是不够的，这在以下两方面得以体现。

第一，从形式上看，各条文排列较为杂乱。《马来西亚刑法典》共计 511 条，但事实上，规定有内容的条文并没有这么多。仔细研究《马来西亚刑法典》的具体条文，会发现一个有趣的现象，就是其中有一部分条文是留空的，即这些条文没有具体内容，只有条文编号。例如，第 13 条、第 14 条至第 16 条、第 41 条至第 42 条、第 53 条、第 54 条至第 55 条、第 56 条、第 58 条、第 61 条至第

① ［美］朗·富勒：《法律的道德性》，郑戈译，北京：商务印书馆 2005 年版，第 152 页。

62 条、第 63 条至第 64 条、第 65 条、第 66 条至第 70 条、第 73 条至第 74 条等。整部法典中，像这样留空的条文大致有三十四条。这些条文曾经与其他条文一样规定有具体内容，留空的原因是在不同时间由各类法案删除了这些条文的内容。如果将这些条文的编号也一同删除，整部法典将更杂乱无章。因而，为了保持整部法典的条文编号不变，只能选择将条文内容删除而保留条文编号，这样就产生了这些留空的条文。但是，这一做法并不尽善尽美，总体上还是导致整部法典部分条文的杂乱，未能保持一致性。

第二，从内容上看，各条文内容较为杂乱。在本法典中，各条文规定的内容有着较大的区别，有些条文规定是定义性的条文，即对相关犯罪涉及的术语进行的解释和说明；有些条文是犯罪行为方式条文，即规定具体犯罪行为的实施方式；有些条文是刑罚性条文，即仅规定具体犯罪的刑罚。例如，第 141 条规定“非法集会”的定义，即“5 人或 5 人以上的，以下列之一为目的的集会，为‘非法集会’：(a)通过暴力或以暴力展示、威胁马来西亚立法或行政机关，或者其他依法执行公务活动的公职人员；(b)……(e)”。第 142 条却规定非法集会成员的定义，即“任何人知道或明知任何集会是非法集会，但故意参加或继续留在该集会的，应被认为是非法集会的成员”。第 143 条规定非法集会的刑罚，即“任何非法集会的成员，应处以 6 个月以下的有期徒刑或罚金，或两项并处”。除此之外，还规定有其他内容的条文，如既规定犯罪的行为方式，又规定刑罚的条文。例如，第 168 条规定，依法不得经商的公职人员从事商业贸易的，处 1 年以下有期徒刑或罚金，或两项并处。本条规定有犯罪的行为方式和刑罚。因此，从具体条文来看，条文规定的内容并不一致，具有一定的杂乱性。

综合来看，整部法典的具体条文在顺序排列的形式上和实质内容上都并不统一和协调，杂乱的形式和内容难以保证一以贯之的协调性和逻辑性。

三、规定过细，欠缺灵活性和变通性

法律条文在内容的详细程度上一直存在着规定过细与规定过宽的矛盾。如果规定过于宽泛，司法官员的自由裁量权就过大；如果规定过于具体详细，司法官员在裁判中就会处处受限，自由裁量权较小甚至无自由裁量的余地，在遇到新的问题或新的情况时，法律条文将会出现“失灵”的情况。

《马来西亚刑法典》的很多具体条文规定得非常具体详细，这在便利刑法条文适用的同时，也使得其缺乏一定的灵活性和变通性。这具体表现在以下方面。首先,概念解释过于具体。例如,第 320 条对重伤作出规定:“下列各种伤害,被认为是‘重伤’:(a)阉割;(b)一只眼睛永远失去视觉;(c)一只耳朵永远失去听觉;(d)任何肢体或关节的丧失;(e)任何肢体或关节的能力被损坏或受到永久性的损伤;(f)容貌永久性的变形;(g)一根骨头的折断或脱臼;(h)危及生命、引起受伤者 10 天内剧烈痛苦或不能从事日常工作的伤害。”在本条中,规定的八项情形自身存在一定的矛盾。试想,引起受伤者 10 天内的剧烈痛苦的伤害哪能与危及生命的伤害相比?此外,如果出现这样一种情形,即一根对正常生活没有多大影响的手指的骨头折断,这是否属于“重伤”?如此详细的规定只能让某些实质上属于重伤的情形排除在外,而将某些实质上不属于重伤的情形涵盖在内。其次,罪名的设置以主观目的、行为方式、行为对象、既遂与未遂等为标准,导致同一类型的犯罪因主观目的、行为方式、行为对象、行为主体、既遂与未遂等不同而罪名不同。例如,第 365 条规定“以秘密和非法拘禁他人为目的,绑架或诱拐他人的”设立一罪名,“处 7 年以下有期徒刑,并处罚金”;第 366 条规定以婚姻等为目的而实施诱拐或绑架妇女的,设立一新罪名,“处 10 年以下有期徒刑”。同样是诱拐或绑架妇女的行为,仅因行为人的主观目的不同而设立不同的罪名并处以不同的刑罚。这一方面使得在适用刑法条文上更为便利,更具可操作性;但同时使得具体条文欠缺灵活变通的余地。试想,如果行为人为了勒索财物或交换人质的目的而实施绑架或诱拐妇女,这一情形将难以包含在以上情形中,在惩罚此类犯罪时不免出现捉襟见肘的现象。也就是说,如果在本法典规定的犯罪之外出现以新的行为方式、新的行为主体、其他的主观目的等实施犯罪时,将难以用本法典规定的犯罪和刑罚对其进行惩罚。再次,某些罚金刑的数额规定过于具体,欠缺灵活性。例如,第 366 条规定的忽视他人生命安全的行为的罚金为 500 林吉特以下,第 367 条规定的忽视他人生命安全致他人人身伤害的罚金为 1000 林吉特以下,第 368 条规定的忽视他人生命安全致他人人身严重伤害的罚金为 2000 林吉特以下。规定具体数额的罚金的最大弊端在于,随着经济社会的发展,“彼时”的罚金数额对于“此时”而言可能过低。马来西亚在 2007 年及 2013 年通过《刑法修正案》大幅度提高某些条款罚金的数额的事实也证明了这一点。最后,某些犯罪成立的金钱数额过于具体,导致其缺乏灵活处理的可能。例如,第 427 条规定,故意毁坏财产数额达到 25 林吉特及以上的,处以 2 年以下的有期徒刑,并处罚金或两者并处;第 428 条规定,猎杀或故意伤害动物价值达 5 林吉特及以上的,处 2 年以下的有期徒刑或罚金或两者并处。如此规定,表面看似具体、可操作性强，实际上在行为定性和判处刑罚时困难重重。

四、犯罪圈过大，罪名设置不合理

犯罪圈的划定不仅与刑法理论的研究相关，而且与刑法实务适用、刑法功能和机能的充分而有效发挥存在着千丝万缕的联系。合理、妥当的犯罪圈的设置是一项综合工程，不仅要处理好刑法与其他法律的关系，还要处理好刑法与本国政治、经济、文化、伦理、科技等诸多因素的关系，也要处理好道德与法律的关系。罪名的设置是在既定的犯罪圈内对各类犯罪行为的定性，故而需要综合考虑诸多因素和各类情况。

马来西亚刑法设置的犯罪圈过于宽大，这导致刑法介入了某些不需要其介入的领域。例如，第 309 条规定自杀未遂及其刑罚，即“无论何人，为了自杀而实施任何自杀行为但未遂的，处 1 年以下有期徒刑或罚金，或两者并处”；第 312 条规定堕胎及其刑罚，本条后附有解释特别说明，“孕妇自行堕胎的，属于本条意义内的犯罪”；第 376A 条和第 376B 条规定乱伦及其刑罚，即一个人如果与根据法律、宗教、习惯或风俗规定不能产生婚姻关系的人发生了性交的，构成乱伦，处 10 年以上 30 年以下有期徒刑并处罚金；第 377 条规定人与动物发生肉体性交的，处 20 年以下有期徒刑，并处罚金或鞭刑；第 377A 条和第 377B 条反自然性交及其刑罚，即任何将男性生殖器插入他人的肛门或口中发生性行为的，构成反自然性交，应处 20 年以下有期徒刑，并处罚金或鞭刑。这些行为本属于伦理范畴，马来西亚刑法却将其规定为犯罪并处以重刑，实属不必要。如上述提及的自杀应属于个人意志自由的范围，个人有了结生命或继续生活的自由；乱伦也只是关涉个人道德，反自然性交更属个人私生活领域。刑法将这些行为规定为犯罪显属不宜，不仅使得刑法有过度扩张的嫌疑，更起不到惩罚这些行为的效果。

马来西亚刑法在罪名的设置上存在一定的不合理性，主要表现在罪名设置标准上，其中很多罪名的设置是以行为主体、行为的实施方式、行为对象、主观目的、既遂与否等为标准的。例如，第 124K 条和第 124L 条分别规定敌特破坏和敌特破坏未遂，这两条就是以行为既遂与未遂为标准设置的。又如，第 130R 条与第 130S 条分别规定故意不举报有关恐怖财产的信息和故意不举报有关恐怖资金的信息，这两条就是以行为的对象不同，即分别为恐怖财产的信息和恐怖资金的信息为标准而设置的。再如，第 130W 条和第 130X 条分别规定帮助有组织犯罪团伙和包庇有组织犯罪团伙成员，这两条即是以行为的实施方式不同，即分别为帮助和包庇不同而设置的。从这可以看出，马来西亚刑法中的罪名设置没有统一的标准，这一方面容易导致的问题是犯罪行为的周延性不够，难以囊括所有的犯罪行为；另一方面是犯罪行为也可能发生冲突。因此，马来西亚刑法中的罪名的设置欠缺合理性。

第五节　中国刑法与马来西亚刑法之比较

对我国刑法和马来西亚刑法进行客观的、实事求是的比较分析，有利于中国与马来西亚刑事法制的相互借鉴和共同发展，这也能够为解决两国刑法中出现的现实问题提供有效的方法，更是两国刑事司法合作的前提和基础。下面拟从体系结构和基本原则、立法技术、立法内容等方面对两国刑法进行比较研究。

一、关于体系结构之比较

在体系结构上，中国刑法典采用了“编、章、节、条、款、项、目”的形式，马来西亚刑法典采用了“章、条、款”的形式。由此可见，“章、条、款”是两国刑法共同采用的形式。两国刑法都按照一定标准对各章犯罪进行排列。此外，两国刑法在结构体系上存在一些差异，主要体现在以下方面。

首先，两国刑法典各自包含的章的数量相差悬殊。中国刑法典设十五章，总则五章，分则十章，共计 452 条；马来西亚刑法典有二十六章，且没有区分总则和分则，将总则内容和分则内容糅合在一起统一编排，共计 511 条（包括个别留空的条文）。我国刑法典除了破坏社会主义市场经济秩序罪和妨害社会管理秩序罪外，其他章的犯罪大致平衡；马来西亚刑法典中某些章规定的犯罪很多，如侵犯人类身体与危害生命的犯罪，而某些章规定的犯罪却只有少数几个，如第二十一章规定的诽谤罪。这反映了两国不同的立法思想和立法技术。由此可见，马来西亚刑法典在这方面是值得完善的。

其次，关于刑法各章犯罪的分类。中国刑法各章犯罪以犯罪的同类客体为分类的依据。这一理论依据在于，尽管各类犯罪侵犯了各种类型的社会关系，但某些犯罪共同侵犯了某一方面的社会关系，如国家安全，而另一些犯罪却侵犯了社会关系的另一些方面，如财产权利。这些犯罪共同侵犯的同一个方面的社会关系就是同类客体。根据犯罪同类客体的不同，我国将犯罪划分为10类，分设10章予以规定。这一犯罪的分类方法标准统一、逻辑清晰、科学合理。马来西亚刑法各章犯罪的分类标准是不统一的，有些章是以主体为标准，有些章是以对象为标准，有些章是以犯罪的组织形式为标准，而有些章是以犯罪所侵犯的法益为标准等，即马来西亚刑法各章犯罪具有多种分类标准，这不利于刑法体系的科学性。

最后，关于刑法各章犯罪的排列。我国刑法各章犯罪基本按照同类客体性质决定的各类犯罪的社会危害性程度的大小由重到轻进行排列的。这一排列方式鲜明地表明了各类犯罪的危害性和国家对惩治各类犯罪的态度。马来西亚刑法典各章大致也按照犯罪的社会危害性程度进行排列，但其中有些章排列顺序较为杂乱。例如，侵犯人类与生命的犯罪的危害性应比与度量衡相关的犯罪的危害性大，却排列于后面；又如，刑事恐吓、侮辱和寻衅滋事应比诽谤犯罪的危害性大，却排列于其后。这足以说明马来西亚刑法典在各种犯罪的排列上存在不合理之处，需要对个别章进行调整才能消除上述弊端。

二、关于立法技术之比较

立法技术与司法实务中准确适用法律具有直接的关系。因此，立法技术科学与否将对司法实务产生重要影响。此处所谓的立法技术仅指条文的外部结构、内部结构和条文用语等。

（一）罪名问题

首先，具体条文中是否标明罪名不同。我国刑法典在具体条文中并没有标明罪名，罪名由司法机关确定，如多个《最高人民法院、最高人民检察院关于执行〈中华人民共和国刑法〉确定罪名的补充规定》，就是为了在司法实践中确定罪名而作出的规范性文件。然而，在马来西亚刑法典中，具体条文却标明了罪名。在规定罪名的条文中，首先是条文编号，随后就是罪名，再接着是罪状。这是马来西亚刑法典与我国刑法的不同之处。从贯彻罪刑法定原则的角度来看，马来西亚刑法典的做法无疑是更好的。在具体条文中标明罪名是贯彻罪刑法定原则的题中应有之义，因为罪名也属于立法的一部分，理应由立法机关在立法时作出明确规定，而不应由司法机关确定。此外，这也有助于刑事法制的统一。因为司法机关必须严格执行立法，在立法中标明罪名是司法机关按照立法确定的罪名执行的保障，在司法中可以避免罪名确定的差异。因此，我国刑法典在这方面需要予以改进。

其次，罪名的设置及其标准问题。我国刑法以罪质和犯罪构成为标准设立罪名，不同的罪质和犯罪构成设立不同的罪名，这是科学合理的，正确处理了罪名与罪质的关系。然而，在设立罪名及其标准上，马来西亚刑法显得过于杂乱，也即没有统一的标准。例如，有些条文以犯罪的既遂与未遂为标准设立罪名。例如，第124K条和第124L条分别规定敌特破坏和敌特破坏未遂，这两条就是以行为既遂与未遂为标准设置的。有些条文是以行为对象不同而设立罪名的，如第130R条与第130S条分别规定故意不举报有关恐怖财产的信息和故意不举报有关恐怖资金的信息。有些条文以行为实施方式为标准设立罪名，如第130W条和第130X条分别规定帮助有组织犯罪团伙和包庇有组织犯罪团伙成员。因此，马来西亚刑法中的罪名的设置大致以行为主体、行为实施方式、行为对象、主观目的、既遂与否等为标准。一方面，如此详细的划分有利于刑法条文的适用和准确量刑；另一方面，也使罪名过于杂乱，影响了具体犯罪的内在逻辑结构，使得各条文之间缺乏协调性。罪名的设立应以能够高度概括犯罪的实质特征的内容为标准，在一部刑法典中，罪名设立的标准也应统一，而不能有多种标准。所以，从这个意义上说，马来西亚刑法典尚有改进的必要。

（二）罪状问题

总体而言，我国刑法对罪状的描述较为具体，但尚存在较多罪状规定得过于简单和原则。例如，第232条规定的故意杀人罪，罪状为“故意杀人的”和“情节轻微的”；第234条规定的故意伤害罪，罪状为“故意伤害他人身体的”“犯前款罪，致人重伤的”和“致人死亡或以特别残忍的手段致人严重残疾的”。类似这些高发多发的常见犯罪，其罪状描述相对较为简单和过于笼统，不够细致。相比而言，马来西亚刑法典对罪状的描述较为详细。例如，第299条规定杀人罪，“无论何人，以致人死亡或造成他人致命伤害为目的，或明知自己的行为可能致人死亡，而实施了致人死亡行为的，构成刑事杀人罪”。在杀人罪之后，还另设罪名规定故意伤人但造成第三人死亡的刑事杀人罪、谋杀罪、过失致人死亡罪、刑事杀人罪未遂等犯罪。应当说明的是，马来西亚刑法中存在较多的这样一种情形，即将同一类型的犯罪按照不同标准分别设立若干罪名，而这些罪名实质上可以统一归纳为某一犯罪。例如，前述的刑事杀人罪、故意伤人但造成第三人死亡的刑事杀人、刑事杀人未遂罪明显可以按刑事杀人罪一罪论处，将故意伤人但造成第三人死亡的刑事杀人罪和刑事杀人未遂罪作为刑事杀人罪的罪状。虽然前述立法规定给司法实践带来了一定的便利，但其科学性是值得考量的。

罪状及其描述方式是一项重要的立法技术，是罪状设置科学化的重要前提。我国刑法典在罪状设置上总体上是可取的，在个别罪名的罪状描述上还是值得完善的。马来西亚刑法典对罪名的罪状规定相对较为详细，但却对刑法典内部条文的逻辑性和协调性造成影响。因此，两国刑法典在罪状的表述上有值得互相借鉴的地方。

(三)法定刑问题

首先，两国刑法在法定刑模式上都采用了相对确定的法定刑。相对确定的法定刑的优点在于，司法人员可以根据犯罪的具体情节和犯罪人的具体情况，在所给定的法定刑幅度内选择恰当的刑罚，做到罪刑相适应。但是，无论是我国刑法还是马来西亚刑法都存在一些绝对确定的法定刑条文。例如，我国《刑法》第 121 条中规定的劫持航空器罪的条文的后段规定“致人重伤、死亡或者使航空器遭受严重破坏的，处死刑”；第 239 条规定的绑架罪在第 2 款规定“犯前款罪，致使被绑架人死亡或者杀害被绑架人的，处死刑，并处没收财产”。在马来西亚刑法中同样存在这样的条款。例如，第 121 条规定“任何对马来西亚最高元首、统治者或州元首发动战争，或企图发动战争，或教唆发动战争的，应当处以死刑或无期徒刑并处罚金”；第 302 条规定“任何人犯了谋杀罪，应当判处死刑”。配置绝对确定的法定刑的犯罪都是很严重的犯罪，但严重的犯罪之间也会有程度上的差异，绝对确定法定刑的配置在很大程度上抹杀了这些差异。绝对确定法定刑的最大弊端在于，难以实现罪刑均衡，类似犯罪的刑罚是千篇一律的死刑或无期徒刑。因此，刑法典中需要尽量避免绝对确定的法定刑，尽量为具体犯罪设定相对确定的法定刑。由此可见，两国刑法在法定刑模式上都存在需要完善的地方。

其次，具体条文是否都有独立的法定刑。我国刑法分则的具体条文基本上都有独立的法定刑，但也有少数条文未配置法定刑。例如，第 289 条规定的聚众“打砸抢”，分别情形，依照第 234 条、第 232 条、第 263 条的规定定罪处罚。在马来西亚刑法中，存在较多罪状与法定刑相分离的条文。例如，第 399

条规定非法限制罪、第 340 条规定非法拘禁罪，这两条均只对罪状作出描述，未规定相应的刑罚。这两个罪名的刑罚却规定于第 341 条和第 342 条中。类似的情形在马来西亚刑法中还有很多。这造成了罪行与法定刑相分离的情况。包括我国刑法在内的这种情形既不利于罪名的独立存在的意义，也会对量刑的公正性和准确性产生一定影响。具体犯罪的条文规定独立的法定刑既是罪刑法定的要求，也是做到罪刑相适应的前提，因而两国刑法在此问题上均有改进的必要。

三、关于刑罚之比较

（一）刑罚适用原则的比较

中马两国刑法中都明文规定有刑罚适用的原则。我国刑法在第 69 条及相关条文规定了刑罚适用的原则，主要包括吸收原则、限制加重原则、并科原则。吸收原则是指死刑、无期徒刑吸收其他刑罚，只要犯罪人所犯罪行中有一个罪行被判处死刑或无期徒刑的，就应当执行死刑或无期徒刑。限制加重原则是指，在犯罪人所犯罪行中都没有被判处死刑或无期徒刑的情况下，对犯罪人数个犯罪的刑罚应当在数个犯罪的总和刑期以下、数刑中最高刑以上，酌情决定执行的刑罚。并科原则是指，犯罪人犯有数罪，有的罪行被判处附加刑的，附加刑仍需执行，附加刑种类相同的，合并执行，种类不同的，分别执行。

在马来西亚刑法中，刑罚适用的原则有五项内容。第一，刑罚分项计罚原则。本法典第 57 条规定，在分段计算刑罚时，无期徒刑应当计算为相当于 30 年刑期。根据本条的规定，当行为人犯有数罪需要并罚，其中既有有期徒刑又有无期徒刑时，其中的无期徒刑应折算成 30 年有期徒刑予以计算。第二，数罪并罚的限制原则。本法典第 71 条第 1 款规定由多个独立行为构成的犯罪时的处罚原则，即除非法律另有规定的情况下，只能对犯罪人以其中一个罪名进行处罚，而不能按照两个或两个以上的罪名进行处罚。第三，疑罪定罪从轻原则。本法典第 72 条规定，对于数个犯罪行为按照一罪进行处罚的，在不能明确按照哪一个罪名量刑的情形下，如果各犯罪行为的量刑不同，则按照法定量刑最轻的犯罪定罪量刑。第四，再犯量刑从重原则。本法典第 75 条规定，曾在马来西亚犯有第七章或第十七章规定的罪行而应判处 3 年监禁以上刑罚的犯罪人或在新加坡、文莱实施与上述行为相同或类似的行为而被判处有罪的人,如果再犯上述章节中的犯罪并应被判处 3 年监禁以上刑期的犯罪的,对于犯罪人应按照其所犯罪行的法定量刑加倍处以刑罚。第五,强制关押制度和最长刑期的 2 倍量刑制度。本法典第 75A 条规定,任何人已经因两次犯罪而被判处刑罚,且每次实际服刑 2 年以上的,其之后再犯罪的,应按照强制关押制度进行处罚,且按照所犯罪行的最高量刑幅度的 2 倍确定刑期。

从中马两国刑法规定的刑罚适用原则的内容可以看出,两国在某些原则上是基本相同的,如我国刑法中限制加重原则与马来西亚刑法中的数罪并罚的限制原则。当然,也存在一些区别。如我国刑法中的吸收原则、并科原则是马来西亚刑法所没有规定的,马来西亚刑法中的刑罚分项计罚、疑罪定罪从轻原则、再犯量刑从重原则以及强制关押制度和最长刑期的 2 倍量刑制度是我国刑法所未作出规定的。虽然两国刑法中对某些刑罚适用原则没有作出明确的规定,但这些原则所体现出来的精神是存在的。

(二)刑罚种类和期限的比较

中马两国刑法中分别规定了各自的刑罚种类。我国刑法规定了主刑和附加刑。主刑包括管制、拘役、有期徒刑、无期徒刑、死刑;附加刑包括罚金、剥夺政治权利和没收财产。其中,主刑只能独立适用,附加刑既可以独立适用,也可以附加适用。各类刑罚规定有不同的期限。在主刑中,管制的期限为三个月以上两年以下,数罪并罚最高不得超过三年;拘役的期限为一个月以上六个月以下,数罪并罚最高不得超过一年;有期徒刑的期限为六个月以上十五年以下,数罪并罚的情形下,总和刑期不满三十五年的,最高不能超过二十年,总和刑期在三十五年以上的,最高不能超过二十五年。在附加刑中,罚金的数额未作明确规定,而是在各个具体罪名中规定罚金的幅度;剥夺政治权利的期限一般为一年以上五年以下;没收财产是没收犯罪分子个人所有财产的一部或者全部。

在马来西亚刑法中,规定的刑种包括死刑、无期徒刑、有期徒刑、鞭刑和罚金。其中,无期徒刑存在折算的方法,即在刑罚分项计罚中,无期徒刑应被计算为相当于 30 年有期徒刑的刑期;有期徒刑的期限为 1 个月以上 30 年以下;鞭刑的受刑数量没有具体规定;罚金的数额也没有作出明确规定,而是在具体犯罪中规定具体的幅度。

从刑种上看,我国刑法规定的刑种比马来西亚刑法更为丰富。如我国刑法中独创的管制,还设有短期自由刑拘役,附加刑中的剥夺政治权利和没收财产。从刑期上看，我国刑法规定的刑罚期限比马来西亚更为合理，如有期徒刑的期限。在马来西亚刑法中，存在一些有关鞭刑的规定，这是与人道、人权原则相违背的。总体而言，在刑种和刑罚期限的设置上，我国刑法比马来西亚刑法更具科学性和合理性。

（三）刑罚的具体适用

在刑罚的具体适用问题上，我国刑法规定了诸多刑罚制度，包括量刑根据、从重处罚和从轻处罚、减轻处罚的规定、累犯制度、自首和立功制度、数罪并罚原则、缓刑制度、减刑规定、假释制度等。这些刑罚制度和刑罚规定为准确适用刑罚、做到罪刑相适应提供了根据。在马来西亚刑法中，规定有数罪并罚制度、疑罪从轻制度、再犯制度、强制关押制度和最长刑期的2倍量刑制度等。这些刑罚制度为马来西亚刑法对犯罪人确定适当的刑罚提供了根据。从两国刑罚制度来说，我国刑罚制度的内容相对较为完善，从对犯罪人的量刑到刑罚的执行的整个过程都规定有完善的制度。例如，在量刑阶段，如果犯罪人具有累犯情节，犯罪人将依法从重处罚；如果犯罪人具有自首或立功情节，犯罪人将依法从轻或减轻处罚；如果犯罪人犯有数罪，犯罪人将被依据数罪并罚原则进行并罚；最后，如果犯罪人所犯罪行较轻，情节不严重，可以适用缓刑的，将会被判处缓刑。在刑罚执行阶段，犯罪人遵守监规、接受教育改造、确有悔改表现等符合减刑或假释条件的，犯罪人将被适用减刑或假释。然而，在马来西亚刑法中，基本上只包括量刑阶段的刑罚制度，缺乏刑罚执行阶段的制度规定，量刑阶段的刑罚制度的内容也不比我国刑法丰富。因此，在这方面，我国刑法中的缓刑制度、减刑制度、假释制度等都可以作为马来西亚刑法的借鉴和参考。

四、关于重要罪名之比较

中马两国刑法条文规定的罪名，有相当一部分是相同或相似的，有些罪名在我国刑法中有所规定而马来西亚刑法未作规定，有些罪名则是马来西亚刑法有所规定而我国刑法未作规定。鉴于两国刑法的体例和结构有所差异，各自的罪名设置差异较大，为了比较研究的方便，下面以我国刑法中各重要章规定的犯罪为线索，对中马两国刑法中规定的重要罪名进行比较分析。

(一)危害国家安全犯罪

马来西亚刑法中与我国刑法中的危害国家安全罪相对应的是国事罪。两国刑法都规定的犯罪有间谍罪,相似的犯罪有我国刑法中的背叛国家罪,分裂国家罪,煽动分裂国家罪,武装叛乱,暴乱罪,颠覆国家政权罪,煽动颠覆国家政权罪,资助危害国家安全犯罪活动罪等,马来西亚刑法中的发动或企图发动战争或教唆发动战争反对马来西亚最高元首、统治者或州元首,募集武器等图谋发动战争反对马来西亚最高元首、统治者或州元首,敌特破坏,发动战争反对马来西亚最高元首结盟的任何政权,帮助国事犯或战争犯逃逸,提供救济或包庇等。所不同的是,马来西亚刑法中还规定有发动战争反对本国领导人的犯罪,袭击议会议员的犯罪,印刷、出版、持有、进口、接收有损议会民主的文件或出版物,张贴标语、散布信息、散布虚假报告等犯罪。

(二)危害公共安全犯罪

马来西亚刑法中没有与我国刑法中规定的危害公共安全犯罪相对应的章节,而是分散规定于第八章和第十四章中。在危害公共安全罪方面,两国刑法规定的相同或相似的罪名有危险驾驶罪、破坏交通设施、重大责任事故罪、危险物品肇事罪等。不同的是,我国刑法中还规定有放火、决水、爆炸、投放危险物质、以危险方法危害公共安全犯罪、破坏交通工具或交通设施类危害公共安全罪、危险物品危害公共安全罪、重大安全事故类危害公共安全罪。此外,我国刑法还将组织、领导、参加恐怖组织罪,资助恐怖活动罪规定在危害公共安全罪一章中。

(三)破坏社会主义市场经济秩序罪

马来西亚刑法中也没有与我国刑法中规定的破坏社会主义市场经济秩序罪相对应的章节,而是分散规定于第十二章、第十三章、第十四章、第十八章中。我国刑法在本章中分八节规定生产销售伪劣商品罪,走私罪,破坏金融管理秩序罪,妨害对公司、企业的管理秩序罪,金融诈骗罪,危害税收征管罪,侵犯知识产权罪和扰乱市场秩序罪。两国刑法中相同或相似的犯罪有生产、销售伪劣商品类犯罪,货币类犯罪,票据类犯罪。马来西亚刑法规定有与度量衡相关的犯罪,包括欺诈地使用假称重器具,欺诈地使用假度、量、衡,持有假度、量、衡工具,制作或销售假度、量、衡。

(四)侵犯公民人身权利、民主权利罪

马来西亚刑法中的第十六章规定的侵犯人类身体与生命的犯罪与我国刑法中的侵犯公民人身权利、民主权利罪相对应。两国刑法规定的相同或相似的犯罪有故意杀人,故意伤害,过失致人重伤、死亡等,非法拘禁,绑架,拐卖,强迫劳动,强奸罪等。此外,我国刑法还规定了侮辱罪、诽谤罪、刑讯逼供、暴力取证等妨害司法类犯罪、公民宗教信仰类犯罪、侵犯公民个人信息类犯罪、干涉婚姻自由类犯罪、虐待、遗弃等犯罪;马来西亚刑法则规定有堕胎、伤害胎儿、遗弃胎儿及隐瞒出生犯罪、乱伦犯罪、违反自然性犯罪等。

(五)侵犯财产罪

马来西亚刑法中第十七章规定的侵犯财产罪与我国刑法中的侵犯财产罪相对应。两国刑法规定的相同或相近的犯罪有盗窃罪、敲诈勒索罪、抢劫罪、侵占罪、诈骗罪、故意毁坏财产罪。我国刑法中规定有挪用型犯罪、破坏生产经营罪、恶意不支付劳动报酬罪,马来西亚刑法中还规定有违反信托类犯罪、收受赃物犯罪、欺诈行为和欺诈财产的处置、非法侵入犯罪。

(六)妨害社会管理秩序罪

马来西亚刑法中没有与我国刑法中规定的妨害社会管理秩序罪相对应的章节,而是分散规定于第六 A 章、第六 B 章和第八章、第十章、第十一章、第十五等章中。我国刑法分九节规定扰乱公共秩序罪,妨害司法罪,妨害国(边)境管理罪,妨害文物管理罪,危害公共卫生罪,破坏环境资源保护罪,走私、贩卖、运输、制造毒品罪,组织、强迫、引诱、容留,介绍卖淫罪,制作、贩卖、传播淫秽物品罪。与我国刑法本章规定的相同或相似的犯罪有破坏公共秩序犯罪、藐视公职人员合法权力的犯罪、伪证与破坏司法公正罪、与宗教相关的犯罪等。

(七)贪污贿赂罪和渎职罪

我国《刑法》第八章和第九章分别规定了贪污贿赂罪和渎职罪。马来西亚刑法中没有与我国刑法中规定的这两章相对应的犯罪,而是分散在第九章等章中。我国刑法中主要规定了贪污罪、受贿罪、挪用公款罪、滥用职权罪、玩忽职守罪等犯罪。与此相对应的犯罪马来西亚刑法中第九章规定的与公职人员相关的犯罪。值得注意的是,马来西亚在 1997 年制定了《反腐败法》,专门用

于惩治包括贪污贿赂在内的腐败犯罪。本法主要规定了反腐败局机构的建立、任命及权力、犯罪与惩罚、调查、搜索、没收和逮捕、公诉人的相关规定、证据、犯罪的起诉及审判等,并在其开篇中明确"本法为设立反腐败局,并为及时有效地防止腐败及相关事项提供进一步的完善的法律依据而制定"。因此,本法对于打击贪污贿赂犯罪是有力有效的。但是,在马来西亚刑法中,对官员的渎职犯罪的规定并不那么详细。

(八)危害国防利益罪和军人违反职责罪

我国刑法分则第七章和第十章分别规定了危害国防利益罪和军人违反职责罪。在马来西亚刑法中,与上述两章犯罪相对应的是第六章规定的国事罪和第七章规定的与武装部队相关的犯罪。两国在这两类犯罪中的相同或相似的犯罪较少。马来西亚刑法规定的主要是教唆军人犯罪,如教唆兵变或企图诱使军人叛变、教唆军人脱逃、包庇逃兵教唆军人不服从上级的行为。我国刑法在这两类犯罪上规定的具体罪名较多,如阻碍军人执行职务,阻碍军事行动,故意或过失提供不合格武器装备,聚众冲击军事禁区或军事管理区犯罪,伪造、变造、买卖、盗窃、抢夺武装部队公文、证件、印章罪,战时造谣扰乱军心罪,战时窝藏逃离部队军人罪等危害国防利益犯罪,还包括战时违抗命令隐瞒、谎报军情、拒传、假传军令罪,阻碍执行军事职务罪,军人叛逃罪,涉及军事秘密类犯罪,涉及武器装备类犯罪,涉及伤病军人、俘虏等军人违反职责罪。

第六节　中国与马来西亚刑事司法合作展望

刑事司法合作是加强各国刑事司法领域的沟通与交流的重要渠道,是合作打击跨国犯罪的利器。近年来,中国与东盟国家之间的交流与合作不断加强,包括政治、经济、文化等在内的各领域合作的广度和深度前所未有。博鳌亚洲论坛 2015 年年会就是以"亚洲新未来:迈向命运共同体"为主题,习近平主席在本次年会上围绕"建设更为紧密的中国-东盟命运共同体"做了主旨演讲。可见,中国-东盟之间越来越重视合作共赢、共同发展的理念。在中国-东盟加强全方位合作的新形势下,中国与马来西亚加强包括刑事司法在内的各领域合作更凸显其重要意义。

中国与包括马来西亚在内的东盟国家之间的跨国刑事犯罪日益增多,危害性不断增强，单凭借中国或马来西亚任何一国的司法力量都不足以打击当前及今后犯罪的嚣张气焰。因此，为了更加有力和有效地打击涉及中马两国的刑事犯罪，中国与马来西亚之间需要进一步加强刑事司法协助，提高双方刑事司法协助的能力，为有力而有效地打击犯罪创造条件。

一、中马刑事司法合作现状

中国与马来西亚之间除了在联合国有关协议或东盟有关协议的框架下对刑事司法合作有所涉及外，基本无具体的双边刑事司法合作机制，更没有刑事司法合作的实践。首先，中国与马来西亚仅仅都参加了《联合国反腐败公约》《联合国打击跨国有组织犯罪公约》，为中马两国进行包括引渡、被判刑人移交、资产没收、司法协助、联合调查、特殊侦查手段、刑事诉讼的移交、执法合作等在内的刑事合作提供了法律依据。其次，中国-东盟之间签署了一些关于共同打击跨国犯罪的协议，主要包括《关于非传统安全领域合作联合宣言》《非传统安全领域合作谅解备忘录》、中国与马来西亚之间签订的载有刑事司法协助条款的双边条约等。中国与马来西亚签订的联合声明中规定了双方执法机关合作和协助，加强在交换刑事犯罪信息、预防和打击跨国有组织犯罪、经济犯罪、走私毒品和精神药物、走私武器和炸药、贩卖人口以及其他犯罪方面的联系。最后，中马之间没有直接地打击跨国犯罪主管机关会议联系机制，这一会议联系机制的主体是中国与东盟，如东盟与中日韩打击跨国犯罪部长会议机制、东盟与中国打击跨国犯罪部长会议机制、中国与东盟成员国总检察长会议机制等。由此可见，中马之间在很大程度上是不存在直接的刑事司法合作的，这极不利于两国共同打击跨国犯罪。

不仅如此，中马两国之间通过中国-东盟现行的刑事司法合作机制而进行的刑事司法合作更存在一些限制因素。第一，虽然中马两国都加入了《联合国反腐败公约》和《联合国打击跨国有组织犯罪公约》，但马来西亚对将这两个公约作为引渡合作依据的态度是不积极的。对于《联合国打击跨国有组织犯罪公约》，马来西亚明确表示“不接受将该公约作为与其他国家开展引渡合作的法律依据”；对于《联合国反腐败公约》，马来西亚并没有作出明确的态度。所以，中马两国依据这两个国际公约开展刑事司法合作受到较大的制约。第二，虽然中国与包括马来西亚在内的东盟之间有主管司法机关会议联系机制，如中国-东盟总检察长会议机制，但这些会议联系机制的主体均是中国与东盟。

况且,各国检察机关之间的资讯情报交流不是很畅通,合作的渠道不宽,在很多方面也没有具体的操作规程。

从总体上来看,中马之间并没有具体的可操作性较强的双边刑事司法合作机制,不能有力有效地合作打击跨国犯罪,因而中马两国需要进一步加强刑事司法合作。

二、中马刑事司法合作的必要性和可行性

中马两国之间刑事司法合作的客观现实需要两国为加强刑事司法合作共同努力,同时,两国之间进行进一步的刑事司法合作也存在较多的有利条件。

(一)中马刑事司法合作的必要性

中马两国共同打击跨国刑事犯罪既是现实的需要,是两国的共同利益所在,更是完善两国现行刑事司法合作机制和提高刑事司法水平的必然要求。

近年来,中国和东盟国家在总体上更加开放,中马两国之间的交流不断加强,人员往来、物品交换等更加频繁。与此同时,随之而来的涉及双方的跨国犯罪不断增加,如恐怖主义犯罪、走私犯罪、毒品犯罪、拐卖人口犯罪、绑架勒索犯罪、洗钱犯罪、海上犯罪等。这些犯罪的危害性日益严重,气焰更加嚣张,单单凭借中国或马来西亚任何一个国家都不可能完全有力有效地予以打击。中马双方在加强刑事司法合作上也符合共同的利益需要。中国与马来西亚之间存在广泛的共同利益。自中国-东盟自由贸易区启动以来,中国与包括马来西亚在内的东盟各国的经贸往来不断加强,经济贸易关系更加密切,双方经济贸易得到了较快发展。但是,中国与马来西亚当前共同面临着新的非传统安全的威胁,如毒品贩运、海盗行为、恐怖主义、武器走私、洗钱、国际经济犯罪和计算机犯罪等。这些非传统安全严重威胁着中国与马来西亚的经济社会发展,需要中马两国联手打击跨国犯罪,共同应对非传统安全,为双方经济社会发展提供良好条件。近年来,中国-东盟首脑会议将共同防范非传统安全置于突出位置,达成或签署或通过了《中国-东盟关于在非传统安全领域合作的联合声明》《关于在非传统安全领域合作的谅解备忘录》《实施中国-东盟和平与繁荣战略关系联合声明行动计划》等文件,这为中马两国在非传统安全领域进行有效的刑事司法合作创造了条件。另外,中马之间的刑事司法合作尚缺乏详细具体的操作规程和实践经验,所有这些都需要中马双方在刑事司法合作

上作出实质性的努力,推动中马刑事司法合作进一步发展。

(二)中马刑事司法合作的可行性

中国与包括马来西亚在内的东盟已经在政治、经济、法律等领域进行了广泛的交流和合作,中马双方具备了为共同打击跨国犯罪而进行刑事司法合作的现实条件。

第一,中国-东盟的政治、经济、文化等合作进一步强化,这为中马刑事司法合作提供了良好的契机。自 2010 年 1 月中国-东盟自贸区全面建成以来,中国与东盟各国贸易投资增长,经济融合加深,实现了互利共赢、共同发展的目标。目前,中国已成为东盟第一大贸易伙伴,东盟成为中国第三大贸易伙伴。近年来,博鳌亚洲论坛不断升级,各国关系也更加密切。可见,中国-东盟将更加紧密地团结在一起促进双边共同发展,因而,中马两国可以借助这一契机,加强刑事司法领域的合作。第二,中国和东盟有共同合作的观念,有着合作打击跨国犯罪的意愿。2015 年的博鳌亚洲论坛年会以"亚洲新未来:迈向命运共同体"为主题,习近平主席在本次年会上围绕"建设更为紧密的中国-东盟命运共同体"做了主题演讲。从此可以看出,中国-东盟双方已经将各自视为命运共同体,在包括刑事司法合作在内的所有领域的合作应属中马两国的题中之义。第三,中国与马来西亚都参加了《联合国反腐败公约》《联合国打击跨国有组织犯罪公约》,签订了含有刑事司法协助条款的协议,这为中马两国加强刑事司法合作提供了良好的制度规范条件。第四,中马之间可以利用中国-东盟之间建立的刑事司法合作机制进行刑事司法协助,如《非传统安全领域合作谅解备忘录》规定的合作机制、中国-东盟总检察长会议联系机制等;当然,中马两国也可以效仿这些机制建立双方之间合作的具体措施。

三、中马开展刑事司法合作的具体举措

国际刑事司法合作是打击跨国犯罪的利器。中马两国需要加强刑事司法领域的合作,提高刑事司法合作能力,提升刑事司法合作水平。就两国实际情况来看,中国和马来西亚需要通过以下措施加强刑事司法合作。

(一)落实《联合国打击跨国有组织犯罪公约》和中国-东盟就刑事司法合作签订的有关协议

首先,中国与马来西亚都签署了《联合国打击跨国有组织犯罪公约》,为两国合作打击和预防跨国有组织犯罪提供了重要的法律武器。该公约要求缔约国在对本公约所涵盖的犯罪进行的侦查、起诉、审判和执行程序中相互提供最大程度的司法协助。该公约规定了以下具体的刑事司法协助内容,为各国进行刑事司法协助提供了具体的可操作的规程。例如,公约中明确规定,相关国家“可为下列任何目的的请求依据本条给予司法协助:1.向个人获取证据或陈述;2.送达司法文书;3.执行搜查和扣押并实行冻结;4.检查物品和场所;5.提供资料、物证以及鉴定结论;6.提供有关文件和记录的原件或经核证的副本,其中包括政府、银行、财务、公司或营业记录;7.为取证目的而辨认或追查犯罪所得、财产、工具或其他物品;8.为有关人员自愿在请求缔约国出庭提供方便;9.不违反被请求缔约国本国法律的任何其他形式的协助”。中国和马来西亚认真遵守和履行公约规定,能够更加有效地在共同打击跨国犯罪中开展刑事司法合作。

另外,我国与东盟签署了较多关于刑事司法合作的协议。例如,2002年11月4日在柬埔寨发表了《中国与东盟在非传统安全问题领域合作联合宣言》,将“打击贩毒、偷运非法移民包括贩卖妇女儿童、海盗、恐怖主义、武装走私、洗钱、国际经济犯罪和网络犯罪等”作为合作的重点内容。又如,2003年10月8日在印度尼西亚巴厘岛签署了《中国与东盟面向和平与稳定的战略伙伴关系联合宣言》。再如,2004年1月10日在曼谷签署了《东盟成员国政府和中华人民共和国政府在非传统安全问题领域合作谅解备忘录》,确定了双方反恐、禁毒和打击国际经济犯罪等重点合作领域。贯彻落实中国-东盟之间签订的这些联合宣言和备忘录对于我国与东盟国家在打击跨国犯罪中开展刑事司法合作具有重要的指导作用。

(二)签订引渡条约和刑事司法协助条约

中马两国进行刑事司法合作需要特定的制度规范。《联合国反腐败公约》和《联合国打击跨国有组织犯罪公约》是联合国成员国之间开展刑事司法合作的依据。中国与马来西亚也可以依据这两个公约开展刑事司法合作,但马来西亚对这两个公约的态度并不是那么积极,在具体开展刑事司法合作上也会遇到较多困难。当然,中国与马来西亚之间也签订了载有刑事司法协助条款的双边条约,但这也并不是以两国之间开展刑事司法协助为主要目的的专门规定。

中马两国签订引渡条约是推动两国引渡合作的重要前提。近年来,中马两国之间的跨国犯罪逐渐增多,社会危害性日益增大,而中马两国在地理位置上是隔海相望的国家,犯罪人实施犯罪后极容易逃往对方国家,使得两国司法机关在打击跨国犯罪上“望洋兴叹”。另外,加上两国之间没有确定引渡条约,未能直接开展罪犯的引渡合作,使两国司法机关共同打击跨国犯罪更是难上加难。因此,中国与马来西亚需要首先签订引渡条约,在两国之间开展引渡合作,为打击跨国犯罪提供依据。

国际刑事司法协助条约是相关国家之间开展刑事司法协助的法律依据之一,也是具体规定刑事司法协助的内容、程序、步骤等的法律文件。到目前为止,中马两国并没有签署双边刑事司法协助条约,只是在其他条约中出现了含有刑事司法协助内容的条款,这在很大程度上阻碍了中马两国直接开展具体的刑事司法协助。为了加强中国与马来西亚之间的刑事司法合作,需要推动两国尽快签署专门的刑事司法协助双边条约。在没有签署或难以签署专门的刑事司法协助双边条约之前,一个较好的办法是我国直接加入《东盟刑事司法协助条约》。该条约规定了包括调查取证、文书送达、执行搜查和扣押、对犯罪所得及其收益进行识别、追踪、限制交易和冻结、犯罪资产没收、查询、识别正如和犯罪嫌疑人等极为广泛的刑事司法协助范围。根据该条约,凡是在国内履行了宪法批准程序的国家,在开展刑事司法协助时应当依据本条约进行。该条约是开放性的,并且该条约已经生效。我国加入该条约后即可依据该条约与东盟国家开展刑事司法合作。

(三)建立和完善中马司法主管机关联系机制

中国与东盟国家之间在打击跨国犯罪上的司法主管机关联系机制主要包括以下三个方面。一是东盟与中日韩打击跨国犯罪部长会议机制。该会议机制确立了区域合作打击跨国犯罪应遵循“平等协商、真诚合作、循序渐进、灵活务实”的原则;制定了打击跨国犯罪的“平等、开放、合作、共赢”的政策;该会议机制倡导各国在建立和完善打击跨国犯罪的区域合作机制、确定区域合作的重点领域和牵头国家、各国主管部门之间建立热线联系、制订合作打击跨国犯罪的行动计划、相互派遣警务联络官等。二是东盟与中国打击跨国犯罪部长会议机制。该机制将非传统安全领域合作作为重点，签订了《中国与东盟非传统安全领域合作谅解备忘录》，将信息交流、人员交流和培训、执法合作和共同研究作为合作的领域。三是中国-东盟总检察长会议机制。该机制旨在加强中国与东盟各国检察机关交流与合作，形成有效打击跨国有组织犯罪的区域合力。

中国与东盟建立的司法主管机关联系机制为中国与马来西亚开展刑事司法协助提供了条件。但是，中国与东盟的司法机关联系机制对于中马两国的刑事司法协助的开展在实践中可能产生一定的困难，而中国与马来西亚之间却缺乏双边直接的联系机制，这在一定程度上不利于中马两国开展具体的刑事司法合作。因此，中国与马来西亚需要尽可能地推动两国司法主管机关之间进行直接的双边联系，建立直接的会议联系机制，为两国刑事司法合作确定合作原则、确定重点合作领域、制订行动计划等，进一步加强中马刑事司法合作。

总而言之，中国与马来西亚刑事司法合作的开展需要两国司法机关乃至两国政府的高度重视，需要两国政府在加强政治、经济、科技、文化等领域的合作的基础上进一步推动刑事司法合作，建立和完善刑事司法合作机制，在引渡合作、调查取证、文书送达、联合执法、刑事诉讼移管、外国判决的执行等方面进行务实合作。

第四章

泰国刑法研究

第一节　泰国国家概况

泰王国(The Kingdom of Thailand),简称泰国,其国土面积为51.3万平方公里。泰国位于亚洲中南半岛中南部,与柬埔寨、老挝、缅甸、马来西亚接壤,东南临泰国湾(太平洋),西南濒安达曼海(印度洋),西和西北与缅甸接壤,东北与老挝交界,东南与柬埔寨为邻,疆域沿克拉地峡向南延伸至马来半岛,与马来西亚相接,其狭窄部分居印度洋与太平洋之间。泰国人口约6740万,全国共有30多个民族。泰族为主要民族,占人口总数的40%,其余为老挝族、华族、马来族、高棉族,以及苗、瑶、桂、汶、克伦、掸、塞芒、沙盖等山地民族。泰语为国语。94%的居民信仰佛教,马来族信奉伊斯兰教,还有少数信奉基督教、天主教、印度教和锡克教。泰国首都为曼谷,是全国政治、经济、文化中心和现代与传统相交融的大都市,人口约800万(截至2014年)[①]。

泰国全国分中部、南部、东部、北部和东北部5个地区,共有77个府,府下设县、区、村。曼谷是唯一的府级直辖市。各府府尹为公务员,由内政部任命。

① 参见:http://www.fmprc.gov.cn/mfa_chn/gjhdq_603914/gj_603916/yz_603918/1206_604642/,访问日期:2014年11月14日。

曼谷市长由直选产生。

泰国于公元1238年形成较为统一的国家,先后经历素可泰王朝、大城王朝、吞武里王朝和曼谷王朝,原名暹罗。16世纪,葡萄牙、荷兰、英国、法国等殖民主义者先后入侵。1896年英法签订条约,规定暹罗为英属缅甸和法属印度支那间的缓冲国,暹罗成为东南亚唯一没有沦为殖民地的国家。19世纪末,拉玛四世王开始实行对外开放。五世王借鉴西方经验进行社会改革。1932年6月,拉玛七世王时期,民党发动政变,改君主专制为君主立宪。1939年更名为泰国,后经几次更改,1949年正式定名泰国。

泰国实行君主立宪制。国王普密蓬·阿杜德,拉玛九世王,1946年即位,1950年5月5日加冕,是国家元首、武装部队最高统帅,也是当今世界在位最久的君主。2014年8月25日,泰国国王普密蓬·阿杜德签署御令,正式任命“全国维持和平秩序委员会”主席、陆军司令巴育为泰国第29任总理。

泰国的司法制度属大陆法系,以成文法作为法院判决的主要依据。司法系统由宪法法院、司法法院、行政法院和军事法院构成:宪法法院主要职能是对部分议员或总理质疑违宪、但已经国会审议的法案及政治家涉嫌隐瞒资产等案件进行终审裁定,以简单多数裁决。行政法院主要审理涉及国家机关、国有企业及地方政府间或公务员与私企间的诉讼纠纷。行政法院分为最高行政法院和初级行政法院两级,并设有由最高行政法院院长和9名专家组成的行政司法委员会。最高行政法院院长的任命须经行政司法委员会及上议院同意,由总理提名呈国王批准。军事法院主要审理军事犯罪和法律规定的其他案件。司法法院主要审理不属于宪法法院、行政法院和军事法院审理的所有案件,分最高法院(大理院)、上诉法院和初审法院三级,并设有专门的从政人员刑事厅。另设有司法委员会,由大理院院长和12名分别来自三级法院的法官代表组成,负责各级法官任免、晋升、加薪和惩戒等事项。司法法院下设秘书处,负责处理日常行政事务。

泰国实行自由经济政策,属外向型经济,较依赖美、日、欧等外部市场。泰国是传统农业国,农产品是泰外汇收入的主要来源之一。20世纪80年代,制造业尤其是电子工业发展迅速,经济持续高速增长。1996年被列为中等收入国家。1997年金融危机后陷入衰退。1999年经济开始复苏。2003年7月提前两年还清金融危机期间向国际货币基金组织借贷的172亿美元贷款。阿披实政府上台后,积极实施“坚强泰国”计划,推动经济发展。截至2010年底,泰国外债965亿美元,外汇储备1721亿美元。泰国官方货币名称为铢,也称泰铢，截至2014年底，汇率为1美元≈31.73铢，1人民币≈5.01铢。中国是泰国第二大贸易伙伴，泰国是中国在东盟国家中第三大贸易伙伴。2013年中泰双边贸易额712.6亿美元。2012年8月，中国超过马来西亚首次成为泰国最大的旅游客源国。

泰国奉行独立自主的外交政策，重视周边外交和区域合作，积极发展睦邻友好关系，维持大国平衡。2013年至2015年担任中国-东盟关系协调国，积极推进东盟一体化和中国-东盟自贸区建设，支持东盟与中日韩合作。重视经济外交，推动贸易自由化，积极参与大湄公河次区域经济合作。发起并推动亚洲合作对话（ACD）机制，积极参加亚太经济合作组织（APEC）、亚欧会议（ASEM）、世界贸易组织（WTO）、东盟地区论坛（ARF）和博鳌亚洲论坛（BFA）等国际组织活动。积极发展与穆斯林国家关系。谋求在国际维和、气候变化、粮食安全、能源安全及禁毒合作等地区和国际事务中发挥积极作用。

中泰是友好近邻，两国关系保持健康稳定发展，双方领导人往来频繁，各领域交流合作广泛、深入，人民之间有着深厚的友好感情。1975年7月1日，中泰两国正式建交，两国关系保持健康稳定发展。2001年8月，两国政府发表《联合公报》，就推进中泰战略性合作达成共识。2012年4月，中泰两国建立全面战略合作伙伴关系，也是东盟成员国中第一个与中国建立战略性合作关系的国家。此后，中泰两国长期保持高层密切交往。1999年2月，中泰两国在曼谷正式签署了《中华人民共和国和泰王国关于二十一世纪合作计划的联合声明》。同年9月，国家主席江泽民对泰国进行国事访问。2001年5月，朱镕基总理访问泰国。2001年8月，泰国总理他信对中国进行正式访问。2002年9月，李鹏委员长访问泰国。2003年2月，泰国总理他信访华。10月，胡锦涛主席对泰国进行国事访问，并出席在曼谷举行的亚太经合组织第11次领导人非正式会议。2005年6月，泰国总理他信对中国进行正式访问。2007年5月，素拉育总理对中国进行正式访问。2008年6月30日至7月3日，沙马总理对中国进行正式访问。2009年6月底，阿披实总理对中国进行正式访问。2010年11月，吴邦国委员长对泰国进行正式友好访问。2012年4月，英拉总理对中国进行正式访问，也是她就任总理以来首次访华，两国签署了建立全面战略合作伙伴关系的联合声明，将此前的战略性合作关系提升至全面战略合作伙伴关系。同年11月，温家宝总理对泰国进行正式访问。2013年10月，李克强总理对泰国进行正式访问，发表题为“让中泰友好之花结出新硕果”的演讲，这是中国领导人首次在泰国国会发表演讲。两国发表了

《中泰关系发展远景规划》。对进一步深化中泰全面战略合作伙伴关系具有里程碑意义。2014 年 12 月,泰王国总理巴育对中国进行了正式访问。

第二节　泰国刑法典主要内容

一、泰国刑法典的基本结构

泰国现行刑法典于 1956 年 11 月 15 日公布,自 1957 年 1 月 1 日起施行,该法典除《1956 年颁布刑法典令》以外,分为总则、具体犯罪、轻罪三编,共计 14 章 398 条。[①]

第一编总则部分共 2 章,第一章为适用于一般犯罪的规定,第二章为适用于轻罪的规定,其中第一章包括九节:定义、刑法的适用、刑法与保安处分、刑事责任、未遂犯、正犯与从犯、犯罪的竞合、累犯、时效。第 2 章则未分节。

第二编具体犯罪部分共有 12 章,分别是:关于国家安全的犯罪、关于公共管理的犯罪、关于司法的犯罪、关于宗教的犯罪、关于公共秩序的犯罪、关于公共安全的犯罪、关于伪造变造的犯罪、关于贸易的犯罪、关于风化的犯罪、侵犯生命和身体的犯罪、妨害自由和名誉的犯罪、侵犯财产的犯罪。

第三编轻罪部分自第 367 条至第 398 条,共计 31 条,未分章节。

二、关于犯罪

(一)关于刑事责任

《泰国刑法典》在第 5 节对刑事责任设立了专节规定,尤其是对于故意、过失、行为的概念、责任能力、认识错误、免于处罚的事由、可以减轻处罚的具体情况、亲属之间犯财产罪的处罚、年龄等作出了具体规定,为认定是否承担刑事责任,正确适用刑罚提供了立法保障。

---

① 吴光侠译:《泰国刑法典》,北京:中国人民公安大学出版社 2004 年版,第 2 页。

1.故意与过失

《泰国刑法典》第59条规定了故意与过失犯罪,与我国一样,其也规定“除法律明确规定即使非故意行为也应当负责外,仅对故意行为负刑事责任”。值得注意的是其关于过失犯罪的概念,其规定“过失行为,是指其犯罪并非故意,但是没有予以通常人在此情况下所应当预期的故意,并且行为人没有予以通常人在此情况下所应当预期的注意,并且行为人有此注意能力而没有予以充分的注意”。由此可以看出,这与我国分为疏忽大意过失与过于自信过失不同,其没有进行此种区分。同时,对于行为人的注意义务的判断标准,尽管学界有行为人标准说、一般人标准说和折中说,但我国并无明文规定,而《泰国刑法典》则明确规定了“通常人在此情况下所应当预期的故意”,表明其立场是坚持了一般人标准说。

2.行为的概念

尽管学界已普遍认可行为包括作为与不作为,但我国刑法也并无规定,而泰国刑法典在其第59条第5款明确规定“行为,包括为防止结果发生应当为一定行为而不为该行为以致发生的一切结果”,在立法上肯定了不作为是行为的一种形式,具有借鉴意义。

3.错误对责任的影响

事实错误与法律错误在我国是刑法理论探讨的问题,刑法典中并无规定,而《泰国刑法典》第59条第3款及第60条至第64条则有明确规定。

(1)同一构成要件内的错误

其第60条规定,以故意行为对人犯罪,因为失误致使其结果发生在他人的,应当视为对被害人的故意行为。但是法律因行为人与被害人之间个人身份或者关系而又加重处罚规定的,关于加重处罚的规定,不应当适用。

其第61条规定,以故意行为对人犯罪,因为错误而对他人犯罪的,不得以错误作为非故意的抗辩。

由此可见,在泰国在对人犯同一构成要件内的犯罪时,并不阻却故意,也不阻却责任。但若因失误或错误致使结果发生于与行为人有加重处罚身份的被害人时,不适用加重处罚的规定。举例而言,《泰国刑法典》第289条规定杀尊亲属的,处死刑,但行为人本欲杀他人却将尊亲属当作他人而杀害的,仍然构成第288条的故意杀人罪,但不构成杀尊亲属罪。

(2)责任阻却事由的认识错误

《泰国刑法典》第62条规定,对于足以阻却犯罪、免除或者减轻处罚的事实不存在但行为人误以为存在的，应当根据具体情况，宣告行为人无罪或者免除、减轻其刑罚。行为人因过失而不知第59条第3款（该款规定“行为人不知构成犯罪的事实的，不能视为其希望或者预见结果的发生）的事实或者对于前款事实的存在发生错误的，在法律有处罚过失犯规定时，依过失行为承担责任。因一定事实而加重处罚的，只有行为人已知该事实时才适用。

由此可见，泰国刑法对责任阻却事由的认识错误采取了得减主义，并明确规定对构成犯罪的事实认识错误的，阻却故意。同时，对于加重处罚事由的适用，也要求以行为人对其有认识为条件。例如，在行为人不知其为尊亲属而杀害的，不得处以杀害尊亲属的加重刑罚，而只能以一般的杀人罪论处。

(3)法律认识错误

在行为人没有认识到其行为违法时，是否影响责任的问题上，我国刑法并无规定，但《泰国刑法典》第64条规定，不得因不知法律而免除刑事责任，但是法院认为依其情状，行为人不知其行为是法律规定的犯罪的，可以允许其举证；如果仍认为其不知法律的，可以判处比法定刑较轻的刑罚。换言之，泰国刑法并未区分误以为行为不犯罪的法律认识错误是否可以避免，而认为其属于责任减轻事由，但需要行为人举证。

4.责任能力

(1)精神状态对责任的影响

与我国刑法一样，泰国刑法也规定心智缺陷、精神病或者精神耗弱而不能自我控制的，不予处罚。但没有我国《刑法》第18条规定的对精神病人“责令他的家属或者监护人严加看管和医疗，必要的时候，由政府强制医疗”的规定。

对尚未完全丧失辨认或控制自己行为能力的精神病人，泰国刑法也规定“法院可以判处比法定刑较低的刑罚”，与我国的“可以从轻或者减轻处罚”的规定一致。

对于醉酒状态下的犯罪，《泰国刑法典》第66条规定，饮用酒类或者其他酒精饮料而醉酒的，不适用第65条的规定（即不适用无责任能力者不受处罚的规定），但是其因不知或者违背其意志而醉酒，并在犯罪时不能辨认行为的性质或者违法性，或者不能自我控制的，免除处罚；如果能部分辨认或者自我控制的，法院可以判处比法定刑较轻的刑罚。

应当认为，相比于我国刑法仅规定“醉酒的人，应当负刑事责任”，泰国的规定则更为细致具体，更为符合罪刑法定原则的要求，尤其是对于因违背意志而醉酒后仍具有部分辨认或控制能力的行为人可以从轻、减轻处罚的规定也体现了责任主义的一般原理,值得借鉴。

(2)年龄对责任的影响

在行为人年龄对责任的影响问题上,《泰国刑法典》第73条到第77条进行了详细具体的规定。与我国未成年人为18岁以下,我国刑法将影响责任的年龄分为14岁以下、14至16岁、16至18岁、75岁以上四个阶段不同,泰国的未成年人年龄为20岁以下,其刑法典将影响责任的年龄分为10岁以下、10至15岁、15至18岁、18至20岁四个阶段。

《泰国刑法典》第73条规定,未满10岁的未成年人犯罪的,不予处罚。第74条规定10至15岁的未成年人犯罪的,不予处罚,但是法院应做如下处置:警告后放回,法院认为适当时,并可以传唤其父母、监护人或者同居人,并施以警告;法院认为其父母或监护人可以管教的,可交给他们领回,命令其3年内不得发生任何损害事件,若发生损害需缴纳1千铢以下金钱,如不缴纳,可以扣押财产强制执行,同居人愿意领回管教的,视为同意承担上述责任;无父母、监护人或者其同居人拒绝领回管教的,法院可征得特定的个人或者机构的同意,由其进行领回管教、训练或者指导;送交学校、训练指导处或者特定的儿童训练指导处进行训练教导,但不应超过18岁。

第75条规定,15至18岁的人犯罪的,法院应当考虑其责任感或其他个人因素以决定是否判处刑罚。若法院认为可以免除刑罚,则按照第74条处理,反之则应减轻法定刑的二分之一。

第76条规定,18至20岁犯罪的,法院认为适当时,可以减轻其刑罚三分之一或者二分之一。

相比于我国《刑法》第17条的规定而言,应当认为,泰国刑法对未成年人犯罪采取了更为宽容和注重保护未成年人的态度。对于10至15岁的未成年人的管教指导进行了具体细致的规定,有利于保护未成年人的健康成长;对于15至18岁的未成年人,法院可以根据具体情况决定是否判处刑罚,具有定罪裁量权,有利于保护主观恶性小、客观危害不大的未成年人的身心发展,具有一定的借鉴意义;对于18至20岁的未成年人,在判处刑罚上采取得减主义,又规定了幅度较大的减轻刑期,既考虑了18至20岁的未成年人的身体、心理等发育状况,认为其有处罚的必要性,又体现了对未成年人的宽宥,具有一定的合理性,值得我国借鉴。

但同时,根据我国《刑法》第17条,已满75周岁的人故意犯罪的,可以从轻或者减轻处罚;过失犯罪的,应当从轻或者减轻处罚的规定,亦可为《泰国刑法典》所借鉴。

5. 亲属之间犯财产罪对责任的影响

《泰国刑法典》第 71 条第 1 款规定，丈夫或者妻子对对方犯第 334 条至第 336 条第 1 款、第 341 条至第 364 条之罪（这些犯罪分别是盗窃罪、抢夺罪、欺诈罪、妨害债权罪、侵占罪、赃物罪、毁损罪、非法侵入罪，除非法侵入罪外均为财产类犯罪）的，不应当处罚。第 2 款规定，尊亲属或者卑亲属相互间，或者同父母的兄弟姊妹相互间，犯前款罪的，即使法律没规定告诉才处理的，也应当视为告诉才处理，并可以减轻处罚。

由此可见，泰国刑法不保护配偶之间犯财产犯罪或非法侵入罪，对尊卑亲属、兄弟姊妹之间的财产犯罪也采取告诉才处理的态度，并可以减轻处罚，体现了法律在伦理道德面前的让步和尊重。

6. 正当化事由

与我国一样，泰国刑法也规定了正当防卫和紧急避险不予处罚，但其还规定了其他的正当化事由，如“因为受强迫或者暴力影响不能避免或者抗拒的，不予处罚”，“依公务员命令的行为，不予处罚。即使其命令违法，如果有服从的职责或者善意认为有服从的职责的，也不处罚，但明知其违法的除外”。

此外，我国对防卫过当、避险过当规定应当减轻或者免除处罚。而泰国刑法典对于超出限度的正当防卫、紧急避险以及受强迫或者暴力影响不能避免或者抗拒而实施的犯罪行为，法院可以减轻处罚。但是如果其行为是因激动、惊吓或者恐惧而发生的，免除处罚。

与我国对正当防卫的规定相比，泰国刑法没有无限防卫的规定；与我国对紧急避险的规定相比，泰国刑法没有限制紧急避险不适用于职务上、业务上负有特定责任的人。在此可以借鉴我国的规定，以丰富、完善泰国刑法对正当防卫、紧急避险的规定。同时，对于服从命令的行为不予处罚以及因激动、惊吓或者恐惧而超出必要限度的行为不予处罚的规定也值得我国借鉴。

7. 其他减轻处罚事由

对于贫困、良好教养、悔改等因素，我国只是作为不成文的酌定从轻处罚的事由，而在泰国对这些都进行了明文规定，有利于实现司法统一，避免同案不同判的局面出现。例如《泰国刑法典》第 78 条规定，犯罪有可以减轻的情节的，不论本法或者其他法律有无刑罚加减的规定，法院在认为适当时，可以减少不多于二分之一的刑罚。可以减轻的情节包括智力缺陷、严重困境、良好教养、悔改、努力减轻伤害结果、自首、提供有利于审判的信息或者法院认为类似性质的其他情况。同时，其第 72 条规定，对实施严重不当虐待的人，在其虐待之际而实施犯罪的，可以减轻处罚。

通过明文规定可以减轻处罚的情节，并规定可以减轻处罚的幅度，既有利于司法统一，又不损害法官的自由裁量权，应该说是值得借鉴的立法例。

(二)关于共同犯罪

泰国刑法总则第一章第 6 节规定了正犯与从犯，从第 83 条至第 89 条共计 7 条，分别规定了正犯、教唆犯、宣传或散布印刷品使公众犯罪、片面共犯、教唆人、散布人、宣传人、正犯和从犯的刑事责任等，与我国相比，更为详细具体。

1. 共同犯罪的分类

在共同犯罪的分类上，与我国将共同犯罪分为主犯、从犯、胁从犯、教唆犯不同，泰国刑法基本采取分工分类法，将共同犯罪分为正犯、从犯和教唆犯。根据其第 83 条的规定，二人以上共同参与犯罪的，都是正犯，应当依同罪的法定刑处罚。其第 84 条第 1 款规定，利用聘用、强迫、恐吓、雇用、利诱、煽动或者其他方法，使他人犯罪的，称为教唆犯。据此可见，泰国刑法的教唆犯的概念包括了我国的胁从犯。

2. 教唆犯

根据《泰国刑法典》第 84 条第 2 款，被教唆人实行犯罪行为的，教唆犯应当按正犯处罚。被教唆人未实行该犯罪行为，不论是因没有同意，还没有着手或者其他原因，教唆犯应当依该罪法定刑三分之一处罚。对比我国《刑法》第 29 条第 1 款“教唆他人犯罪的，应当按照他在共同犯罪中所起的作用处罚”、第 2 款“如果被教唆的人没有犯所教唆的罪，对于教唆犯，可以从轻或者减轻处罚”的规定，可以看出，对于教唆犯的既遂，我国采取的是依照其在共同犯罪中的作用进行处罚，泰国则按照正犯论处；对于教唆未遂，我国采取得减主义，泰国则采取必减主义，同时明确规定按照正犯罪刑的三分之一处罚，处罚显然更为宽松。另外，泰国没有对教唆未成年人犯罪的情况从重处罚的规定，但从前述泰国刑法更为注重未成年人保护的规定来看，借鉴我国的规定，规定对教唆未成年人犯罪的从重处罚或者加重处罚，可能更为合理。

同时，《泰国刑法典》第 85 条规定了类似教唆犯的规定，该条规定“宣传或者散布印刷品使公众犯罪，并且该犯罪法定刑为 6 个月以上有期徒刑的，被宣传人或者被散布人应当依该罪刑罚的二分之一处罚，因前款的宣传或者散布而犯罪,宣传或者散布人应当依正犯的刑罚处罚”,显然将教唆行为扩大到宣传和散布行为。笔者认为,此种宣传或者散布行为,基本相当于我国的煽动行为,但我国对煽动行为的处罚则明确规定在具体个罪中,而不像泰国刑法在总则中予以规定。

3.片面共犯

《泰国刑法典》第86条明确规定了片面的共犯,以立法的形式对片面共犯的性质和处罚进行了规定。该条规定,在他人犯罪前或者犯罪时,以任何方法帮助或者便利其犯罪的,即使他人不知道该帮助或者便利情况的,也是从犯,应当依该罪法定刑的三分之二处罚。

据此,泰国刑法事实上肯定了片面共犯成立共同犯罪,并明确了以正犯三分之二的刑罚处罚。尽管片面共犯是否是共同犯罪在理论上仍有争议,泰国刑法对其刑罚的设置也未必合适,但至少体现了泰国刑法规定具体细致的特点。

4.共犯者的责任

泰国刑法在共犯者之间具体责任的分配上通过第87条至第89条进行了具体规定。其第87条第2款规定,受雇人、因宣传或者散布而犯罪的人或者正犯,对其犯罪应当负加重责任的,其教唆人、宣传人、散布人或者从犯,根据案情也应当依加重刑罚的犯罪负担责任。但是依犯罪的性质,犯罪人仅在其明知或者能够预见结果发生时才负加重刑罚责任的,其教唆人、宣传人、散布人或者从犯依加重刑罚的犯罪负责,也应当以其明知或者能够预见犯罪结果发生为限。据此,当教唆者对加重结果能够预见或者明知时,应对犯罪的加重结果负刑事责任。

其第88条规定,因教唆、宣传或者散布印刷品使公众犯罪,或者帮助而着手犯罪的实行,但是因为教唆人、宣传人、散布人或者从犯的干涉,致使其犯罪没有完成,或者完成而没有发生犯罪结果的,其教唆人、宣传人、散布人应当根据案情仅就第84条第2款或者第85条第1款的规定负刑事责任,而对从犯不予处罚。

其第89条规定,因为被告个人而免除、减轻或者加重刑罚的情况,对牵涉该犯罪行为的其他被告不应当适用。因为犯罪性质而免除、减轻或者加重刑罚的情况,应当适用于与该犯罪行为有关的各个被告。

据此可以看出,泰国刑法对共犯之间的责任承担遵循了“犯罪是共同的,责任是个别的”的责任分配原理,既强调共犯者只有对加重结果又明知或者能够预见时才承担责任,又明确了共犯个人身份关系的情况只适用于本人刑罚的加重、减轻,犯罪性质的情况则适用于全体共犯者。这种明确规定共犯之间责任分配的立法例,我国仍然缺失,借鉴泰国的刑事立法,补足对共犯之间具体情况下的责任分配,更有利于实现罪刑法定原则,也有利于司法统一。

(三)关于犯罪未完成形态

泰国刑法第一章第五节专节规定了未遂犯,该节实际上是对广义的未遂犯的规定,即不仅包括狭义的未遂犯,还包括中止犯、迷信犯,手段或者对象不能犯。

1. 未遂犯

《泰国刑法典》第 80 条是对狭义的犯罪未遂的规定,其第 1 款规定着手犯罪行为但是没有完成或者虽完成但是没有达到其目的,是未遂犯。第 2 款规定未遂犯,应当依其所犯罪的刑罚的三分之二处罚。由此可见,在对未遂犯的处罚上,我国是“可以比照既遂犯从轻或者减轻处罚”,采取了得减主义,法官可以根据未遂犯的具体情况适用从轻或者减轻处罚的规定,也可以不从轻或者减轻处罚,自由裁量权较大;泰国则规定“应当依其所犯罪的刑罚的三分之二处罚”,采取了必减主义,且规定了明确的减轻幅度,法官几乎没有自由裁量权。

笔者认为,无论采取得减主义还是必减主义,但明确规定按照既遂犯刑罚三分之二的刑罚,虽然有利于司法统一,但未免过于僵硬,难以适应司法实践中的各种复杂情况。举例而言,行为人刚开始着手抢劫即被抓获的与已然造成被害人一定程度的伤害的抢劫未遂的情形相比,若考虑对被害人的伤害,显然应判处更重的刑罚,而依泰国刑法则均处以同样的刑罚。因而,借鉴我国相对灵活的处罚方式,取消固定僵硬的三分之二的刑罚规定,应当认为具有一定的合理性。

同时,值得注意的是,尽管泰国刑法在总则已经明确对未遂犯的处罚,但在具体犯罪中仍有少量的特殊规定,一般是强调犯此类具体犯罪未遂的,和既遂犯处以同样的刑罚。这些规定主要存在于关于国家安全的犯罪中,体现泰国刑法对该类犯罪的严惩。例如,在具体犯罪第一章关于国家安全的犯罪的第一节侵犯国王、皇后、王位继承人和摄政罪中,其第 107 条规定“造成国王死亡的,处死刑,犯前款罪未遂的,处同样的刑罚”,第四节妨害国交罪的第 130 条规定“对于友好国家的君主、皇后、女皇配偶、王储或者领袖犯伤害罪或者以暴力妨害其自由的，处1年至15年有期徒刑，前款未遂犯的处罚与此相同”。对于此种规定，应当理解为视为第80条第2款未遂犯处罚规定的例外，径行按照分则规定处理，体现了君主立宪制的泰国以严刑峻法保障本国君主皇室及友好国君主、领袖权力的立法宗旨，但将未遂犯直接处以同既遂犯相同的刑罚，是否违背责任主义的原理，是否合适，仍有进一步研究的必要。

2. 中止犯

《泰国刑法典》第82条规定，着手犯罪行为而自动中止，或者改变主意中止结果的发生的，不应当处罚。但是其已完成的行为构成犯罪的，应当依犯罪处罚。

与我国《刑法》第24条关于中止犯的规定相比，均不处罚没有造成损害的中止犯，但区别在于我国刑法规定中止犯“造成损害的，应当减轻处罚”，而泰国刑法则规定“已完成的行为构成犯罪的，应当依犯罪处罚”，这在具体情况下会出现不一样的处理结果。例如行为人强奸过程中将被害人打成轻伤，但又自动放弃强奸的，如何处理？若依我国刑法，构成强奸罪的中止并减轻处罚，同时构成故意伤害罪，从一重罪论处；若依泰国刑法，则直接构成故意伤害罪。

3. 预备犯

与我国《刑法》第22条规定了犯罪预备不同，泰国刑法在总则中没有规定预备犯及其处罚，而是在具体犯罪中进行独立规定，主要是处罚少数极为严重的犯罪的预备罪，这些预备犯罪主要存在于侵犯国王、皇后、王位继承人和摄政罪，放火罪等罪中。例如，《泰国刑法典》第107条第3款规定“预备致死国王或者有帮助隐藏其犯意行为的，处无期徒刑”，第108条第3款规定“预备对国王实施暴力或者妨害其自由或者有帮助隐藏其犯意行为的，处16年至20年有期徒刑”。第219条规定“预备犯第217条（指放火罪）或者第218条（指放火罪的加重情节）之罪的，其处罚与各该罪的未遂犯相同”。

由此可以看出，与我国“对于预备犯，可以比照既遂犯从轻、减轻处罚或者免除处罚”的规定相比，泰国刑法在总则不设处罚预备犯的规定，而在具体犯罪中列举的做法，限制了预备犯的处罚范围，基本上坚持了预备犯不处罚的原则，同时只对一些严重犯罪规定预备犯，有利于缩小犯罪圈，对我国而言具有一定的借鉴意义。

4. 不能犯与迷信犯

所谓不能犯是指行为人主观上意欲犯罪，但其实施的行为是不具有结果发生的可能性的行为。所谓迷信犯是指行为人出于迷信将某种绝对不能导致结果发生的行为误认为可以导致结果发生而实施的情况。在我国，不能犯和迷信犯是在刑法理论中讨论的问题，在立法上并没有规定，但《泰国刑法典》第81条则进行了规定：意图发生法定的犯罪结果而着手实行，因为其采取的手段或者犯罪的对象，确实没有发生结果的可能的，视为未遂犯，应当依照不多于法定刑的二分之一处罚。因为迷信而实施前款行为的，法院可以免除其刑罚。

由此可见，泰国刑法将不能犯视为未遂犯，但是在处罚上比狭义的未遂犯更为宽松，没有要求"应当依其所犯罪的刑罚的三分之二处罚"而是"应当依照不多于法定刑的二分之一处罚"，对于迷信犯，泰国刑法则免除处罚。应当说，因为我国立法对不能犯和迷信犯规定的缺失，泰国刑法的此种规定对我国刑法的完善有一定的借鉴意义，但泰国刑法也难免存在不足之处，一方面，因为不能犯的行为是不可能侵犯到法益的行为，而泰国刑法没有说明不能犯处罚的依据；另一方面，泰国刑法也没有说明对其减轻二分之一以上刑罚的依据。

三、关于刑罚

泰国刑法第一编第一章第三节专节规定了刑罚与保安处分，其中又分为第一目刑罚、第二目保安处分、第三目刑罚的加减与停止。其第八节规定了累犯。

(一)保安处分

《泰国刑法典》第39条至第50条规定了保安处分，是泰国刑法中极富有特色的规定。根据其第39条的规定，保安处分共分为五种：管训；禁止进入特定地区；提供附加担保物的安全保证书；医院限居；禁止执业。

1. 管训

管训是把习惯犯羁留在特定地区，以防范其犯罪，矫正其品性，并施以职业的训练。据此，管训适用的对象是习惯犯，所谓的习惯犯，根据《泰国刑法典》第41条的规定，是指犯公共秩序犯罪、公共安全犯罪、伪造货币罪、关于风化的犯罪、杀人罪、伤害罪、妨害自由罪、侵犯财产罪，经判处管训或者6个月以上徒刑2次以上执行完毕后，10年内再犯前述各罪而被判处6个月以上徒刑的犯罪分子，但犯罪时未满18岁的未成年人则不得适用管训。管训的期限为3年以上10年以下。管训与刑罚并非择一适用的排斥关系，根据《泰国刑法典》第42条的规定，被判处管训的同时还被判处有期徒刑或者拘役的，应当先执行徒刑或者拘役，并自徒刑或拘役执行完毕的次日起开始执行管训。

2. 禁止进入特定地区

根据《泰国刑法典》第45条的规定，法院在判处有罪判决时，认为对于公共安全有必要时，可以依职权或者请求，命令被告在刑罚执行完毕后5年以下期间进入特定地区。泰国的禁止进入特定地区的保安处分措施与我国管制、缓刑的禁止令制度有些相似，但我国禁止令是禁止犯罪人在管制执行期间或在缓刑期间禁止进入特定地区，法官没有自由裁量权；而泰国则规定了5年的上限期间，法官可以视具体情况自由裁量，更能灵活适用于实践中的复杂情况，对我国而言也颇有借鉴意义。

3. 提供附加担保物的安全保证书

法院经公诉人的请求，认为任何人足以对他人或者他人财物造成危险；或者在案件审理中被告虽然没有被定罪，但是有理由认为其足以对他人或者他人财物造成危险的，应当命令提供5千铢以下的保证书，可以附加或者不附加担保物，以维护法院命令所确定的期间的安全，但此期间以2年为限。同时，对于拒绝提供安全保证书或者不能提供担保物的，法院有权在其提供前予以6个月以下的拘留，或者禁止其进入特定的地区。若在指定期间违背保证书的内容的，法院有权命令其缴纳保证书中规定的金额，若其拒绝缴纳的，应当适用第29条的以拘役折抵罚金的规定。据此，提供安全保证的保安处分的适用对象有两种，其一是任何足以对他人或者他人财物造成危险的人，而不仅是被告人；其二是虽被判处无罪，但法院认为其自身具有一定危险性的被告人。通过提供一定期限的安全保证书，并以司法拘留或禁止进入特定地区的强制方式保障安全保证的执行，有助于消除潜在的犯罪人的社会危险性，打消其犯罪的动机和心理，维护社会稳定。

4. 医院限居

根据《泰国刑法典》第48条和第49条的规定，适用在医院限居的情形有两种，其一是对于精神病者犯罪不予处罚时，若法院认为释放足以影响公共安全的，可以命令其在医院限居；其二是因习惯性酗酒或有害毒瘾引起犯罪的，且仅为有罪宣告的或虽判决徒刑但停止徒刑执行的，法院可在判决中命令其2年内不得饮酒或服用有害毒瘾药物，若其违反此项命令，法院可以予以2年以下的医院限居。泰国刑法对精神病者的医院限居类似于我国刑事诉讼法上的强制医疗制度，但对于习惯性酗酒或有害毒瘾引起的犯罪，我国并无规定。

笔者认为，在依照罪刑相适应原则判处犯罪分子有罪宣告的情形下，泰国刑法充分考虑到其自身对社会的危险性仍未消除的特点，设置了医院限居制度，既坚持了罪刑相适应原则，又有利于维护社会的稳定，对我国而言具有一定的借鉴意义。

5.禁止执业

根据《泰国刑法典》第 50 条的规定，法院在宣告科刑判决时，如果认为被告犯罪是因其从事的职业或者利用其职业的机会，而其继续从事该职业有再犯的可能的，可以命令在刑罚执行完毕之日起 5 年内禁止从事该职业。泰国的禁止执业制度的基本内涵在我国禁止令制度中禁止犯罪分子“从事特定的活动”的规定中有所体现，但二者在禁止的期间上有所不同。我国的禁止令的期间只能是缓刑考验期或者管制期间，而泰国则在 5 年以下有法官自由裁量，这对我国而言有一定的借鉴意义。

(二)刑罚的种类

依《泰国刑法典》第 18 条，刑罚的种类包括：死刑、徒刑、拘役、罚金、没收财物。其徒刑包括有期徒刑和无期徒刑，同时，其徒刑和拘役均未规定上限和下限，另外，泰国刑法中也没有主刑和附加刑的区分，罚金和没收财产既可以独立适用也可以附加适用。至于我国附加刑中的剥夺政治权利以及对于犯罪的外国人的驱逐出境，《泰国刑法典》均未有规定。

相比于其他刑种，泰国对死刑的规定十分简略，仅在第 19 条规定了死刑采用枪决的方法执行，且该规定已在 2004 年（佛历 2546 年）被修改为死刑采用注射或者毒药的方式执行。相比之下，我国对死刑的规定则要细致得多，既有死刑的条件、执行方式与核准程序，不得适用死刑的对象，还有我国独有的死缓制度。鉴于泰国刑法具体犯罪中仍有较多犯罪配置有死刑的情况，在总则中借鉴我国的死刑规定，明确不得适用死刑的对象，如未成年人、怀孕的妇女等，对于减少死刑的适用，具有一定的现实意义。

《泰国刑法典》第 20 条至第 23 条是对徒刑具体适用的具体规定，其中的短期徒刑易服拘役的规定具有自己的特色，有必要进行介绍研究。根据其第 23 条的规定，犯徒刑之罪受 3 个月以下有期徒刑的宣告刑，并且没有曾经被执行徒刑或者仅曾经因过失或者轻罪而被执行徒刑的，可以对其判处 3 个月以下拘役，以取代宣告徒刑，此即为泰国的短期徒刑易服拘役制度。但泰国之所以有此制度，主要原因在于泰国的有期徒刑的刑期与我国设置有 6 个月的下限不同，其并没有设置刑期下限，故而被判处 3 个月有期徒刑的犯罪本身便是危害较轻的犯罪，如果符合没有曾经被执行徒刑或者仅曾经因过失或者轻罪而被执行徒刑的条件，改为 3 个月以下拘役并不至于轻纵罪犯，同样能起到惩罚和预防效果，应该认为该制度具有一定的合理性。

与我国的拘役相比，泰国的拘役制度则显得更为宽松，赋予服刑人的权利也更广泛。例如，在拘役执行的场所上，我国刑法规定"由公安机关就近执行"，而泰国刑法则规定，被判处拘役的，应当监禁在监狱以外的特定拘役处所。法院认为适当时，可以在判决中命令被告限居在自己的住所、经同意的他人住所或者其他适合被告性质或情况的处所。据此，泰国的被判处拘役的罪犯在法院认为适合时，可以在自己或他人的住所或其他处所服刑。在被判处拘役的犯罪分子的权利和义务上，我国和泰国都规定其有劳动的义务，但据《泰国刑法典》第 25 条和第 26 条，被拘役的犯罪分子还享有"自费获得外来食品""使用自备衣物""每日接见访客至少一小时以及收发信件"的权利。同时，其还可以"在不违反法规、所规、纪律或者该处所安全的情况下，可以依其意愿选择从事其他工作"，对于限居在自己住所或他人住所的犯罪分子，可以在该住所内从事自己的职业。

另外，泰国刑法还规定了拘役易服有期徒刑制度。其规定，拘役期间，法院本身或者由检察官或者拘役所管理人的陈述而获悉有下列情形之一的，可以将拘役变更为适当期间的徒刑，但是不得超过被拘役人应当继续执行的拘役期间：被拘役人违反拘役处所的法规、所规或者纪律的；被拘役人不遵守法院指定事项的；被拘役人经法院判决徒刑的。但犯罪人的责任是在犯罪时产生的，因为服刑时的行为而加重对其刑罚的执行，是否符合"责任与行为同在"的责任主义原则，仍有进一步研究的必要。

泰国刑法对罚金的规定最有特色之处莫过于拘役折抵罚金制度。据其第 29 条的规定，被判处罚金的人，在法院判决确定之日起三十日内不缴纳罚金的，应当扣押其财产以折抵罚金或者以拘役折抵罚金。法院有合理的原因怀疑其逃避缴纳罚金的，可以命令其提供担保，或者在近期内替换为服拘役。以拘役折抵罚金的，拘役一日折抵 200 铢，无论是一罪还是数罪，拘役不得超过 1 年，但是法院判决罚金 8 万铢以上的，可以命其服拘役 1 年以上 2 年以下。泰国的以拘役折抵罚金制度可以有效解决当下"罚金执行难"的问题，不至于因为罚金刑尤其是单处的罚金刑难以执行，使犯罪分子逃避责任，对我国的罚金刑制度也有一定的借鉴意义，当然以拘役折抵罚金也应注意拘役的期限，防止变相加重刑罚。

《泰国刑法典》第32条至第37条具体规定了没收财物刑的适用,其与我国的没收财产刑并不相同。根据泰国刑法,被没收的财物包括任何因犯罪而使用或持有的财物、因犯罪所得的财物、为诱使他人犯罪或者作为他人犯罪的报酬而交付的财物,但是其财物属于没有纵容犯罪的他人之物的,不得没收。显然,泰国刑法中的被没收的财物在性质上更类似于我国《刑法》第64条的犯罪所得之物和所用之物。但基于任何人不得从自己的不法行为中获利的原则,对于犯罪所用之物或所得之物,本身即应当予以追缴或退赔,而并非是对犯罪分子的一种惩罚,将其规定为独立的刑种,并不合适。因而建议泰国借鉴我国《刑法》第64条对犯罪所得之物、犯罪所用之物的处理的规定,将没收财物从刑罚种类中剔除出去,作为一般规定。

另外,当被判处没收财物的犯罪分子拒不执行时,根据泰国刑法第37条规定,法院有权扣押该财物或者使犯罪分子支付该财物的同等价值,或者强制扣押其他财产以抵偿。同时,法院认为犯罪分子能交出而不交出,或者能支付而拒不支付的,可以在其交出前予以一年以下期限的拘留。如前所述,泰国的没收财物刑更类似于我国《刑法》第64条的追缴没收制度,而我国刑法并未规定犯罪分子拒不缴纳犯罪所得或者所用之物时的处理,笔者认为,泰国的扣押财物、扣押其他财物以抵偿的方式以及对恶意拒不缴纳者予以拘留的规定均值得我国借鉴。

(三)刑罚的适用

泰国刑法第一章第三节第三目规定了刑罚的加减与停止。例如,《泰国刑法典》第51条则规定了刑罚的加重处罚的具体运用,其第51条规定,刑罚的加重,不得加至死刑、无期徒刑或者50年以上有期徒刑。

1. 刑罚的减轻

在刑罚的减轻上,我国《刑法》第63条规定,犯罪分子具有本法规定的减轻处罚情节的,应当在法定刑以下判处刑罚;本法规定有数个量刑幅度的,应当在法定量刑幅度的下一个量刑幅度内判处刑罚。显然,我国采取了更为总括性的规定,而泰国刑法的规定则更为细致具体,如其第52条规定,死刑的减轻依照以下标准:如果减轻三分之一的,减为无期徒刑;如果减轻二分之一的,减为无期徒刑或者25年至50年有期徒刑。其第53条规定,无期徒刑的减轻,一律为50年有期徒刑。

2.缓刑

《泰国刑法典》第56条至第58条规定了缓刑制度,与我国相比,其特点主要体现在以下几个方面:

在缓刑适用的对象上,我国是被判处拘役或者3年以下有期徒刑的犯罪分子,同时规定其中不满18周岁的人、怀孕的妇女和已满75周岁的人,应当宣告缓刑;泰国则只规定是应当被判处3年以下有期徒刑的犯罪分子。

在缓刑适用的条件上,我国要求犯罪情节较轻、有悔罪表现、没有再犯罪的危险;《泰国刑法典》第56条则规定犯罪分子“没有有期徒刑的前科或者有有期徒刑的前科但是过失犯罪或轻罪”,且经“法院考虑被告的年龄、过去的记录、行为、智力、教育训练、健康、心境、习惯、职业、环境、品性或者其他足以减轻责任的情况”而决定是否判处缓刑。

在缓刑的考验期限上,在我国,被判处拘役的,缓刑考验期为原判刑期以上1年以下,但是不能少于2个月;被判处有期徒刑的,为原判刑期以上5年以下,但是不能少于1年;泰国刑法则只规定为5年以内期限,未规定下限。

在缓刑期间应遵守的规定上,《泰国刑法典》第56条第2款规定,关于被告行为的管束,法院可以规定下列一种或者数种事项:向法院指定人员随时报到,以便询问、规劝、协助或者对其行为和职业进行训诫;或者当指定人员和被告认为适当时,安排被告做社会服务或者公共利益的工作;接受训练或者从事实际的职业;避免进入社会或者克制引起类似犯罪的行为;在法院指定的期间和场所,接受对毒瘾药物、有害习惯、身心缺陷或者其他疾病的矫正和治疗;为了矫正、恢复或者保护被告人以使其不再犯罪或者没有犯罪的机会,当法院认为适当时可以决定其他事项。

在缓刑考验期内又犯新罪的处理方式上,在我国,若缓刑考验期内再犯新罪或发现漏罪的,应当撤销缓刑,数罪并罚;在泰国,只有当缓刑期内所犯的新罪非过失犯罪也非轻罪时,才能数罪并罚,并且是数罪的刑罚直接累加。

在缓刑考验期满后的处理方式上,我国《刑法》第76条规定“缓刑考验期满,原判的刑罚就不再执行,并予以公开宣告”;《泰国刑法典》第58条第2款也规定,在缓刑考验期内没有故意犯轻罪以外之罪的,根据具体情况应当免除其刑罚的宣告或者执行。

3.累犯

泰国刑法第一编第一章第八节是对累犯的规定,自第92条至第94条,分别规定了一般累犯、特殊累犯和不成立累犯的例外规定。

《泰国刑法典》第 92 条规定，曾经被确定判决有罪，在判决执行中或者自判决之日起 5 年内再次犯罪，并且法院应当对后罪判处有期徒刑的，对后罪应当加重三分之一的刑罚。与我国《刑法》第 65 条规定的一般累犯相比，泰国刑法的规定有以下特点：

在累犯的前罪上，我国刑法要求前罪是被判处有期徒刑以上刑罚的犯罪；泰国刑法则只要求前罪是被确定判决为有罪的犯罪。在累犯成立的时间上，我国要求是在前罪的刑罚执行完毕或者赦免以后的 5 年内，泰国刑法则还要求在判决执行中又犯罪的，也是累犯。在对累犯的处罚上，我国刑法规定“应当从重处罚”，泰国刑法则规定“应当加重三分之一的刑罚”。

《泰国刑法典》第 93 条规定了特殊累犯，该条规定，曾经因为犯下列各项之罪并受 6 个月以上确定判决执行中或者自判决执行完毕之日起 3 年以内，再犯下列各项之罪，前罪和后罪属于相同分项之罪，并且对后罪法院将判处有期徒刑的，对后罪应当加重二分之一的刑罚：关于国家安全的犯罪、妨害公务罪、渎职罪、妨害司法罪、司法渎职罪、关于公共秩序的犯罪、关于公共安全的犯罪、伪造货币印章邮票文书罪、关于贸易的犯罪、关于风化的犯罪、杀人罪、遗弃罪、伤害罪、堕胎罪、妨害自由罪和侵犯财产罪。与我国《刑法》第 66 条规定的特殊累犯相比，其存在以下特点：

在特殊累犯成立的范围上，我国将其限定在危害国家安全犯罪、恐怖活动犯罪、黑社会性质的组织犯罪，均属于危害较为严重的犯罪；泰国的特殊累犯成立的范围则十分广泛，大多数具体犯罪均可能成立特殊累犯。

在特殊累犯成立的时间上，我国刑法规定“在刑法执行完毕或者赦免以后，在任何时候再犯上述任一类罪的”；泰国刑法则规定“曾经因为犯下列各项之罪并受 6 个月以上确定判决执行中或者自判决之日起 3 年以内，再犯下列各项之罪”。据此，在时间上，二者有着显著区别。

在特殊累犯所犯的后罪上，我国刑法规定只要仍犯危害国家安全犯罪、恐怖活动犯罪、黑社会性质的组织犯罪之一即可，不要求与前罪是同一犯罪；而泰国刑法则明确要求后罪必须与前罪属于相同分项之罪。

在特殊累犯的处罚上，我国刑法规定仍按照一般累犯处罚；泰国刑法则规定应当加重二分之一的刑罚。

同时，《泰国刑法典》第 94 条规定了不构成累犯的情形，即过失犯、轻罪犯和未满 18 岁的未成年所犯的罪，不论是前罪还是后罪，都不应当视为累犯。这与我国过失犯罪和不满 18 周岁的人犯罪的不构成累犯的规定基本一致。

四、关于具体犯罪

《泰国刑法典》第二编具体犯罪部分共有十二章，分别是：第一章关于国家安全的犯罪、第二章关于公共管理的犯罪、第三章关于司法的犯罪、第四章关于宗教的犯罪、第五章关于公共秩序的犯罪、第六章关于公共安全的犯罪、第七章关于伪造变造的犯罪、第八章关于贸易的犯罪、第九章关于风化的犯罪、第十章侵犯生命和身体的犯罪、第十一章妨害自由和名誉的犯罪、第十二章侵犯财产的犯罪。

第一章规定的是关于国家安全的犯罪，本章罪的法益为国家安全，其具体又分四节，分别为侵犯国王、皇后、王位继承人和摄政罪、内乱罪、外患罪和妨害国交罪。

泰国刑法对侵犯国王、皇后、王位继承人和摄政的犯罪的刑罚设置极重，主要体现在以下四个方面：绝对刑的设置、对危险犯的重刑处罚、预备犯与未遂犯等同于既遂犯处罚、帮助犯等同于正犯处罚等方面。例如，首先，对部分犯罪配置了绝对刑，如根据《泰国刑法典》第107条、第109条的规定，造成国王、皇后、王储、摄政死亡的，处死刑。其次，对危险犯以重刑处罚，如其第108条第3款、第110条第3款规定，行为足以危害国王生命的，处死刑；行为足以危害皇后、王储或者摄政生命的，处死刑或者无期徒刑。再次，将预备犯和未遂犯等同于既遂犯处罚，如其第107条规定，预备致死国王的，处无期徒刑；预备致皇后、王储或者摄政实行暴力或者妨害其自由的，处无期徒刑或者16年至20年有期徒刑。最后，对帮助犯等同于正犯的处罚上，根据《泰国刑法典》第111条的规定，对犯其第107条至第110条的犯罪提供帮助行为的，其处罚与正犯相同。

泰国是君主立宪的国家，将侵犯国王、皇后、王位继承人和摄政的犯罪纳入关于国家安全的犯罪，并对其设置严厉的刑罚，目的是以刑罚手段维护其君主立宪的政体，维护君主的权威，但刑罚是否过于严厉，且是否违背刑法面前人人平等的基本原则，则亦并非没有疑问。

《泰国刑法典》第113条至第118条规定了内乱罪，主要包括了叛乱罪，煽动军警逃亡、叛乱或不履行职务罪，散布危害国家安全言论罪，为内乱而罢工或者煽动罢工罪，侮辱国家标志罪等罪。其中值得介绍的是侮辱国家标志罪，该条规定，意图侮辱国家，而对国旗或者其他象征国家的标志进行嘲弄行为的，处 2 年以下有期徒刑，并处或者单处罚金。尽管我国《刑法》第 299 条也规定了侮辱国旗、国徽罪，但该罪却为妨害社会管理秩序的犯罪，而非危害国家安全的犯罪。事实上，即使具有侮辱国家的目的而实施此种行为也不可能危害国家安全，且泰国刑法对此种行为的处罚较轻，显然与前述叛乱罪等罪并非侵犯同一客体的行为，因而笔者认为，将其置于关于公共秩序的犯罪一章或更为合适。

《泰国刑法典》第 119 条至第 129 条规定了外患罪，主要包括破坏国家主权和独立罪、战时对抗国家罪、帮助敌人发动战争罪、非法获取国家秘密罪、不忠实处理外交事务罪等罪。值得注意的是，依《泰国刑法典》第 128 条和第 129 条的规定，对于外患罪的预备犯、未遂犯的处罚与既遂犯同，对帮助犯的处罚与正犯同，显示泰国刑法对外患类罪的严惩，但此种规定是否有违责任主义的原理则存在疑问。

妨害国交的犯罪，主要有伤害、侮辱、诽谤或威胁友好国家君主、皇后、女皇配偶、王储或者领袖罪，伤害、侮辱、诽谤或威胁驻泰外国代表罪，侮辱友国国家标志罪。泰国刑法在危害国家安全犯罪一章设专节规定了妨害国交的犯罪，体现了对国际外交的重视和保护程度，据此，在伤害友国君主、领袖或驻泰外国代表的，不以伤害罪论处，而以刑罚更为严厉的本节犯罪论处，且亦规定未遂犯与既遂犯的处罚相同，可能有违刑法面前人人平等和罪责相适应的基本原则。

第二章为关于公共管理的犯罪，共分两节，第一节为妨害公务的犯罪，第二节为渎职犯罪。第一节自第 136 条至第 146 条规定了妨害执行公务的犯罪，主要规定了以侮辱、暴力、暴力威胁等方式妨害公务罪，损坏封印罪，损坏财产、文书罪，招摇撞骗罪等。第二节自第 147 条至第 166 条，均为滥用职权罪或玩忽职守罪的规定，其详细规定了多种渎职行为，并处以不同的法定刑。值得注意的是，其中的一些行为在我国属于独立的犯罪，例如《泰国刑法典》第 154 条规定，有征收或者检查税捐费用或者其他金钱职责或者自称有此职责的公务员，非法征收或者不征收税捐费用或者金钱，或者以作为或不作为，以便使有缴纳税费责任的人不缴纳或者缴纳少于其应缴税额的，处 5 年至 20 年有期徒刑或者无期徒刑，并处 2 千至 4 万铢罚金。该条规定的行为事实上属于我国《刑法》第 404 条规定的徇私舞弊不征、少征税款罪。同时，泰国刑法对滥用职权罪和玩忽职守罪的刑罚设置了较大的跨度。例如，根据我国《刑法》第 397 条的规定，对于滥用职权或者玩忽职守的，处 3 年以下有期徒刑或者拘役,情节严重的,处 3 年以上 7 年以下有期徒刑。而《泰国刑法典》第 157 条则规定,公务员不正当执行或者不执行职务而损害他人,或者非法执行或者忘记执行职务的,处 1 年至 10 年有期徒刑,并处或者单处 2 千至 2 万铢罚金。

第三章为关于司法的犯罪,共分两节,第一节为妨害司法的犯罪,第二节为司法渎职犯罪。妨害司法的犯罪中主要有拒绝做证罪、伪证罪、诬告陷害罪、窝藏包庇罪、脱逃罪等规定,同时规定了部分罪刑的法定减轻处罚的事由。其中拒绝做证罪与伪证罪具有泰国自身的特色,有必要进行介绍比较:首先是拒绝做证罪,《泰国刑法典》第 168 条至第 171 条规定了拒绝做证的犯罪,一般而言,这些行为的法定刑为 6 个月或 3 个月以下有期徒刑,属于轻罪。例如,其第 171 条规定,拒绝遵从法院命令其宣誓、证实、陈述或者做证的命令的,处 6 个月以下有期徒刑,并处或者单处 1 千铢以下罚金。我国没有此类的规定,单纯拒绝做证的行为,不构成犯罪。而关于伪证罪,《泰国刑法典》第 177 条规定,在司法程序中,就案件的重要事项,向法院提供虚伪的证据的,处 5 年以下有期徒刑,并处或者单处 1 万铢以下罚金。在刑事程序中犯前款罪的,处 7 年以下有期徒刑,并处或者单处 1 万铢以下罚金。第 178 条规定,受司法官、检察官、受理案件人员或者调查人员的要求翻译陈述或文义,而就其重要事项进行错误翻译的,处 3 年以下有期徒刑,并处或者单处 6 千铢以下罚金。其第 182 条规定,犯第 177 条或者第 178 条之罪的,在其陈述或者翻译完成前,向法院或者公务员承认错误,并说明其真相的,不予处罚。

据此,泰国的伪证罪与我国《刑法》第 305 条的规定相比,主要有以下不同:其一是成立的范围上,我国要求“在刑事诉讼中”,而泰国则无此限定;其二是处罚上,我国对证人、鉴定人、翻译人并不区别对待,而泰国则相比于翻译人,对证人设置了更高的刑期;其三是泰国规定了不予处罚的事由,其在其陈述或者翻译完成前,向法院或者公务员承认错误,并说明其真相的,不予处罚,我国则并无此规定。

第二节为司法渎职罪,主要规定了徇私枉法罪、因受贿而徇私枉法罪、拒不执行判决裁定罪、私放在押人员罪等。其中,其关于徇私枉法罪和私放在押人员罪具有泰国特色,因而予以介绍比较。关于徇私枉法罪,《泰国刑法典》第 200 条规定了徇私枉法罪,该条第 1 款规定,检察官、受理案件人员、侦查人员或者有权调查刑事案件或者执行刑事令状的人员,违法执行或者不执行其职务,以帮助他人免于刑罚或者受较轻的刑罚的,处 6 个月至 7 年有期徒刑,并处 1 千至 1 万 4 千铢以下罚金。第 2 款规定,前款职务的执行或者不执行,如果是恶意以使他人遭受处罚或者受较重处罚或者遭受保安处罚的,处无期徒刑或者 1 年至 20 年有期徒刑,并处 2 千至 4 万铢罚金。相比于我国《刑法》第 399 条"对明知是无罪的人而使他受追诉,对明知是有罪的人而故意包庇不使他受追诉,处 5 年以下有期徒刑或者拘役"的规定,泰国刑法依照行为人主观目的的不同而规定了不同的刑罚,即对于"恶意以使他人遭受处罚或者受较重处罚或者遭受保安处罚的",刑罚更为严厉。实际上,笔者也以为,"帮助他人免于刑罚或者受较轻的刑罚"不过是放纵了一个坏人,而"对明知是无罪的人而使他受追诉"的,不仅放纵了一个坏人,更冤枉了一个好人,在社会危害性程度和主观恶性上均更重,具有处以更为严厉的刑罚的理由。因而,泰国关于徇私枉法罪的规定值得我国借鉴。《泰国刑法典》第 204 条规定了私放在押人员罪,即对法院依法拘禁的人,有管制或者照顾职责的公务员、侦查人员或者有权调查刑事案件的人员,以任何不法方法使人犯脱离监禁的,处 1 年至 7 年有期徒刑,并处 2 千至 1 万 4 千铢罚金。同时,若脱离监禁的人如果是经法院判处死刑、无期徒刑、15 年以上有期徒刑或者人数达 3 人以上的,处 2 年至 10 年有期徒刑,并处 4 千至 2 万铢罚金。据此,泰国的私放在押人员罪因私放对象的不同而规定了不同的法定刑,我国并无此规定。另外,《泰国刑法典》第 205 条规定了失职致使在押人员脱逃罪,但第 205 条第 2 款又规定,如果犯罪人能使脱离拘禁的人在 3 个月内捕获的,应当立即免除其刑罚的执行,我国则无此规定。笔者认为,对于过失犯本罪的,允许其戴罪立功,将脱离拘禁的人捕获的,减轻或者免除刑罚的执行,甚至不以犯罪论处,有利于鼓励犯罪人积极承认并改正错误,也体现刑法的宽容,值得我国借鉴。

第四章为关于宗教的犯罪,虽然只有 3 条规定,但因泰国几乎全民信佛教,故设立专章规定也体现了泰国对佛教的重视,运用刑罚手段保障佛教的国教地位,因而有必要在此进行介绍:《泰国刑法典》第 206 条规定,以任何方式对众人宗教礼拜的物或者处所,有足以侮辱该宗教的行为的,处 1 年至 7 年有期徒刑,并处或者单处 2 千至 1 万 4 千铢罚金。其第 207 条规定,扰乱宗教礼拜或者宗教仪式的合法集会的,处 1 年以下有期徒刑,并处或者单处 2 千铢以下罚金。其第 208 条规定,非法穿着服饰或者使用标志,意图使他人误信为其是佛教传教士或者其他宗教的修士、圣徒或者牧师的,处 1 年以下有期徒刑,并处或者单处 2 千铢以下罚金。

第五章为关于公共秩序的犯罪,本章自第 209 条至第 215 条,主要规定了组织、参与秘密社团罪、骚乱罪和拒不解散罪等,因我国无此类规定,故而有必要进行介绍。所谓组织、参与秘密社团罪，是指参与从事非法目的的秘密活动社团成为会员的，是秘密会社成员，处 7 年以下有期徒刑，并处 1 万 4 千铢以下罚金。为前款会社的社长、管理人或者业务负责人的，处 10 年以下有期徒刑，并处 2 万铢以下罚金。骚乱罪是指集合 10 人以上实施暴力、暴力威胁或者以其他方法破坏安宁秩序的，每个行为人都应当处 6 个月以下有期徒刑，并处或者单处 1 千铢以下罚金。所谓拒不解散罪，即为骚乱罪而集合的人接到公务员的解散命令而不解散的，处 3 年以下有期徒刑，并处或者单处 6 千铢以下罚金。

第六章是关于公共安全的犯罪，自第 217 条至第 239 条，共计 23 条，主要规定了放火罪，爆炸罪，决水罪，失火罪，破坏交通设施罪，破坏交通工具罪，破坏电力、供水设备罪，破坏公用通信设施罪，投放毒物或其他危险物质罪，生产销售有毒有害食品药品罪，以危险方法危害公共安全罪等罪。同时，与我国相比，泰国刑法在对危害公共安全犯罪的规定上，具体罪名设置较少，显得不甚完善。如我国刑法中的非法制造、买卖枪支、弹药、爆炸物罪，强令违章冒险作业罪，交通肇事罪等罪在泰国刑法中均无规定，泰国可以借鉴我国的立法例，对交通肇事罪、重大劳动安全事故罪等多发性犯罪进行明确规定，以完善其立法。

第七章是关于伪造变造的犯罪，本章共三节，分别为伪造货币的犯罪、伪造印章邮票和客票罪、伪造文书罪。显然，本章罪的法益是公共信用。货币、有价证券、各类文书、印章等作为技术手段，在社会生活中发挥着重大的作用，必须确保这些技术手段的公共信用，才能保障社会经济秩序和交易秩序。在经济生活中伪造这些技术手段的行为，损害了其公共信用，给社会活动本身产生了重大障碍。其中，泰国刑法对伪造货币罪的规定较为特色，有必要进行介绍。首先，泰国刑法对伪造货币的行为处罚较重。例如其第 240 条规定，伪造硬币、银行券、其他经政府印发或者授权印发的货币的，处无期徒刑或者 10 年至 20 年有期徒刑，并处 2 万至 4 万铢罚金。其次，持有假币罪的对象包括伪造或变造的货币。我国《刑法》第 172 条规定的持有、使用假币罪的对象只包括伪造的货币，而《泰国刑法典》第 244 条规定，明知是伪造的货币或者变造的货币，意图供行使之用而持有的，处 1 年至 15 年有期徒刑，并处 2 千至 3 万铢罚金。再次，将伪造、变造货币罪的预备行为单独成罪并予以处罚。例如其第 246 条规定，意图供伪造或者变造硬币、银行券、其他经政府印发或者授权印发的货币、政府债券或其附属的利息债票时使用，而制造或者持有器械或者原料的，处 5 年至 15 年有期徒刑，并处 1 万至 3 万铢罚金。最后，处罚上区分外国货币与本国货币，规定了不同的刑罚。如其第 247 条规定，犯本节之罪，其货币是外国政府印发或者授权印发的硬币、银行券、其他货币或外国政府债券或其附属利息债票的，依该条法定刑的二分之一处罚。

第八章是关于贸易的犯罪。规定了使用不符合标准的度量衡的行为、尚未构成诈欺罪的欺诈交易行为、破坏他人商业信誉的行为和侵犯他人注册商标的行为等。与我国相比，其存在以下三个特点：首先，规定了使用不符合标准的度量衡的犯罪。我国刑法没有类似规定，对于此种行为，一般不以犯罪论处，严重的，可能构成诈骗罪。其次，将尚未构成诈欺罪的欺诈交易行为规定为较轻的犯罪。而我国对于犯罪的成立仍采取较为严格的标准，对于此种行为，一般不以犯罪论处。最后，对于冒充他人贸易和破坏他人商业信誉的犯罪，采取告诉才处理。

第九章是关于风化的犯罪，本章罪的法益是善良的社会风俗，所涉及的犯罪主要有强奸罪、奸淫儿童罪、猥亵罪、介绍卖淫罪、卖淫罪、散布淫秽物品罪等。本章罪名的设置实际上将部分在我国属于侵犯人身权利的犯罪，如强奸罪、猥亵罪等规定在内。同时，值得注意的是，泰国刑法中的强奸罪具有自己的特色：一方面，明确了性交的概念，包括但不限于插入生殖器的行为。根据《泰国刑法典》第 276 条第 2 款的规定，所谓性交，包括为满足性欲用性器插入性器官、肛门、口内的行为，或用任何物品插入肛门和性器官的行为。据此，在泰国成立强奸罪的行为，在我国则可能只成立强制猥亵、侮辱妇女罪。另一方面，规定了强奸罪告诉才处理的情形。《泰国刑法典》第 281 条规定，犯第 276 条第 1 款（基本的强奸罪），第 278 条之罪（强制猥亵罪），不是公然进行，没有造成被害人重伤或者死亡，或者没有对第 285 条特别规定的人犯罪的，告诉才处理。泰国刑法作出如此规定，可能使基于保护被害人隐私的考虑，同时也在于鼓励犯罪人在实施强奸犯罪时不杀害被害人。但是，告诉才处理的犯罪一般是较轻的犯罪，而将强奸罪这种严重的暴力犯罪也作为告诉才处理的犯罪，是否会放纵犯罪人，难以实现对被害人的保护，仍是需要考虑的问题。

第十章是侵害人身的犯罪，本章分四节，分别规定了杀人罪、伤害罪、堕胎罪和遗弃罪。显然，堕胎罪是泰国具有特色的规定。其规定在《泰国刑法典》第 301 条至第 305 条，主要规定了妇女自行堕胎、经妇女同意的堕胎、未经妇女同意的堕胎等行为，对于后两种行为，若致使妇女重伤或死亡的，加重处罚。例如，《泰国刑法典》第 301 条规定，妇女自行堕胎或者允许他人为其堕胎的，处3年以下有期徒刑,并处或者单处6千铢以下罚金。第302条规定,经妇女同意为其堕胎的,处5年以下有期徒刑,并处或者单处1万铢以下罚金。致使妇女重伤的,处7年以下有期徒刑,并处或者单处1万4千铢以下罚金。致使妇女死亡的,处10年以下有期徒刑,并处2万铢以下罚金。第303条规定,没有经妇女同意为其堕胎的,处7年以下有期徒刑,并处或者单处1万4千铢以下罚金。致使妇女重伤的,处1年至10年有期徒刑,并处2千至2万铢罚金。致使妇女死亡的,处5年至20年有期徒刑,并处1万至4万铢罚金。同时,第304条规定,妇女自行堕胎或者他人为妇女堕胎未遂的,不予处罚。

第十一章是妨碍自由和名誉的犯罪,本章分三节,分别规定了妨碍自由罪、泄露秘密罪、妨害名誉罪。这三节犯罪下均设置了较多的法条,以对应不同的罪状。例如,妨害自由罪的罪状中就包括了在我国属于绑架罪的情形以及买卖奴隶的犯罪;泄漏秘密罪既包括普通的泄漏秘密行为,也包括因具备特殊身份而知晓秘密的人而将其泄漏的情形;妨害名誉罪也包括了多项罪状,除侮辱、诽谤以外,妨害死者名誉的情形,这在我国不构成犯罪。此外,妨害名誉罪在泰国虽也是告诉才处理的犯罪,但其仍规定,若被害人在告诉前死亡的,其父母、配偶、子女可以代为告诉,并被视为被害人。我国没有类似的规定,但笔者以为可以借鉴该项规定,扩大亲告罪适用的主体,以更好地维护被害人的名誉。

第十二章为侵犯财产的犯罪,本章分八节,分别规定了盗窃和抢夺罪、恐吓勒索和抢劫罪、诈骗罪、妨害债权罪、侵占罪、赃物罪、毁损财物罪、非法侵入罪。这几种犯罪在我国均有规定,值得介绍的是非法侵入罪。此处的非法侵入罪不仅包括我国的非法侵入住宅罪规定的行为,还包括为了取得他人不动产的部分或全部所有权,而进入他人不动产的情形。但是,进入他人不动产是否就能达成取得全部或部分所有权的目的,笔者对此持怀疑态度。住宅、房屋的不动产特征,已经决定了不可能仅因进入而享有所有权,因而笔者难以理解本罪规定的目的何在。此外,泰国刑法还将诈骗罪、妨害债权罪、侵占罪、毁损财物罪以及非法侵入罪规定为告诉才处理的犯罪。笔者认为,将这些犯罪规定为亲告罪,固然可能有鼓励当事人双方通过和解等私力救济的手段解决纠纷的作用,但其弊端更加明显,即在现代社会,财产对一个人的重要性自不待说,而将其规定为亲告罪,是国家将自己应当尽到的使自国民享受免于匮乏的自由的责任推给了国民个人,必然难以真正实现有效保护私人财产的目的,因而,笔者建议取消上述犯罪告诉才处理的规定,以更好地保护国民的财产法益。

五、关于轻罪

根据泰国刑法总则第二章的规定，轻罪是指 1 个月以下有期徒刑或者 1 千铢以下罚金或者二者并处刑罚之罪。同时对于轻罪的未遂犯、从犯均不予处罚。事实上，轻罪制度是泰国刑法中极具特色的规定，对此，泰国刑法以第三编进行专门规定，自第 367 条至第 398 条，共计 32 条。其规定的行为主要是一些危害较轻的行为，笔者依照内容将其分为轻微的妨害公务行为、轻微的危害公共安全行为、轻微的破坏公共秩序行为和轻微的侵犯个人法益的行为。这些行为在我国一般不构成犯罪，因而只择取其部分规定进行简单介绍。

（一）轻微的妨害公务行为

轻罪一编规定了部分轻微的妨害公务行为，如根据《泰国刑法典》第 367 条的规定，受公务员为执行法律要求告知姓名或者住所，而拒绝告知或者虚假告知的，处 1 百铢以下罚金。再如其第 369 条规定，以任何方式致使公务员因为执行职务或者命令而张贴或展示的公告、招牌或文书损坏、撕裂或者不能使用的，处 5 百铢以下罚金。又如其第 383 条规定，受公务员要求协助救火或者其他公共灾难，能协助而不协助的，处 1 个月以下有期徒刑，并处或者单处 1 千铢以下罚金。

（二）轻微的危害公共安全或公共秩序的行为

轻罪一编规定了部分轻微的危害公共安全或公共秩序的行为，例如根据第 371 条的规定，在城镇、村庄或者公共通道无正当理由或者公然携带武器，或者在礼拜、娱乐或其他集会场所携带武器的，处 1 百铢以下罚金，并且法院有权没收其武器。又如其第 372 条规定，在公共通道或场所喧闹争吵或者以其他方法致使发生骚乱的，处 5 百铢以下罚金。

（三）轻微的侵犯个人法益的行为

对于一些轻微损害个人法益的行为，泰国刑法也将其规定为轻罪，如第 374 条规定，看见他人濒临生命危险，能够帮助并对自己或者他人无危险，而不进行必要救助的，处 1 个月以下有期徒刑，并处或者单处 1 千铢以下罚金。再如第 398 条规定，虐待折磨靠其维持生活或者给予其他补助的未满 15 岁未成年人、患病或年老之人的，处 1 个月以下有期徒刑，并处或者单处 1 千铢以下罚金。

显然，泰国刑法规定的轻罪主要针对一些主观恶性较小、危害不大的行为，这些行为在我国一般是违反《治安管理处罚法》，对其予以行政处罚。当然，泰国刑法对其处罚也较轻，一般处以 1 个月以下有期徒刑或者单处罚金。但也存在一些值得商榷之处，如上述第 374 条的规定，显然是强加给公民救助他人的义务，将本应由道德进行调整的见危不救的行为纳入刑法规制的范畴，混淆了道德和法律的界限，可能不当地扩大了犯罪圈。

第三节　泰国刑法典主要特色

总览泰国刑法，其自身存在诸多特色之处，相较于我国《刑法》，这些特色之处主要表现在以下几个方面。

一、注重对未成年人的保护

《泰国刑法典》第 73 条到第 77 条在行为人年龄如何影响责任的问题上，进行了详细具体的规定。与我国未成年人为 18 岁以下，我国刑法将影响责任的年龄分为 14 岁以下、14 至 16 岁、16 至 18 岁、75 岁以上四个阶段不同，泰国的未成年人年龄为 20 岁以下，其刑法典将影响责任的年龄分为 10 岁以下、10 至 15 岁、15 至 18 岁、18 至 20 岁四个阶段。

《泰国刑法典》第 73 条规定，未满 10 岁的未成年人犯罪的，不予处罚。第 74 条规定 10 至 15 岁的未成年人犯罪的，不予处罚，但是法院应做如下处置：警告后放回，法院认为适当时，并可以传唤其父母、监护人或者同居人，并施以警告；法院认为其父母或监护人可以管教的，可交给他们领回，命令其 3 年内不得发生任何损害事件，若发生损害需缴纳 1 千铢以下金钱，如不缴纳，可以扣押财产强制执行，同居人愿意领回管教的，视为同意承担上述责任；无父母、监护人或者其同居人拒绝领回管教的，法院可征得特定的个人或者机构的同意，由其进行领回管教、训练或者指导；送交学校、训练指导处或者特定的儿童训练指导处进行训练教导，但不应超过 18 岁。

第 75 条规定，15 至 18 岁的人犯罪的，法院应当考虑其责任感或其他个人因素以决定是否判处刑罚。若法院认为可以免除刑罚,则按照第 74 条处理,反之则应减轻法定刑的二分之一。

第 76 条规定,18 至 20 岁的未成年人犯罪的,法院认为适当时,可以减轻其刑罚三分之一或者二分之一。

相比于我国《刑法》第 17 条的规定而言,应当认为,泰国刑法对未成年人犯罪采取了更为宽容和注重保护未成年人的态度。对于 10 至 15 岁的未成年人的管教指导进行了具体细致的规定,有利于保护未成年人的健康成长;对于 15 至 18 岁的未成年人,法院可以根据具体情况决定是否判处刑罚,具有定罪裁量权,有利于保护主观恶性小、客观危害不大的未成年人的身心发展,具有一定的借鉴意义;对于 18 至 20 岁的未成年人,在判处刑罚上采取得减主义,又规定了幅度较大的减轻刑期,既考虑了 18 至 20 岁的未成年人的身体、心理等发育状况,认为其有处罚的必要性,又体现了对未成年人的宽宥,具有一定的合理性,值得我国借鉴。

二、专门规定保安处分

一般认为,保安处分是指由法院按照司法程序并依据刑法,对于实施了危害社会的具有社会危险性的特殊对象,旨在预防犯罪和防卫社会而采取的,与被适用者的人身危险性相当的矫治改善或监禁隔离或要求其提供相应保证的安全措施。保安处分与刑罚的关系有一元论有二元论之争,一元论强调保安处分和刑罚之间的共同点而忽视其差异,将保安处分统一于刑罚体系之中,认为保安处分是刑罚措施的一种。二元论则认为保安处分和刑罚的根本属性不同,刑罚是违反刑法犯罪后的法律后果,保安处分是一种行政性或司法性预防措施;适用刑罚必须坚持罪刑法定原则、罪责刑相适应原则而严格适用,适用保安处分则不以存在犯罪行为和犯罪事实为前提,可以根据被适用者人身危险性的大小决定执行方式和执行时间的长短。①

《泰国刑法典》共规定了五种保安处分:管训;禁止进入特定地区;提供附加担保物的安全保证书;医院限居;禁止职业。其中,管训是把习惯犯羁留在特定地区,以防范其犯罪,矫正其品性,并施以职业的训练。禁止进入特定地

① 张明楷:《外国刑法纲要》,北京:清华大学出版社 2007 年版,第 427 页。

区是指法院在判处有罪判决时，认为对于公共安全有必要时，可以依职权或者请求，命令被告在刑罚执行完毕后5年以下期间禁止进入特定地区。提供附加担保物的安全保证书是指法院经公诉人的请求，认为任何人足以对他人或者他人财物造成危险，或者在案件审理中被告虽然没有被定罪，但是有理由认为其足以对他人或者他人财物造成危险的，应当命令提供5千铢以下的保证书，可以附加或者不附加担保物，以维护法院命令所确定的期间的安全。医院限居是对虽有犯罪行为但不受处罚的精神病人以及因习惯性酗酒或吸毒而犯罪，但定罪免刑或不宜在监狱执行的行为人实施的一种强制医疗和戒毒、戒酒制度。所谓禁止执业是指法院在宣告科刑判决时，如果认为被告犯罪是因其从事的职业或者利用其职业的机会，而其继续从事该职业有再犯的可能的，可以命令在刑罚执行完毕之日起5年内禁止从事该职业。

据此，泰国的保安处分制度不仅仅适用于犯罪人，也适用于法院认为有一定人身危险性的人，显然，泰国的保安处分制度与刑罚并不相同，是坚持了二元论的主张。

三、特别明确部分术语的定义

《泰国刑法典》第1条开宗明义地对有关术语如欺骗、公共场所、凶器、暴力、文书、签字、夜间、羁押、赎金等含义进行了明确界定，是其较为特色的规定。例如，第1条规定，欺骗行为是指意图为自己或他人，取得依法无权取得的利益；凶器包括本性上不是武器，但是用作或者企图用作武器以引起重伤害的任何器物；暴力行为是指以体力或者其他方法，对人的身心施以暴力使人不能抗拒的行为，包括药物麻醉、催眠或者其他类似方法；羁押是指限居、拘留、拘禁、管制或者监禁。

特别明确部分术语的含义，有利于避免司法实践中的歧义，更有利于准确理解立法原义，按照立法规定进行定罪处罚，实现司法的统一。例如，将药物麻醉、催眠等方法明确纳入暴力行为的范畴，有利于准确认定以这些方式实施的抢劫、绑架等犯罪。我国刑法与泰国的做法不同，一般不在刑法正文中作出这样的规定，对一些刑法规定较为模糊的术语常在司法解释中进行明确，例如司法实践中对入户抢劫中“户”的认定不好把握，便以司法解释的形式明确了其功能性特征和场所性特征。笔者认为，两种做法孰优孰劣，是见仁见智的问题。一方面，在司法解释中明确相关术语的含义，更为灵活，因为随着社会的不断发展进步，某些术语的含义也在发生着变化，而立法者的预见能力是有限的，因而通过程序更为简便的司法解释可以使刑法具有社会发展的适应性。例如，就盗窃公私财物中的财物一词而言，在以前可能只单指实物，而随着社会的进步，电子产业的发展，网络游戏中的虚拟财产、电话费等也必然符合公私财物的特征，但若通过修改刑法来将这些概念纳入公私财物的范畴，既程序烦琐、时间漫长，有伤刑法的稳定性，又难以涵盖所有的概念。试想，是否每一次出现了新的需要保护的财产性利益，均需修改刑法呢？显然不妥。同时，若要求刑法条文对任何有争议的术语都予以明确，也必然使刑法条文缺乏简洁性，变得臃肿。更为关键的是，刑法条文的规定越具体，就意味着外延越窄，反而会导致司法工作人员丧失自由裁量的余地。[①] 例如，如前所述，泰国刑法规定，凶器包括本性上不是武器，但是用作或者企图用作武器以引起重伤害的任何器物。那么，若行为人欲拿一本书引起重伤害，是否属于凶器？依照泰国刑法的规定，显然应作为凶器，但却令人难以接受。而司法工作人员受限于明确的法条规定，又难以否认其是凶器，这就使刑法规定出现了一个极端：刑法规定得越具体，漏洞就越多。因而，此时司法解释灵活性的优势就体现出来。但另一方面，在刑法法条中直接明确某些术语的含义，也具有罪刑法定的含义，使得某些术语的含义具有更加稳定的特征，而司法解释灵活性的特点注定其可能以适应社会发展需要的名义不断突破刑法原有的含义，成为类推解释，反过来反而突破了罪刑法定原则。

四、专门规定宗教犯罪

泰国刑法具体犯罪的第四章专章规定了关于宗教的犯罪，虽然只有 3 条规定，但因泰国几乎全民信佛教，故设立专章规定也体现了泰国对于佛教的重视，运用刑罚手段保障佛教的国教地位，因而有必要在此进行介绍。

其第 206 条规定，以任何方式对众人宗教礼拜的物或者处所，有足以侮辱该宗教的行为的，处 1 年至 7 年有期徒刑，并处或者单处 2 千至 1 万 4 千铢罚金。

---

① 张明楷：《刑法分则的解释原理（上）》，北京：中国人民大学出版社 2011 年版，第 7 页。

其第207条规定，扰乱宗教礼拜或者宗教仪式的合法集会的，处1年以下有期徒刑，并处或者单处2千铢以下罚金。

其第208条规定，非法穿着服饰或者使用标志，意图使他人误信为其是佛教传教士或者其他宗教的修士、圣徒或者牧师的，处1年以下有期徒刑，并处或者单处2千铢以下罚金。

同时，涉及宗教的规定也散见于其他章节，例如，在第十二章侵犯财产的犯罪中第335条之二规定，窃取供公众礼拜或者属于国家财产的佛像、宗教器物或其一部分的，处3年至10年有期徒刑，并处6千铢至2万铢罚金。

我国对宗教方面的政策是公民有信仰或者不信仰宗教的自由，任何人不得干涉，因而与泰国不同，我国《刑法》关于宗教方面的规定只有第253条的非法剥夺公民宗教信仰自由罪，即国家机关工作人员非法剥夺公民的宗教信仰自由，情节严重的，处2年以下有期徒刑或者拘役。当然，泰国用刑法的手段来干涉宗教信仰、保护宗教财产、规制宗教行为的做法实际效果如何，仍需进一步研究。

五、专门规定轻罪制度

对于轻罪制度，泰国刑法以第三编进行专门规定，自第367条至第398条，共计32条。其规定的行为主要是一些危害较轻的行为，笔者将这些行为依照起内容分为四类：轻微的妨害公务行为、危害公共安全行为、破坏公共秩序行为和侵犯个人法益的行为。

(一)轻微的妨害公务行为

如根据《泰国刑法典》第367条之规定，受公务员为执行法律要求告知姓名或者住所，而拒绝告知或者虚假告知的，处1百铢以下罚金。再如其第369条规定，以任何方式致使公务员因为执行职务或者命令而张贴或展示的公告、招牌或文书损坏、撕裂或者不能使用的，处5百铢以下罚金。又如其第383条规定，受公务员要求协助救火或者其他公共灾难，能协助而不协助的，处1个月以下有期徒刑，并处或者单处1千铢以下罚金。

(二)轻微的危害公共安全的行为

轻罪一编规定了部分轻微的危害公共安全的行为，例如根据《泰国刑法典》第 371 条的规定，在城镇、村庄或者公共通道无正当理由或者公然携带武器，或者在礼拜、娱乐或其他集会场所携带武器的，处 1 百铢以下罚金，并且法院有权没收其武器。又如其第 372 条规定，在公共通道或场所喧闹争吵或者以其他方法致使发生骚乱的，处 5 百铢以下罚金。

(三)轻微的破坏公共秩序的行为

如第 381 条规定，虐待或者杀害动物，使其受不必要的痛苦的，处一个月以下有期徒刑，并处或者单处 1 千铢以下罚金。再如第 396 条规定，在公共通道上或者附近，弃置腐烂并散发恶臭的尸体的，处 500 铢以下罚金。

(四)轻微的侵犯个人法益的行为

对于一些轻微损害个人法益的行为，泰国刑法也将其规定为轻罪，如第 374 条规定，看见他人濒临生命危险，能够帮助并对自己或者他人无危险，而不进行必要救助的，处 1 个月以下有期徒刑，并处或者单处 1 千铢以下罚金。再如第 398 条规定，虐待折磨靠其维持生活或者给予其他补助的未满 15 岁未成年人、患病或年老之人的，处 1 个月以下有期徒刑，并处或者单处 1 千铢以下罚金。

显然，泰国刑法规定的轻罪主要针对一些主观恶性较轻、危害较小的行为，这些行为在我国一般只违反《治安管理处罚法》，对其进行行政处罚即可。当然，泰国刑法对其处罚也较轻，一般处以 1 个月以下有期徒刑或者单处罚金。但是，刑法本身具有谦抑性，将本只应受到行政处罚的行为纳入轻罪的范畴，可能不当地扩大了犯罪圈，既然对这些行为本身仅处以 1 个月以下有期徒刑或者单处罚金的轻刑，为何不径行作为违反行政处罚的行为进行处理？同时，泰国的轻罪制度中有些规定也不尽合理，甚至荒唐。例如，上述第 374 条的规定，显然是强加给公民救助他人的义务，将本应由道德进行调整的见危不救的行为纳入刑法规制的范畴，以法律规范的形式强迫人们遵从某种道德规范，混淆了道德和法律的界限，并不足取。

六、个罪规定细致全面

泰国刑法对个罪规定比较细致，主要体现在以下三个方面。

第一，在章节设置上，个罪类别划分详细。泰国刑法具体犯罪的每一章下几乎均设有小节，这样的好处在于将每一章规定的每一大类的法益分解为更为细致具体的小类法益，既使得刑法条文看起来更有逻辑性和层次性，也更有利于细化各类犯罪，更好地实现保护法益的目的。笔者认为，泰国刑法具体犯罪细致全面的章节设置主要存在以下三种形式：根据对保护法益的细化而设置、根据对行为对象的不同而设置、根据对行为方式的不同而设置。根据对保护法益的细化而设置的例子如第一章关于国家安全的犯罪，国家安全是一国刑法中最为重要的法益，需要得到更加细致的保护，因而泰国刑法第一章关于国家安全的犯罪中就划分为四节，即侵犯国王、皇后、王位继承人和摄政的犯罪、内乱罪、外患罪和妨害国际交往罪，对危害国家安全的犯罪进行了更为细致的分类。第七章关于伪造变造的犯罪是根据对行为对象的不同而设置的典型例子，该章依据行为对象的不同分为伪造货币罪、伪造印章票证罪和伪造文书罪三节。根据对行为方式的不同而设置的例子如第十二章侵犯财产的犯罪，侵犯财产的方式多种多样，因而本章也分了八节，分别为盗窃罪和抢夺罪、恐吓勒索和抢劫罪、欺诈罪、妨害债权罪、侵占罪、赃物罪、毁损罪、非法侵入罪。

第二，在罪名设置上，个罪设置细致充分。泰国刑法在具体罪名的设置上规定得较为充分，即使是每一节的同类犯罪下都有多条条文，也就是多个具体个罪，同时这些个罪很多都有自己的特色规定，是我国刑法所没有的，体现了其具体犯罪细致充分的特点。举例而言，在第二章第二节渎职罪中，就有 20 条规定，对各种渎职行为进行了详细的列举。例如，第 150 条是对职前约定受贿的规定，第 151 条、第 152 条、第 153 条直至第 156 条是对同类的渎职行为但不同的渎职主体的规定，即上述几条罪名分别可以表述为有购买、制造、管理或者保管物品职责的公务员渎职罪、有监督公务职责的公务员渎职罪、有支付物品费用职责的公务员渎职罪、有征收或者检查税捐费用或者其他金钱职责或者自称有此职责的公务员渎职罪等等。这些规定都体现出泰国刑法对个罪规定详细具体的特点。

第三，在罪状设置上，构成要件规定详细具体。泰国刑法典在具体个罪的罪状设置上，注重构成要件规定的详细具体化，通常细致地规定了个罪的行为主体、行为方式、行为对象、危害结果等要件。例如，在第 276 条强奸罪的设置上，该条构成要件为“采取威胁、暴力、利用妇女不能抗拒的状态或者使其误认为他人，违背配偶以外的妇女的意志而性交”，显然，在行为要件上，泰国刑法明确了利用妇女不能反抗的状态、使其误认为他人的行为均为强奸行为；在行为对象上，泰国刑法明确必须是除配偶以外的妇女，明确了婚内强奸不能成立强奸罪，罪状与我国的相关规定相比，更为详细具体。但即便如此，泰国刑法似乎认为还不够明确，于是在2007年《泰国刑法修正案》中又增加第276条第2款，即规定“前款所指性交，包括为满足性欲用性器插入性器官、肛门、口内的行为，或用任何物品插入肛门和性器官的行为”，使得在泰国成立强奸罪的行为，包括我国刑法中认定的部分猥亵行为。

第四节　泰国刑法典主要瑕疵

一、缺乏单位犯罪的规定

英美法系一向承认单位法人可以成为犯罪主体，但大陆法系国家则历来否认法人可以成为犯罪主体，但近来大陆法系国家中如法国等国家则开始极为宽泛地承认法人为犯罪主体，在理论上肯定法人具有犯罪能力，也成为刑法理论上的趋势。[①] 事实上，随着法人活动范围的扩大，有必要在刑法的领域对法人的违法活动进行刑法的规制。原因在于法人本身具有实在性，其实施的犯罪，是可以作为现实事态予以认识的。从造纸厂造成水质污染之类的事例可以看出，法人并非都是为了社会目的而活动，相反，法人也可能违反法所承认的设立目的而实施违法行为。另外，即使对犯罪的法人不能科处自由刑，但可以科处自由刑以外的其他刑罚，对犯罪的法人科处刑罚，既不与刑罚性质相冲突，也能发挥刑罚的预防机能。最后，与自然人相比，法人具有更高的支付能力，通过科处罚金追究法人的刑事责任，也并无不合适。反之，因为单位犯罪基本都是经济犯罪或侵犯社会法益的犯罪，若仅仅追究法人代表人的个人责任，则难以充分保护被害人的合法权益，也不利于社会防卫。基于上述的理由，我国《刑法》就不仅将自然人规定为行为主体，而且将单位规定为部分犯罪的行为主体。

但反观《泰国刑法典》，无论是在总则还是分则，均没有看到任何有关处罚

---

① 张明楷：《外国刑法纲要》，北京：清华大学出版社2007年版，第88页。

单位犯罪的规定，不得不说是个遗憾。因而建议其借鉴我国单位犯罪的刑法立法例，规定单位犯罪。笔者以为，借鉴我国单位犯罪的立法，主要应当注意以下几点：首先，就单位犯罪的主体而言，必须是依法成立、拥有一定财产或者经费，能以自己的名义承担责任的公司、企业、事业单位、机关、团体。若是个人为进行违法犯罪活动而设立的公司、企业、事业单位实施犯罪的，或者公司、企业、事业单位设立后，以实施犯罪为主要活动的，不应认定为单位犯罪。同时，单位犯罪的主体必须能以自己的名义承担责任，即单位必须具有自己的名称、机构、场所和自己独立的资产。其次，在对单位犯罪的处罚上，原则上除了处罚单位外，还要对单位直接负责的主管人员和其他直接责任人员定罪量刑，即所谓的双罚制。当然，也有一些例外情况，如在经济类犯罪中，若单位犯罪的主体是股份制公司，再对公司判处罚金的话，将会进一步损害股东的利益。最后，若涉嫌犯罪的单位被撤销、注销、吊销营业执照或者宣告破产的，就不应当再行追究单位的责任，而只对其直接负责的主管人员和其他直接责任人员予以追诉。

二、缺乏军事犯罪的规定

一般认为，军事犯罪包括侵犯国防利益的犯罪和侵犯军事利益的犯罪。国防是国家生存和发展的安全保障，是国家为了保卫国家主权、领土完整与安全，而采取的一切防务。国防利益是指满足国防需要的保障条件与利益，包括国防物质基础、作战与军事行动秩序、国防自身安全、武装力量建设、国防管理秩序等，这些利益是国家利益的重要组成部分。[①] 当然，由于军队直接承担国防任务，所以危害国防利益的行为往往也与军人相关。如以军人破坏装备与军事设施、阻碍军人执行职务、妨碍部队管理、扰乱军事区域秩序、逃避军事义务等为内容，或者主要分为战时或平时危害国防利益的犯罪。侵犯军事利益的犯罪基本是以军人为主体的犯罪，国家的军事利益，是指国家在国防建设、作战行动、军队物质保障、军事利益、军事科学研究等方面的利益。可以说军事利益直接关系着国家的安全和利益，理应受到特殊保护。

---

① 高铭暄、马克昌主编：《刑法学》(第 4 版)，北京：北京大学出版社、高等教育出版社 2010 年版，第 681 页。

但是,《泰国刑法典》并未规定军事犯罪,唯一与之相关的罪名是其第69条加入敌军、掩护反革命人员罪。该条规定,任何人在革命战争中脱逃,加入敌军的,处3年以上10年以下监禁。任何人隐瞒、藏匿、庇护、协助从事反革命的人员的,处1年以上5年以下监禁。除此之外,并无其他规定。但是国防利益、军事利益都是直接关系国家安全和利益的犯罪,刑法作为社会防卫的最后一道保障,理应对侵犯国防和军事利益的犯罪予以规定。因而,建议泰国借鉴我国的相关刑事立法予以完善。笔者以为,可以在《泰国刑法典》分则中增设一章军事犯罪,专门规定如阻碍军人执行职务罪、战时违抗命令罪等侵犯国防利益和军事利益的行为。

三、部分未遂犯罪与既遂犯罪同罚,有违刑事法理

尽管《泰国刑法典》在总则已经明确对未遂犯的处罚,但在具体犯罪中仍有少量的特殊规定,一般是强调犯此类具体犯罪未遂的,和既遂犯处以同样的刑罚。这些规定主要存在于关于国家安全的犯罪中,体现泰国刑法对该类犯罪的严惩。例如,在具体犯罪第一章关于国家安全的犯罪的第一节侵犯国王、皇后、王位继承人和摄政罪中,其第107条规定"造成国王死亡的,处死刑,犯前款罪未遂的,处同样的刑罚",第四节妨害国交罪的第130条规定"对于友好国家的君主、皇后、女皇配偶、王储或者领袖犯伤害罪或者以暴力妨害其自由的,处1年至15年有期徒刑,前款未遂犯的处罚与此相同"。对于此种规定,应当理解为视为第80条第2款未遂犯处罚规定的例外,径行按照分则规定处理,体现了君主立宪制的泰国通过刑罚手段保障本国君主皇室及友好国君主、领袖的权利,但将未遂犯直接处以同既遂犯相同的刑罚,是否违背责任主义的原理,是否合适,仍有进一步研究的必要。

四、章节设置排序不尽合理,部分重要罪名缺失

一般而言,在分则具体罪名的顺序排列上,均是按照对法益侵犯的程度由重到轻进行排列,以显示刑法对更重要的法益的保护程度。然而,《泰国刑法典》在第二编具体犯罪的设置上,排序忽轻忽重,缺乏一定的协调性。《泰国刑法典》具体犯罪共有十二章,分别为关于国家安全的犯罪、关于公共管理的犯罪、关于宗教的犯罪、关于公共秩序的犯罪、关于伪造变造的犯罪、关于贸易的

犯罪、关于风化的犯罪、侵犯生命和身体的犯罪、妨害自由和名誉的犯罪、侵犯财产的犯罪。其中第一章为关于国家安全的犯罪，国家安全作为保障一国国家社会稳定的前提，其重要性不言而喻，因而本章罪作为具体犯罪之首章应无异议。第二章关于公共管理的犯罪，规定的是妨害公务行为和渎职行为，第三章是关于司法渎职和妨害司法的犯罪，第四章是关于宗教的犯罪，而关于公共安全的犯罪却置于第七章，但是，危害公共安全的犯罪，作为维持安定的社会生活前提的社会安全的犯罪，其包括威胁不特定或者多数人的生命、身体或者财产的犯罪，以及危害公共安定生活、危害公共健康的犯罪，比起上述妨害公务行为、渎职行为、涉及宗教犯罪的行为而言，显然属于重罪，将其置于第七章并不妥当，难以显示出刑法对公共安全这一法益的重视程度。此外，最后三章分别规定了侵犯公民人身、民主、名誉权利的犯罪以及侵犯财产的犯罪，但在以个人本位为导向的现代社会，公民的人身、民主自由等权利以及其私有财产权对每个人而言都极为重要，泰国刑法却将其置于刑法的末尾几章，多少有淡漠这些权利的嫌疑。

同时，除章节顺序设置上的问题外，有些罪名还存在归类不准确的问题。例如，强奸罪、猥亵罪侵犯了公民性自由的权利，但却同卖淫罪或依靠卖淫的人生活罪一样，被归于关于风化的犯罪一章，显然，在泰国刑法看来，强奸罪、猥亵罪等侵犯的主要法益并非人身权利，而是社会风俗。但这显然与世界主流国家都将强奸犯罪作为侵犯性自由权这一人身权利的立法例相悖。事实上，强奸、猥亵行为不仅侵犯了社会道德风俗，更重要的是其以强制手段对公民的性自由权的侵犯与践踏，二者孰轻孰重，一目了然。因而，笔者建议，将强奸罪、猥亵罪移至侵犯公民人身、民主、名誉权利的犯罪一章，以更好地保护公民的性自由权利不受侵犯。

此外，尽管如前所述，泰国刑法在个罪规定上较为详细，但仍有些司法实践中的多发罪名并未涵盖，不得不说是一个遗憾。例如，与我国相比，泰国刑法在对危害公共安全犯罪的规定上，具体罪名设置较少，显得不甚完善。如我国刑法中的非法制造、买卖枪支、弹药、爆炸物罪，强令违章冒险作业罪，交通肇事罪等罪在泰国刑法中均无规定，但不可否认的是，这些罪行在司法实践中比较常见、多发，若缺乏对这些行为的规定，根据罪刑法定原则，则难以对其进行规制和处罚。因而，笔者以为，泰国可以借鉴我国的立法例，将交通肇事罪、重大劳动安全事故罪等多发性犯罪进行明确规定，以完善其立法。

五、规定部分道德犯罪，有道德立法之嫌

泰国刑法规定了一些道德性质的犯罪，例如，《泰国刑法典》第 289 条规定，杀尊亲属的，处死刑；第 301 条至第 305 条规定了堕胎罪，主要规定了妇女自行堕胎、经妇女同意的堕胎、未经妇女同意的堕胎等行为，对于后两种行为，若致使妇女重伤或死亡的，加重处罚。如第 301 条规定，妇女自行堕胎或者允许他人为其堕胎的，处 3 年以下有期徒刑，并处或者单处 6 千铢以下罚金。第 302 条规定，经妇女同意为其堕胎的，处 5 年以下有期徒刑，并处或者单处 1 万铢以下罚金。致使妇女重伤的，处 7 年以下有期徒刑，并处或者单处 1 万 4 千铢以下罚金。致使妇女死亡的，处 10 年以下有期徒刑，并处 2 万铢以下罚金。同时，第 304 条规定，妇女自行堕胎或者他人为妇女堕胎未遂的，不予处罚。

泰国刑法中更典型的道德犯罪还有卖淫罪，根据第 286 条的规定，16 岁以上的人，依靠卖淫收入维持生活，即使它是其收入的一部分，处 7 年至 20 年有期徒刑，并处 1 万 4 千至 4 万铢罚金，或者处无期徒刑。无明显或者充分的谋生技能，并具有下列情形之一的，除能提出反证外，推定其以卖淫罪来维持生活：与一个或者数个妓女同居或者惯常混在一起的；受妓女食宿供应或者接受金钱或者其他利益的；参与妓女与顾客争吵以帮助妓女的。

显然，就杀害尊亲属者处以死刑的规定而言，其立法理由主要是尊重、报答尊亲属是社会生活的基本道义，因而杀害尊亲属者严重违反了这一基本道德准则，应当受到更为严厉的处罚。但是笔者认为，这一规定违反了法律尤其是刑法中的平等原则，同时处以绝对的死刑的规定，也使得一些值得谅解的行为得不到宽恕，难以适用从轻情节。更为关键的是，刑法的任务或目的是保护法益而不是社会伦理道德，单纯侵犯社会伦理道德的行为，仅属于道德领域，仅受道德谴责即可，而不应以刑法介入和惩罚，既侵犯法益又侵犯伦理道德的行为，即使根据二元的行为无价值论，也只应将违反伦理规范作为酌定情节考虑，而不能武断地处以死刑。同时，从历史沿革来看，自从罗马法规定了杀害尊亲属罪以来，在许多国家的刑法中都可以看到本罪的规定，但现在随着社会文明程度的提高、法治进程的加快，这些国家基本都已经废除了本罪。如日本就于 1995 年废除了杀害尊亲属罪。因而，笔者建议，泰国刑法应当废除本罪的相关规定。

就堕胎罪而言，由于泰国是佛教国家，堕胎行为在泰国被视为严重有违伦理的行为，并作为犯罪处理。但是胎儿本身并不是生命，且妇女享有生育自由，仅因堕胎有违佛教教义和传统伦理道德观念而将其作为犯罪处理，甚至帮助妇女堕胎的，都将面临最高5年的有期徒刑的处罚，显然是将刑法作为宣扬、巩固伦理道德的工具，并不合适。

就卖淫罪而言，卖淫行为本身的称谓已经带有严重的道德批判色彩，更为准确的表述应是性交易行为，泰国刑法将性交易行为作为犯罪处理的理由也在于其认为性交易是违反传统伦理道德的行为，尽管在性交易活动中并无被害人，但其破坏了性不能买卖的传统风俗。然而，在全球范围内大部分国家均将性交易行为作为一般的行政违反进行治安处罚，甚至部分国家将性交易行为作为合法行为并专门开辟红灯区进行管理的大背景下，卖淫罪的继续存在显然不合时宜。因而，笔者建议泰国刑法删除本罪的相关规定。

事实上，刑法不是万能的，刑法针对的只能是严重危害社会的行为，将任何领域内的行为均纳入刑法规制的范畴，必然会无限制地扩大犯罪圈，使得本应作为社会的最后一道防线的刑法反而成为“防卫前线”，从而丧失了刑法的谦抑性。道德犯罪的理论基础源于行为无价值，即认为刑法的目的是保护社会伦理秩序，因而犯罪行为就是对作为秩序基础的社会伦理秩序的违法，只要行为违反了一般人所信奉的伦理秩序，就能肯定行为在刑法上的违法性，即使没有侵害法益的危险，也要以犯罪论处。[①] 但是，正如结果无价值论者对行为无价值论的批判一样，刑法的目的和作用并不在于保护社会伦理的行为价值，因为刑罚作为一种严厉的惩罚，其是一种巨大的痛苦，并非维持社会伦理道德的适当手段；况且，在现代社会，价值是多元的，某种伦理在特定阶段被视为是正确的，在其他阶段则可能就不太合适，换言之，伦理道德具有相对性，将维持社会伦理道德作为刑法的任务，不仅是对刑法的过分要求，而且容易在法的名义下强制他人服从自己的价值观，使得本应保护公民自由的刑法反过来却成了干涉公民自由的工具。刑法是最为严厉的法律规范，不应该更不允许成为推行伦理观念和价值观的工具。

---

① 张明楷：《行为无价值论与结果无价值论》，北京：北京大学出版社2012年版，第24页。

第五节　中国和泰国刑事司法合作展望

国家间刑事合作是指各国为打击刑事犯罪根据国际条约和国内法在刑事程序方面进行的各种形式的配合和协助的活动。中泰两国是友好近邻，更是战略合作伙伴，有理由更有必要深化两国刑事司法合作，共同打击跨国犯罪和国际犯罪。

国家间刑事合作的法律依据是国际条约和国内法。这里的国际条约包括专门调整国际刑事合作关系的双边条约和区域性多边条约，也包括旨在防止和惩治国际犯罪的区域性和普遍性国际公约中关于国际刑事合作的规定。[①]中泰两国已经在2003年6月21日签订《中华人民共和国和泰王国关于刑事司法协助的条约》（以下简称《中泰刑事司法协助条约》），同时两国也有国内的相关规定。例如，2000年12月28日，《中华人民共和国引渡法》正式通过。作为中国向外国人引渡犯罪人的依据，该法第2条规定："中华人民共和国和外国之间的引渡，依照本法进行。"第3条规定："中华人民共和国与外国在平等互惠的基础上进行引渡合作，引渡合作，不得损害中华人民共和国的主权、安全和社会公共利益。"而泰国《刑事协助法》第9条规定了向外国提供司法协助的条件：(1)当泰国与请求国之间不存在双边司法协助条约时，如请求国承诺在此类条件下向泰国提供司法协助，泰国可向请求国提供司法协助；(2)引起司法协助请求的行为必须是根据泰国法应受惩罚的行为，除非泰国与请求国之间的双边协议另有规定，否则应符合本法规定。

在刑事司法协助的范围上，泰国《刑事协助法》第4条明确规定："协助"是指调查、讯问、起诉、没收财产和其他涉及刑事因素的程序。[②] 一般而言，作为国家间刑事合作内容的配合和协助形式主要有引渡、刑事司法协助、刑事诉讼移管、外国刑事判决的承认与执行等，中泰之间的刑事合作也莫能例外，因而笔者将对上述刑事合作形式进行论述。

---

① 马呈元：《国际刑法论》，北京：中国政法大学出版社2013年版，第619页。

② 黄风：《国际刑事司法协助国内法规则概览》，北京：中国方正出版社2012年版，第4页。

一、中泰刑事引渡

1993年8月26日中泰双方在北京签订《中华人民共和国和泰王国引渡条约》(以下简称引渡条约》,其第1条是关于引渡义务的规定,缔约双方有义务根据本条约的规定,相互引渡在缔约一方境内发现、在缔约另一方境内被追诉的人,以便就可引渡的犯罪对其提起诉讼、进行审判或执行刑罚。因而引渡作为国际刑事司法合作的重要内容,是中泰双方必须践行的义务。根据《引渡条约》的相关规定,可引渡的犯罪是指根据缔约双方法律可处一年以上监禁或其他形式的拘禁或任何更重刑罚的犯罪。同时,如果引渡请求所涉及的人因任何可引渡的犯罪被请求方法院判处监禁或其他形式拘禁,只有在该判决尚未执行的刑期至少为六个月时,方可予以引渡。《引渡条约》第3条和第5条规定了应当拒绝引渡的情形,即政治犯不引渡;军事犯不引渡;已过追诉时效的犯罪不引渡;本国国民不引渡;在提出引渡请求前,被请求方已对被请求引渡人就同一犯罪作出判决的不引渡;以及被请求方有充分理由认为请求方提出的引渡请求旨在对被请求引渡人因其种族、宗教、国籍、政治见解等原因而提起刑事诉讼或者执行刑罚,或者被请求引渡人在司法程序中的地位将会因上述原因受到损害的情形不引渡。第4条规定了可以拒绝引渡的情形,即以下三种情形:(1)根据被请求方法律,该方对引渡请求所涉及的犯罪具有管辖权,并应对被请求引渡人提起诉讼;(2)特殊情况下,在考虑犯罪的严重性及请求方利益的同时,如果被请求方认为由于被请求引渡人的个人情况,引渡不符合人道主义精神;(3)被请求方正在对被请求引渡人就同一犯罪进行诉讼。[①]

值得注意的是,国际社会中正在形成一项新的引渡原则:死刑不引渡原则。因为在国际实践中,越来越多的国家在国内法中废除了死刑,或者实际上废除了死刑,相应地,保留并施行死刑的国家越来越少。很多国际引渡公约中已经明确规定了死刑不引渡原则。[②] 但是中泰两国均面临着死刑不引渡原则的现状和困境。由于中泰两国的刑法中都相对存在大量的死刑罪名,这与国际废除死刑的大趋势显然不符。因而,如何顺应国际社会崇尚生命、废除死刑

① 参见中国人大网:http://www.npc.gov.cn/wxzl/gongbao/2000-12/28/content_5003113.htm,访问日期:2014年12月12日。

② 马呈元:《国际刑法论》,北京:中国政法大学出版社2013年版,第645页。

的潮流，切实解决死刑判决过多和执行过滥的问题，在引渡条约中加入死刑不引渡原则，是中泰引渡条约需要进一步研究的重要课题。

二、中泰刑事司法协助

刑事司法协助的内容是国家之间受托相互代为履行某些刑事诉讼行为的行为，主要有文书送达和调查取证的活动。例如，在刑事司法协助的范围问题上，2003 年 6 月 21 日签订的《中泰刑事司法协助条约》也有规定。其第 2 条规定，协助应当包括：(1)送达刑事诉讼文书；(2)在被请求方获取人员的证言或者陈述；(3)提供文件、记录和证据物品；(4)获取和提供鉴定结论；(5)查找和辨认人员；(6)进行司法勘验或者检查场所或者物品；(7)为做证的目的，移交在押人员或者安排其他人员在请求方出庭；(8)查询、搜查、冻结和扣押；(9)采取措施查找、冻结、扣押和没收犯罪所得；(10)通报刑事判决或裁定和提供犯罪记录；(11)交换法律资料；(12)不违背被请求方法律的其他形式的协助。[①]

其第 3 条规定了拒绝协助的情形：(1)请求涉及的行为根据被请求方法律不构成犯罪；(2)被请求方认为请求涉及政治犯罪；(3)被请求方有充分理由认为，请求的目的是基于某人的种族、性别、宗教、国籍或者政治见解而对该人进行侦查、起诉、处罚或者其他诉讼程序，或者该人的地位可能由于上述任何原因受到损害；(4)被请求方已对请求所涉及的同一被告人就同一犯罪作出终审判决；(5)被请求方认为，执行请求将损害本国主权、安全、公共秩序或者其他重大公共利益。同时，如果执行请求将会妨碍正在被请求方进行的侦查、起诉或者其他诉讼程序，被请求方可以推迟提供协助。

值得研究的是，在协助请求所涉行为不符合双重犯罪原则的情况下，如何处理？例如，我国没有规定堕胎罪，泰国人在中国堕胎的，或者因泰国没有交通肇事罪的规定，则中国人在泰国交通肇事的，被请求国是否可以拒绝提供协助，在《中泰刑事司法协助条约》中并未规定。从国际通行的司法协助经验来看，如果请求国协助涉及的行为按照被请求国的法律不构成犯罪，被请求国可

---

① 参见：http://www.npc.gov.cn/wxzl/gongbao/2004-02/12/content_5327914.htm，访问日期：2014 年 12 月 14 日。

以拒绝提供协助。当然，近年来，由于调查取证和文书送达的非强制性特点和打击严重犯罪的需要，这种情况在刑事司法协助中也有一些变通。例如，《联合国反腐败公约》第46条规定，对于不符合双重犯罪原则的协助请求，被请求缔约国可以以不符合双重犯罪原则为理由拒绝提供协助，但应当在符合本国法律制度的情况下提供不涉及强制性的协助。因而，笔者建议，《中泰刑事司法协助条约》也可以作出此种规定，以促进、便利和支持打击犯罪。

三、中泰刑事诉讼移管

从请求国的角度看，刑事诉讼移管是指根据国际条约和国内法，对特定犯罪享有管辖权但因无法进行或完成追诉该犯罪的刑事诉讼的国家，请求将案件移交给另一国，并由该另一国对案件进行刑事管辖的国际刑事合作形式。[①]从被请求国的角度，刑事诉讼移管是指根据国际条约和国内法，一国应对特定犯罪享有管辖权但因故无法进行或完成追诉该犯罪的刑事诉讼的另一国的请求，同意将案件移交给本国，并由本国对案件行使管辖权的国际刑事合作形式。

显然，刑事诉讼移管是作为本国国民不引渡原则的补救措施而出现的国际刑事合作的一种新形式。例如，由于本国国民不引渡，同时根据我国《刑法》第7条的规定，中华人民共和国公民在中华人民共和国领域外犯本法规定之罪的，适用本法，但是按本法规定的最高刑为三年以下有期徒刑的，可以不予追究。那么假设一个中国公民在泰国实施了根据我国《刑法》最高刑期为3年以下有期徒刑的犯罪后潜逃回国，则他就很可能既不会被引渡，也不会被追诉，而泰国若要追诉则十分困难。此时，通过刑事诉讼移管制度，泰国就可将该案件移交给我国，由我国对该犯罪进行追诉、审判和处罚。显然，刑事诉讼移管有利于弥补本国国民不引渡原则可能造成的放纵犯罪人的问题，有利于消除各国基于不同管辖原则导致的刑事管辖权的冲突，并可以缩短诉讼时间和节约成本。[②]

遗憾的是，笔者查阅相关资料，并未发现我国与泰国有刑事诉讼移管的相

---

① 黄风、赵林娜：《国际刑事司法合作：研究与文献》，北京：中国政法大学出版社2009年版，第185页。

② 苏彩霞：《中国刑法国际化研究》，北京：北京大学出版社2006年版，第140页。

关规定，因而笔者建议中泰双方可在平等协商的基础上签订《中泰刑事诉讼移管条约》，弥补中泰双方在刑事诉讼移管制度方面的空白。

四、中泰刑事判决的承认与执行

外国刑事判决的承认，是指根据国际条约和国内法的规定，一国承认另一国对特定犯罪作出的法律效力。外国刑事判决的执行，是指根据国际条约和国内法的规定，一国应另一国的请求，在承认该另一国对特定犯罪作出的刑事判决的法律效力的基础上，在本国领土上执行该判决确定的刑罚。刑事判决的承认与执行是国际刑事合作的一种新形式，其实质是国家在相互的基础上赋予对方国家司法机关作出的刑事判决以与本国司法机关的刑事判决相同的法律效力，以实现司法公正和共同打击犯罪的目的。

我国与泰国尚未对对方刑事判决的承认与执行签订协议，但两国国内法中都有承认外国刑事判决的类似规定。例如，根据《泰国刑法典》第 10 条，对于属人管辖和保护管辖规定的犯罪，若已经外国法院确定判决无罪的或者经外国法院判决有罪并执行完毕的，不得在国内再被处罚。同时，若被判决人经依外国法院判决执行刑罚但是还没有执行完毕的，法院可以斟酌其已执行的刑罚，处以法定较低刑或者免除其刑罚。同时，《泰国刑法典》第 11 条明确规定了对属地管辖规定的犯罪的域外刑事判决的承认：在泰国领域内犯罪或者依本法视为在泰国领域内犯罪，经依照外国法院判决已执行全部或者部分刑罚的，法院可以斟酌其已执行的刑罚，处以法定较低刑或者免除其刑罚，或者若是此类犯罪经外国法院依照泰国政府的请求而被追诉，经外国法院确定判决无罪的或虽判决有罪并已执行完毕的，不得在泰国境内再次处罚。

我国《刑法》第 10 条则规定，凡在中华人民共和国领域外犯罪，依照本法应当负刑事责任的，虽然经过外国审判，仍然可以依照本法追究，但是在外国已经受过刑罚处罚的，可以免除或者减轻处罚。显然，泰国刑法对域外判决采取了积极承认的态度，只要外国法院进行了判决，就予以承认，而我国则对域外刑事判决采取消极承认的做法，尽管经过外国审判，仍可进行追究。那么，当泰国人在我国犯罪，并被我国法院进行审判的，泰国则会依照其国内法的规定承认我国的判决，若该泰国人最终被我国法院判决无罪，泰国法院也将不再追究其责任；而我国人在泰国犯罪，尽管经过泰国法院审判，仍有可能受到我国的追究。诚然，根据国家主权平等原则，各国分别在自己的管辖范围内独立行使司法管辖权,任何国家都没有强迫外国承认本国刑事判决效力的权利,也没有必须承认外国刑事判决效力的义务。但是,笔者以为,既然中泰两国在国际外交中已经成为战略合作伙伴,泰国又是东盟国家的一个重要成员国,本着两国友好外交的目的,根据互惠原则,相互承认对方作出的刑事判决的效力应是最佳选择。当然,相互承认对方的刑事判决的效力就意味着赋予了对方国家刑事司法机关宣告的刑事处罚裁决以与本国刑事处罚裁决相同的法律效力,因而必须要求符合一定的条件。笔者认为,就中泰两国如何达成相互承认对方刑事判决的协议而言,应当以满足以下几个条件为前提:承认对方刑事判决不得危害本国的主权和安全,也不能与本国法律的一般原则或具体规定相违背;作出刑事判决的外国对有关犯罪拥有管辖权;被判决的犯罪行为符合双重犯罪原则;外国的刑事判决应是具有合法性的终局判决。

综观《泰国刑法典》和我国《刑法》,在刑法理论、立法体例上有一定的相通之处,亦具有各自的特色之处,可以相互交流借鉴。例如,随着刑罚的不断轻缓化,在刑罚种类的设置上,泰国的公开批评和不剥夺自由的再教育刑就值得我国借鉴,反过来说,《泰国刑法典》分则对各罪名的设置缺乏较好的协调性和逻辑性,这一点上不如我国《刑法》分则各章节罪名的设置,因而也可借鉴我国《刑法》的相关规定。总之,认识自己比认识别人更难,只有与别人相比较才能更好地认识自己。因而,不研究《泰国刑法典》等东盟国家的刑事立法,固然是自己故步自封的表现,更难以真正了解中国刑法。只有以开放的态度、谦虚的姿态关注外国刑法,认真研习和比较泰国刑法与中国刑法的异同,加强两国刑法理论与立法的交流与借鉴,才能使两国刑法的理论和立法更加完善。

第五章

印度尼西亚刑法研究

第一节　印度尼西亚刑法制度沿革

一、印度尼西亚国家概况

印度尼西亚，全称印度尼西亚共和国（The Republic of Indonesia），位于亚洲东南部，是世界上最大的群岛国家，疆域横跨亚洲与大洋洲，别称“千岛之国”。印度尼西亚与巴布亚新几内亚、东帝汶、马来西亚接壤，与泰国、新加坡、菲律宾、澳大利亚隔海相望。印度尼西亚是东南亚国家联盟创立国之一，也是东南亚最大经济体及20国集团成员之一。印度尼西亚是一个多民族国家，主要民族有爪哇族、马都拉族、马来族、华人等。同时，印度尼西亚也是一个宗教国家，主要宗教有佛教、印度教、伊斯兰教、基督教等。印尼当地统治者吸收外国文化、宗教及政治型态，曾出现兴盛的佛教及印度教王国。

印度尼西亚于公元3—7世纪开始建立一些分散的封建王国。13世纪末至14世纪初，在爪哇建立了印尼历史上最强大的麻喏巴歇封建帝国。15世纪，葡萄牙、西班牙和英国先后侵入。1996年荷兰侵入，1602年成立具有政府职权的“东印度公司”，1799年底改设殖民政府。1942年日本占领印尼，1945年日本投降后，印尼爆发八月革命，1945年8月17日宣布独立，成立印度尼西亚共和国。1947年后，荷兰与印尼经过多次战争和协，于1949年11月签订印荷《圆桌会议协定》。根据此协定，印尼于同年12月27日成立联邦共和国，参加荷印联邦。1950年8月印尼联邦议院通过临时宪法，正式宣布成立印度尼西亚共和国，成为联合国第60个成员国。1954年8月脱离荷印联邦。

印度尼西亚是一个总统制共和国，现行宪法为《1945年宪法》，规定建国五基（又称"潘查希拉"，即信仰神道、人道主义、民族主义、民主和社会公正）为立国基础。人民协商会议为国家最高权力机构，总统为国家元首、政府首脑和武装部队最高统帅。由人民代表会议（即国会）和地方代表理事会共同组成。主要职能包括制定、修改和颁布宪法；根据大选结果任命总统、副总统；依法对总统、副总统进行弹劾等。每5年选举一次。人民代表会议是国家立法机构，行使除起草和修改宪法、制定国家大政方针之外的一般立法权。人民代表会议无权解除总统职务，总统也不能宣布解散人民代表会议；但如总统违反宪法或人协决议，人民代表会议有权建议人协追究总统责任。印度尼西亚也是一个多党制国家，主要政党有民主党、专业集团党、民主斗争党、繁荣公正党、国家使命党、建设团结党、民族觉醒党、大印尼运动党以及民心党九个大党。其中，民主党是人民代表会议第一大党，是现行执政党。印度尼西亚司法制度实行三权分立，最高法院和最高检察院独立于立法和行政机构。

中国与印度尼西亚于1950年4月13日正式建交，1967年冻结外交关系。1990年8月8日恢复外交关系。2000年，两国建立长期稳定睦邻互信的全面伙伴关系。进入新时代以来，两国高层访问和接触频繁，副总理级对话机制、经贸联委会、防务磋商、海上技术合作委员会等磋商合作机制运行顺畅，经贸合作成果丰硕。2010年，两国签署战略伙伴关系行动计划，为两国关系开启了新的篇章。

二、印度尼西亚法律制度发展历程

古代印度尼西亚的法律以习惯法为主，本土习惯法中糅入宗教因素。同时随着封建国家的建立，帝王法令也在古代印度尼西亚法律史中占有一席之地，但重要性远不如习惯法。随着荷兰殖民者的到来，印度尼西亚古代法律制度逐渐发生变化，在外来法律制度的影响下，开始了法律近代化同时又是法律殖民化的渐变过程。殖民地时期的印度尼西亚建立起特色的法律结构，依据分而治之的原则建立起二元制的司法结构。立法方面，殖民初期，印度尼西亚立法权完全把持在荷兰殖民统治者手中，便于其披着合法的外衣统治当地居民。而在地方分权理论提出后，荷兰殖民者似乎给予了当地居民参政议政的权力，但真正意义上的立法权仍紧紧握在殖民者手中。荷兰殖民者并没有直接破坏、否定当地人最重要的法律渊源，而是在一定范围内采取尊重的态度，将习惯法置于多元化法律体系中。因此，印度尼西亚的法律具有独具特色的法律结构、法律多元主义以及习惯法政策三个特点。印度尼西亚独立后，殖民地时期的习惯法政策继承了下来。

印度尼西亚实行三权分立，法院系统是与立法机关和行政机关相独立的，印度尼西亚的司法权掌握在各类法院手中。印度尼西亚法院分为普通法院、宗教法院、军事法院以及行政法院。其中，普通法院包括宪法法院、最高法院、高等法院和地方法院。检察机关的组织结构分为最高检察院、高等检察院和中等检察院。

三、印度尼西亚刑法体系

印度尼西亚现行《刑法典》由前言（preface）、附录（appendixes）、正文（book）三部分组成。其中，正文分为基本条款（general provisions）、犯罪（crimes）以及轻罪（misdemeanor）。

前言表明由于经济的发展与世界交流的频繁，无论国内犯罪亦或是国际犯罪都随之增加，因此，加强司法协助、联合打击犯罪成为必要。加强司法协助，首先应该学习国外刑法律以及犯罪预防的规定，同时统一法律语言，才能消除各国法律上的交流障碍，为加强司法协助、联合打击犯罪做准备。

附录共两条：第 1 条规定将《刑法典》中第 364 条、第 373 条、第 379 条、第 384 条和第 407 条第 1 款中的“25 卢比”修改为“250 卢比”。第 2 条第 1 款规定无论是《刑法典》还是单行刑法中的罚金刑单位都改为卢比，数量乘以 15。第 2 款规定第 1 款规定不适用于规定违反经济秩序的犯罪的单行刑法。

基本条款分为 9 章，分别为成文刑法的适用界限，刑罚，刑罚的排除适用、减轻、加重，意图犯，参加犯，数罪，依据控诉提起指控犯罪中控诉的提起与撤销，起诉权与刑罚权的实效，法律用语解释。

犯罪分为 32 章，分别为危害国家安全犯罪，侵害总统、副总统尊严罪，反对友好国家或友好国家领导人、代表犯罪，政府责任与权利方面犯罪，危害公共秩序犯罪，决斗罪，危害公共安全犯罪，危害政权犯罪，伪证罪与伪供罪，假冒货币罪,伪造印章、标记罪,伪造书信罪,危害血统罪,违背行为标准犯罪,遗弃罪,诽谤罪,泄露秘密罪,危害公民个人自由罪,危害生命罪,虐待罪,过失致人死亡或伤害罪,盗窃罪,敲诈勒索罪,贪污侵占罪,诈骗罪,伤害债权人、原告罪,毁坏财物罪,职务犯罪,航海方面犯罪,航空、航空设备方面犯罪,接受盗窃赃物罪,以及再犯规定。

轻罪分为章,分别为公共安全与公共卫生轻犯罪,危害公共秩序轻犯罪,危害政权轻犯罪,危害血统、婚姻轻犯罪,危害危急者轻犯罪,道德方面轻犯罪,房产方面轻犯罪,职务轻犯罪,航海方面轻犯罪。

第二节　印度尼西亚刑法典主要内容

一、关于前言与附录

印度尼西亚《刑法典》前言论述了由于经济的发展与国际交流的深化,无论是国内犯罪亦或是国际犯罪,皆呈现上升趋势,因此国家、区域间联合协作打击犯罪成为必要。为寻求合作,必须通晓国外刑事法律的规定,同时还需要统一法律语言。前言表明了印度尼西亚政府积极寻求国际区域合作,协作打击犯罪的态度,符合当今国际司法协助的潮流要求。

附录中两条规定表明法律与经济的关系,经济基础决定上层建筑,法律作为上层建筑,当然也受到经济的影响。罚金刑的设置是为了惩罚犯罪,随着经济的发展,罚金刑的数额对于犯罪人而言无足轻重,原有标准已经不能发挥惩罚犯罪的功能。因此,必须与时俱进,提高罚金刑数额。

二、关于基本条款

(一)刑法的法定原则、溯及力、空间效力

基本条款第一章规定了刑法的法定原则、溯及力、空间效力刑法的法定原则即罪刑法定原则。罪刑法定原则即法无明文规定不为罪,法无明文规定不处罚。

刑法的溯及力，印度尼西亚《刑法典》规定刑法条款修改后，适用有利于被告人的原则，即有利于被告人的溯及既往原则。具体来讲，是指刑法条款修改后，旧法认为是犯罪新法不认为是犯罪的，适用新法；新法认为是犯罪旧法不认为是犯罪的，适用旧法；新法旧法都认为是犯罪的，适用较轻的刑罚。

刑法的空间效力规定了属地原则、属人原则以及保护原则。

属地原则即本法适用于在印度尼西亚共和国领域内实施的一切犯罪行为。印度尼西亚航空器、船只也适用属地原则。印度尼西亚属人原则规定了有条件适用与无条件适用两种情形。有条件适用属人原则是印度尼西亚公民在印度尼西亚领域外实施了第二卷第一章、第二章规定罪名，以及第 160 条、第 161 条、第 240 条、第 270 条、第 450 条和第 451 条规定罪名并且犯罪行为地国家也认为是犯罪的行为时，适用印度尼西亚刑法。印度尼西亚的属人原则适用条件有：a. 行为人犯特定罪名；b. 犯罪行为实施地也认为是犯罪的。“作如此规定既尊重了行为地国法律所维护的价值，也是保障本国公民在国外享有他国公民同样自由的基本条件。因此，行为在犯罪地因特殊关系不被视为犯罪的，不得适用本国刑罚权，已是‘一个被广泛接受的对公正的要求’。”[①]

以下两种情形无须犯罪行为实施地也认为是犯罪：a. 印尼国家工作人员在领域外犯第二卷第 28 章规定之罪的，适用本法。b. 船员与在印度尼西亚领域外印度尼西亚船只上的人员，实施了第二卷第 29 章与第三卷第 9 章的行为，包括《印尼海上通行与注册法》与《1927 年船只条例》中的一般规定，适用本法。

(二)刑罚种类与期限

基本条款第 2 章规定刑罚，具体为法定刑的种类、死刑执行方式、期限以及适用等。

1. 法定刑分为主刑与附加刑。主刑包括死刑、徒刑(监禁)、轻徒刑以及罚金。其中，徒刑可分为无期徒刑与有期徒刑。附加刑包括剥夺公民权利、没收财产以及司法判决的出版。

2. 死刑的执行方式是枪决。现在，国家死刑执行方式有枪决或者注射。死刑执行方式折射的是一个社会发展的文明程度，其作为刑法权力的体现，是

---

① 陈忠林：《我国刑法中的属人原则》，载《法商研究》2004 年第 1 期。

报复刑与预防刑理念的结合体，在惩罚犯罪的同时也应该注重人权的保障。

3.印度尼西亚刑法中规定的刑罚的期限主要有以下几种。第一，有期徒刑的期限是1天以上15年以下，特殊情况下，可以判处20年，但不得优先适用有期徒刑20年。[①] 第二，轻徒刑期限为1天以上1年以下，特殊情况下，最长可以为1年4个月。第三，罚金刑至少25分。判处罚金刑案件中，罚金如不能支付，法官可以判处（替代性）轻徒刑，期限为1天以上6个月以下；特殊情况下，可以判处8个月。在轻罪数罪案件中，既有轻徒刑又由于不能支付罚金，判处（替代性）轻徒刑时，轻徒刑与（替代性）轻徒刑刑期总和不得超过1年4个月；（替代性）轻徒刑刑期之和不得超过8个月。判处没收财产案件中，不上交财物或者支付金钱的，可以判处（替代性）轻徒刑，期限为1天以上6个月以下。如果行为人上交财物或者支付金钱的，则免受（替代性）轻徒刑。第四，公民权利剥夺期限：死刑或者无期徒刑为终身，有期徒刑或者轻徒刑为2年以上5年以下，罚金刑为2年以上5年以下。另外，第492条、第503条、第505条、第506条、第536条的犯罪与轻罪，权利剥夺期限最高为3年，其他轻罪最高为2年。

4.刑罚的适用分为执行刑罚与不执行刑罚。在最高刑为1年徒刑或者轻徒刑（不包括可替代性轻徒刑）案件中，量刑法官可发布不执行刑罚的命令。

执行刑罚可分为入监执行与不入监执行。为实现刑法轻缓化，使法官在判决中更合理地运用不入监执行，使被告获得更多的不入监执行，认为不入监执行是一种判决执行方式。被宣判不入监的人应该分类管理。同时，被判决不入监执行的人应该根据第39条[②]规定的管理条款，履行强制劳动义务。

执行刑罚分为徒刑适用、权利剥夺刑适用、罚金刑适用以及没收刑适用。

（1）徒刑适用：如果基于判处徒刑或者轻徒刑的原因，已经短期限制了罪犯的人身自由，则给予罪犯的徒刑与轻徒刑的司法判决相同。如果判决在同

---

① 印度尼西亚《刑法典》第12条第3款规定："刑法规定应当判处死刑、终身监禁、有期徒刑的行为，或者应当判处终身监禁、有期徒刑的，法官可自由裁量判处20年有期徒刑。数罪、累犯或者第52条、第52条a条款下的行为，可以判处20年有期徒刑。"

② 印度尼西亚《刑法典》第39条规定："（1）犯罪工具与犯罪所得，被没收。（2）非故意犯罪或者轻罪中，相似的没收可能被公布。（3）财产案件中，行为人为不满十六岁时，财产的进口与转让和本国的资产相关规则、财产的进口、出口以及转让规则相分离；如果被告没有适用刑罚而回到父母、监护人或者养育人身边，法官可以宣判没收提及的财产。"

一时间生效，则徒刑在那个时间生效，待徒刑到期后轻徒刑生效。在司法判决生效之前，被判刑的罪犯可以请求将司法判决作出的时间从判处的徒刑、轻徒刑或者罚金刑中扣除；犯罪嫌疑人被逮捕没有书面的逮捕令，除非判决明确清楚地写明，否则拘禁时间不被扣除。被判处短期徒刑或者轻徒刑的罪犯与其同意的第三人提出的缓刑要求有权被提交。从缓刑要求被提出到行政长官作出决定的时间不包括在刑期内；除非行政长官考虑到案件的情况，在其决定中作出其中的部分或者全部可以包括在刑期内的决定。罪犯逃离监狱在外的时间不包括在刑期内。

刑法规定应当判处死刑、终身监禁、有期徒刑的行为，或者应当判处终身监禁、有期徒刑的，法官可自由裁量判处 20 年有期徒刑。数罪、累犯或者第 52 条、第 52 条 a 条款下的行为，可以判处 20 年有期徒刑，但应当优先适用 15 年；绝不可以优先适用有期徒刑 20 年。

轻徒刑在下列地点执行：罪犯居住地、如果没有居住地则在司法判决发布时停留的地方执行，除非司法长官同意其要求在别的地方服刑。被判处轻徒刑的罪犯根据第 29 条的规定被强制履行劳动义务。被判处轻徒刑的罪犯履行的劳动要较轻于被判处徒刑的罪犯。行政长官发布的司法判决可以决定被判处徒刑和轻徒刑的罪犯在劳动期间后可以有至多一个小时的自由活动时间。被判处徒刑和轻徒刑的罪犯可以在室内或者室外履行强制劳动义务。徒刑与轻徒刑的服刑地点，机构的组织与管理，罪犯服刑前的先期隔离，义务劳动以及工资，不入监执行的要求，教育，制度，衣、食、住等安排，根据法令由政府完成。

(2)权利剥夺刑适用：判决终审并且以合理的方式通知罪犯，权利剥夺刑即生效。在罪犯被合法监禁羁押期间，权利剥夺期间不计算在内。

司法判决有权根据法令或者其他的普通法剥夺罪犯的下列权利：a. 担任政府职务；b. 参军权；c. 选举与被选举权；d. 成为律师、法律经理，收养权；e. 对孩子的部分监护权；f. 从事特殊行业的权利。

除了第二卷中的案件，父母的权利、监护权或者共同监护权利的剥夺，由法院宣告或者由于权力的滥用或者案件中被告被发现有罪或者利用公共权力、机会等谋取利益，则担任政府职务与武装保护权利的恢复通过判决宣告，不能自行到期恢复。

(3)罚金刑适用：罚金刑如不能支付，则罚金刑转化为轻徒刑。罚金刑转化的轻徒刑由司法判决决定。被判处罚金刑的罪犯一旦不能按照要求支付罚金,则可能立即转化为轻徒刑。转化为轻徒刑的罪犯有权利通过支付罚金成为自由之身。

(4)没收刑适用:犯罪工具与犯罪所得,被没收。财产案件中,行为人为不满十六岁时,财产的进口与转让和本国的资产相关规则、财产的进口、出口以及转让规则相分离;如果被告没有适用刑罚而回到父母、监护人或者养育人身边,法官可以宣判没收提及的财产。

徒刑与轻徒刑的费用由政府承担,同样,罚金刑与没收的收入由政府拥有。

释放条件被适用的普遍规则是罪犯没有实施任何应受惩罚的行为。释放条件被适用的特殊规则是罪犯满足这些条件但不限制其宗教与政治自由。实际执行 2/3 刑期并且不少于 9 个月的,符合被释放的条件。当释放条件满足,被执行罪犯在缓刑期间表现令人满意,则可以适用监外执行。适用不入监执行的条件是已经执行刑期比应当执行的剩余刑期要长于一年。罪犯被依法限制人身自由是没有效率的。被监禁人员所在的监狱指导员提出要求或者建议后,释放决定被采纳。释放决定的颁布和在被监禁人员所在的监狱指导员提出要求或者建议后,司法长官作出的决定将导致第 15 条 a 第 5 段的适用。这些条件必须是中心委员会已经听取了相关问题后作出的。只要释放决定颁布的权力存在,如果依条件被释放的人员被人检举其行为违反了应该遵守的条件,比如公共利益的需要,则应该依照公共行政长官的命令送回原来的监狱收监执行。

(三)刑罚的排除适用、刑罚的减轻适用以及刑罚的加重适用

基本条款第 3 章规定刑罚的排除适用、刑罚的减轻适用以及刑罚的加重适用。

1. 印度尼西亚《刑法典》第 45 条[①]规定了排除刑罚适用的情形,即已满 16 岁的未成年犯罪嫌疑人被判决有罪时,承担责任的非刑罚方式包括:不适用刑罚,送交父母或者监护人监管;不适用刑罚,适用行政处理。如果法官发布命令,判处被告人适用行政处理,则被告人会被移交到行政机关,获得教育的机

① 印度尼西亚《刑法典》第 45 条规定:“已满十六周岁的人由于犯罪行为被提起刑事诉讼,法官可能会:有罪,不适用刑罚,送回父母或者监护人;有罪,适用行政处理,不适用刑罚;有罪,适用刑罚。”

会，或者由行政机关给予其他处理。但是，无论何种处理，期限最多只能到被告人 18 岁。

印度尼西亚《刑法典》规定，实施了犯罪行为的被告人由于先天缺陷或者精神问题，则其不承担责任，不具有惩罚性。如果被告人先天缺陷或者精神问题是有证据证明的，法官可以发布命令送往精神病院强制治疗，但期限不得超过 1 年。

印度尼西亚《刑法典》规定正当防卫无须承担刑事责任，不适用刑罚。正当防卫是指行为人为了防卫自己或者第三者的生命、贞洁或者财产正在遭受的直接的、威胁性的、不合法的攻击而进行的必要防卫行为。

还有，执行法律或者有权机关发布的命令实施的形式上符合犯罪行为的行为，不适用刑罚。执行非有权机关发布的命令不排除适用刑罚，除非下级机关有理由相信该命令是应该被执行的。

2. 已满 16 岁的未成年人被判决有罪需承担刑罚的，主刑的最高量刑应该减轻 1/3；不适用死刑或者无期徒刑，如果法律规定适用死刑或者无期徒刑的，则判处 15 年有期徒刑。附加刑中剥夺权利与司法判决的处罚不能适用，体现了印度尼西亚对未成年人的人权保障与隐私保护。

3. 政府人员违反特殊公务要求或者利用职权实施了应受刑罚处罚的行为，则刑罚应加重 1/3。如果被告人在实施犯罪行为的过程中，利用了印度尼西亚国旗的，刑罚应加重 1/3。

（四）关于意图犯

基本条款第 4 章是关于意图犯（attempt）的规定。意图犯是指被告的意图已经通过行为表现出来并且行为未完成仅仅是因为其意志以外的原因，则该意图犯应受刑罚处罚；但意图实施轻罪的，不受刑罚处罚。意图犯不适用死刑以及无期徒刑，如果法律规定死刑或者无期徒刑的，则判处有期徒刑 15 年。意图犯主刑的最高量刑应该减轻 1/3。附加刑适用同既遂犯。

（五）关于参与犯罪行为

基本条款第 5 章是关于参与犯罪行为的规定。行为人 a. 实施或者引起他人实施或者直接参与犯罪行为的；b. 利用承诺、权力滥用、暴力、威胁或者欺骗等引诱他人实施犯罪行为的，应受刑罚处罚。引诱行为必须是明确引起他人行为意图并造危害结果的，才受刑罚处罚。

共犯(accomplices)只有故意提供帮助或者故意提供机会、方法、信息的,才受刑罚处罚。共犯不适用死刑以及无期徒刑,如果规定死刑或者无期徒刑的,则可适用徒刑的最高量刑即有期徒刑 15 年。共犯量刑时,刑罚应当减轻 1/3。量刑时,只有加深或者促进了危害结果的事实才作为量刑事实予以考虑。轻罪案件中,共谋犯(complicity to commit)不予处罚。

(六)罪数制度

基本条款第 6 章规定了数罪,包括想象竞合犯、法条竞合、连续犯、漏罪等。

印度尼西亚《刑法典》第 63 条第 1 款规定,一行为触犯数罪名的,适用最重刑罚。一行为触犯数罪名,即是想象竞合犯。想象竞合犯是行为人在一个犯意支配下实施了一个行为,造成了两个或两个以上的危害结果,触犯了数个罪名。但本质上想象竞合犯是一罪,行为人只需承担一个罪名的刑事责任。印度尼西亚《刑法典》规定想象竞合犯的处理原则是"从一重罪处罚",笔者认为是不太合理的。想象竞合犯本质上是一罪,但其仍然造成了数个结果,"从一重罪处罚"原则并不能完全实现罪责刑相适应。而"从一重罪从重处罚"原则能更好地实现罪责刑相适应,实现惩罚犯罪的功能。值得说明的是,刑罚的轻重由最高量刑决定,则序列排列从重到轻是死刑、徒刑、轻徒刑、罚金;徒刑中无期徒刑重于有期徒刑。

法条竞合与想象竞合犯同属于竞合,但本质上有很大区别。想象竞合犯是由于行为人的一行为造成数结果,构成了数罪名;而法条竞合则是行为人的一行为造成了一个结果,只是由于特殊法条与一般法条的关系,导致行为人的一行为触犯了数个罪名。法条竞合的处理原则是"特殊优于一般"的原则,即"一行为触犯特殊条款与普通条款,适用特殊条款"。

印度尼西亚《刑法典》第 64 条规定,多个行为中,单独行为也可构成犯罪,但仍应视为一个连续的行为,构成一罪。连续犯就是行为人在一个连续犯意支配下实施的一系列行为,实质上构成数罪,但法律规定按照一罪处理的数罪情形。"构成一罪,适用最重刑罚",笔者认为不太合理,连续犯是在数个犯意支配下实施数个行为造成数个危害结果,实质上是一罪,只是基于法律政策的原因,将其视为一罪处理,但其危害相对于同罪名下的实质一罪是更严重的。因此,"从一重罪处罚"并不能实现罪责刑相适应。相较于该条规定,第 64 条第 3 款规定:如果第 364 条、第 373 条、第 379 条和第 401 条第 1 项规定的行为成为一个连续的行为，并且连续行为造成的总损失超过了25卢比，则上述条文单独适用。该款规定作为数罪处理，同样可以实现罪责刑的适应。

数罪中，每个罪名都需要单独考量，适用各自的刑罚，并且每个罪名的量刑都需要宣告，数罪最高量刑为数罪名各自最高量刑的总和但是总和刑期不能超出最长刑期的1/3。附加刑适用原则是：数罪中各罪名被判处剥夺相同权利的，剥夺权利刑期比主刑或者其他主刑的期限要多2～5年，或者只被判处罚金刑时，剥夺期限为2～5年。判处剥夺不同权利时，各罪名分别适用，并不得减轻。判处没收犯罪工具或者犯罪所得的，各罪名分别适用，并不得减轻。如果数罪中包括轻罪，则轻罪行为与犯罪行为中的轻罪行为都应该处以刑罚并不得减轻。

印度尼西亚《刑法典》第71条规定：被告人在被判处刑罚之前又发现其犯有其他犯罪行为或者轻罪行为的，应当考虑适用数罪的规定进行同时审理。其中，新发现的其他罪名可以是发生在审判行为之前发现在审判行为之后，也可以是发生在审判行为之后的行为，即可以是漏罪，也可以是新罪。“适用数罪的规定”指的是适用量刑的规定，即各罪名分别量刑。但是正如上面所说，新发现的罪名既可以是漏罪，也可以是新罪，如果将其进行一刀切，统一适用数罪规定，数罪宣告刑为数罪名各自最高量刑的总和，但是总和刑期不能超出最长刑期的1/3，是不尽合理的。漏罪与新罪反映的被告人的主观恶性以及人身危险性是不同的，前者较之于后者，主观恶性与人身危险性要小，因此，采用一刀切的做法使二者统一适用数罪量刑规定，是不合理的。

(七)控诉

基本条款第7章是关于控诉的规定，包括控诉的申请与撤销。犯罪被害人可以在法律规定的期限内提出控诉。犯罪被害人死亡时，被害人父母、子女或者配偶可以提出控诉，除非有证据证明被害人不希望提起控诉。控诉受到下列期限的限制，“如果有权提出控诉者居住在印度尼西亚，控诉提出权行使期限为有权提出控诉者知道犯罪行为之日起6个月内；不居住在印度尼西亚的，期限则为有权提出控诉者知道犯罪行为之日起9个月内”。有权提出控诉者自提出控诉之日起3个月内可以自愿撤销控诉。

(八)起诉权与刑罚权的期限

基本条款第8章规定了起诉权与刑罚权的期限。印度尼西亚《刑法典》第

76 条第 1 款规定,对于一个行为,法院已经作出司法判决的,除非司法判决被修改,否则犯罪嫌疑人不得因为同一行为受到第二次起诉,即一事不再理原则。一事不再理原则是大陆法系国家保障生效裁判既判力的重要保障,为大陆法系国家普遍采用。联合国《公民权利和政治权利国际公约》第 14 条第 7 项规定:“任何人已依一国的法律及刑事程序被最后定罪或宣告无罪者,不得就同一罪名再予审判或者惩罚。”一事不再理原则应当既包括对于法院生效的实体裁判的约束力,也包括对于某些特定的涉及一定实体内容的程序性裁判的约束力。即对于一个案件,法院已作出实体的生效裁判或有关实体的程序性裁判,不得对案件再次起诉和审判。[①] “法院作出的纯程序性裁判不适用一事不再理原则”。[②]

第 2 款规定了例外情况,如果终审判决是由外国法院法官作出的,除下列情况外,针对同一人同一行为可以提出起诉:a. 无罪释放或者起诉期限的失效;b. 判决已经执行完毕、大赦或者刑罚期限失效。这是印度尼西亚司法主权的体现。

起诉权(the right to prosecute)应该在期限内行使,否则丧失起诉权。“每一个起诉行为都受到失效期限的限制,起诉行为应该以普通法规定的方式告知被起诉人。”依据罪名法定刑罚,起诉权期限分别为:a. 轻罪与被迫犯罪期限为 1 年;b. 可能被判处罚金、羁押或徒刑不超过 3 年的期限为 6 年;c. 可能被判处 3 年以上有期徒刑的,期限为 12 年;d. 可能被判处死刑或者无期徒刑的,期限为 15 年。失效期限从犯罪行为发生之日起下一日开始计算,除非 a. 伪造变造货币罪中从开始使用之日起下一日开始计算;e. 第 328 条[③]、第 329

---

① 宋英辉、李哲:《一事不再理原则研究》,载《中国法学》2004 年第 5 期。

② 宋英辉、李哲:《一事不再理原则研究》,载《中国法学》2004 年第 5 期。

③ 印度尼西亚《刑法典》第 328 条规定:“为使他人处于其或第三者控制下,而非法将他人带离其住所或暂居地,使他人处于危险无助境地的,构成绑架罪,处十二年以下徒刑。”

条[①]、第 330 条[②]以及第 333 条[③]中规定的罪名，失效期限从被害人被释放之日或者死亡之日起下一日开始计算；f. 第 556 条至第 558 条 a 中规定的罪名，失效期限从登记员递交给法庭书记员之日起下一日开始计算。

起诉权除由于过了起诉权期限失效外，还有：a. 犯罪嫌疑人死亡的，起诉权失效。b. 轻罪案件中，如果只判处罚金刑而没有其他主刑，志愿支付最大罚金刑数额及费用，则已经提起的指控起诉将失效。起诉权期限自犯罪嫌疑人被逮捕之日起重新计算；损害纠纷案件中，刑事指控的暂停将导致起诉权期限的暂停。

刑罚执行权(the right to execution)期限为：轻罪案件为 2 年，暴力犯罪案件为 5 年，其他犯罪期限较宣告刑多出 1/3，死刑的执行不受期限限制。同时，任何情况下，刑罚执行权期限都不得少于被判决刑罚期限。刑罚执行权期限从司法判决可能被执行之日起计算。犯罪嫌疑人逃脱的，期限从逃脱之日起下一日重新计算。执行暂停期间或者罪犯由于其他犯罪被羁押期间，期限中止。

(九)法律术语

基本条款第 9 章是关于法律用语的解释。印度尼西亚《刑法典》第 87 条规定：意图实施某犯罪行为是指行为人的犯罪意图已经通过第 53 条[④]规定的行为方式表现出来。刑罚不惩罚思想犯，思想只有通过外在的行为表现出来，产生现实的危害结果，转化为意图犯，才会纳入到刑法的调整范畴。

“暴力”是指使一个人陷入无意识或者无助状态。“严重的身体缺陷”是指疾病或者不能完全恢复的缺陷或者经历的生命中的风险，包括工伤导致长期的无技能；器官功能的丧失；致残；瘫痪；持续时间超过 4 周的智障；女性子宫的摘除或者死亡。

---

① 印度尼西亚《刑法典》第 329 条规定：“故意非法将他人带到某一特定地点迫使其劳动的，处七年以下徒刑。”

② 印度尼西亚《刑法典》第 330 条规定：“(1)故意将未成年人从其监护人或者其他有权监护人身边带走的，处 7 年以下徒刑。(2)如果使用了欺骗、暴力、暴力威胁的或者被害人不满 12 岁的，处九年以下徒刑。”

③ 印度尼西亚《刑法典》第 333 条规定：“非法拘禁他人的，处八年以下徒刑。”

④ 印度尼西亚《刑法典》第 53 条规定：“如果被告的意图已经通过行为表现出来并且行为未完成仅仅是因为其意志以外的原因，则该意图犯应受刑罚处罚。”

“公务员(officials)”包括选举中的被选举者、立法机关成员、政府官员、政府代表人员、水利工作者成员、当地居民代表领导、军队人员、外国行使法定权力的领导人;“官员和法官(officials and judges)”也包括仲裁员;“法官”包括行使法定行政权的人员、审理委员会主席与成员。

“印尼船只”是涉及印度尼西亚船只注册许可与通行的简章中规定的所有船只,其应该具备注册许可证与通行证或者临时可替代的许可证。“印尼飞机”是指所有注册地在印度尼西亚的飞机。“印尼飞机”包括被印度尼西亚航空公司无船员租赁,投入经营的外国飞机。“飞行中”是指上飞机后外部所有门关闭到下飞机时任何一个门打开的时间段。迫降案件中,飞行被认为一直在持续,直到当局接管飞机以及飞机上的财产。“在使用中”是指从地面或者飞机上工作人员预飞前的准备开始到降落后 24 小时。

三、关于犯罪

印度尼西亚《刑法典》犯罪一卷共分为 32 章,除第 32 章是关于再犯的规定,其余 31 章分别规定了危害国家安全犯罪,侵害总统、副总统尊严罪,反对友好国家或者反对友好国家领导人与代表罪,政府责任与权力履行方面犯罪,侵害公共秩序犯罪,决斗罪,侵害公共安全犯罪,危害政权犯罪,伪证罪与伪供罪,假冒货币罪,伪造印章、标记罪,伪造书信罪,侵犯血统罪,违背行为标准犯罪,遗弃罪,诽谤罪,泄露秘密罪,侵犯公民个人自由罪,侵犯生命罪,虐待罪,过失致人死亡或者伤害罪,盗窃罪,敲诈勒索罪,贪污、侵占罪,诈骗罪,伤害债权人、原告罪,毁坏财物罪,职务犯罪,航海方面犯罪,航空或者接收设备方面犯罪以及接受被偷财物罪。

(一)危害国家安全犯罪

印度尼西亚《刑法典》犯罪一卷第 1 章规定了危害总统、副总统执政罪,背叛国家罪,实施反革命活动罪,泄露国家秘密罪,非法进入军事领域罪,非法收集军事情报罪,意图获取军事情报罪,谈判损害国家利益罪等危害国家安全犯罪。

本章犯罪中,犯罪主体大部分是一般主体;主观方面是故意或者过失,如过失泄露国家秘密罪的主观方面就是过失;客观要件是行为人明知或者应当知道自己的行为会危害到国家安全,而实施的危害行为;侵害的客体是国家安全，印度尼西亚《刑法典》将军事利益与军事安全纳入到国家安全中予以保护，本质上侵害军事利益也是危害国家安全的表现。

本章大部分罪名都规定了意图犯，只要通过某些外部行为将其犯罪意图表现出来，即构成犯罪。比如，印度尼西亚《刑法典》第104条规定：意图侵害总统或者副总统生命、自由或者使其不适合执政的，处以死刑、无期徒刑或者20年以下有期徒刑。第107条规定：意图实施反革命的，处以15年有期徒刑。这些犯罪法定刑相对较高，体现了印度尼西亚政府对于侵害国家安全犯罪的重视与惩罚力度。

本章中刑罚加重情形有：a. 涉及职务的。比如《刑法典》第113条规定："(1)泄露国家秘密的，处4年以下有期徒刑。(2)泄露从事职务过程中获得的国家秘密的，刑罚加重1/3。"b. 欺骗、暴力、暴力威胁或者涉及贿赂的手段方式。比如《刑法典》第120条规定："如果第113条、第115条、第117条、第118条、第119条所描述的犯罪还伴随有欺骗行为，例如隐瞒、错误姓名和地位的运用，以及伴随有行贿受贿、通过暴力或者暴力威胁的方式获得利益、佣金等形式的承诺的行为，剥夺自由的惩罚将会加倍。"c. 犯罪行为实际发生的，刑罚加重。比如《刑法典》第110条第3款规定："第1款、第2款中的犯罪行为实际发生的，刑罚加倍。"

(二)侵害总统、副总统尊严罪

印度尼西亚《刑法典》犯罪一卷第2章规定了侵害总统、副总统尊严罪，分别是：事实攻击总统、副总统罪，侮辱总统、副总统罪，传播侮辱总统、副总统信息罪。

本章中的"侮辱"是指当被害人不在场时或者在公共产所或者虽不在公共产所，但至少有4个人在场或者只有与被害人有不利关系的第三方在场时，通过行为、言语或者文字对被害人进行的攻击。

印度尼西亚《刑法典》第131条规定：对总统、副总统进行事实上的攻击，该攻击不能被包括在更重刑事规定的，处以8年有期徒刑。行为人对总统、副总统进行了事实上的攻击，如果该行为在触犯该罪名的同时，触犯了更重的罪名，则适用重罪，不适用该条款；只有事实上的攻击触犯本罪名的同时没有触犯更严重罪名，才适用本条款。

(三)侵害友好国家或者侵害友好国家领导人与代表罪

印度尼西亚《刑法典》犯罪一卷第3章规定了侵害友好国家或者侵害友好国家领导人与代表罪,分别为意图分裂友好国家罪,颠覆友好国家政权罪,意图侵害友好国家领导人生命、自由罪,事实攻击友好国家领导人罪,侮辱友好国家领导人罪,亵渎友好国家国旗罪,侮辱友好国家政府代表罪,传播侮辱友好国家领导人信息罪。

本章中罪名除亵渎友好国家国旗罪外,别的罪名与侵害本国国家政权或者总统、副总统客观方面相同,只是侵害对象有所差别。本章中的侵害对象是友好国家的政权或者友好国家领导人的生命、自由、荣誉等。但值得注意的是,友好国家的范围,印度尼西亚《刑法典》并没有作出明确的说明,所以本章罪名的适用就会有很大的政治风向性,公民的行为就会显得手足无措,缺乏应有的预见性。

印度尼西亚《刑法典》第124a条规定:亵渎友好国家国旗的,处以4年以下有期徒刑或者3000卢比以下罚金。友好国家范围如上所述,没有明确的标准,缺乏应有的预见性。根据《中华人民共和国国旗法》第19条[①]的规定,"亵渎"可以理解为在公共场合故意以焚烧、毁损、涂划、玷污、践踏等方式侮辱印度尼西亚友好国家国旗的。

(四)政府责任与权力履行方面犯罪

印度尼西亚《刑法典》犯罪一卷第5章规定了政府责任与权力履行方面犯罪,分别为暴力驱散会议罪,妨碍公务活动罪,破坏选举罪。

印度尼西亚《刑法典》第147条至第152条规定了破坏选举罪,破坏选举罪是指为阻碍他人自由行使选举权或者影响选举结果而实施的暴力、暴力威胁、贿赂或者修改选票等破坏选举的行为。破坏选举罪的主要行为方式有:(1)采用暴力或者暴力威胁的方法阻碍他人自由行使选举权;(2)采用送礼或者承诺的方式贿赂公民或者代表不行使选举权或者以某种特定方式进行;(3)选举时,采用使选票空白、作废或者修改选票等欺诈方式;(4)选举中,故意

---

① 《中华人民共和国国旗法》第19条规定:"在公共场合故意以焚烧、毁损、涂划、玷污、践踏等方式侮辱中华人民共和国国旗的,依法追究刑事责任;情节较轻的,由公安机关处以十五日以下拘留。"

为某人而放弃选举资格的;(5)选举结束后,采用使选票无效或者欺诈方式篡改选票改变选票结果的。

(五)危害公共秩序犯罪

印度尼西亚《刑法典》犯罪一卷第5章规定了公开表达反对政府情绪罪,亵渎国旗、徽章罪,传播反政府信息罪,公开表达反对印尼其他民族罪,违法组织、准备、促进政党选举罪,煽动扰乱公共秩序罪,妨碍宗教合法活动罪,故意毁坏坟墓罪,故意挖掘、移动尸体罪,隐瞒出生、死亡罪等危害公共秩序犯罪。

印度尼西亚《刑法典》规定公开表达反对、蔑视情绪的,构成犯罪。比如,第154条规定“公开表达反对、蔑视印度尼西亚政府的情绪,处以7年以下有期徒刑或者300卢比以下罚金”;又比如,第156条规定“公开表达反对、蔑视印度尼西亚其他民族的情绪,处以4年以下有期徒刑或者300卢比以下罚金”。公开表达敌对、蔑视情绪,容易引起不同民族、政党公民之间的骚动或者更为激烈的情绪化表现,对公共秩序造成影响,因此将公开表达敌对、蔑视情绪的行为规定为犯罪,以更好地维护公共秩序。

印度尼西亚《刑法典》第164条规定:“知道有人谋划实施第104条、第106条、第107条、第108条、第113条、第115条、第124条、第187条中危害行为的,在危害行为还能被阻止之前,没有对司法机关或警察局、受到威胁的人给予足够的提醒,而使得犯罪发生的,该人将会受到最高刑期1年或者最高罚款三百卢比的处罚。”第165条规定:“知道有人打算实施第104条、第106条、第107条、第108条、第110条至第113条、第125条至第129条、第131条中的危害行为,在战争时期逃跑、担任军事间谍的、抢劫或强奸、因本法律第7章所描述的罪行之一而致生命危险的、第245条、第275条中的危害行为的,在危害行为还能被阻止之前,没有对司法机关或警察局、受到威胁的人给予足够的提醒,而使得犯罪发生的,处以9个月以下有期徒刑或者300卢比以下罚金。”上述知情不报的罪名虽然都是严重侵害国家或者公民法益的犯罪行为,行为人明知有人打算实施上述行为,而不主动采取行动予以阻止的,虽造成了危害结果的发生,但行为人并不应该承担责任。行为人的不作为如果构成犯罪,必须具有作为的前提,因此笔者认为印度尼西亚《刑法典》将之规定为犯罪是不妥当的。第166条规定,如果行为人的通知行为会使自己、直系亲属、姻亲、三代以内旁系血亲、配偶陷入危险境地的,第164条与第165条不适用,行为人不需要承担责任。

印度尼西亚《刑法典》第 173 条至第 174 条，第 175 条至第 176 条分别规定了妨碍合法集会罪与妨碍合法宗教活动罪。行为人通过暴力、暴力威胁或者通过引起混乱、制造噪音实施妨碍合法宗教活动行为的，分别处以 1 年 4 个月以下有期徒刑与 1 个月又 2 周的有期徒刑或者 120 卢比以下罚金。行为人通过暴力、暴力威胁或者通过引起混乱、制造噪音实施妨碍合法集会行为的，分别处以 1 年以下有期徒刑或者 3 周以下有期徒刑或者 60 卢比以下罚金。行为危害性的考量，以其侵犯的法益为标准。通过暴力、暴力威胁实施的妨碍行为，不仅对于正常的活动造成了危害，而且对于公民的人身、财产安全也会造成实际的危害结果或潜在的危害，因此使用暴力、暴力威胁进行的妨碍行为法定刑重于通过引起混乱、制造噪音的妨碍行为，体现了罪责刑的相适应。

印度尼西亚是一个宗教国家，特别是伊斯兰教，影响着印度尼西亚的政治、经济、文化、生活等各个方面。印度尼西亚《刑法典》第 177 条第 1 款规定：嘲弄牧师正常活动的，处以 4 个月又 2 周以下有期徒刑或者 120 卢比以下罚金。

印度尼西亚刑法注重对于尸体、墓碑等具有纪念性质的物体的保护，既有其是一个宗教国家的影响，也体现了其对于生者对死者寄托的保护。印度尼西亚《刑法典》第 178 条规定："行为人故意阻碍或者妨碍他人进入墓地纪念或者将死者安葬在墓地的，处以 1 年又 2 周以下有期徒刑或者 120 卢比以下罚金。"又比如第 179 条规定，行为人故意损坏坟墓或者故意在墓地损坏具有纪念意义的建筑物的，处以 1 年 4 个月以下有期徒刑。

（六）决斗罪

印度尼西亚《刑法典》犯罪一卷第 6 章规定了决斗罪，该罪非类罪名，而是一个具体罪名。该章对故意发出决斗挑战，煽动、嘲笑、责备他人发出或没发出决斗挑战，接受或没有接受决斗挑战的行为以及决斗过程中造成他人伤亡的情形做出了明确的规定。

印度尼西亚《刑法典》第 182 条规定：1、煽动他人发出挑战或者是他人接受挑战，因此发生决斗的；2、行为人故意发出决斗挑战的，处以 9 个月以下有期徒刑。第 183 条规定："任何人在公共场合或者当着第三人面责备或者嘲笑他人没有发出挑战或者拒绝接受挑战的，处以 6 个月以下有期徒刑或者 300 卢比以下罚金。"

决斗行为的意图犯，不受刑罚的处罚。决斗中没有造成他人伤亡的，处以

9 个月以下有期徒刑；造成伤害的，处以 1 年 4 个月以下有期徒刑；造成重伤害的，处以 4 年以下有期徒刑；造成他人死亡的，无论是否已经取得承诺，处以 7 年以下有期徒刑。下列情形中，决斗造成他人伤亡的，适用谋杀罪、杀人罪、虐待罪的法律规定：(1)没有实现安排的决斗行为；(2)没有见证人下的决斗行为；(3)为伤害对方，故意实施了欺诈等行为的。

决斗中的见证人不构成犯罪，不受刑罚处罚。但在下列情形下，构成犯罪：(1)如果决斗场所没有事先安排或者唆使决斗双方继续决斗的，处以 3 年以下有期徒刑。(2)如果故意伤害一方或者双方，实施任何欺诈或者违背情形的行为，处以 4 年以下有期徒刑。(3)如果为造成他人伤亡，而隐瞒决斗一方故意实施欺骗行为或者允许欺骗行为存在，造成他人伤亡的，适用谋杀罪、杀人罪、虐待罪的法律规定。

(七)危害公共安全犯罪

印度尼西亚《刑法典》犯罪一卷第 7 章规定了危害公共安全犯罪，分别为放火罪，爆炸罪、决水罪，生产、获取、销售、运输、隐藏、进口危险品罪，失火罪、过失决水罪，过失爆炸罪，故意隐藏灭火设备、阻碍使用灭火设备罪，故意隐藏防水设备、阻挠洪水停止罪，破坏基础设施罪，过失破坏基础设施罪，破坏交通工具罪，破坏交通安全设施罪。过失破坏交通工具罪，过失破坏交通安全设施罪，投放危险物质罪，过失投放危险物质罪，生产、销售、运输、散布危险商品罪，过失销售、运输、散布危险商品罪。

印度尼西亚《刑法典》第 187 条补充规定：(1)明知或者应当知道物品会危害公共生命、财产安全而生产、获取、销售、运输、隐藏、进口的，处以 8 年以下有期徒刑或者 1 年以下轻徒刑。(2)防止危险发生的，不排除刑罚的适用。该罪是本章中唯一的危险犯，即只要行为人明知或者应当知道物品会危害公共生命、财产安全而实施了生产、获取、销售、运输、隐藏、进口行为的，即构成犯罪。如果行为人采取措施防止危险的发生，只是作为量刑情节考虑，不会排除犯罪的成立。

本章中故意犯罪的法定刑是根据侵害法益配置的，侵害生命法益的法定刑重于侵害财产法益的法定刑，不管财产是国家财产抑或是个人财产；造成实际死亡的法定刑重于造成生命威胁的法定刑。如印度尼西亚《刑法典》第 187 条放火罪、爆炸罪、决水罪规定："故意实施放火、爆炸、决水行为的，处以刑罚：(1)对财产造成威胁的，处以 12 年以下有期徒刑；(2)对生命造成威胁的，处以

15年有期徒刑；(3)对生命造成威胁并且导致死亡的，处以无期徒刑或者20年以下有期徒刑。”第191条之二规定：“故意破坏或使得供电设备无法正常使用和运行的，或者阻挠供电设备的安全和修复的，处以刑罚：(1)阻挠电力的正常传输和使用的，处以9个月以下有期徒刑或者300卢比以下罚金；(2)阻挠电力的正常传输和使用给他人的财产造成损失威胁的，处以7年以下有期徒刑；(3)阻挠电力的正常传输和使用给他人的生命造成威胁的，处以9年以下有期徒刑；(4)阻挠电力的正常传输和使用威胁他人生命且造成他人死亡的，处以15年以下有期徒刑。”

本章中过失犯罪的法定刑配置同故意犯罪，也是根据侵害法益进行配置的。由于过失犯罪只有造成了实际的威胁，才构成犯罪。因此，过失犯罪中对安全设施、设备造成威胁的，单独配置法定刑，其侵害法益严重程度同侵害财产。如印度尼西亚《刑法典》第191条之三规定：“过失对电力的运行或电力设施的安全或维护造成破坏、损坏的，或者导致电力设施无法使用的，处以刑罚：(1)若上述行为阻挠电力的正常传输或者给他人的财产造成损失的威胁的，处以4个月又2周以下有期徒刑或者300卢比以下罚金；(2)若上述行为给他人的生命造成威胁的，处以9个月以下有期徒刑或者6个月以下轻徒刑或者300卢比以下罚金；(3)若上述行为导致他人死亡的，处以1年4个月以下有期徒刑或者1年以下的轻徒刑。”第197条规定：“过失破坏、损坏、搬动用于指示航海安全的标志，或者毁坏标志或将标志放于错误的地点的，处以刑罚：(1)若上述行为导致航海存在安全隐患的，处以4个月又2周以下有期徒刑或者3个月以下轻徒刑或者300卢比以下罚金；(2)若上述行为导致船舶沉没或搁浅的，处以9个月以下有期徒刑或者6个月以下轻徒刑或者300卢比以下罚金；(3)若上述行为导致他人死亡的，处以1年4个月以下有期徒刑或者1年以下轻徒刑。”

(八)危害政权犯罪

印度尼西亚《刑法典》犯罪一卷第8章规定了危害政权犯罪，其中有侮辱政府机关、民意机关罪，传播侮辱政府机关、民意机关信息罪，行贿罪，妨碍执法罪，扰乱国家机关秩序罪，故意毁坏公告罪，窝藏罪，妨碍司法取证罪，释放被监管人员罪，故意违反公文罪，行使被剥夺权利罪，招谣撞骗罪等。本章罪名主体可以是一般主体，也可以是特殊主体；客体是国家政权，包括国家工作人员的廉洁性、司法秩序、职务行为履行秩序，国家机关秩序，司法判决的执行秩序等。

印度尼西亚《刑法典》第 209 条规定了行贿罪，即行为人为使国家公职人员违反职责实施犯罪行为或者滥用职权、玩忽职守，给予国家公职人员贿赂或者礼物或者承诺的，处以 2 年 8 个月以下有期徒刑或者 300 卢比以下罚金。第 210 条规定了对司法人员行贿罪，即行为人为影响诉讼结果而给予法官、审判委员会成员礼物或者承诺的，处以 7 年以下有期徒刑。在刑事诉讼案件中，如果行为人为影响诉讼结果而给予礼物或者承诺并且已经完成的，处以 9 年以下有期徒刑。

第 211 条、第 212 条规定了妨碍执法罪，即行为人通过暴力或者暴力威胁妨碍国家公职人员履行其职责或者拒不配合公职人员要求其履行的责任。本罪与第 147 条、第 148 条规定的妨碍公务活动罪的区别主要在于：(1)本罪妨碍的是执法行为，即针对公民进行的履行职责的行为；而后者是公务活动行为，即国家公职人员进行的不针对公民进行的日常的公务活动，如代表大会代表依职责参加代表大会的活动。(2)公职人员范围不同。本罪的公职人员是指根据成文法的规定永久性地或者暂时性地负责公职的人或者在国家公务系统中经过宣誓的执行管理者以及为凭借蒸汽动力或其他机械动力为公共交通运输提供铁路服务和电车服务的公务员们。后者的范围是《刑法典》第 92 条规定的公职人员。本罪要求的行为方式为暴力或者暴力威胁，如果暴力行为导致伤害的，处以 5 年以下有期徒刑；导致重伤害的，处以 8 年 6 个月以下有期徒刑；导致死亡的，处以 12 年以下有期徒刑。如果两人或者两人以上实施妨碍执法行为的，处以 7 年以下有期徒刑；导致伤害的，处以 8 年 6 个月以下有期徒刑；导致重伤害的，处以 12 年以下有期徒刑；导致死亡的，处以 15 年以下有期徒刑。

(九)伪证罪

印度尼西亚《刑法典》第 9 章规定了伪证罪，该罪是一个具体的罪名。伪证罪即法律规定应当宣誓作出证言的证人故意提供虚假证言的，处以 7 年以下有期徒刑。如果在刑事犯罪案件中，证人宣誓后作出的虚假证言对刑事被告人或者犯罪嫌疑人不利，处以 9 年以下有期徒刑。

(十)伪造硬币、纸币和银行票据罪

印度尼西亚《刑法典》第 10 章规定了伪造硬币、纸币和银行票据罪，行为

包括:(1)伪造硬币、货币或者银行支票以使用者,或者明知是伪造的上述货币而以直接或间接的言语或行为的方式谎称该物品是真的或好的而使用的;(2)有预谋的将自己伪造的硬币、货币或者银行支票当做真的硬币、货币或者银行支票来用,或者当得到它们时或者在商店买到的,或者进口到印尼共和国时就已经知道是伪造的,而意图以真币使用它们的;(3)企图通过伪造或造成伪造来贬低货币价值,且货币的确贬值的;(4)将自己损毁的,或者得到时已经知道是损毁的,或者上述货币在商店得到的或者进口的,或者伪造的货币、硬币以及银行支票有预谋的当做真币使用的;(5)预谋想将伪造的或者损毁的、残缺的硬币或者伪造的货币或者银行支票当作真币使用的。

(十一)伪造文书、印章罪

印度尼西亚《刑法典》第 11 章规定了伪造文书、印章罪,指以欺诈或损害他人为目的而伪造或变造具有法律意义的书面文件或者印章,包括未经本人同意或授权而仿冒其签名。意图欺诈或损害他人而使用明知是伪造或变造的文件或者印章的,亦属这种犯罪。伪造行为包括:(1)非法生产、伪造印度尼西亚政府颁布的文书或者伪造印章,或者伪造签名意图使用或者让其他人用来当作真的签章用的;(2)用黄金或者白银伪造国家公务用章或者法定的领导人签名意图使用或者让他人使用上述签章;(3)买卖真的政府印章或者政府签文的,或者其他独特的签章,意图使用或者让其他人当作真的使用的;(4)伪造盖有印度尼西亚政府标准印章的文件或者强制命令的文件或者政党命令的文件,当作真文件意图自己使用或者让别人使用的。

如果行为人蓄意使用、销售、送交、在商店交易或者进口到印度尼西亚假的、伪造的或者违法生产签章的,或者为文件非法加盖印章,即使这些印章是真的或者不是违法生产的,也构成伪造文书、印章罪。

(十二)伪造笔迹罪

印度尼西亚《刑法典》第 13 章规定了伪造笔迹罪,“笔迹”作广义的理解,不仅仅包括笔迹,还包括伪造(非政府)文件等。比如,第 268 条规定,伪造、仿造是否有病、虚弱等医学证明来欺骗公共部门或者保险公司的,处以 4 年以下有期徒刑。该章罪名包括伪造笔迹罪、出具虚假证明文件罪。

伪造笔迹罪是指伪造或者仿造标题、合同或者证书中的笔迹,或者证人证言,自己使用或者让别人使用,导致危害结果的行为;或者在真实契约中插入错误的说明，意图自己或让他人当作真实的使用，造成损害的行为。

在下列文件中伪造笔迹的，处以 8 年以下有期徒刑：(1)契据原件上；(2)公司债券或者股票或者公司、基金债券上；(3)股权证、无担保债券、股票或者公司、基金、组织债券上；(4)支票存根、股票分红或者利润分配凭证上；(5)流通的商业信用或者商业凭证上。

第 267 条规定：(1)内科医生故意出具虚假的关于疾病、虚弱的证明，处以 4 年以下有期徒刑；(2)故意开具假证明让人进入或者转出精神病医院，处以 8 年以下有期徒刑或者 600 卢比以下罚金；(3)故意使用假证明当作真证明的将会被处以同样的刑罚。

(十三)危害公民地位罪

印度尼西亚《刑法典》犯罪一卷第 13 章规定了危害公民地位罪，公民地位是指公民在家族、家庭中所应享有的权利。本章罪名有：阻碍继承权罪，错误认领罪，重婚罪。

公民法律地位包括其在家庭中的责任与权利，继承权是公民的重要权利，享有继承权的公民有权继承财产，“妨碍他人行使继承权的行为，处以 6 年以下有期徒刑”。

错误认领罪是指行为人明知被认领者不是其儿子或女儿，而根据《民法典》相关规定予以认领的行为。

重婚罪是指行为人明知自己已结婚或者对方已结婚而与对方登记结婚的行为。行为人明知自己已结婚而隐瞒已有婚姻事实与对方结婚的，加重刑罚，处以 7 年以下有期徒刑。行为人必须是隐瞒了已婚者不能重婚的事实，才可加重刑罚；如果其只是没有诚实告知已婚事实的，不能加重刑罚。

(十四)违背行为标准犯罪

印度尼西亚《刑法典》犯罪一卷第 14 章规定了违背行为标准犯罪，包括公开违反行为标准罪、向未成年人传播违背行为标准信息罪、通奸罪、强奸罪、猥亵罪、威胁未成年人罪、组织卖淫罪、教唆避孕罪、卖酒给醉酒者罪，使未成年人醉酒罪、非法从事投彩罪等。

《刑法典》第 281 条规定公开或当第三方面实施违背行为标准的行为的，构成公开违背行为标准罪。公开方式包括在公共场合或者有第三人在场两种情况。

第 284 条规定了通奸罪，满足下列条件即构成该罪：1.(a)已婚男子明知《民法典》第 27 条对其适用，通奸的；(b)已婚女子通奸的。2.(a)明知对方已经结婚的男性；(b)明知对方已经结婚并且《民法典》第 27 条对其适用的女性。该罪为亲告罪，只有通奸者配偶提出控诉，行为人才会面临指控。同时，在司法调查开始之前，提出控诉者可以撤销控诉。

《刑法典》第 285 条规定：行为人采用暴力或者暴力威胁强迫妇女与其发生婚外性行为的，构成强奸罪，处以 12 年以下有期徒刑。该条规定排除了婚内强迫性行为构成强奸罪。

行为人明知或者应当知道对方未满 15 岁而与其发生性关系的，处以 9 年以下有期徒刑。对比第 285 条的规定，该罪为独立罪名，不能构成强奸罪。如果行为人明知或者应当知道对方未满 15 岁而与其发生性关系，构成强奸罪的，则应处以 12 以下有期徒刑，而不应该是 9 年以下有期徒刑。

依《刑法典》第 299 条的规定，教唆避孕罪是指行为人“以其治疗或者引起其治疗的方法使妇女了解或者期盼怀孕可以限制”，行为人“为获利而以实施上述犯罪为职业，或者行为人是外科医生、半路妻子、药剂师的”，刑罚加重 1/3。行为人依其专业实施上述行为的，剥夺其从事专业的资格。

《刑法典》第 300 条分别规定了卖酒给醉酒者罪、使未成年人醉酒罪，强迫他人醉酒罪。卖酒给醉酒者罪是指行为人明知对方已明显醉酒，仍然卖酒给对方的行为。该罪要求醉酒者为明显醉酒，一般人一看就明知的，否则行为人不构成该罪。使未成年人醉酒罪是行为人故意使不满 16 岁的未成年人醉酒的行为。该罪要求行为人主观故意，并且对象为未满 16 岁的未成年人，至于手段方式是否使用了暴力或者暴力威胁，则在所不问。强迫他人醉酒罪，是指行为人使用暴力或者暴力威胁强迫他人醉酒的行为，该罪要求手段方式的暴力或者暴力威胁。上述罪名，如果醉酒事实导致了身体伤害的，结果加重，处以 7 年以下有期徒刑；导致死亡的，处以 9 年以下有期徒刑。

（十五）遗弃罪

印度尼西亚《刑法典》犯罪一卷第 15 章规定了遗弃罪。遗弃罪是指法律规定或者协议约定负有护理或者照顾义务的行为人将被害人遗弃，致使其陷入无助境地的行为。该罪义务来源有法律规定或者协议约定。如果被遗弃被害人是不满 7 岁的未成年人的，处以 5 年 6 个月以下有期徒刑。遗弃行为导致被害人严重身体伤害的，处以 7 年 6 个月以下有期徒刑；导致死亡的，处以

9 年以下有期徒刑。

如果行为人是负有抚养责任的父母，刑罚加重 1/3；如果母亲由于孩子刚出生的恐惧将孩子遗弃的，刑罚减轻 1/2。

（十六）诽谤罪

印度尼西亚《刑法典》犯罪一卷第 16 章规定了诽谤罪。诽谤罪是指公开以言语或者张贴海报、肖像等方式诋毁他人的名誉或荣誉的行为，包括言语诽谤，即污蔑（slander）与文字诽谤（libel）；但是，为了公共利益或者正当防卫的，不构成诽谤罪。

任何触犯诽谤罪的人，允许行为人对被指控的事实予以证明，如果行为人可以出示证据证明所说，那么行为人之前的指控将会被推翻，指控人将构成诽谤罪并被处以 4 年以下有期徒刑。

（十七）泄露秘密罪

印度尼西亚《刑法典》犯罪一卷第 17 章规定了泄露秘密罪，是指行为人故意泄露无论基于什么原因获得的秘密的行为。如果该秘密是针对个人的，则该罪为亲告罪，即只有被害人提出控诉的，行为人才可能受到刑事指控；如果该秘密是行为人曾经供职的公司、企业的秘密，则只有董事会提出控诉，行为人才可能受到刑事指控。

（十八）危害公民个人自由罪

印度尼西亚《刑法典》第 18 章规定了危害公民个人自由犯罪，分别为贩卖奴隶罪，运输奴隶罪，绑架罪，拐骗罪，非法拘禁罪，过失剥夺自由罪，强迫罪。

《刑法典》第 324 条、第 325 条分别规定了贩卖奴隶罪、运输奴隶罪，两种罪名是殖民地时期遗留下来的罪名，现在已无适用的空间。

第 328 条规定，行为人非法将被害人带离其居住地或者暂居地，带入自己或者别人的强力控制下，使其处于一个不安全的环境中的，构成绑架罪，处以 12 年以下有期徒刑。构成绑架罪，手段方式没有要求，不需要使用暴力、暴力威胁等；没有目的上的要求，不需要要挟等目的。只要非法实施了绑架活动，就构成绑架罪。

《刑法典》第 330 条至第 332 条规定了拐骗罪，拐骗行为包括：（1）将未成年人带离其监护人等监护范围区域的；（2）在未获得未成年少女父母或其监护人同意的情况下,即使征得本人同意,以结婚等形式将其占为己有的行为;(3)以欺骗、暴力或暴力威胁的形式诱拐妇女,以结婚等形式将其占为己有的行为。

拐骗罪是亲告罪,只有有权提起控诉的人提出控诉,才能提取刑事指控。有权提出控诉的是:a.如果被拐骗者是未成年少女,那么她自己或者她需要征得对她婚姻同意的人都有权提出控诉;b.如果被拐骗的人是成年人,那么她自己或其丈夫皆有权提出控诉。另外,如果拐骗者和被拐骗人已结婚,并且该婚姻受到民法保护,除非婚姻宣告无效,否则拐骗者不会受到刑罚处罚。

《刑法典》第333条规定:行为人故意非法剥夺他人人身自由或者保持他人自由被剥夺状态的,处以8年以下有期徒刑。行为方式包括:故意非法剥夺他人人身自由与保持他人人身自由被剥夺状态。前者是积极的作为;后者是消极的不作为,行为人必须具有作为义务时,才可能构成犯罪。拘禁行为导致严重身体伤害的,处以9年以下有期徒刑;导致死亡的,处以12年以下有期徒刑。

第334条规定,行为人由于疏忽导致限制了他人人身自由的,构成过失非法拘禁罪,处以3个月以下轻徒刑或者300卢比以下罚金;导致严重身体伤害的,处以9个月以下轻徒刑;导致死亡的,处以1年以下轻徒刑。行为人如果应当预见到自己的行为可能导致限制他人人身自由,而实施了该行为导致剥夺了他人人身自由的,结果是具有危害性的,行为人主观上也是具有过错的,因此,过失非法拘禁罪存在也具有合理性。

(十九)危害生命罪

印度尼西亚《刑法典》犯罪一卷第19章规定了危害生命罪,分别为故意杀人罪、谋杀罪、杀婴罪、教唆自杀罪。故意杀人罪与谋杀罪的区别主要在于谋杀罪中的蓄意性或者有预谋性,而故意杀人罪是不具有预谋性的。

《刑法典》第341条至第349条规定了杀婴罪,可见,印度尼西亚对于尚未出生的婴儿权利的保护。杀婴罪的主体一般为母亲,但其他主体也可以构成该罪,并且医生构成该罪的,刑罚加重1/3。构成杀婴罪的行为有:(1)母亲在婴儿出生时或出生后不久将其杀害的;(2)故意流产的。如果他人未经母亲同意,杀害胎儿的,处以12年以下有期徒刑;导致母亲死亡的,处以15年以下有期徒刑。如果征得母亲同意,造成孕妇流产或者杀害胎儿的,处以5年6个月以下有期徒刑;导致母亲死亡的,处以7年以下有期徒刑。

(二十)虐待罪

印度尼西亚《刑法典》犯罪一卷第20章规定了虐待罪。行为人故意实施的伤害他人身体完整性的行为,即我国法律规定故意伤害罪,也以虐待罪定罪处罚。

行为人实施虐待行为的,处以2年8个月以下有期徒刑或者300卢比以下罚金;造成严重身体伤害的,处以5年以下有期徒刑;造成死亡的,处以7年以下有期徒刑。行为人有预谋的虐待,处以4年以下有期徒刑;造成严重身体伤害的,处以7年以下有期徒刑;造成死亡的,处以9年以下有期徒刑。

行为人蓄意造成他人严重身体伤害而实施虐待行为的,构成严重虐待罪,处以8年以下有期徒刑;造成死亡的,处以10年以下有期徒刑。行为人实施有预谋的严重虐待行为的,处以12年以下有期徒刑;造成死亡的,处以15年以下有期徒刑。

虐待罪的意图犯不受刑罚处罚,即只有通过行为表现出来,但没有达到虐待罪要求的程度的,不受刑罚处罚。下列情形下,虐待罪刑罚加重1/3:(1)行为人虐待下级或为其服务的人员的;(2)行为人虐待法律意义上的父亲、母亲、配偶、孩子的;(3)妨碍执行公务过程中实施虐待行为的;(4)利用其管理的有害物质实施虐待行为的。

(二十一)过失致人死亡或者伤害罪

印度尼西亚《刑法典》犯罪一卷第21章规定了过失致人死亡或者伤害罪,该章共2个罪名,即过失致人死亡罪、过失致人伤害罪。过失致人伤害罪要求伤害程度达到重伤害,如果是业务过失导致的伤害则不要求重伤害,就可以构成过失致人伤害罪。另外,业务过失还是加重刑情节。《刑法典》第361条规定,在履行职务或者业务过程中实施了该章犯罪的,刑罚可加重1/3,并可以剥夺其从事专业资格。

(二十二)盗窃罪

印度尼西亚《刑法典》犯罪一卷第22章规定了盗窃罪。盗窃罪是指以非法占有为目的,取走他人财物的行为。该罪不要求秘密窃取的方式,只要求主观上的非法占有目的。盗窃罪加重情节有:(1)盗窃家畜的;(2)在火灾、地震、洪水等自然灾害时盗窃的;(3)夜间入室或者封闭院子里盗窃的;(4)两人以上共同盗窃的;(5)行为人破门而入或者使用错误的钥匙、指令或服装进入盗窃的。

行为人盗窃过程中,为实施盗窃、抗拒抓捕、隐藏赃物,如果使用暴力或者暴力威胁的,处以 9 年以下有期徒刑。有下列加重情节之一的,处以 12 年以下有期徒刑:(1)夜间入室或封闭院子里,或者在公共道路上,或者在行驶中的火车车厢内盗窃的;(2)两人以上共同盗窃的;(3)行为人破门而入或者使用错误的钥匙、指令或服装进入盗窃的;(4)造成严重身体伤害的。导致死亡的,处以 15 年以下有期徒刑。如果行为是由两人以上共同实施,导致重伤或死亡的,并且有第(1)～(3)任何一种情形的,处以死刑、无期徒刑或者 20 年以下有期徒刑。

(二十三)敲诈勒索罪

印度尼西亚《刑法典》犯罪一卷第 23 章规定了敲诈勒索罪。敲诈勒索罪是指行为人为使自己或者他人获益,以暴力、暴力威胁的方法强迫他人交付财物或者免除债务的行为或者为使自己或者他人获益,以诽谤、揭露秘密威胁的方法强迫他人交付财物或者免除债务的行为。前者是 extortion;后者是 black-mail;以诽谤、揭露秘密威胁的方法强迫他人交付财物或者免除债务的敲诈勒索行为是亲告罪,只有被害人提起控诉的才会引起刑事诉讼指控。

如果敲诈勒索罪的主犯或者共犯是被害人的配偶,被害人瘫痪在床需要照顾的,则被告人不受刑事指控;如果主犯或者共犯是被害人的配偶,没有瘫痪在床的或者是被害人的血亲、姻亲、直系亲属或者两代以内旁系血亲的,只有被害人提起控诉的,才会提起刑事诉讼指控。

(二十四)监守盗罪

印度尼西亚《刑法典》第 24 章规定了监守盗罪,该罪行为包括普通侵占行为、职务侵占行为以及公务侵占行为,分别可对应我国的侵占罪、职务侵占罪以及贪污罪。第 372 条规定了普通侵占行为构成的犯罪,"行为人故意非法将占有财产占为己有的,构成监守盗,处以 4 年以下有期徒刑或者 60 卢比以下罚金。"如果"财物不是家畜或者价值不超过 20 卢比的,构成轻监守盗罪,处以 3 个月以下有期徒刑或者 60 卢比以下罚金。"第 374 条规定了职务侵占行为以及公务侵占行为,"基于个体服务、职业或者货币补偿而占有财物的人,犯有贪污罪的,处以 5 年以下有期徒刑。"

如果监守盗罪的主犯或者共犯是被害人的配偶，被害人瘫痪在床需要照顾的，则被告人不受刑事指控；如果主犯或者共犯是被害人的配偶，没有瘫痪在床的或者是被害人的血亲、姻亲、直系亲属或者两代以内旁系血亲的，只有被害人提起控诉的，才会提起刑事诉讼指控。

（二十五）诈骗罪

印度尼西亚《刑法典》第 25 章规定了诈骗罪。诈骗罪是指为使自己或者他人获利，通过虚构事实，隐瞒真相的方法骗取财物的行为。诈骗行为包括：普通诈骗、保险诈骗、不正当竞争欺诈行为及票据诈骗。本章罪名诈骗罪是具体罪名，无论是在普通诈骗还是在保险合同中的诈骗行为抑或是票据使用中的诈骗行为，都以诈骗罪定罪处罚。

如果诈骗罪的主犯或者共犯是被害人的配偶，被害人瘫痪在床需要照顾的，则被告人不受刑事指控；如果主犯或者共犯是被害人的配偶，没有瘫痪在床的或者是被害人的血亲、姻亲、直系亲属或者两代以内旁系血亲的，只有被害人提起控诉的，才会提起刑事诉讼指控。

（二十六）损害债权人利益罪

印度尼西亚《刑法典》第 26 章规定了损害债权人利益罪，该罪是指公司、股东或者董事会等在公司经营、破产、倒闭程序中实施欺诈行为，损害债权人利益。

民商事关系的黄金法则是诚实信用，要求行为人从事民商事活动应该诚实守信，欺诈行为将导致民事行为的无效或者撤销。公司进行破产、倒闭程序，应该按照法律要求的顺序偿还合法债务，不应当以转移财产等方式，逃避债务，虚假破产。其中的不诚实行为，严重的则构成损害债权人利益罪。主要形式有：转移财产或者以不合理价格变卖财产的；虚假破产的；虚构事实缩减债权人权利的；为自身利益抵押公司财物的等等。

（二十七）毁坏财物罪

印度尼西亚《刑法典》犯罪一卷第 27 章规定了毁坏财物罪，是指故意破坏、毁坏、使无效或者遗失他人财物的行为。行为人故意实施上述行为的，处以 2 年 8 个月以下有期徒刑或者 300 卢比以下罚金。本章罪名中破坏交通设施的毁坏财物罪需要与破坏交通安全设施罪等进行区分。行为人故意破坏、摧毁使铁路、电车轨道、电报通讯、电话通讯、电气工程和像大坝、水源分流排放、燃气和水供应或者污物处理系统的服务项目工程无法使用工作的，只要这些工程、管道或者地下道是为公众提供好的服务，满足其需要的，构成毁坏财物罪。该罪的对象包括交通设施等，但不是交通安全设施，否则构成破坏交通安全设施罪。

本罪如果有两人或者两人以上共同实施的，则刑罚加重 1/3。

（二十八）职务犯罪

印度尼西亚《刑法典》犯罪一卷第 28 章规定了职务犯罪，包括拒不执行军事命令罪，贪污罪，受贿罪，刑讯逼供罪，滥用职权罪，私卖国有土地罪，玩忽职守罪等。

本章罪名主体为公务人员（officials），军队指挥官（commander of the armed）。其中，第 413 条规定，军队的指挥官拒绝或者故意忽视有权机关的合法要求，不行使其军事指责的，处以 4 年以下有期徒刑。该罪名主体为军事指挥官，客观行为是无视有权机关的合法要求，拒不履行其职责。其他罪名主体都是公务人员，包括选举中的被选举者、立法机关成员、政府官员、政府代表人员、水利工作者成员、当地居民代表领导、军队人员。

（二十九）航海方面犯罪

印度尼西亚《刑法典》犯罪一卷第 29 章规定了航海方面的犯罪，主要包括海盗罪，抢劫罪，违法测量罪，私自使用印尼船只罪，起草、提供虚假证明文件罪，擅离职守罪，雇佣不合格人员罪，侮辱罪，虐待罪，非法拘禁罪，拒不服从命令罪，私自改变航行路线罪，偷渡罪，私自悬挂印尼国旗罪等。

本章中的抢劫罪、提供虚假证明文件罪、擅离职守罪、侮辱罪、虐待罪、非法拘禁罪、拒不服从命令罪等可能与前面章节中的罪名产生法条竞合的关系，根据特殊罪名优于一般罪名适用的原则，优先适用本章中的罪名。

海盗罪中的行为不仅包括直接从事海盗的行为，而且包括：（1）行为人知道船只目的或用途的，依旧成为该船上的成员中的一个或知道情况后仍然自愿留在船上，或成为类似船只上的成员的；（2）帮助航船在印度尼西亚领海内进行暴力侵犯其他船只或个人或上述船上财产，沿海岸从事海盗性质的犯罪行为的；（3）主动把印度尼西亚籍的船舶交于海上海盗、海岸海盗、海滩海盗或内河海盗的。

(三十)航空或者接收设备方面犯罪

印度尼西亚《刑法典》犯罪一卷第 30 章规定了航空方面犯罪,主要罪名包括故意破坏空中导航安全防护建筑罪,过失破坏空中导航安全防护建筑罪,故意破坏空中导航安全防护标志或工具罪,过失破坏空中导航安全防护标志或工具,故意破坏他人航空器罪,故意制造空难罪,过失导致空难罪,劫机罪,破坏航空器罪,传播航空虚假信息罪等。本章罪名主要保护的法益是航空秩序以及航空设备的安全,只要危害航空器安全或者航空秩序的行为,都可能构成本章罪名。

本章中的故意犯罪大都是行为犯,即只要行为人实施了足以危害航空器或者安全设备的行为,就构成犯罪。如《刑法典》第 479 条 c 规定:(1)故意非法破坏、损坏、搬动用于空中导航安全防护标志或工具,或者毁坏上述标志或工具,或者将这些工具放置于错误的位置的,处以 6 年以下有期徒刑;(2)若上述行为导致空中导航产生安全威胁的,处以 9 年以下有期徒刑;(3)若上述行为给空中导航带来威胁并且导致空难的,处以 12 年以下有期徒刑;(4)若上述行为给空中导航带来威胁并且导致他人死亡的,判处死刑或 15 年以下有期徒刑。该罪只要行为人故意实施了破坏、损坏、搬动用于空中导航安全防护标志或工具,或者毁坏上述标志或工具,或者将这些工具放置于错误的位置的行为,就构成犯罪,处以刑罚;如果有实际危害结果产生的,加重刑罚适用。

(三十一)接受赃物罪

印度尼西亚《刑法典》犯罪一卷第 31 章规定了接受赃物罪。行为人明知或者应当知道是赃物而买卖、出租或租赁、交换、担保、送礼物而接受的,或者行为人明知或者应当知道是赃物而予以隐藏的,构成接受赃物罪,处以 4 年以下有期徒刑或者 60 以下卢比罚金;行为人从事买卖、交换、做担保、隐藏成为惯犯的,处以 7 年以下有期徒刑。

四、关于轻罪制度

印度尼西亚《刑法典》第三卷规定了轻罪,共计八章,分别为违反公共安全与公共卫生轻罪,违反公共秩序轻罪,反政府轻罪,违反继承与婚姻秩序轻罪,见危不救轻罪,违反道德标准轻罪,违反房产管理秩序轻罪,职务轻罪。

轻罪，是指行为人实施的对秩序、公民人身财产安全或自由造成一定的威胁或者不便，但尚未达到严重威胁或危害程度的行为。如《刑法典》第489条规定：行为人实施了侵害他人财产或者生命的行为，造成了威胁、伤害或者不便的，处以15卢比以下罚金。行为了实施了造成威胁、伤害或者不便的行为的，只是构成轻罪，尚未达到适用《刑法典》关于杀人罪、虐待罪等规定。

《刑法典》第525条与第531条分别规定了针对人身财产与生命危险的见危不救轻罪。行为人在他人人身安全或财产处于危险或者犯罪急需要被制止(a crime is caught in a very act)时，应当提供帮助且提供帮助也不会使其立即陷入危险而没有提供帮助的，处以25卢比以下罚金。但是，当犯罪急需被制止时，拒绝提供帮助是为了避免其血亲、配偶或者前配偶的配偶遭受可能的刑事指控危险的，不适用该款。行为人目击他人正遭受生命危险，有能力提供帮助且不会给其自身或他人带来危险的，没有提供帮助导致他人死亡的，处以300卢比以下罚金。

第三节　中国刑法与印度尼西亚刑法之交流借鉴

研究印度尼西亚《刑法典》，目的是为了加强我国与印度尼西亚在刑事法律制度等方面的交流和借鉴，从而可以更好地完善各自的法律制度。印度尼西亚刑法的优点在于其将传统道德中的道德伦理等吸收完善在现有法律制度中，更好地继承了传统文化，更紧密地衔接了道德伦理，实现了对行为的更好规制。但是，印度尼西亚刑法规定科学性不够，分类不统一。因此可以通过两国的相互借鉴，更好地两国完善法律制度。

一、我国刑法对印度尼西亚刑法之借鉴

(一)“见危不救”罪的规定

印度尼西亚《刑法典》第525条规定：(1)在他人安全或财产处于危险或者犯罪急需要被制止时，应当提供帮助且提供帮助也不会使其立即陷入危险而没有提供帮助的，处以25卢比以下罚金。(2)当犯罪急需被制止时，拒绝提供

帮助是为了避免其血亲、配偶或者前配偶的配偶遭受控告危险的，不适用该款。第531条规定：行为人目击他人正遭受生命危险，有能力提供帮助且不会给其或他人带来危险的，没有提供帮助导致他人死亡的，处以300卢比以下罚金。规定“见危不救”罪是将道德义务上升为法律义务的集中体现，体现了印度尼西亚立法者对法律与伦理价值一致性的追求。

“见危不救”罪是一种不作为犯罪。传统刑法理论认为，作为犯罪构成要件要素的危害行为是基于人的意志实施的客观上侵犯法益的身体活动，包括作为与不作为。大多数犯罪行为表现为作为，即行为人以积极的身体活动实施刑法所禁止的行为；而不作为行为构成犯罪必须满足三个条件：一是行为人必须负有实施特定积极行为的义务；二是行为人有能力履行特定的义务而未履行；三是行为人未履行特定的义务，造成了一定的危害结果。其中，特定义务一般有四个来源：一是法律明文规定的特定义务，二是职务或业务上要求履行的义务，三是法律行为引起的义务，四是现行行为引起的义务。我国现行刑法规定与传统刑法理论是一致的，但是重大道义下的见危不救行为才是我们急需要去规制的。回想近些年屡屡发生的见危不救行为，笔者认为将重大的道义上的义务上升规定为法律义务是必要的，具有弘扬民族美德、彰显社会正义的现实意义。

（二）刑罚执行权期限的规定

印度尼西亚《刑法典》第84条规定刑罚执行权期限为：轻罪案件为2年，暴力犯罪案件为5年，其他犯罪期限较宣告刑多出1/3，死刑的执行不受期限限制。同时，任何情况下，刑罚执行权期限都不得少于被判决刑罚期限。刑罚执行权期限从司法判决可能被执行之日起计算。犯罪嫌疑人逃脱的，期限从逃脱之日起下一日重新计算。执行暂停期间或者罪犯由于其他犯罪被羁押期间，期限中止。

时效可分为追诉时效与执行时效（即行刑时效）。执行时效是指刑事法律规定的，对被判刑人执行刑罚有效期限的制度。犯罪人被科处刑罚后，只有在行刑时效期内，刑罚机关才有权对犯罪人执行所判处的刑罚。执行时效期内所判处的刑罚未执行，超过执行时效期，便不能再对犯罪人执行所判处的刑罚。执行时效完成，是刑罚执行权消灭的一项重要事由。我国《刑法》总则只规定了追诉时效（我国《刑法》第87条规定：犯罪经过下列期限不再追诉：（一）法定最高刑为不满五年有期徒刑的，经过五年；（二）法定最高刑为五年以上不满十年有期徒刑的，经过十年；（三）法定最高刑为十年以上有期徒刑的，经过十五年；（四）法定最高刑为无期徒刑、死刑的，经过二十年。如果二十年以后认为必须追诉的，须报请最高人民检察院核准），对执行时效未作规定。

笔者认为我国应对行刑时效予以规定。因为行刑时效有其独立的讼诉价值与社会价值。(1)可以更好地实现我国的刑罚目的。在我国，适用刑罚的目的是通过刑罚的适用，惩罚犯罪，达到特殊预防与一般预防的目的。如果犯罪人在被审判机关宣告有罪之后，长时间没有被执行刑罚，仍然没有再犯罪，即表明其社会危害已不复存在，其已经可以正常地适应与遵守社会生活的准则，达到了改造罪犯的目的。(2)可以更好地维护社会的秩序与稳定。刑罚执行的最终目的应该就是稳定社会秩序，当刑罚长时间没有被执行，有的当事人之间的隔阂与怨恨已经消失，犯罪行为所破坏的社会关系很大程度上已经得到修复，形成新的稳定的社会秩序。此时再对犯罪人执行原有刑罚，则很有可能会破坏业已形成的社会秩序，造成社会资源的浪费。(3)可以更好地促使行刑人员履行职责。现有“执行难”的一个原因就是执行人员缺乏紧迫性观念。规定行刑时效，行刑权就会因行刑人员疏于行使或者个别人员的枉法行为而丧失，这必然会导致舆论的谴责甚至构成犯罪受到刑事处罚，这样就会促进行刑人员努力自觉行使行刑权，达到处罚之目的。

（三）轻罪制度的设立

印度尼西亚《刑法典》第 4 卷规定了轻罪制度。轻罪，是指行为人实施的对秩序、公民人身财产安全或自由造成一定的威胁或者不便，但尚未达到严重威胁或危害程度的行为。其实，考察借鉴域外立法，大多数国家建立了轻罪制度。我国未建立轻罪制度的原因，主要在于我国司法“定性加定量”的模式，那些“情节显著轻微，危害不大，不认为是犯罪”的行为，可以作为行政违法行为或者民事侵权行为处理，认为没有建立的必要。其实，现实生活中存在着大量介于行政违法行为与犯罪行为之间的中间类型。此前，我国通过劳动教养进行规制，处以行政处罚，虽不是刑罚，但比刑罚还要严厉。

党的十八届三中全会通过的《中共中央关于全面深化改革若干重大问题的决定》指出：“废止劳动教养制度，完善对违法犯罪行为的惩治和矫正法律，健全社区矫正制度。”[①]这标志着我国进入了“后劳教时代”，处于犯罪与行政违法之间的中间地带暴露出来，这给我国建立轻罪制度提供了良好的契机。“建立轻罪制度，不仅能够有效地解决我国司法实践中轻罪案件“案多人少”的资源配置难题，而且能够合理地弥合我国违法犯罪行为制裁体系中的结构性断层问题。”[②]

二、印度尼西亚刑法对我国刑法之借鉴

（一）体系结构的借鉴

印度尼西亚《刑法典》犯罪一卷规定了各种犯罪，但是，有的章节为类罪名，有的为具体罪名，对比我国《刑法》共分为10章，每章规定侵害同类客体的犯罪，缺乏严谨性。同时，类罪名的排列顺序通常体现了一国立法者的价值取向，也是一国通过刑法保护各类社会关系或者法益的一个优先顺序。刑法典将危害国家安全罪排在第一位，这是国际上大多数国家通行的做法。其后规定侵犯公民自由、民主权利罪，侵犯财产罪等保障公民的生命、健康、人格名誉、自由、民主、财产以及婚姻家庭等法益的犯罪，将侵犯经济管理秩序罪，破坏环境罪，关于毒品的犯罪，危害公共安全、公共秩序罪，破坏行政管理秩序罪等罪名放在后面，可以彰显刑法典彰显人权保护的特点，体现立法者对公民作为社会最基本单元的优先保护的价值取向。发展经济不是目的，只是手段，是为了给人提供更为完善的生活条件，是为了改善民生，最终实现人的全面发展。因此，发展经济应当让位于公民权利的保护。正如：人生来就是平等的，没有什么比人的生命、健康和尊严更宝贵的了。

（二）均衡法定刑配置的借鉴

印度尼西亚《刑法典》规定的放火罪、爆炸罪、决水罪等危害公共安全的犯罪，保障了不特定多数人的生命与财产安全。但笔者认为其法定刑配置较轻，相较于谋杀罪，导致人员伤亡的情形最高只配置了无期徒刑。行为人以放火

① 《中共中央关于全面深化改革若干重大问题的决定》，载《人民日报》2013年11月16日。

② 梅传强：《论“后劳教时代”我国轻罪制度的构建》，载《现代法学》2014年第2期。

的形式杀人，危害到不特定多数人的生命、财产安全的，以杀人罪定罪处罚，不能达到罪责刑相适应，以放火罪定罪处罚，同样不能做到罪责刑相适应。

“刑种的设置虽然受到人道性的制约，但同时又受到功利性的制约”，“刑种设置应当是在人道性与功利性的双重制约下，轻重搭配，科学合理。”[①]如果撇开谋杀罪的法定性设置，放火罪等配置无期徒刑完全可以实现惩罚犯罪的需要。但是，罪行均衡不仅是单个罪名的罪刑均衡，也是罪名之间的罪刑均衡。因此，放火罪等仅配置无期徒刑不能完全实现罪刑均衡。

（三）死刑执行方式的借鉴

印度尼西亚《刑法典》第 11 条规定，死刑的执行方式为枪决。笔者认为，作为现代民主国家，应该增加注射死刑执行方式，从而彰显人权保障功能。死刑的执行方式彰显一国社会发展的文明程度，死刑虽然剥夺了罪犯的生命，但不能剥夺死刑的天赋人权，因此，罪犯有权选择无痛苦的、有尊严的执行方式。

第四节　中国与印度尼西亚刑事司法合作展望

国际刑事司法协助，是指为有效制裁跨国犯罪，各国的司法机关依据双边条约、国际公约或互惠关系，在刑事事务方面，协助他国履行一定的诉讼实体或程序的活动。中国和印尼两国是友好近邻，更是战略合作伙伴，有理由更有必要深化两国刑事司法合作，共同打击跨国犯罪和国际犯罪。

国家间刑事合作的法律依据是国际条约和国内法。这里的国际条约包括专门调整国际刑事合作关系的双边条约和区域性多边条约，也包括旨在防止和惩治国际犯罪的区域性和普遍性国际公约中关于国际刑事合作的规定。刑事司法协作应遵循的原则包括：(1)双重犯罪与最低刑罚标准相结合的原则；(2)被请求引渡人非政治犯罪、非军事犯罪原则；(3)本国公民不引渡原则；(4)一案不再审原则。

法理上，国际刑事司法协助的含义在三个层次上适用：狭义的刑事司法协助，仅指国家之间相互给予的文书、证据方面的支持或者协助，包括文书的送

---

① 陈兴良：《刑种设置的法理分析》，载《中国检察官管理学院学报》1996 年第 2 期。

达、传唤证人、代为调查取证、搜查扣押财产、交流刑事信息等;广义的国家刑事司法协助,除了前述狭义的协助事项外,还包括引渡;最广义的国际刑事司法协助,既包括狭义上的协助事项,也包括外国刑事判决的承认与执行、刑事诉讼的移管和对人员的引渡。我国《刑事诉讼法》采纳的是最广义的司法协助概念,但我国与东盟国家签订的司法协助条约采用的是狭义的概念,其他协助事项单独缔结条约予以规定。因此,下文笔者将从对犯罪人引渡、刑事司法协助、刑事诉讼的移管和外国刑事判决的承认与执行四个方面进行探讨。

一、中国与印度尼西亚的犯罪人引渡

引渡是指国家根据条约或基于其他理由把在其境内而被别国指控或判定犯罪的人,应该国的请求,移交该国审判或处罚的行为,是国家之间刑事司法协助的一种形式。引渡以双边条约为依据,以相互尊重主权和平等互利为基础。我国与印度尼西亚已于 2009 年 7 月 1 日正式缔结了《中华人民共和国和印度尼西亚共和国引渡条约》(下文简称《引渡条约》)。《引渡条约》第 2 条规定了可引渡的犯罪范围,"只有在引渡请求所针对的行为根据双方法律均构成犯罪"时,即满足双重犯罪原则才可引渡;为进行刑事诉讼而请求引渡的,根据双方法律,对于该犯罪均可判处 1 年以上有期徒刑或者更重刑罚或者为执行刑罚而请求引渡的,在提出引渡请求时,被请求引渡人尚未服完的刑期至少为 6 个月时,即达到最低刑罚标准,可以引渡。《引渡条约》第 3 条规定了拒绝引渡的理由,即政治犯不引渡、军事犯不引渡、已过追诉时效不引渡以及本国国民不引渡。另外第 4 条规定了可以拒绝引渡的理由:(1)被请求方根据国内法对引渡请求所针对的犯罪具有刑事管辖权,并且正在对被请求引渡人就该犯罪进行刑事诉讼或者提起刑事诉讼;(2)被请求方在考虑到犯罪的严重性和请求方利益的情况下,认为由于被请求引渡人的个人情况,引渡该人不符合人道主义的考虑。《引渡条约》中没有体现一案不再审原则,这也是我国现在司法协助顺利进行的障碍之一。由于我国《刑法》第 10 条"在我国领域外犯罪的,虽经外国审判,我国仍可依据刑法对其追究责任"的规定,我国国内基本刑事法律与引渡"一案不再审"原则不一致,即使缔结了司法协助条约,这也可能成为他国拒绝刑事司法协助的理由,因此,应在保障我国刑事主权的前提下,使国内刑事立法与司法协助条约保持一致,更好地实现司法协助。同样,这也是其他协助事项存在的问题,下文将不再赘述。

二、中国与印度尼西亚的刑事司法协助

狭义的刑事司法协助的内容是国家之间受托相互代为履行某些刑事诉讼行为的行为，主要内容上文已有所论述，在此不赘述。中国与印尼两国已经于2000年7月24日签订《中华人民共和国和印度尼西亚共和国关于刑事司法协助的条约》(以下简称《协助条约》)。《协助条约》第1条第3款规定了协助的范围有调取证据和获取有关人员的陈述；提供法律文件和其他有关司法记录；查找和辨认人员；执行搜查和扣押请求，并移交书证物证；采取措施移交犯罪所得；征询有关人员同意或协助请求方进行的调查，若该人员在押，安排将其临时移交给请求方；送达文件；进行鉴定人鉴定；以及通报刑事诉讼结果。有下列情形之一的，可拒绝提供协助：(1)请求涉及针对某人某项犯罪的侦查或诉讼，而被请求方将该项犯罪视为政治性的犯罪或其国内法规定的军事犯罪；(2)有充分理由相信，请求协助仅是为了基于某人的种族、性别、宗教、国籍或者政治见解而对该人予以起诉或惩罚，或该人的地位可能由于上述任何原因受到损害；(3)被请求方认为，同意请求有损其主权、安全、国家利益或其他重大利益；(4)提供所寻求的协助可能妨碍被请求方境内的侦查或诉讼，或有损任何人的安全，或对被请求方造成过重的负担；(5)此种协助违反被请求方法律的基本原则。

上文提及，司法协助应遵循双重犯罪原则、一事不再理原则，《协助条约》也有所体现；但我国国内刑事法中关于管辖权、罪名的规定与上述原则存在冲突，可能阻碍司法协助的顺利进行。我国《刑法》第10条规定“在我国领域外犯罪的，虽经外国审判，我国仍可依据刑法对其追究责任”，该规定与一事不再理原则存在一定的冲突，可能成为印尼拒绝协助的重大理由，因此笔者建议我国国内法应在不损害主权的前提下进行相应的修改，既使得国内法与缔结条约统一，又避免了损害国家主权。两国现行刑法中很多罪名具有本国特色，比如煽动民族仇恨罪，出售国有资产罪，危害总统、副总统尊严罪等，这些罪名在被请求国很难找到相对应的犯罪，如果这些行为无法被被请求国认定为犯罪，则很有可能拒绝提供协助。因此，笔者建议两国应将各自具有特色的罪名进行修改，以增加与世界大多数国家罪名的对应性，降低拒绝的可能性。

三、中国与印度尼西亚的刑事诉讼移管

国际刑事诉讼移管是指一国在下列特定情况下，将对某些涉外案件的管辖权移交给他国的一种国际刑事司法协助形式：(1)由于本国国民不引渡的限制，一国对在本国犯罪的他国国民在犯罪后又逃往他国而导致无法引渡的情形；(2)由于罪行较轻，诉诸引渡程序不符合诉讼效益；(3)由于案件的主要知情人或证据在他国，因而由他国进行诉讼更有利于查清案件事实；(4)嫌疑人正在被请求国接受或将要接受涉及剥夺自由的刑罚；(5)请求国认为在被请求国执行刑罚可能促进被判刑人重返社会生活；(6)请求国认为即使诉诸引渡也不可能使判决得到执行，而被请求国却可能执行。

刑事诉讼移管是为弥补引渡制度天然存在的缺陷而形成的一种制度，一定意义上，诉讼移管制度的建立也是对两国引渡制度的完善。引渡制度的缺陷之一是遵循本国国民不引渡原则，当被请求引渡人是被请求方国民的，拒绝引渡。例如当甲国国民在乙国犯罪后又逃回甲国，此时甲国不可能同意其引渡到乙国进行审判的引渡请求，而可能由于犯罪证据主要集中于乙国或者即使在甲国对其判决却难以执行，因此使对该犯罪人难以进行应有的惩罚，从而使该犯罪人逃脱法网。正是为了克服引渡制度的这一缺陷，刑事诉讼移管制度应运而生。在这样犯罪人无法引渡的情况下，通过刑事诉讼移管来解决这一问题，就使犯罪的国籍国根据请求将对该案件的刑事管辖权转移给犯罪地国，从而使犯罪人受到相应的处罚。引渡制度缺陷之二是条约前置主义，即两国之间进行引渡形式的刑事协助，必须缔结有双边或者多边引渡条约。而刑事诉讼移管则不需要有此前提，与他国没有缔结引渡条约时，可以通过互惠协商，委托他国对该案件行使刑事诉讼管辖权。如中国与土耳其没有签订引渡条约，在有关司法协助协定中也没有规定引渡条款，但是协定中规定："缔约一方有义务根据请求，按照其本国法律，对于在提出请求的缔约一方境内犯罪的本国国民提起诉讼。"这表明，在未建立引渡条约的情况下，可以就刑事诉讼移管开展合作，以克服引渡的缺陷，进而达到打击犯罪的目的。

遗憾的是，笔者查阅相关资料，并未发现我国与印度尼西亚有刑事诉讼移管的相关规定，因而笔者建议，中国和印尼可平等协商在《协助条约》中作出相关规定或者缔结《刑事诉讼移管条约》，弥补双方在刑事诉讼移管制度方面的空白。

四、中国与印度尼西亚的刑事判决的承认与执行

外国刑事判决的承认,是指根据国际条约和国内法的规定,一国承认另一国对特定犯罪作出的法律效力。外国刑事判决的执行,是指根据国际条约和国内法的规定,一国应另一国的请求,在承认该另一国对特定犯罪作出的刑事判决的法律效力的基础上,在本国领土上执行该判决确定的刑罚。刑事判决的承认与执行是国际刑事合作的一种新形式,其实质是国家在相互的基础上赋予对方国家司法机关作出的刑事判决以与本国司法机关的刑事判决相同的法律效力,以实现司法公正和共同打击犯罪的目的。

我国与印度尼西亚尚未对对方刑事判决的承认与执行签订协议,只在《协助条约》中规定了刑事诉讼结果的通知,即一方应根据请求,将针对请求方国民的,或为之提供司法协助的刑事诉讼最终判决和决定的结果通知另一方。我国《刑法》第10条则规定,凡在中华人民共和国领域外犯罪,依照本法应当负刑事责任的,虽然经过外国审判,仍然可以依照本法追究,但是在外国已经受过刑罚处罚的,可以免除或者减轻处罚。印度尼西亚《刑法典》也有本国人在领域外犯规定罪名的,享有管辖权的规定。这体现了国家主权的平等;但是,既然双方是司法合作关系,本着两国友好外交的目的,根据互惠原则,相互承认对方作出的刑事判决的效力应是最佳选择。当然,在相互承认与执行司法判决过程中,双方应该遵守下列原则:承认对方刑事判决不得危害本国的主权和安全,也不能与本国法律的一般原则或具体规定相违背;作出刑事判决的外国对有关犯罪拥有管辖权;被判决的犯罪行为符合双重犯罪原则;外国的刑事判决应是具有合法性的终局判决。

最后,对中国与印度尼西亚两国刑法制度的比较研究,不仅是为了加强两国在刑法理论上的交流和借鉴,丰富刑法理论,完善各自的刑法制度,更是为了在刑事司法实务领域加强刑事司法协助。当今时代是一个全球化的时代,人员往来和交流频繁,犯罪特别是国际犯罪、跨区域犯罪也随之增加,因此,区域协作成为打击犯罪的必要手段。只有加强刑事司法协助,才能有效打击犯罪;只有加强刑事法律制度的交流与借鉴,才能更好地进行刑事司法协助。

第六章

老挝刑法研究

第一节　老挝国家概况

老挝人民民主共和国(Lao People's Democratic Republic),简称老挝,此国名是以老挝民族名称命名,"老挝"之意为"人"或"人类"。其国土面积为23.68万平方公里,是位于中南半岛北部的内陆国家,也是中南半岛上唯一的一个内陆国家。[①] 老挝北邻中国,南接柬埔寨、东界越南,西北达缅甸,西南毗连泰国。境内80%为山地和高原,且多被森林覆盖,有"印度支那屋脊"之称。其地势北高南低,北部与中国云南的滇西高原接壤,东部老、越边境为长山山脉构成的高原,西部是湄公河谷地和湄公河及其支流沿岸的盆地和小块平原。全国自北向南分为上寮、中寮和下寮,上寮地势最高,川圹高原海拔2000~2800米。最高峰普比亚山海拔2820米。发源于中国的湄公河是最大河流,流经西部1900公里。老挝国自然资源丰富,有锡、铅、钾、铜、铁、金、石膏、煤、盐等矿藏并有丰富的水力资源。迄今得到少量开采的有锡、石膏、钾、盐、煤等。森林面积约900万公顷,全国森林覆盖率约42%,产柚木、紫檀等名贵

① 参见:http://www.fmprc.gov.cn/mfa_chn/gjhdq_603914/gj_603916/yz_603918/1206_604354/,访问日期:2014年9月2日。

木材。

老挝是东南亚国家联盟成员，也是亚洲第二贫穷国家与世界低度开发国家之一，饮食上接近泰国。该国工业基础薄弱，以锯木、碾米为主的轻工业和以锡为主的采矿业是最重要部门。金三角中的老挝部分的琅南塔曾经是全世界出产鸦片最多的地方，目前也是毒品犯罪的高发区。老挝于 1997 年 7 月加入东盟，它也是东南亚地区中仅有的两个社会主义国家之一，另一为越南。1961 年 4 月 25 日与中国建立外交关系。

老挝国全国人口 638 万(截至 2011 年)。其分为 49 个民族，分属老泰语族系、孟-高棉语族系、苗-瑶语族系、汉-藏语族系，统称为老挝族，通用老挝语。老挝国民多信奉佛教，老挝是最后信仰小乘佛教的东南亚国家，在 1975 年之前佛教是国教。截止到 2007 年，在老挝的华侨华人约 3 万多人。

老挝历史悠久，公元 1353 年建立澜沧王国，为老挝历史鼎盛时期，曾是东南亚最繁荣的国家之一。1954 年 7 月法国被迫签署关于恢复印度支那和平的《日内瓦协议》，从老挝撤军，不久美国取而代之。1962 年美国签订关于老挝问题的日内瓦协议，从老挝撤军。随后老挝成立以富马亲王为首相、苏发努冯亲王为副首相的联合政府。1964 年，美国支持亲美势力破坏联合政府，进攻解放区。1973 年 2 月，老挝各方签署了关于在老挝恢复和平与民族和睦的协定。1974 年 4 月成立了以富马为首相的新联合政府和以苏发努冯亲王为主席的政治联合委员会。1975 年 12 月首届全国人民代表大会在万象召开，1975 年 12 月 2 日宣布废除君主制，成立老挝人民民主共和国，老挝人民革命党执政，宣告了老挝历史上 600 余年君主制的终结。1991 年 8 月，老挝最高人民议会通过《老挝人民民主共和国宪法》，根据宪法，将老挝部长会议改名为政府，部长会议主席改名为总理，最高人民议会改名为国会，老挝国徽上原有的红星、斧头和镰刀将被著名古建筑物塔銮图案所取代。老挝实行社会主义制度。老挝人民革命党是老挝唯一政党和执政党。1991 年 8 月，老挝最高人民议会第二届六次会议通过了老挝人民民主共和国第一部宪法。宪法明确规定，老挝人民民主共和国是人民民主国家，全部权力归人民，各族人民在老挝人民革命党领导下行使当家做主的权力。老挝国会(原称最高人民议会，1992 年 8 月改为现名)是国家最高权力机构和立法机构，负责制定宪法和法律。

老挝同 50 多个国家和地区有贸易关系，与 19 个国家签署了贸易协定，中国、日本、韩国、俄罗斯、澳大利亚、新西兰、欧盟、瑞士、加拿大等 35 个国家(地区)向老挝提供贸易优惠关税待遇。主要外贸对象为泰国、越南等东盟国家，及中国、日本、欧盟、美国和加拿大等国家和地区。

第二节　老挝刑法典主要内容

一、老挝刑法典的基本结构和基本原则

老挝现行刑法典体例主要是编、章、条、款、附则，共计 179 条，分为两编，分别为总则、分则。第一编总则下设八章，分别为第一章一般原则、第二章刑法的地域管辖、第三章犯罪和犯罪人、第四章免予起诉和处罚、第五章刑罚、第六章刑罚的裁量、第七章免除刑罚的情形或刑满前的附条件假释、第八章法院的再教育措施和治疗措施。第二编分则下设十章，分别为第一章危害国家安全和社会秩序的犯罪，第二章侵害他人生命、健康、荣誉犯罪，第三章侵犯公民权利和自由罪，第四章侵犯国家、集体财产犯罪，第五章侵犯个人财产犯罪，第六章危害婚姻家庭关系、风俗犯罪，第七章经济犯罪，第八章渎职犯罪，第九章违反行政管理、司法管理犯罪，第十章特殊犯罪。

老挝《刑法》第 2 条规定了刑事责任的根据，即要求违反了刑法的规定。该条规定，一个人只有基于故意或者过失实施了刑法规定有害于社会的行为或老挝人民民主共和国其他法律规定应给予刑罚处罚的行为，才可以被起诉和施以刑罚处罚，并且仅当法院对其作出了有效的判决，才能处罚。据此表明老挝国明确规定了罪刑法定原则。

二、关于犯罪

(一)犯罪的定义和分类

老挝《刑法》第 6 条明确规定了犯罪的定义，其第 1 款规定，一切危害老挝人民民主共和国政治、经济或社会制度，危害国家、集体或他人的财产，侵犯人们的生命、健康、尊严、自由或权利，或危害国家安全或公共秩序的行为或不作为，依照刑法或老挝人民民主共和国其他法律规定应受刑事处罚的，是犯罪。其第 2 款又规定，符合犯罪全部构成要件的所有作为或不作为，如果造成的全

部损害在 500000 基普以下的，不是犯罪，但累犯和以危害行为为职业者除外。

显然，老挝《刑法》与我国《刑法》第 13 条关于犯罪的定义相似，均详细列举了犯罪的各种行为表现形式，同时也有但书规定。但与我国“情节显著轻微危害不大的，不认为是犯罪的”的但书规定相比，老挝《刑法》则以 500000 基普以下为除罪条件，该规定虽然更为明确，便于操作，但也存在一些问题，一方面以数额为除罪条件过于死板，而不考虑其他情节，剥夺了法官的自由裁量权，另一方面又使得在经济和财产犯罪中可以以数额论，但在危害国家安全和社会秩序犯罪，侵犯他人生命、健康、荣誉犯罪和侵犯公民权利和自由犯罪等罪中，因为对法益的侵犯难以以数额衡量，故而如何适用该除罪条件成为问题。

同时，老挝《刑法》第 7 条明确规定了犯罪的构成要件，根据该条规定，犯罪构成要件是指刑法规定犯罪所必须具备的所有主观和客观特征。犯罪由 4 个要件构成，具体包括：实质要件、客观要件、主观要件、主体要件。由此可见，不同于在我国，犯罪四要件理论与三阶层理论始终处于激烈争鸣的状态，老挝《刑法》则径直将我国的犯罪四要件理论在刑法条文中予以了规定，即实质要件对应于犯罪客体，客观要件对应于犯罪的客观方面、主观要件对应于犯罪的主观方面，主体要件对应于犯罪主体，从而表明老挝《刑法》显然采取了犯罪四要件理论。

老挝《刑法》第 8 条规定了犯罪的分类，根据该条规定，犯罪分为 3 类，其一是“轻微犯罪”，是指法定刑为罚金或公开批评的犯罪；其二为“较重的犯罪”，是指法定刑为不剥夺自由的再教育，刑罚在 3 个月以上 10 年以下监禁和罚金的犯罪；其三为“严重犯罪”，是指法定刑为 5 年以上监禁，直至死刑的犯罪。

（二）刑事责任

老挝《刑法》第四章是关于免除刑事责任的规定，其规定了免予起诉和处罚的情形，根据其第 18 条的规定，免除刑事责任的情形主要有 8 种，分别为暴力和胁迫、合法防卫、紧急避险、执行职务、执行命令、体育运动、必须由受害方提出控告而受害方又没有提出控告的犯罪以及超过诉讼时效的犯罪。

老挝《刑法》第 40 条规定了减轻刑事责任的情节，共计 10 种：犯罪人未满 18 周岁；正在怀孕的女性犯罪人；超出限度的正当防卫；由于被害人的非法行为而在情绪强烈激动状态下实施犯罪行为；在暴力或者恐吓的胁迫下犯罪；犯罪人诚实、自愿地防止其犯罪行为造成损害或者补偿其犯罪行为造成的损失；

由于犯罪人自己或他的家庭成员处于严重的困境而犯罪的；犯罪人向官方表示悔过和屈服，并承认和揭露自己或他人的罪行；初犯且没有给社会带来损害的；犯罪人给国家做出贡献的。

老挝《刑法》第41条规定了加重刑事责任的情形，共计12种：累犯；有组织团体实施的犯罪；出于贪婪而犯罪；针对未成年人、老人、残疾人以及精神上或其他方面依靠犯罪人或在犯罪人控制下的人实施的犯罪；煽动未成年人实施或参加犯罪；对被害人实施残酷的或野蛮的侵害行为；犯罪造成了严重后果；在灾难期间实施犯罪行为；以危及公共安全的方法实施犯罪；在醉酒或滥用毒品状态下实施犯罪，根据实施犯罪的性质，法院有绝对的权力决定是否加重犯罪人的刑事责任；故意强加罪行于无辜的人；犯罪人掩饰其他犯罪，或用暴力脱逃。

(三)共同犯罪

老挝《刑法》第17条规定了共同犯罪，该条规定共同犯罪的含义是指2个或2个以上的人故意参与实施一个犯罪。同时，该条还规定了共同犯罪的分类，不同于我国分为主犯、从犯、胁从犯、教唆犯的混合分类法，老挝《刑法》采取了分工分类法，将共同犯罪分为四类：发起者；实施者；教唆者；帮助者。其中，发起者是为实施犯罪而计划、组织或给予指导的人；实施者是直接实施犯罪的人；教唆者是劝说他人实施犯罪的人；帮助者是对他人实施犯罪故意给予帮助的人，或事先同意隐藏犯罪人，隐藏犯罪工具或设备，消除犯罪痕迹，隐瞒犯罪所得及其收益的人。

(四)犯罪未完成形态

老挝《刑法》第13条、第14条、第15条分别规定了犯罪预备、犯罪未遂和自愿放弃犯罪(类似于我国的犯罪中止)。如其第13条规定，犯罪预备是指为实施犯罪准备材料、创造条件或其他为实施犯罪做准备的行为，但仅在此种行为危害了社会且本法分则条文有具体规定的情况下，才能起诉或处罚。第14条规定，犯罪未遂是指一个满足了犯罪构成的意志行为，由于犯罪人意志以外的原因而未得逞，但犯罪未遂仅在该行为危害了社会且本法分则条文有具体规定的情况下，才能起诉或处罚。第15条规定，在犯罪预备和犯罪实行阶段，行为人自愿放弃完成犯罪的，不予起诉或处罚，但预备行为、实行行为本身是刑法规定的一个独立犯罪除外。

据此可见，老挝《刑法》的犯罪未完成形态与我国相比具有以下两方面特点：一方面是并非所有的预备行为或未遂行为都应受刑罚处罚，只有有分则具体条文明确规定时才处罚。现代各国一般不处罚预备犯，只是处罚少数极为严重的犯罪的预备罪，老挝《刑法》第 13 条的规定可以说体现了这一精神，具有进步意义，但值得追问的是，原则上不处罚未遂犯，也要求有分则条文的明确规定才处罚，是否会放纵犯罪，能否利于防卫社会，值得进一步研究。另一方面是在犯罪中止时不予处罚，与我国对犯罪中止减免处罚的规定相比，老挝《刑法》显然是基于防止犯罪这一政策理由，即是为了给走上犯罪道路的人架起一道“返回的金桥”。当然，依据老挝《刑法》，也并非会放纵所有的犯罪中止行为，对于其已然实施的预备行为、实行行为本身已经是刑法规定的一个独立犯罪的，应当依照该独立犯罪定罪处罚。

三、关于刑罚

刑罚是老挝《刑法》规定得较为详尽的部分之一，自第五章至第八章，共计 28 条，分别规定了刑罚的目的、刑罚的种类、刑罚的裁量、刑罚的适用与执行等内容。

(一)刑罚的目的

老挝《刑法》第 27 条规定了刑罚的目的，根据该条规定，刑罚的目的不仅仅是惩罚犯罪人，而且是再教育被处罚的人，以便他能过上自食其力的生活，正确并严格地遵守法律，遵守社会生活准则，避免犯罪人或其他人再次实施原来实施的犯罪。刑罚不是要给犯罪人造成身体上的痛苦，也不是要侮辱犯罪人的尊严。显然，老挝《刑法》开宗明义地将刑罚的目的规定为惩罚和教育，既体现了报应刑论“因为有犯罪而科处刑罚”的观点，也反映了目的刑论“为了没有犯罪而科处刑罚”的观点，跟现代社会惩教结合的刑罚理论不谋而合，具有合理性。

(二)刑罚的种类

老挝《刑法》第 28 条将刑罚分为主刑和附加刑两种，其中主刑包括公开批评、不剥夺自由的再教育、剥夺自由刑和死刑四种，附加刑包括罚金(在某些情况下罚金可以变为主刑)、没收财物(指的是与所涉犯罪相关的财物)、没收财产、剥夺选举权和家庭监禁五种。

显然，老挝国的主刑具有自己的特色，值得进一步介绍研究。所谓公开批评，依据其《刑法》第29条，是指在法庭上批评犯罪人，在必要的时候，法院有关公开的判决可以在报纸上公布，或者以其他方式公布。所谓不剥夺自由的再教育刑，依据其《刑法》第30条，是指在犯罪人的工作场所或其他场所适用的刑罚，并且根据法院的判决，犯罪人工资总额的5%～20%将被要求上交给国家，不剥夺自由的再教育刑的期限不得超过1年。剥夺自由刑既包括了有期徒刑，也包括无期徒刑，但是老挝《刑法》第31条规定对于未满18周岁的未成年人和犯罪时怀孕的妇女不得适用终身监禁。与我国相比，我国并无相应的规定，只规定对未成年人和犯罪人时怀孕的妇女不得适用死刑，这体现了老挝《刑法》对未成年人和怀孕的妇女的宽容和对生命的重视，也契合其明确将刑罚的目的规定为惩罚和教育的规定。

老挝国的附加刑中，具有自己特色的是没收财物和家庭监禁。所谓没收财物，是指国家没收用于或准备用于犯罪的物品或犯罪人从故意犯罪中获得的物品。但基于任何人不得从自己的不法行为中获利的原则，对于犯罪所用之物或所得之物，本身即应当予以追缴或退赔，将其规定为附加刑，似乎意味着可以没收也可以不没收，这并不合适。此外对于犯罪所得之物，首先应当考虑是否属于被害人的合法财产，如果是被害人的合法财产，应当及时返还而不应没收，但老挝《刑法》显然忽视了这一点，不利于对被害人合法权益的保护。因而建议其借鉴我国《刑法》第64条对犯罪所得之物、犯罪所用之物的处理的规定，将没收财物从附加刑中剔除出去，作为一般规定，并规定对于犯罪人从犯罪中获得的物品，如果属于被害人的合法财产，应当予以返还。

所谓家庭监禁，是指禁止犯罪人离开住所或禁止犯罪人进入法院判决禁止进入的场所。显然，家庭监禁只能适用于判处公开批评和不剥夺自由的再教育刑的犯罪人，笔者以为，其虽是附加刑的一种，但事实上行使的是保安处分的作用，即着眼于行为人所具有的危险性格，为了保持社会治安，同时以改善行为人为目的，通过补充刑罚的不足，而施行的一种国家处分。[①]

另外除主刑和附加刑以外，法院还可以要求相关当局撤销驾驶执照或其他执照，限制或禁止犯罪人从事某种活动或职责，取消奖章、勋章或称号，以及

---

① 张明楷：《外国刑法纲要》，北京：清华大学出版社2011年版，第429页。

将犯罪人驱逐出境。这类似于我国《刑法》第38条规定的禁止令制度,但不同的是,我国的禁止令只能针对判处管制的犯罪人,而老挝的该项限制可适用于任何犯罪人。

(三)刑罚的裁量

老挝《刑法》第六章专章规定了刑罚的裁量,其中较为特色的是对危险犯的规定、对预备犯和未遂犯的量刑、对共同犯罪的量刑以及数罪并罚的刑罚裁量方式。

老挝《刑法》明确规定了危险犯,即根据犯罪的分类和实施犯罪的方式确定危险犯,同时根据行为人故意或过失给他人的生命、健康、尊严、财产造成的损害程度确定犯罪的危险程度。例如,根据老挝《刑法》第39条的规定,其将财产损失分为以下3个等级:(1)低等级或微小损失,指500000基普以上不满20000000基普;(2)中等级或中等损失是指20000000基普以上不满50000000基普;(3)高等级或重大损失,是指超过50000000基普。

在对预备犯和未遂犯的处罚上,如前所述,只有刑法分则条文有明确规定的情况下才处罚,但在刑罚的裁量上,老挝《刑法》第42条的规定则比我国的相应规定详细得多,其规定,在给预备犯和未遂犯裁量刑罚时,必须考虑犯罪性质、对社会的威胁程度、犯罪恶意的实施程度、犯罪未成功的原因等因素。对于预备犯和未遂犯,法院可以比照既遂犯处以较轻的刑罚。笔者以为,该条规定既有一定的进步意义,也有值得进一步研究之处,其进步意义在于明确规定了对预备犯和未遂犯进行处罚时应当考虑的情形,有利于防止法官擅断和滥用权力,作出不公正的处罚,具有一定的进步意义。但是,将预备犯和未遂犯同等对待,均可处以较轻的刑罚,是否合适,则需进行进一步探讨。

在共同犯罪的处罚上,老挝《刑法》也有自己的特色,如其规定在给帮助犯和教唆犯裁量刑罚时,应当与其他方式参与犯罪一样同等考虑,但考虑到犯罪的性质,以及帮助或教唆的程度,法院可以比照正犯处以相对较轻的刑罚。换言之,老挝《刑法》一方面以同等处罚共同犯罪的任何参与行为类型为原则,另一方面在作为例外的判处相对较轻的刑罚时,又将帮助犯和教唆犯并列而同等看待。但笔者认为老挝《刑法》的该种规定有失偏颇。原因在于,一方面,共同犯罪的立法和理论解决的问题,是将违法事实归属于哪些参与人的行为。就具体案件而言,司法机关认定二人以上的行为是否成立共同犯罪,是为了解决二人以上行为的客观归责问题,也就是说,只要认定成立共同犯罪,就要将客观的法益侵害结果归属于各参与人，至于各参与人是否具有责任，以及责任程度的差别，则在所不论。因而，将任何共同犯罪的参与形式在裁量刑罚时，原则上同等考虑，并不符合当今世界通行的“违法是共同的，责任是个别的”的共同犯罪理论。另一方面，将帮助犯与教唆犯同等对待，并不合适。诚然，相比于直接正犯，帮助犯和教唆犯是间接引起法益侵害的犯罪类型，但无论如何，帮助犯之所以被称为帮助犯，就在于帮助行为本身对法益的侵害程度即对犯罪的加功必然小于实行犯，因而在处罚上并非“可以”，而是“应当”与正犯者有所区别。但教唆犯则不同，教唆行为是使他人产生犯罪决意的行为，这种行为既可能在共同犯罪中起主要作用，也可能起次要作用，应当考虑其对法益侵害的程度进行处罚。因而，我们认为，老挝《刑法》可借鉴我国关于共同犯罪处罚的规定，规定对于帮助犯应当比照正犯处以相对较轻的刑罚，对于教唆犯，应当按照其在共同犯罪中所起的作用处罚。

对于涉及数罪的犯罪的刑罚裁量上，老挝《刑法》第 45 条明确规定应当将各个犯罪所确定的刑罚相加，但各罪的刑罚相加后总刑期不得超过数罪中最严重犯罪的最高刑。据此，老挝《刑法》采取了限制加重原则，其以“一罪一刑”为理论基础，以数罪中最严重的犯罪的最高刑为顶点限制刑罚的加重。但即便如此，笔者仍认为该种规定有放纵犯罪的可能。举例而言，老挝《刑法》第 99 条规定了非法逮捕和拘留罪，其刑罚为 6 个月以上 2 年以下监禁。第 100 条拐卖人口罪的刑罚为 3 年以上 15 年以下监禁。那么若行为人因非法逮捕罪被判处 1 年，同时因拐卖人口罪被判处 15 年，则依据第 45 条，当数罪并罚时，因各罪的刑罚相加后总刑期不得超过数罪中最严重犯罪的最高刑，行为人最终只被决定执行 15 年监禁，这实际上放纵了对非法逮捕罪的处罚，并不合适。因而建议其借鉴我国《刑法》第 69 条的规定，在总和刑期以下、数刑中最高刑以上决定执行的刑罚。

（四）刑罚的执行

在刑罚的具体执行上，与我国类似，老挝《刑法》也规定了缓刑制度、假释制度，但其缓刑期限为 5 年，且对于积极改造、悔改表现突出、模范性地参加劳动的未成年犯罪人，只需执行完原判刑罚的一半即可假释，成年犯人则须执行完原判刑罚的 2/3 方能假释。同时老挝《刑法》还规定了免除刑罚执行的一些情形，以及法院对少年犯、精神病人以及酒精或毒品成瘾的犯罪人的再教育和治疗措施，具有自己的特点，有必要进行进一步的介绍。

老挝《刑法》中免除刑罚执行的情形主要有以下几种:(1)如果犯罪构成轻罪,或者犯罪人的个性表明犯罪人不会给社会造成明显威胁,法院可以遣送犯罪人给行政管理机构或负责再教育的社会组织,以免除刑罚的执行;(2)犯罪人死亡;(3)执行法院判决的行刑时效届满;(4)犯罪人被赦免。其中,第一种情形是老挝国别具特色的规定,有些类似于我国的社区矫正制度,但我国的社区矫正针对的是被判处管制、缓刑和假释的犯罪分子,要么是刑罚执行的一种方式,要么是缓刑经过的一种方式,而并非免除刑罚的执行,而老挝的遣送给行政机构或社会组织却是免除了刑罚的执行,是比我国的社区矫正制度惩罚性更为轻微的一种制度。笔者认为这种制度具有一定的合理性,首先,从理论上讲,对于构成犯罪但危害确实轻微,且人身危险性极小的犯罪人定罪免刑,体现了刑法的谦抑性。其次,遣送给行政机构或社会组织制度与缓刑、假释和监禁分别对应犯罪危害程度不同的犯罪人,可以形成处罚上轻重有序的衔接。最后,老挝《刑法》并非单纯地免除刑罚,而是遣送给行政机构或社会组织进行再教育,这样既可以避免执行短期自由刑所带来的浪费资源等弊害,也有利于矫正行为人,使其不再犯罪,实现社会防卫的目的,具有一定的借鉴意义。

老挝《刑法》第八章规定了法院的再教育措施和治疗措施,主要针对少年犯、精神病犯罪人、酒精或毒品成瘾的犯罪人。例如,其第53条规定,未满15周岁的孩子实施了危害社会的行为,应当适用下列措施:(1)要求少年犯以适当的方式请求受害方原谅;(2)要求其父母或监护人支付民事赔偿;(3)将该少年犯遣送给对其负有再教育职责的人;(4)将该少年犯遣送给行政当局或负责再教育的社会组织。例如,对于精神病状态下实施了犯罪的行为人,或者犯罪时精神正常,但在法院判决前或刑罚执行过程中精神紊乱的犯罪人,可以享受相关的精神治疗措施,例如送到精神病医院或特定的医疗中心。当犯罪人精神恢复到正常状态后,应将犯罪人带回,由法院作出判决。治疗期限应当计算在刑罚执行期限内。

四、关于具体犯罪

老挝《刑法》第二编规定了分则的具体罪名,下设十章,分别为第一章危害国家安全和社会秩序的犯罪,第二章侵害他人生命、健康、荣誉犯罪,第三章侵犯公民权利和自由罪,第四章侵犯国家、集体财产犯罪,第五章侵犯个人财产犯罪,第六章危害婚姻家庭关系、风俗犯罪,第七章经济犯罪,第八章渎职犯罪，第九章违反行政管理、司法管理犯罪，第十章特殊犯罪。这些犯罪大体上按照法益的重要程度和犯罪的严重程度由重到轻进行排列，这与我国刑法分则各章罪名设置顺序相似。

第一章规定了危害国家安全和社会秩序的犯罪。顾名思义，本章罪的法益为两类，国家安全和社会秩序。在危害国家安全的犯罪中，其规定了叛国罪、间谍罪、破坏领土罪等多数国家都有规定的犯罪，但也有一些其独特的规定。例如，老挝《刑法》第60条规定了损害国家安全利益的伤害罪，即以破坏或削弱国家当局为目的，任何人伤害老挝人民民主共和国的领导人，处10年以上20年以下监禁。在危害社会秩序的犯罪中，其规定的犯罪罪名较多，既有在我国属于危害公共安全的非法生产、拥有、使用武器或爆炸物罪、涉及化学武器罪等，也有在我国属于妨害社会经济秩序的伪造银行票据或使用伪造的银行票据罪、洗钱罪等，还有真正意义上的妨害社会秩序的非法行医罪、赌博罪和流氓罪等。

第二章规定了侵害他人生命、健康、荣誉犯罪，该章主要规定了故意杀人罪、殴打罪、过失伤害罪、非法堕胎罪、见危不救罪、侮辱罪和诽谤罪等。其中值得介绍的主要有非法堕胎罪和见危不救罪，所谓非法堕胎罪的构成要件有三种：任何人非法为他人堕胎的；非法堕胎或堕胎者或将堕胎作为职业者，导致被堕胎者的健康恶化或造成死亡的；任何妇女为自己执行堕胎手术的，或者非法招募他人为自己执行堕胎手术的。所谓见危不救罪，根据老挝《刑法》第93条的规定，是指任何人发现他人的生命或健康处以危险之中，在能提供救助的情况下未能提供救助，或者没有请求他人救助的，以及对生命或健康处于危险状态的人有救助责任的人，未能履行救助职责的情形。笔者以为，对于后一种情形，因行为人对生命或健康处于危险状态的人有救助义务，作为见危不救罪的行为主体是合适的，但是也应注意的是，若行为人当时没有救助的能力，即使有救助义务，也不应以犯罪论处。同时，见人有难，举手相助不过是道德规范提倡的一种美德，见危不救的，虽应受到道德的谴责，但不应以刑法这种强制性的法律规范进行规制，否则就混淆了法律与道德的界限，因而笔者认为老挝《刑法》对见危不救罪的规定有失偏颇。此外，值得注意的是，老挝《刑法》的过失伤害罪并不以致人重伤为成罪前提，而只是加重情节，换言之，即使过失伤害致人轻伤后果的，也将触犯本罪。

第三章规定了侵犯公民权利和自由罪，该章罪侵犯的法益是除公民生命权、健康权和荣誉权之外的权利，主要有胁迫罪、非法逮捕罪、拐卖人口罪、劫持人质罪、侵害个人自由罪、侵害他人隐私罪等罪，其中比较有特色的是我国并未规定的胁迫罪。胁迫罪是指以暴力、武器或威胁方式，任何人胁迫他人，迫使他人违背自己的意愿，而按照行为人的意愿实施某种行为或不实施某种行为。我国没有规定相应的犯罪，对于此种行为，如果行为人强迫他人交付财物的，则可能构成抢劫罪或敲诈勒索，若行为人强迫他人不得离开某处所的，则可能构成非法拘禁罪，否则只能作为无罪处理。显然，老挝的胁迫罪的规定比起我国而言规制行为更多，保护范围更广，同时因其刑期为 3 个月以上至 3 年以下监禁，刑期跨度也比较大，法官可以根据胁迫的内容与程度的不同自由裁量不同的刑期，有利于做到罪刑相适应，值得我国借鉴。

第四章规定了侵犯国家、集体财产犯罪，第五章规定了侵犯个人财产的犯罪。将财产犯罪根据侵犯的对象不同分为侵犯国家、集体财产的犯罪和侵犯个人财产的犯罪，并分别进行专章规定，并对前者配置了更重的法定刑，体现了老挝《刑法》对国家、集体财产重视和保护程度。第四章规定的犯罪主要有抢劫国有资产、集体资产罪，盗窃、抢夺国有财产、集体财产罪，骗取国有财产罪，集体财产罪，贪污国有资产或集体资产罪以及故意或过失损坏国有财产、集体财产罪等。第五章规定的犯罪主要有抢劫个人财产罪，盗窃、抢夺个人财产罪，侵占个人财产罪，盗窃罪，故意毁损他人财物罪，非法占有他人财产罪，隐瞒、非法买卖他人财产罪，失火罪等。较为特色的是，这两章规定了一些职业犯罪，例如，第 109 条骗取国有财产罪、集体财产罪的第 2 款规定，将骗取国家财产、集体财产作为一种职业，或由有组织犯罪集团实施，或造成严重损害的，处 3 年以上 7 年以下的监禁。再如第 110 条贪污国有资产或集体资产罪的第 2 款规定，将贪污国有资产、集体资产作为一种职业，或由有组织犯罪集团实施，或造成严重损害的，处 3 年以上 7 年以下的监禁。又如第五章的抢劫个人财产罪，盗窃、抢夺个人财产罪，诈骗罪，侵占罪等都有职业犯罪的规定。

第六章规定了危害婚姻家庭关系和风俗的犯罪。本章罪的法益有两种，一种是婚姻家庭关系，所涉及的犯罪主要有通奸罪，不履行对未成年子女、父母、配偶的义务罪等。所谓的通奸罪，是指已婚的人与第三人发生性关系，或者与已婚之人发生性关系的情形。另一种是善良的社会风俗，所涉及的犯罪主要有强奸罪、奸淫儿童罪、僧侣发生性关系罪、卖淫罪、乱伦罪、淫秽罪、贩卖人口罪等。本章罪名设置的特点是，将部分在我国属于侵犯人身权利的犯罪，如强奸罪、贩卖人口罪等规定在内，同时，部分犯罪具有一定的特色，如僧侣发生性关系罪、乱伦罪等。根据第 130 条的规定，所谓的僧侣发生性关系罪的构成要件有两种，其一是任何僧侣、修女与女性或者男性发生性关系的，其二是自愿与僧侣、修女发生性关系的男性或女性的。根据第 135 条的规定，乱伦罪是指任何人与其亲生父母、养父母、继父母、祖父母、外祖父母、法律上的父或母、亲生子女、养子女、继子女、孙子女、兄弟姐妹发生性关系的行为。同时对于乱伦的另一方，处以相对较轻的刑罚。笔者以为，对于上述行为，要么仅违反宗教教规教义，要么仅有悖于道德规范，但老挝《刑法》却以犯罪论处，有宗教立法、道德立法之嫌。

第七章规定了经济犯罪，其侵犯的法益是老挝国的正常经济秩序和经济管理活动。本章规定的犯罪主要有破坏森林罪，非法狩猎罪，非法开采自然资源罪，生产、销售有害健康的消费品，药品罪，生产、贩卖、持有毒品罪，投机抬价罪，非法出售国有货物、集体货物罪等罪。其中，有几种犯罪值得注意。其一是生产、销售有害健康的消费品、药品罪，本罪类似于我国的生产、销售有毒、有害食品罪，但不同之处在于本罪为典型的危险犯，并不要求造成现实的人身伤亡等危害结果，因而其法定最高刑仅为 3 年监禁。其二是毒品犯罪，我国将毒品犯罪规定到妨害社会管理秩序一章，即认为其侵犯的是国家对毒品的管理活动。但老挝国却将其规定到经济犯罪中，然而，毒品并非可以在市场流通之物，便不应属于经济活动的范畴，因而认为其属于经济犯罪的立法并不合适，同时老挝《刑法》对毒品犯罪配置了较为严重的刑罚，最低刑为 5 年监禁，最高可至死刑，显然属于重罪，因而建议借鉴我国的刑事立法，将毒品犯罪移至分则第一章，作为危害社会秩序的犯罪。另外，老挝《刑法》第 146 条第 7 款对吸毒者的保护措施进行了规定，其规定吸毒成瘾的人，是毒品的受害者，应送往相关机构进行戒毒治疗。其三是非法出售国有货物、集体货物罪，本罪的罪状为负有出售国有商店货物、集体商店货物职责的人，由于贪婪而非法出售国有商店货物、集体商店的货物，那么本罪侵犯的主要法益应是国有财产和集体财产，而非正常的经济活动，似乎移至第四章更为妥当。其四是较有特色的一些经济犯罪，如投机抬价罪。囤积货物罪，天平、称重弄虚作假罪。所谓的投机抬价罪是指当某地处于干旱、洪水或困难时期，任何人投机性抬高商品价格，或以超额的利润销售商品的行为；囤积货物罪是指以使经济或人们的生活不稳定为目的，任何人在企业、公司、商店或其他地方囤积、隐藏货物的行为；天平、称重弄虚作假罪是指在销售货物或收购物品时，任何人对用于出售或收购物品的天平、称重弄虚作假，或为获取额外的货物或金钱使用不合格的天平或称重的行为。我国没有投机抬价罪、囤积货物罪的规定，而对于在天平、称重上弄虚作假的行为，数额较大的，将涉嫌诈骗罪，数额较小的，不以犯罪论处，而只是处以行政处罚。

第八章为渎职犯罪，主要规定了滥用职权罪、超越职权罪、放弃职权罪、玩忽职守罪以及贿赂犯罪。显然，老挝《刑法》将我国的滥用职权罪的几种表现形式分别独立成罪，更为详细具体，负有操作性。但同时，老挝的贿赂犯罪规定则较为笼统，对于行贿、受贿、斡旋受贿和介绍贿赂的行为则仅以一个贿赂罪论处。此外，老挝《刑法》第 157 条还规定对于行贿受贿者判处的罚金数额应依照贿赂价值的倍数计算。无独有偶，我国的《刑法修正案（九）（草案）》也对行贿、受贿犯罪规定为均应并处罚金，但以何为标准决定罚金数额并无详细的规定，老挝《刑法》以贿赂数额为基础实行倍比罚金，不失为值得我国借鉴的一条路径。

第九章为违反行政管理、司法管理罪。本章主要规定了妨害公务罪，销毁、隐匿公文、印章罪，诬告陷害罪，擅自授予圣职罪，窝藏罪，对犯罪嫌疑人、罪犯实施暴力罪等。其中的擅自授予圣职罪也是老挝《刑法》特有的犯罪，该项犯罪规定，未经行政机关批准，僧侣、修女擅自授予圣职，处 3 个月以上 1 年以下的监禁，并处罚金，僧侣未经批准擅自履行圣职，以前款规定论处。

第十章为 2005 年新增的章节，专门规定了特殊犯罪，这些犯罪有腐败罪，危害飞机、船舶、汽车、机场、港口、车站安全罪，种族歧视罪，歧视女性罪。我国没有上述种族歧视罪和歧视女性罪的规定，因而有必要进行介绍。所谓的种族歧视罪，是指由于种族原因，歧视他人或阻止、限制他人参加某种活动，或将他与某种活动相隔离、分开，或阻止、限制其参与任何活动的行为；歧视妇女罪是指，基于性别的原因，歧视妇女或禁止、限制妇女参加政治、经济、社会文化或家庭活动，或将妇女与这些活动隔离的行为。歧视犯罪侵犯了种族和妇女的尊严，在老挝这个多民族且长期存在民族冲突，以及妇女地位还较为低下的国家具有入罪的必要性和合理性。但同时笔者注意到，歧视犯罪中有一项较为模糊抽象的、兜底的构成要件，即基于种族原因歧视他人或基于性别的原因歧视妇女的行为，如何认定某种行为是歧视行为可能在司法实践中成为问题。例如，对不同种族的人报以蔑视或进行辱骂的，是否构成种族歧视罪？禁止妇女抛头露面的，是否属于歧视行为？笔者认为，对“歧视”的理解，应根据同类原则进行判断，即一项行为若要被认定为是歧视行为，在行为的性质和程度上应与上述明确列举的“阻止、限制他人参加某种活动，或将他与某种活动相隔离、分开，或阻止、限制其参与任何活动”相同或类似。

第三节 老挝刑法典主要特色

总览老挝《刑法》，其自身存在诸多特色性的规定，相较于我国《刑法》，老挝《刑法》的特色之处主要存在于以下几个方面。

一、以四要件理论指导刑法立法

老挝《刑法》第7条明确规定了犯罪的构成要件，根据该条的规定，犯罪构成要件是指刑法规定犯罪所必须具备的所有主观和客观特征。犯罪由4个要件构成，具体包括：实质要件、客观要件、主观要件、主体要件。犯罪的实质要件是指刑法规定，而被犯罪所侵害的社会关系。犯罪的客观要件是指行为造成或意图造成对刑法所保护的社会关系的损害，包括实施犯罪的时间、地点、使用的交通工具、设备以及实施犯罪的环境和手段。犯罪的主观要件是指犯罪人对他实施的犯罪行为的态度和精神状态，这种态度和精神状态通过构成犯罪的行为表现出来。犯罪的主体要件是指行为人承担刑事责任所必须具备的条件，即犯罪人精神上有能力，不能是精神病，且必须年满15周岁。

由此观之，老挝《刑法》显然是将犯罪四要件理论在刑法条文中予以了明确规定，即实质要件对应于犯罪客体，客观要件对应于犯罪的客观方面，主观要件对应于犯罪的主观方面，主体要件对应于犯罪主体，从而表明老挝《刑法》显然是在犯罪四要件理论指导下进行的立法。老挝《刑法》如此规定的优势在于：一方面有利于理论指导立法，立法支撑理论，使刑事立法与刑法理论呈现良性互补的局面。而在我国，传自德日刑法中的犯罪三阶层理论已在某种程度上与四要件理论呈现争鸣状态，但由于刑法条文未明确采纳何种理论体系，使得刑法理论的某些研究成果未必能完全契合条文的规定，因而老挝《刑法》的规定值得我国借鉴。另一方面，由于犯罪四要件理论在我国仍属于通说，我国刑法理论可以和老挝国刖法理论及立法相互交流而不存在理论体系上的障碍，有利于实现两国刑法理论的良好对接。

二、刑种设置具有独创性

老挝《刑法》第28条将刑罚分为主刑和附加刑两种，主刑包括公开批评、不剥夺自由的再教育、剥夺自由刑和死刑四种，附加刑包括罚金（在某些情况下罚金可以变为主刑）、没收财物（指的是与所涉犯罪相关的财物）、没收财产、剥夺选举权和家庭监禁五种。

老挝国的独创性的刑种为公开批评、不剥夺自由的再教育刑以及作为附加刑的家庭监禁。所谓公开批评，依据其《刑法》第29条，是指在法庭上批评犯罪人，在必要的时候，法院有关公开的判决可以在报纸上公布，或者以其他方式公布。然而笔者注意到，在老挝刑法分则中，即使是最轻的犯罪也是被处以不剥夺自由的再教育刑，即其规定的所有犯罪均未出现单独或者并列适用公开批评的情况，因而不得而知该刑种是在何种情形下适用。笔者猜测可能在两种情形下适用，一种是任何犯罪都将在法庭上被法官公开批评，其中严重的犯罪则在报纸上或以其他方式公布。另一种是只对定罪但是依法被免除其他刑罚的犯罪人，判处公开批评。笔者倾向于第二种，因为公开批评是主刑的一种，若任何犯罪在判处其他刑罚时都将被同时判处公开批评，则其必然使得一个犯罪同时适用了两个主刑，这与世界上通行的对同一犯罪只能适用一个主刑的原则相悖。所谓不剥夺自由的再教育刑，依据其《刑法》第30条，是指在犯罪人的工作场所或其他场所适用的刑罚，并且根据法院的判决，犯罪人工资总额的5%～20%将被要求上交给国家，不剥夺自由的再教育刑的期限不得超过1年。显然不剥夺自由的再教育刑是一种较为缓和的刑罚，针对的一般都是轻微的犯罪。笔者认为老挝《刑法》的不剥夺自由的再教育刑具有较为显著的优点，一方面是实现轻罪的罚当其罪、节省司法资源。对于一些较为轻微的犯罪尤其是经济性犯罪，因其危害不大，若对其适用监禁可能刑罚过重，但因老挝《刑法》中没有附加刑可以独立适用的规定而又不能单独适用罚金，这时对其适用不剥夺自由的再教育刑便利于实现罚当其罪，也可以有效避免浪费监狱资源，节省人力物力财力。另一方面是可以更好地实现对犯罪人的惩罚，维护刑事判决的权威，同时起到补充国库的作用。对于部分需要判处罚金的犯罪，若犯罪人本身身无分文，即使判处罚金也难以执行，事实上既损害了司法判决的权威，难以使刑事判决落到实处，也事实上放纵了犯罪人。但若对其适用不剥夺自由的再教育刑，要求犯罪人参加劳动，并将其工资总额的一部分上交给国家，既起到了惩罚的作用，不至于使罚金判决成为一纸空文，也在一定程度上能起到补充国库的作用。在我国司法实践中，罚金执行难的问题也广泛存在，笔者建议借鉴老挝不剥夺自由的再教育刑，如对被判处管制、缓刑同时被判处罚金的犯罪人，若查明其缺乏可以执行的财产，可以强制其参加劳动并上交其部分工资。再如对判处拘役、有期徒刑同时应判处罚金的犯罪人，亦可在其刑满释放后要求其将工资总额的一部分上交给国家。

家庭监禁是指禁止犯罪人离开住所或禁止犯罪人进入法院判决禁止进入的场所。当犯罪人被判处剥夺自由刑时，家庭监禁不得超过 5 年，这一期限从剥夺自由行执行完毕之日起计算。犯罪时不满 18 周岁的未成年人、怀孕的妇女以及正在抚养不满 8 周岁未成年人的妇女可以不适用家庭监禁。

三、专门规定刑事责任的加重、减轻和免除情形

老挝《刑法》第 18 条、第 40 条、第 41 条分别规定了免除、减轻和加重刑事责任的情形。例如，免除刑事责任的情形主要有 8 种，分别为暴力和胁迫、合法防卫、紧急避险、执行职务、执行命令、体育运动、必须由受害方提出控告而受害方又没有提出控告的犯罪以及超过诉讼时效的犯罪。显然，老挝《刑法》关于刑事责任的情形规定的较为详细具体，不仅包括我国《刑法》中规定的正当防卫、紧急避险等情形，还包括执行职务、执行命令、体育运动等在学理上不认为是缺乏有责性的行为，老挝《刑法》将刑法理论上的正当行为以立法的方式排除在犯罪之外，更有利于缩小犯罪圈，体现了刑法的谦抑性。

老挝《刑法》中减轻刑事责任的情节，主要有以下几种：犯罪人未满 18 周岁；正在怀孕的女性犯罪人；超出限度的正当防卫；由于被害人的非法行为而在情绪强烈激动状态下实施犯罪行为；在暴力或者恐吓的胁迫下犯罪；犯罪人诚实、自愿地防止其犯罪行为造成损害或者补偿其犯罪行为造成的损失；由于犯罪人自己或他的家庭成员处于严重的困境而犯罪的；犯罪人向官方表示悔过和屈服，并承认和揭露自己或他人的罪行；初犯且没有给社会带来损害的；犯罪人给国家做出贡献的。

老挝《刑法》中加重刑事责任的情形，共计 12 种：累犯；有组织团体实施的犯罪；出于贪婪而犯罪；针对未成年人、老人、残疾人以及精神上或其他方面依靠犯罪人或在犯罪人控制下的人实施的犯罪；煽动未成年人实施或参加犯罪；对被害人实施残酷的或野蛮的侵害行为；犯罪造成了严重后果；在灾难期间实

施犯罪行为;以危及公共安全的方法实施犯罪;在醉酒或滥用毒品状态下实施犯罪,根据实施犯罪的性质,法院有绝对的权力决定是否加重犯罪人的刑事责任;故意强加罪行于无辜的人;犯罪人掩饰其他犯罪,或用暴力脱逃。

老挝《刑法》专门规定刑事责任的免除、加重和减轻情形,有利于防止法官主观恣意决定刑罚,限制法官滥用自由裁量权,因徇私情而故意忽视加重或减轻刑事责任的情节,具有一定的进步性,值得我国借鉴。

四、规定较多道德犯罪

老挝《刑法》中规定有较多的道德犯罪,这些犯罪主要散见于第二章侵害他人生命、健康、名誉罪及第六章危害婚姻家庭关系、风俗犯罪中,这是其较为特色之处。例如老挝《刑法》第 93 条规定了见危不救罪,即任何人发现他人的生命或健康处于危险中,在能提供救助的情况下未能提供救助,或者自身虽不能提供救助但没有请求他人救助的,处 3 个月以上 1 年以下的监禁。再如第 126 条的通奸罪,第 135 条的乱伦罪(近亲相奸罪)等,将已婚者与第三者之间的通奸行为以及近亲之间的自愿发生性关系的行为均规定为犯罪,这些均为典型的道德犯罪。显然,老挝国在部分犯罪上采用的是以刑法来应对社会风俗和道德问题,但刑法本身作为社会防卫的最后一道防线,将应受道德谴责的行为以犯罪论处,显然混淆了法与道德的界限,但这种立法的具体实施效果如何,仍需进一步研究。

五、对国家、集体和个人的财产分别予以规定

老挝《刑法》第四章规定了侵犯国家、集体财产犯罪,第五章规定了侵犯个人财产的犯罪。将财产犯罪根据侵犯的对象不同分为侵犯国家、集体财产的犯罪和侵犯个人财产的犯罪,并分别进行专章规定,是老挝《刑法》较为特色的规定。第四章规定的犯罪主要有抢劫国有资产、集体资产罪,盗窃、抢夺国有财产、集体财产罪,骗取国有财产、集体财产罪,贪污国有资产或集体资产罪以及故意或过失损坏国有财产、集体财产罪等。第五章规定的犯罪主要有抢劫个人财产罪,盗窃、抢夺个人财产罪,侵占个人财产罪,盗窃罪,故意毁损他人财物罪,非法占有他人财产罪,隐瞒、非法买卖他人财产罪,失火罪等。

以抢劫行为为例,老挝《刑法》第 107 条抢劫国家、集体财产罪规定,为占

有国家或集体的资产，任何人以暴力攻击或以他人的生命或健康相威胁的，处5年以上10年以下监禁。而其第118条抢劫个人财产罪则规定，以非法占有他人私人财产为目的，任何人以暴力攻击他人，或直接威胁他人的生命或健康的，处4年以下8年以上监禁。由此可见，老挝《刑法》不仅将侵犯国家、集体财产与个人财产的行为分别规定为不同的犯罪，同时为侵犯国家、集体财产的行为配置了更重的法定刑，体现了老挝《刑法》对国家、集体财产重视和保护程度。但在个人本位为主流世界观的今天，这种国家本位主义的立法是否合适，其实施的具体效果如何，尚有待进一步研究。

六、规定较多宗教犯罪

老挝《刑法》中也有大量的关于宗教犯罪的规定。这些犯罪主要散见于第一章危害国家安全和社会秩序的犯罪，第二章侵害他人生命、健康、荣誉犯罪，第三章侵犯公民权利和自由罪，第四章侵犯国家、集体财产犯罪，第五章侵犯个人财产犯罪，第六章危害婚姻家庭关系、风俗犯罪，第七章经济犯罪，第八章渎职犯罪，第九章违反行政管理、司法管理犯罪，第十章特殊犯罪。

例如，其第112条破坏文物、有艺术价值的建筑物罪规定，任何人损毁、毁坏舍利塔、圣地及其他类似的物体，或挖掘寺庙、损毁或销售佛像或其他圣物的，处2年以上7年以下监禁。再如第130条僧侣发生性关系罪规定，任何僧侣、修女与他人发生性关系，处6个月以上3年以下的监禁。以及第162条擅自授予圣职罪规定，未经行政机关批准，僧侣、修女擅自授予或履行圣职，处3个月以上1年以下监禁。当然，用刑法来干涉宗教事务、保护宗教财产、规制宗教人员行为的这种立法，其实际效果如何，仍值得进一步研究。

第四节　老挝刑法典主要瑕疵

如前所述，老挝国《刑法》拥有一些鲜明的特色，但不无遗憾的是，其也有着一些不足之处有待完善。

一、缺乏单位犯罪的规定

英美法系一向承认单位法人可以成为犯罪主体,但大陆法系国家则历来否认法人可以成为犯罪主体,但近来大陆法系国家中如法国等国家则开始极为宽泛地承认法人为犯罪主体,在理论上肯定法人具有犯罪能力,也成为刑法理论上的趋势。事实上,随着法人活动范围的扩大,有必要在行政刑法的领域对法人的违法活动进行刑法的规制。原因在于法人本身具有实在性,其实施的犯罪,是可以作为现实事态予以认识的。从造纸厂造成水质污染之类的事例可以看出,法人并非都是为了社会目的而活动,相反,法人也可能违反法所承认的设立目的而实施违法行为。另外,即使对犯罪的法人不能科处自由刑,但可以科处自由刑以外的其他刑罚,对犯罪的法人科处刑罚,既不与刑罚性质相冲突,也能发挥刑罚的预防机能。最后,与自然人相比,法人具有更高的支付能力,通过科处罚金追究法人的刑事责任,也并无不合适。反之,因为单位犯罪基本都是经济犯罪或侵犯社会法益的犯罪,若仅仅追究法人代表人的个人责任,则难以充分保护被害人的合法权益,也不利于社会防卫。基于上述的理由,我国《刑法》就不仅将自然人规定为行为主体,而且将单位规定为部分犯罪的行为主体。

但反观老挝《刑法》,无论是在总则还是分则,均没有看到任何有关处罚单位犯罪的规定,不得不说是个遗憾。因而建议借鉴我国单位犯罪的刑法立法例,规定单位犯罪。笔者以为,借鉴我国单位犯罪的立法,主要应当注意以下几点:首先,就单位犯罪的主体而言,必须是依法成立、拥有一定财产或者经费,能以自己的名义承担责任的公司、企业、事业单位、机关、团体。若是个人为进行违法犯罪活动而设立的公司、企业、事业单位实施犯罪的,或者公司、企业、事业单位设立后,以实施犯罪为主要活动的,不应认定为单位犯罪。同时,单位犯罪的主体必须能以自己的名义承担责任,即单位必须具有自己的名称、机构、场所和自己独立的资产。其次,在对单位犯罪的处罚上,原则上除了处罚单位外,还要对单位直接负责的主管人员和其他直接责任人员定罪量刑,即所谓的双罚制。当然,也有一些例外情况,如在经济类犯罪中,若单位犯罪的主体是股份制公司,再对公司判处罚金的话,将会进一步损害股东的利益。最后,若涉嫌犯罪的单位被撤销、注销、吊销营业执照或者宣告破产的,就不应当再行追究单位的责任,而只对其直接负责的主管人员和其他直接责任人员予以追诉。

二、缺乏危害公共安全犯罪的专章规定

老挝《刑法》分则第一章规定了危害国家安全和社会秩序的犯罪,但是一方面,社会秩序的具体内容是什么,其内涵是什么,外延有多大,并不明确。从其具体罪名的规定上看,所谓的侵犯社会秩序的犯罪既包括洗钱罪、伪造货币罪等侵犯正常的经济秩序的犯罪,也包括非法生产、持有、使用武器或者爆炸物罪、涉及化学武器罪等危害公共安全的犯罪,甚至包括流氓罪、赌博罪等危害社会管理秩序的罪名。但是分则各章罪名一般是按照对法益的侵犯程度由重到轻排列,首章一般是规定最为严重的犯罪,而显然,流氓罪等罪为轻罪,规定在第一章并不合适。同时,侵犯经济秩序的犯罪与侵犯国家安全的犯罪在法益侵犯的程度上也有着轻重之别,相反,侵犯公共安全的犯罪在法益侵犯的程度上与侵犯国家安全的犯罪有着亲和性。事实上,危害公共安全的犯罪,作为威胁安定的社会生活前提的社会安全的犯罪,其包括威胁不特定或者多数人的生命、身体或者财产的犯罪,以及危害公共安定生活、危害公共健康的犯罪,显然属于重罪,具有单独设立专章进行规定的必要性。另一方面,国家安全和社会秩序并非同类法益,前者为国家法益,后者为社会法益,不存在并列规定的充分理由,而老挝《刑法》将危害国家安全的犯罪与破坏社会秩序的犯罪并列作为一章的依据为何,并不清楚。因而,笔者建议其借鉴我国《刑法》的立法体系,将第一章设置为侵犯国家安全的犯罪,而将其中侵犯社会秩序的犯罪剔除出去,增设一章作为第二章,规定危害公共安全的犯罪。而如洗钱罪、伪造货币罪等罪则移至经济犯罪一章,将流氓罪、赌博罪等移至风俗犯罪一章。这样以来,更有利于凸显刑法对公共安全的重视程度,体现刑法防卫社会的目的,具有一定的合理性。

三、缺乏军事犯罪的规定

一般认为,军事犯罪包括侵犯国防利益的犯罪和侵犯军事利益的犯罪。国防是国家生存和发展的安全保障,是国家为了保卫国家主权、领土完整与安全,而采取的一切防务。国防利益是指满足国防需要的保障条件与利益,包括国防物质基础、作战与军事行动秩序、国防自身安全、武装力量建设、国防管理

秩序等,这些利益是国家利益的重要组成部分。当然,由于军队直接承担国防任务,所以危害国防利益的行为往往也与军人相关。如以军人破坏装备与军事设施、阻碍军人执行职务、妨碍部队管理、扰乱军事区域秩序、逃避军事义务等为内容,或者主要分为战时或平时危害国防利益的犯罪。侵犯军事利益的犯罪基本是以军人为主体的犯罪,国家的军事利益,是指国家在国防建设、作战行动、军队物质保障、军事利益、军事科学研究等方面的利益。可以说军事利益直接关系着国家的安全和利益,理应受到特殊保护。

但是,老挝《刑法》并未规定军事犯罪,唯一与之相关的罪名是其《刑法》第69条加入敌军、掩护反革命人员罪。该条规定,任何人在革命战争中脱逃,加入敌军的,处3年以上10年以下监禁。任何人隐瞒、藏匿、庇护、协助从事反革命的人员的,处1年以上5年以下监禁。除此之外,并无其他规定。但是国防利益、军事利益都是直接关系国家安全和利益的犯罪,刑法作为社会防卫的最后一道保障,理应对侵犯国防和军事利益的犯罪予以规定。因而,建议老挝借鉴我国的相关刑事立法予以完善。笔者以为,可以在老挝《刑法》分则中增设一章军事犯罪,专门规定如阻碍军人执行职务罪、战时违抗命令罪等侵犯国防利益和军事利益的行为。

四、规定较多道德犯罪,道德与法混杂

如前所述,老挝《刑法》规定了大量如通奸罪、乱伦罪等道德犯罪,但是这些犯罪基本是无被害人的犯罪,其侵犯的不过是社会善良风俗和公共道德,但是所谓的社会善良风俗和公共道德是什么,是否是一种法益,是否值得刑法保护,又是否有必要动用刑法保护,仍是大有争论的问题。当然,如杀人、强奸等行为不仅侵犯了生命、性权利等法益,也侵犯了不得无故剥夺他人生命、不得侵犯他人性的自由的社会伦理道德也广泛承认的一般原则。但是基本可以肯定的是,刑法的任务或目的是保护法益而不是社会伦理道德,单纯侵犯社会伦理道德的行为,仅属于道德领域,仅受道德谴责即可,而不应以刑法介入和惩罚。

老挝《刑法》将属于道德谴责范畴的行为以刑法进行规制,正是法律万能主义的做法,但刑法不是万能的,刑法针对的只能是严重危害社会的行为,将任何领域内的行为均纳入刑法规制的范畴,必然无限制地扩大犯罪圈,使得本应作为社会最后一道防线的刑法反而成为“防卫前线”,从而丧失了刑法的谦

抑性。道德犯罪的理论基础源于行为无价值，即认为刑法的目的是保护社会伦理秩序，因而犯罪行为就是对作为秩序基础的社会伦理秩序的违法，只要行为违反了一般人所信奉的伦理秩序，就能肯定行为在刑法上的违法性，即使没有侵害法益的危险，也要以犯罪论处。但是，正如结果无价值论者对行为无价值论的批判一样，刑法的目的和作用并不在于保护社会伦理的行为价值，因为刑罚作为一种严厉的惩罚，其是一种巨大的痛苦，并非维持社会伦理道德的适当手段；况且，在现代社会，价值是多元的，某种伦理在特定阶段被视为是正确的，在其他阶段则可能就不太合适，换言之，伦理道德具有相对性，将维持社会伦理道德作为刑法的任务，不仅是对刑法的过分要求，而且容易在法的名义下强制他人服从自己的价值观，使得本应保护公民自由的刑法反过来却成了干涉公民自由的工具。

五、具体罪名的设置和排列不尽合理

刑法条文的设置是一项极具科学性的工程，其各项条文之间应当具有一定的内在逻辑性，同时应避免重复。但笔者注意到，老挝《刑法》在某些条文的设置上不尽合理，要么缺乏内在的逻辑，要么有重复立法之嫌。

首先，在老挝《刑法》总则中，第四章规定的是免予起诉和处罚的情形，第六章规定刑罚的裁量，第七章则规定免除刑罚的情形或假释的条件，但是显然这三章规定的内容存在着重合交叉或者编排上逻辑混乱的问题。一方面，第18条免除刑事责任的情形被规定在第四章免予起诉和处罚中，而有利于减轻刑事责任的情节和将加重刑事责任的情节则被规定到第六章刑罚的裁量中，这表明老挝《刑法》并未明确区分刑事责任和刑罚，而将影响刑事责任大小的情形分别规定。但是，众所周知，刑事责任与刑罚是两个有密切联系又相互不同的概念，刑事责任是犯罪成立的条件，任何犯罪行为都是应当承担刑事责任的行为，然而，即使是确实的犯罪，也不一定要被判处刑罚。换言之，犯罪必然有刑事责任，而未必均应判处刑罚。另一方面，第六章中规定刑罚的裁量和具体运用，其内容包括对各种量刑情节的运用以及缓刑制度，但令人费解的是，老挝《刑法》中颇具特色的第49条通过遣送犯罪人给行政管理机制或负责再教育的社会组织以免除刑罚的规定，却也被规定在第六章中，然而本条性质显然属于免除刑罚的情形，规定到第七章更为合适。

其次，老挝《刑法》分则共分十章，大体上看，其各章罪名的设置与我国相同，均是按照对法益侵犯的程度由重到轻进行排列，但其各章下具体罪名的设置则并非皆是如此，罪行程度上忽轻忽重，缺乏较好的协调性。例如其分则第一章为危害国家安全和社会秩序的犯罪，其侵犯的法益包括国家安全和社会秩序，为彰显刑法对国家安全、公共安全等重大法益的重视，其各具体罪名原则上也应依照由重罪到轻罪的顺序排列。而老挝《刑法》在规定了背叛国家罪、谋反罪等可能被判处死刑的重罪后，却又规定了最高刑仅为3年监禁的洗钱罪等轻罪，而在洗钱罪后却又规定了内乱罪、破坏或袭击拘留所或感化中心、加入敌军、掩护反革命人员罪等重罪，显然这些罪名之间缺乏逻辑上的内在一致性。

再次，老挝《刑法》中某些罪名的编排缺乏合理性。例如，其分则第六章为危害婚姻家庭关系、风俗犯罪，但本章罪中还规定有强奸罪、奸淫儿童罪、贩卖儿童罪等罪，但显然，这些犯罪侵犯的主要法益并不是婚姻家庭关系和社会风俗，而应是公民的人身权利，如强奸罪侵犯的主要法益是妇女的性的自主权，贩卖人口罪侵犯的主要是公民不受他人买卖的自由权。因而应将这些犯罪设置在分则第二章侵犯公民生命、健康、名誉犯罪或第三章侵犯公民权利、自由犯罪中。再如老挝《刑法》将毒品犯罪规定到分则第七章经济犯罪中，似乎认为毒品犯罪的主要法益是经济秩序，然而，毒品并非可以在市场流通之物，便不应属于经济活动的范畴，事实上，即使是为牟取非法利益而贩卖、运输毒品，其侵犯的主要也是社会公众的身体健康和国家对毒品这一违禁品的管理制度，而非经济秩序，因而认为其属于经济犯罪的立法并不合适。同时老挝《刑法》对毒品犯罪配置了较为严重的刑罚，最低刑为5年监禁，最高可至死刑，显然属于重罪，因而有必要借鉴我国的刑事立法，将毒品犯罪移至分则第一章，作为危害社会秩序的犯罪。

最后，老挝《刑法》分则第十章关于特殊犯罪的规定并无必要。第十章专门规定的特殊犯罪有腐败罪，危害飞机、船舶、汽车、机场、港口、车站安全罪，种族歧视罪，歧视女性罪。但令笔者疑惑的是，这几则罪名被规定为特殊犯罪，其特殊性在何处？其侵犯的法益又不相同，并不存在内在的逻辑一致性，似乎只是因为2005年老挝新修订《刑法》时一股脑设立的新罪名，实质上缺乏专章规定的必要和充分的理由。然而，腐败罪是关于贪污行为的规定，属于侵犯国家财产、集体财产的犯罪，危害飞机、船舶、汽车、机场、港口、车站安全罪是侵犯公共安全的犯罪，种族歧视罪和歧视女性罪是侵犯公民权利和自由的犯罪。因而，笔者建议将腐败罪移至老挝《刑法》第四章侵犯国家财产、集体财产的犯罪一章，将危害飞机、船舶、汽车、机场、港口、车站安全罪规定到危害公共安全犯罪一章，将种族歧视罪和歧视女性罪规定到侵犯公民权利和自由犯罪一章。

第五节 中国与老挝刑事司法合作展望

刑事司法合作是加强各国刑事司法领域的沟通与交流的重要渠道，在打击跨国犯罪方面起到重要作用。随着中国-东盟自由贸易区的启动和建立，中国与东盟各国将在投资和各项贸易方面密切合作，这势必会带动该区域经济的迅猛发展。但值得注意的是，随着各国人员往来频繁，诸如走私、贩毒、贩卖人口、洗钱、贪污贿赂等跨国犯罪活动也会日益增加。因而，共同致力于打击跨国刑事犯罪，是维护和实现中国-东盟自由贸易区社会稳定和经济安全运行的主要手段，也是建立中国-东盟自由贸易区的重要保障。2006 年 10 月 30 日，中国-东盟建立对话关系 15 周年纪念峰会发表联合声明指出：双方承诺保持高层往来，加强在非传统安全问题上的合作与信息交流，促进包括反腐败在内的刑事司法和执法合作。温家宝总理在中国-东盟建立对话关系 15 周年纪念峰会上发表讲话时也指出：加强双方在反恐、打击跨国犯罪等领域的合作，以维护共同安全。

可喜的是，近年来，中国与东盟各国刑事司法协助工作不断得到加强，合作成效明显，不仅缔结了一些刑事司法协助条约和引渡条约，还合作侦破、查办了许多重大犯罪案件。同时，中国与东盟国家之间的交流与合作不断加强，具体到刑事司法合作方面，已签订多项条约，具体如 2002 年 11 月中国与东盟成员国政府签订的《关于非传统安全领域合作联合宣言》，2004 年 1 月中国与东盟成员国政府签署的《非传统安全领域合作谅解备忘录》，2007 年在新加坡签订的《亚洲地区反海盗及武装劫船合作协定》等，同时，2009 年中国东盟对《非传统安全领域合作谅解备忘录》进行了修订。毫无疑问，这些中国与东盟成员国签订的相关文件在指导中国和东盟刑事司法协助方面起到了重要作用。

一、中老刑事司法合作现状

自1961年中老建交以来，两国在多个领域已经开展了较深层次的合作。就中国和老挝之间的刑事司法合作而言，1999年1月25日中老双方签署了《中华人民共和国和老挝人民民主共和国关于民事和刑事司法协助的条约》(以下简称《关于民事和刑事的司法协助的条约》)，2002年2月4日中老双方签署了《中华人民共和国和老挝人民民主共和国引渡条约》(以下简称《引渡条约》)。除此之外，中老双方还就部分具体犯罪召开会议和签订协约，如1993年10月联合国第四十八届联大禁毒特别全会期间，中国、缅甸、老挝、泰国和联合国禁毒署五方共同签署了《禁毒谅解备忘录》。1994年6月，中国、老挝、缅甸和联合国禁毒团在老挝万象举行了亚洲区域禁毒高级官员会议。1995年5月，在北京成功主办的第一次亚洲区域部长级禁毒会议上，柬埔寨、中国、老挝、缅甸、泰国、越南和联合国禁毒团的代表团出席了会议，审议通过了共同签署了《亚洲区域禁毒行动》。2014年5月28日至29日北京召开了东亚次区域禁毒谅解备忘录(MOU)签约方高官会议，中国和柬埔寨、老挝、缅甸、泰国、越南以及联合国毒品和犯罪问题办公室(UNODC)的代表及专家50余人参加了会议，针对毒品与其他跨国犯罪活动关系日益紧密等新的毒品形势，就推动本区域多边禁毒合作问题进行了研究讨论。应该说中老两国之间已存在一定程度的刑事司法合作，并在打击毒品犯罪等跨国刑事犯罪中起到了重要作用。

但不可否认的是，中老双方在刑事司法合作的道路上走得还不够远，司法合作的领域还不够深入，例如，就司法协助而言，中老双方目前还没有专门的刑事司法协助的条约，而是将民事和刑事杂糅在一起，难以体现对共同打击跨国犯罪的重视与决心。另外《关于民事和刑事司法协助的条约》第27条规定了刑事司法协助的范围，即缔约双方应当根据请求，在刑事方面相互代为送达诉讼文书，向证人、被害人和鉴定人调查取证，讯问犯罪嫌疑人和被告人，进行鉴定、勘验以及完成其他与调查取证有关的司法行为，安排证人或鉴定人出庭，通报刑事判决，承认与执行刑事案件中关于民事损害赔偿和诉讼费的裁决。由此可见，中老双方对对方刑事判决并非完全承认，而只是承认其中关于民事损害赔偿和诉讼费用的裁决，这并不利于有效实现国际司法合作和打击跨国犯罪的目的。因而，现有的刑事司法合作机制并不能完全满足中老两国协同打击跨国犯罪的需要，更需要进一步加强刑事司法合作。

二、中老刑事司法合作的必要性和可行性

中老两国进一步深化刑事司法合作，共同打击跨国刑事犯罪既是推动中国-东盟自由贸易区平稳发展的需要，更是完善两国现行刑事司法合作机制和提高刑事司法水平的必然要求，有着进一步深化合作的必要性和可行性。

(一)中老刑事司法合作的必要性

一方面，中国-东盟之间跨国犯罪的不断增加要求中国与东盟国家开展有效而强有力的国际刑事司法合作，以保障中国-东盟进一步深化经济和其他多方面的合作。在中国-东盟经济合作日益深化，经贸往来日益频繁的同时，毒品犯罪、恐怖犯罪、走私枪支弹药等杀伤性武器犯罪等严重犯罪层出不穷，极大地影响了中国与东盟国家的经济合作与发展。这些跨国犯罪流动性强，参与人数多，甚至呈现集团化、组织化趋势，再加上其高度的隐蔽性，使得我们不得不承认这样一个事实，那就是对于国际性犯罪，任何一个国家都不可能只凭借一己之力就能达到有效打击的效果。[①] 因而在中老两国的跨国犯罪问题上，深化刑事司法合作是保障中老双方经贸稳定发展的题中之义。

另一方面，中国-东盟自贸区的设立倒逼中老双方进一步深化现行刑事司法合作机制。中国-东盟自由贸易区正式启动于 2010 年 1 月 1 日，而中老双方如《关于民事和刑事司法协助的条约》《引渡条约》分别于 1999 年和 2002 年签订，世界形势发展日新月异，在中老两国经贸领域不断协作、外交关系日益和谐的今天，传统的刑事司法合作已经不能满足中国-东盟之间协作发展的需要，这些都需要中老双方在刑事司法合作上作出实质性的努力，在刑事制度上保障中老经贸伙伴的友好关系。

(二)中老刑事司法合作的可行性

一方面，中国-东盟自由贸易区的建立为中老刑事司法合作提供了新的发

① 何秉松：《全球化时代犯罪与刑罚新理念》，北京：中国民主法制出版社 2011 年版，第 409 页。

展平台。自2010年1月中国-东盟自贸区全面建成以来,东盟和中国的贸易占到世界贸易的13%,成为一个涵盖11个国家、19亿人口、GDP达6万亿美元的巨大经济体,是目前世界人口最多的自贸区,也是发展中国家间最大的自贸区。经济基础决定上层建筑,中国-东盟自由贸易区的发展必然会推动中国和东盟各个国家之间民事制度、商事制度、刑事制度多方面的对接与协作。因而,可以说中老两国完全可以依托中国-东盟自贸区这一高端平台,以经济共同发展促进制度相互协作,在刑事司法合作方面迈出新的台阶。

另一方面,中国与老挝有着良好的刑事合作基础和经验,为进一步深化两国刑事司法合作提供了肥沃的土壤。例如,就国际上的合作而言,中老双方都参加了《联合国反腐败公约》《联合国打击跨国有组织犯罪公约》,在具体犯罪上已经开展了国与国之间的对话,也说明两国在打击跨国犯罪方面有着共同的目标和语言。就两国内部间的合作而言,如前所述,中老已经分别于1999年和2002年签订了《关于民事和刑事的司法协助的条约》和《引渡条约》,不存在首次开展司法合作的困难。

三、深化中老刑事司法合作

国际刑法的适用经常需要通过国内刑事司法对国际犯罪的刑事制裁予以实现,中老双方的刑事合作也莫能例外。因而,明确中老两国在打击具体犯罪方面的合作显得尤为重要。就目前实际情况而言,中老双方有必要进一步深化在以下几类犯罪方面的刑事合作。

(一)反恐怖主义犯罪司法合作

中国和老挝历来重视对反恐怖主义犯罪的刑事司法合作。例如,2014年7月28日,习近平总书记在人民大会堂同老挝人民革命党中央总书记、国家主席朱马里举行会谈。在会谈中,习近平强调,双方要深化执法安全合作,加强湄公河流域联合巡逻执法和边境管理,合力打击恐怖主义和跨国犯罪。[①]中老双方在反恐刑事合作方面应当注意以下几个方面:

---

① 参见:《习近平晤老挝主席 将加强湄公河执法》,http://news.xinhuanet.com/mil/2014-07/29/c_126807253.htm,访问日期:2015年2月15日。

1. 加强控制和预防恐怖主义犯罪的反恐协调机制的构建。湄公河惨案的教训警示我们，在中国-东盟自贸区这个世界上人口最多的自贸区里，有必要建立一个协同中国、老挝及所有其他东盟国家的多边反恐协调机制，负责与各联盟国进行反恐信息和经验交流、共享，组织中国-东盟国家反恐警察专业技能培训，提供反恐情报预警和反恐技术保障，实现各国恐怖主义犯罪立法和刑事诉讼程序的有效对接。

2. 加强中国-东盟国家间反恐怖主义犯罪指挥体系的建设。高效的指挥机制是预防、处理和打击恐怖主义犯罪活动取得成功的关键因素。一个国家加强防范和控制机制，形成追诉犯罪的有效网络，就可以减少被犯罪侵害的机会。[①] 而各个国家建立一个统一的反恐指挥体系，由一个指挥体系进行领导指挥，可以有效减少各个国家各自为政的局面，将各个国家反恐网络进行衔接，在中国和东盟国家之间形成铜墙铁壁。

3. 加强中国-东盟反恐怖主义犯罪专门机构的建设。中国和东盟成员国有必要建立一个专门的反恐怖主义机构，并在各成员国内设立反恐海外办事处和反恐安全技术部门，例如，中国驻老挝反恐办事处可由中老双方刑法学者和反恐警察以及行政人员组成，安全技术部门则由安全专家、机械专家、爆破专家、生化专家等组成，以应对预防和打击现代恐怖主义犯罪的需要。

(二)打击贪污腐败犯罪司法合作

近年来，我国的腐败形势日益严重，社会上甚至出现了中国的腐败越反越严重的质疑。[②] 老挝与我国接壤，容易成为贪污腐败分子的逃亡地。因而，加强我国与老挝在贪腐犯罪方面的司法合作，显得尤为重要。具体而言，主要分为以下几个方面的协作：

1. 加强双方调查取证合作，探索建立联合侦查机制。根据中老两国签订的《关于民事和刑事司法协助的条约》第 27 条的规定，中老双方应当依据对方请求，在刑事方面相互代为送达诉讼文书，向证人、被害人和鉴定人调查取证，讯问犯罪嫌疑人和被告人，进行鉴定、勘验以及完成其他与调查取证有关的司法行为，安排证人或鉴定人出庭，通报刑事判决，承认与执行刑事案件中关于

---

① 张智辉：《国际刑法问题研究》，北京：中国方正出版社 2002 年版，第 134 页。

② 李辉：《中国的腐败越反越严重吗？——基于国际测评数据的一项观察》，载《河南社会科学》2011 年第 4 期。

民事损害赔偿和诉讼费的裁决。腐败犯罪分子一旦外逃，在跨国进行打击时最为苦恼的问题就是调查难和举证难。即使赋予签约方以调查取证的权利，但由于逃离国对嫌疑人所在国的区域划分、调查程序等并不了解，因而往往难以及时抓获犯罪嫌疑人，甚至会错失抓捕良机，使其再次逃亡他国。因而中老两国可以借鉴《联合国反腐败公约》第 49 条以及《联合国打击跨国有组织犯罪公约》第 19 条的规定，探索建立联合调查机制，即由双方组成临时调查机构，合作开展对有关犯罪的侦查、取证等工作。[①] 此外，我国《刑事诉讼法》第 148 条规定：人民检察院在立案后，对于重大的贪污、贿赂犯罪案件以及利用职权实施的严重侵犯公民人身权利的重大犯罪案件，根据侦查犯罪的需要，经过严格的批准手续，可以采取技术侦查措施，按照规定交有关机关执行。追捕被通缉或者批准、决定逮捕的在逃的犯罪嫌疑人、被告人，经过批准，可以采取追捕所必需的技术侦查措施。因而，出于打击贪污腐败犯罪这种具有隐蔽性的犯罪的需要，中老双方有必要协商确定双方可在保障不侵犯对方国家、政治安全的条件下，在对方境内采取特殊侦查手段如控制下交付、电子监视、特情介入等技术性侦查手段。

2. 加强反腐信息情报交流、完善国际反腐技能培训合作。中国-东盟作为发展中国家中最大的自由贸易区，在积极开展贸易合作的同时，应当探索和寻求在惩治国际腐败犯罪方面加强各国反贪机构之间的信息交流和反腐技能培训。中老双方应加强相互联络，定期或不定期地组织两国反腐部门沟通会议，加强反腐败经验的共享，反腐败对策的研究，也包括反腐败情报信息的通报与传递，反腐败工作人员专业知识和技能的培养与交流等，以进一步增进了解，求同存异，深化合作。

3. 深化腐败犯罪嫌疑人的引渡合作，探索建立赃款赃物代为追缴机制。我国与老挝签订了《引渡条约》，其中规定了政治犯不引渡原则，因而在打击腐败犯罪时，往往会出现腐败犯罪是否是政治犯罪的争议。为避免争议和起到打击贪腐分子的目的，中老双方应当明确贪污腐败犯罪不属于政治犯，符合引渡的条件。值得注意的是，当前国际社会中正在形成一项新的引渡原则：死刑不引渡原则。中老两国因均未废除死刑而面临着死刑不引渡原则的现状和困境，但出于免受来自国际社会的指责以及更好地实现贪腐分子引渡的目的，有

① 马呈元：《国际刑法论》，北京：中国政法大学出版社 2013 年版，第 663 页。

必要在中老引渡条约中加入死刑不引渡原则。

此外,《引渡条约》第 15 条规定了涉案财物的移交,即如果请求方提出请求,被请求方应当在本国法律允许的范围内,扣押在其境内发现的犯罪所得、犯罪工具以及可作为证据的财物,并且在同意引渡的情况下,将这些财物移交给请求方;在同意引渡的情况下,即使因为被请求引渡人的死亡、失踪或者脱逃而无法执行引渡,本条第 1 款提到的财物仍然可以予以移交。显然,该条约对被请求引渡人死亡、失踪、脱逃而无法引渡时,未明确是否移交涉案财物。但是贪腐分子携款逃往国外对本国而言使得巨额资金非法流向国外,即使犯罪嫌疑人无法引渡,但涉案财产没有理由不予追缴。因而,加强赃物赃款代为追缴的刑事司法合作,明确只要请求方提出请求,被请求方就有义务代为追缴并全数移交,是中国和老挝在贪腐犯罪司法合作方面应当重视的课题。

(三)打击毒品犯罪司法合作

持续对全球渗透的跨国毒品犯罪给人类带来了痛楚和绝望,严重影响着社会的健康。作为典型的跨国有组织犯罪,毒品犯罪具有境外勾结、经营化、长期化的特点。[①] 老挝作为金三角国家,毒品犯罪猖獗程度自不用提,中老边境犯罪也多以毒品犯罪为主,加强中老双方毒品犯罪的刑事合作刻不容缓。

1. 加强委托调查和举证司法协助。毒品犯罪案件具有特殊性,其证据表现形式比较单一,只有人赃俱获才能证实犯罪。而毒品犯罪在时间、空间上的特点决定了连追诉国的司法当局想要查清全部案件事实,收集在各国的证人证言,扣押或者提取与犯罪相关的物证都需要被申请国的支持。尤其是很多毒品样本在从中老两国途中容易污染、灭失,因而只有加强两国调查取证、委托鉴定等方面的司法协助,才能尽可能地打击毒品犯罪。

2. 探索建立中国-金三角缉毒警察通缉、通报制度。中国是金三角地区毒品的重要市场,中方可以协同泰国、缅甸、老挝三国共同建立中国-金三角缉毒机构,对任何一地查出的毒品犯罪进行通报,对在逃或者形迹可疑的嫌疑人予以通缉,中国-金三角缉毒机构及时收集和交流情报以及缉毒经验,向制毒地区派驻缉毒联络处,积极传递相关信息。

---

① 任克勤:《新型毒品犯罪问题研究》,北京:中国人民公安大学出版社 2004 年版,第 132 页。

3. 积极发展联合控制性交付等多种侦查手段。控制下交付是国际社会在打击跨国毒品犯罪中创设并逐步发展起来的特殊侦查合作手段。具体到中国和老挝的司法协作中，中老双方就可以联合运用控制下交付手段，在双方共同实行严密控制或者监督下，允许不法分子在跨国运输的货物中夹带毒品，并通过紧密跟踪，掌握地下交易场所和交易方式，进而查明有关犯罪组织、犯罪网络和贩毒路线后，选择最佳时机将犯罪分子和毒品毒资全部抓获追缴。[①]

(四)打击拐卖人口犯罪合作

拐卖人口犯罪历来是中国-东盟国家共同打击的重点，例如，2001 年，由柬埔寨、老挝、缅甸、泰国、越南和中国六个国家政府、十三个联合国机构和八个国际非政府组织共同参与成立了“联合国机构间湄公河次区域反拐项目”，开展国际范围内尤其是中国-东盟国家范围内贩卖人口犯罪的斗争。

1. 中老双方应加强合作打击贩卖人口犯罪的力度。中国应积极同老挝签订关于打击有组织贩卖人口的双边条约，探索设立人口贩运犯罪的“打拐警察制度”和通缉制度，在中国-东盟区域和边境形成整体的警察力量，形成一国的打拐通缉令在整个中国-东盟区域具有完全效力的司法合作制度。

2. 中老双方应加强对非法移民、偷渡行为的打击力度。中国和老挝应积极探讨设立相对统一的“遣返标准”，制定可以有效拦截偷渡者和非法移民的边境管理模式。[②] 具体而言，中国和老挝应当加强在互通边界流通情报、中途堵截转运、遣送非法入境者回国、制裁雇佣非法移民的雇主、惩罚组织偷渡的“蛇头”、加强对中老边界卖淫和组织卖淫活动的查处等方面的合作。

3. 中老双方应积极拓展刑事与行政并举的综合司法合作方式。除了对依法构成犯罪的偷渡者、非法移民和拐卖人口者以偷越国边境罪、拐卖人口罪论处外，中老双方同时还应积极采取行政司法合作方式，对违法但尚未构成犯罪的行为人处以严厉的行政措施，如罚款、行政拘留、驱逐出境、限期自动离境等行政处罚方式。只有“刑行并举”、加强合作，才能有效打击和控制有组织的人口贩卖和偷运违法犯罪活动。

综观老挝《刑法》和我国《刑法》，在刑法理论、立法体例上有一定的相通之

---

① 黄立、王水明等编：《国际犯罪专题探索》，北京：中国检察出版社 2012 年版，第 212 页。

② 张筱薇：《新型国际犯罪研究》，北京：法律出版社 2012 年版，第 246 页。

处，亦具有各自的特色之处，可以相互交流借鉴。例如，随着刑罚的不断轻缓化，在刑罚种类的设置上，老挝的公开批评和不剥夺自由的再教育刑就值得我国借鉴，反过来说，老挝《刑法》分则对各罪名的设置缺乏较好的协调性和逻辑性，这一点上不如我国《刑法》分则各章节罪名的设置，因而也可借鉴我国《刑法》的相关规定。总之，认识自己比认识别人更难，只有与别人相比较才能更好地认识自己。因而，不研究老挝《刑法》等东盟国家的刑事立法，固然是自己故步自封的表现，更难以真正了解中国刑法。只有以开放的态度、谦虚的姿态关注外国刑法，认真研习和比较外国刑法与中国刑法的异同，加强两国刑法理论与立法的交流，并相互借鉴，才能使两国刑法的理论和立法克服缺陷，扬长避短。

第七章

越南刑法研究

第一节　越南刑法制度沿革

一、越南国家概况

越南，全称越南社会主义共和国(The Socialist Republic Of Vietnam)，位于东南亚中南半岛东部，北与中国接壤，西与老挝、柬埔寨交界，东面和南面临南海，是东盟重要成员国之一。越南是以京族为主体的多民族国家。同时，越南是一个宗教国家，主要宗教有佛教、天主教、基督新教、高台教、和好教、伊斯兰教，其中，佛教是最大的宗教。

在中国北宋初年以来，越南一直是中国版图的一部分。公元968年，越南开始建国，成为独立的封建国家，史称丁朝。在此后的900多年里，越南先后经历了丁、前黎、李、陈、胡、后黎、南北朝、西山、阮9个封建朝代。1884年6月，法国迫使越南签订第二次《顺化条约》，标志着越南的主权丧失殆尽，完全沦为法国的殖民地。[①] 1945 年 9 月 2 日宣布独立，成立越南民主共和国。同年 9 月法国再次入侵越南，越南进行了艰苦的抗法战争。1954 年 7 月，《关于恢复印度支那和平的日内瓦协定》签署，越南北方获得解放，南方仍由法国(后成立由美国扶植的南越政权)统治。1961 年起越南开始进行抗美救国战争，1973 年 1 月越美在巴黎签订关于在越南结束战争、恢复和平的协定，美军开始从南方撤走。1975 年 5 月南方全部解放，1976 年 4 月选出统一的国会，7 月宣布全国统一，定国名为越南社会主义共和国。

越南国体为马克思列宁主义社会主义共和制人民共和国。政体是一党制的人民代表大会制度。越南共产党是越南唯一合法政党，1930 年 2 月 3 日成立，同年 10 月改名为印度支那共产党，1951 年更名为越南劳动党，1976 年改用现名。国会，是国家最高权力机关，任期四年，通常每年举行两次例会。中央人民政府是国家最高行政机关。司法机构由最高人民法院、最高人民检察院及地方法院、地方检察院和军事法院组成。

越南现行宪法是第四部宪法，于 1992 年 4 月 15 日在八届国会十一次会议上通过，是 1946 年、1959 年、1980 年宪法的继承和发展，体现了越共“七大”提出的社会主义目标与国家全面革新路线。宪法规定：越南社会主义共和国国家政权属于人民，越南共产党以马克思列宁主义和胡志明思想为指导思想。

越南系发展中国家。1986 年开始实行革新开放。经过 30 年的革新，越南经济保持较快增长，经济总量不断扩大，三产结构趋向协调，对外开放水平不断提高，基本形成了以国有经济为主导、多种经济成分共同发展的格局。

中国与越南两国于 1950 年 1 月 18 日建交。2010 年是两国建交 60 周年和中越友好年，两国高层保持频繁接触，各领域的友好交往与合作日益深化，中越全面战略合作伙伴关系内涵进一步充实。

二、越南刑法发展历程

公元 10 世纪以前，越南是中国版图的一部分，自秦朝在现在越南北方的大部分地区设立桂郡、象郡和交趾以后的历朝历代均派官吏去那里进行统治

---

① 李云泉：《朝贡制度史论——中国古代对外关系体制研究》，北京：北京新华出版社 2004 年版，第 279～280 页。

并将中国法带到那里实施。这一时期的越南刑法实际上是古代中国刑法。公元 1042 年，李太祖颁布了《刑书》，这是越南历史上第一部成文的律书，也可以说是越南的第一部刑法典。其中有偷牛者杖 100，禁止买卖满 18 周岁男子为奴等规定。

1483 年，黎圣宗派人搜集了过去颁布的所有法律，进行了补充和系统化，并仿照中国的律令制定了《洪德法典》，其中包括有关官制、军制、刑法、民法等篇目，对叛国、欺君等罪都处以死刑或流放；对侵犯他人的稻田、住宅、池塘者也处以严刑。至此，越南的刑法体系进一步完善。

1815 年阮朝颁行的《皇朝律例》(又称为《嘉隆法典》)更是专编规定了刑法制度。《嘉隆法典》实际上几乎是《大清律》的翻版。《嘉隆法典》中的刑事规范体现了越南封建统治者保卫皇帝的绝对权威，恢复和巩固落后的封建秩序，残酷镇压人民的一切反抗行动的意图。这部法典的反动和残酷的性质，集中表现在其极为残酷的刑罚制度上。如对于犯叛逆罪的，首犯和从犯凌迟处死，罪犯的亲属，16 岁以上的男子处斩，16 岁以下的男子和妇女强迫为奴。各种刑罚对人身进行野蛮的折磨，如凌迟、斩挑(斩首示众)、分尸、碎尸等。鞭笞棍打的刑罚在法律条文中则随处可见。阮朝的制度被称为“鞭子制度”。殖民地时期，法国殖民者总体上未改变越南的刑事法律制度。

总体而言，越南古代刑法在公元 10 世纪以前适用古代中国法，李朝以后虽然制定了独立的刑法制度，但基本仿照古代中国刑事法律制度，直到 1945 年越南民主共和国成立为止，均未发生较大改变。

自 1945 年越南人民民主共和国建立以后至 1985 年的 40 年间，越南由于长期处于战争状态，立法很少，刑事方面一直靠临时刑事政策代替，仅在 1980 年颁行了《惩治贪污、贿赂罪条例》，直到 1985 年才颁行了第一部《刑法》，并且这部刑法还带有强烈的计划经济色彩，如规定有投机倒把罪、违反国家计划罪等。另外，越南国会分别于 1989 年 12 月 28 日、1991 年 8 月 12 日、1992 年 12 月 22 日和 1997 年 5 月 10 日通过修正案和补充条款。

从 1986 年起，越南开始实行“有国家管理的市场经济”制度，许多带有计划经济色彩的罪名已不适应需要；苏联解体后，以学习苏联制度为主的指导思想也发生动摇。在此背景下，越南于 1999 年 12 月 21 日经国会通过了第二部《刑法》并于 2000 年 7 月 1 日起生效。

三、越南刑法体系

越南现行《刑法》由前言、总则与分则组成。前言主要规定了两个方面：一是刑法的任务，即打击、预防犯罪，维护越南社会主义国家的独立、主权、统一和领土完整，维护国家利益，维护公民、组织的合法利益，维护社会安全秩序、经济管理秩序，让每个人生活在安全、自由、文明的社会环境里。同时，刑法还为国家革新事业、工业化、现代化排除障碍，实现民富、国强、社会公平、文明。二是刑罚的目的，即通过刑罚惩罚、教育、感化、改造罪犯，使其改恶从善，培养公民主人翁精神、守法及主动参与预防犯罪的意识。该部刑法体现了主动预防犯罪、坚决同犯罪作斗争的精神。

总则分 10 章，规定了刑法的一般规定，分别为刑法的基本条款，刑法的效力，犯罪，追究刑事责任、免于刑事责任的实效，刑罚，司法措施，决定刑罚，执行判决的时效、免于执行刑罚、减刑，取消案籍，以及关于未成年人犯罪的规定。总则的内容不仅适用于分则，而且适用于其他有刑罚规定的法律。

分则内容为具体规定，主要是按照犯罪所侵害的为刑法所保护的社会关系进行分类的 14 类犯罪。分别为危害国家安全罪，危害他人生命、健康、人格名誉罪，侵犯公民自由、民主权利罪，侵犯财产罪，侵犯婚姻家庭罪，侵犯经济管理秩序罪，破坏环境罪，关于毒品的犯罪，危害公共安全、公共秩序罪，破坏行政管理秩序罪，职务犯罪，妨碍司法活动罪，侵犯军人义务、责任罪以及破坏和平罪，反人类罪。

第二节　越南刑法典主要内容

一、关于总则

(一)刑法的任务

越南《刑法》第一章规定了刑法的任务，刑事责任的基础，处罚原则以及防止犯罪的责任。

刑法的任务规定体现了越南刑法的政治性与社会主义性质，即刑法的任务是保卫社会主义制度及人民当家做主的权利，维护各民族同胞之间的平等权，保护国家的利益，保护公民及组织的合法利益，维护社会主义法律秩序，同一切犯罪行为作斗争，同时提高公民遵守法律、同犯罪作斗争的意识。

第 2 条规定：任何人只有在触犯了刑法规定的犯罪时，才负有刑事责任。该规定是罪刑法定原则的体现，即法无明文规定不为罪，法无明文规定不处罚。

第 3 条处罚原则分别规定了犯罪行为及时公正处理原则与法律面前一律平等原则，从重处罚与从轻处罚情形以及强制有期徒刑犯人劳动学习的制度。

第 4 条规定了公安、检察、法院、司法、监察及其他各有关机关防止犯罪的责任以及一切公民有义务同犯罪作斗争，预防犯罪。

(二)刑法的效力

越南《刑法》第二章规定了刑法的效力，包括刑法的空间效力与时间效力。刑法的空间效力规定了属地原则，即本法适用于在越南社会主义共和国领域内实施的一切犯罪行为；享有外交豁免权的外国人之刑事责任问题通过外交途径解决的外交管辖原则；以及属人原则，即越南公民在越南社会主义共和国领域外犯罪，可以依照本法追究刑事责任。

刑法的时间效力采用从旧兼从轻原则。另外在刑法溯及力方面，越南社会主义共和国国会第十届六次会议关于施行《刑法典》的决议规定：自本法颁布之日起：对于某行为，旧刑法规定为犯罪而本刑法未规定为犯罪的，不给予刑事处罚；如果案件正在侦查、起诉、审判的，必须终止；如果已经作出判决正在执行刑罚的，不再执行剩余刑罚；如果尚未执行或缓刑的，免于执行全部刑罚。该规定相比我国关于溯及力的规定更加实事求是，符合刑法精神。我国的规定是新刑法施行以前，依照当时的法律已经作出的生效判决，继续有效。

(三)犯罪与刑事责任

越南《刑法》第三章规定了犯罪与刑事责任，犯罪的预备、未遂和中止，共同犯罪以及包庇罪与不告发罪。

越南《刑法》第 8 条第 2 款、第 3 款规定了犯罪的分类。第 2 款规定：根据刑法所规定的行为的性质和社会危害性，犯罪可以分为轻微犯罪[①]、一般犯罪[②]、严重犯罪[③]和特别严重犯罪[④]四类。

越南刑法对于犯罪的分类在犯罪、刑事责任以及刑罚方面皆有重要意义。第一，在犯罪未完成形态方面，《刑法》第 17 条第 2 款规定："严重犯罪及特别严重犯罪的犯罪预备必须承担刑事责任。"这一规定把实施轻微犯罪与一般犯罪的预备排除在处罚范围之外，符合世界多数国家的刑事立法精神，即以不处罚犯罪预备为基本原则，以处罚犯罪预备为例外。而我国得减主义规定则有待商榷。第二，《刑法》第 22 条第 2 款规定，如不告发者为罪犯的祖父母、父母、子女、孙子女、同胞兄弟姐妹、妻子、丈夫时，只有当犯罪为危害国家安全或者本法第 313 条规定的特别严重犯罪时，才承担不告发罪的刑事责任。也即，越南刑法规定体现了"亲亲相隐"制度，不告发者与犯罪人有上述关系时，不告发则不构成犯罪，除非犯罪为危害国家安全或者本法第 313 条规定的特别严重犯罪时，才承担不告发罪的刑事责任。第三，越南刑法典以此规定了追究刑事责任的时效。《刑法》第 23 条第 2 款规定："对追究刑事责任的时效规定如下：(1)轻微犯罪为五年；(2)一般犯罪为十年；(3)严重犯罪为十五年；(4)特别严重犯罪为二十年。"另外，在该规定下并没有例外规定。第四，犯罪分类限定了刑罚措施的范围。《刑法》第 30 条规定作为主刑的罚金只适用于危害经济管理秩序、公共秩序、行政管理秩序等方面的轻微犯罪及本法规定的其他犯罪。第 31 条规定监外改造适用于轻微犯罪或者本法规定的有稳定工作或者

---

① 越南《刑法》第 8 条第 3 款规定："轻微犯罪，是指社会危害性不大，且法定最高刑为三年以下有期徒刑的犯罪。"

② 越南《刑法》第 8 条第 3 款规定："一般犯罪，是指具有一定社会危害性且法定最高刑为七年以下有期徒刑的犯罪。"

③ 越南《刑法》第 8 条第 3 款规定："严重犯罪，是指社会危害性大且法定最高刑为十五年以下有期徒刑的犯罪。"

④ 越南《刑法》第 8 条第 3 款规定："特别严重犯罪，是指社会危害性特别巨大且法定最高刑为二十年有期徒刑、终身监禁或死刑的犯罪。"

固定住所且认为不必与社会隔离的罪犯。第五，刑法据此对一般累犯[①]与危险累犯[②]作了区分。轻微犯罪、一般犯罪、严重犯罪与特别严重犯罪对构成累犯以及构成何种累犯的认定标准是不同的。第六，《刑法》第 61 条第 1 款第 3 项规定如果被判处有期徒刑者是家中唯一的劳动力，且送监执行将使其家庭陷入特别困难境地的，可暂缓一年，但所犯之罪为危害国家安全罪或者其他很严重、特别严重之罪的除外。

(四)追究刑事责任、免予刑事责任的时效

《刑法》第四章规定了追究刑事责任、免予刑事责任的时效。第 23 条规定了轻微犯罪、一般犯罪、严重犯罪与持别严重犯罪追究刑事责任的时效。该条并没有核准例外规定[③]，维护了法律的权威。

越南《刑法》第 25 条第 1 款规定：在侦查、起诉或者审判过程中，由于情况发生变化，犯罪行为或者罪犯对社会已不会造成危害，行为人可免于承担刑事责任。刑事程序的进行是刑事法适用的过程，是维护法律权威的过程，是依法治国的过程，但应当明确的是适用刑事法、维护法律权威、依法治国只是过程，目的是创造稳定的、法治的社会秩序，建设成为法治国家。如果一种行为在适用法律过程中，由于特殊情形的出现，其对社会所造成的危害已经消失，社会秩序也恢复了稳定，又何必非得通过刑罚来多此一举呢，有可能得不偿失，反倒破坏了业已形成的社会秩序。

(五)刑罚

第五章规定了刑罚。刑罚的种类包括主刑和附加刑。其中主刑包括：(1)警告；(2)罚金；(3)监外改造；(4)驱逐；(5)有期徒刑；(6)终身监禁；(7)死刑。附加刑包括：(1)禁止担任一定的职务、从事一定的行业或者工作；(2)禁止居住；(3)管制；(4)剥夺部分公民权利；(5)没收财产；(6)罚金(不适用主刑

---

① 越南《刑法》第 49 条第 1 款规定："累犯是在已经结案但未被取消案籍的情况下又故意犯罪或者犯严重、特别严重的罪行。"

② 越南《刑法》第 49 条第 2 款规定："下列情况被视为危险累犯：(1)因故意犯很严重、特别严重的罪行被结案未被取消案籍又故意犯很严重、特别严重的罪行；(2)已经是累犯，未被取消案籍又故意犯罪。"

③ 我国《刑法》第 87 条规定："犯罪经过下列实现不再追诉：(四)法定最高刑为无期徒刑、死刑的，经过二十年。如果二十年以后必须追诉的，须报请最高人民检察院核准。"

时)；(7)驱逐(不适用主刑时)。对比我国刑罚种类，其主刑设置了警告刑[①]，罚金刑[②]，以及驱逐刑[③]；附加刑设置了禁止担任一定的职务、从事一定的行业或者工作[④]，禁止居住[⑤]，管制(内容与我国管制相关规定没有太大差别，越南刑法只是将其作为一种附加刑来适用)，以及剥夺部分公民权利[⑥]。

(六)司法措施

第六章规定了司法措施。包括第 41 条没收与犯罪直接相关的财物，第 42 条返还财产、修理或赔偿损失、强制公开道歉，第 43 条强制治疗以及第 44 条强制治疗的期限。

越南《刑法》第 41 条第 3 款规定：他人将自己的财物交付罪犯用于实施犯罪，如果该他人有过错，则该他人的财物可以被没收上缴国库。需要注意的是此处他人的“过错”，其内涵应该是什么？同刑法中的“被害人过错”内涵、民法中的“过错”有什么联系呢？

被害人过错是指被害人对于“刑事事件”所作的“贡献”，根据其对刑事事件影响力的大小及性质的不同，被害人过错一般包括迫发行为、引发行为、激发行为和促发行为。显然，此处的被害人过错应该是一种行为，一种对于之后发生的犯罪行为亦即“刑事事件”起到了促进性作用的可以为外界所真实感受到的身体动静。

越南《刑法》第 43 条规定了行为人在患病期间实施了危害经济管理秩序、

---

① 越南《刑法》第 29 条规定：“警告适用于犯罪情节轻微并具有从轻情节但未达到免于刑事责任的情况。”

② 越南《刑法》第 30 条第 1 款规定：“作为主刑的罚金适用于危害经济管理秩序、公共秩序、行政管理秩序等方面的轻微犯罪及本法规定的其他犯罪。”

③ 越南《刑法》第 32 条第 1 款规定：“驱逐是强制被结案的外国人离开越南社会主义共和国的领域。”

④ 越南《刑法》第 36 条第 1 款规定：“禁止担任一定职务、从事一定行业或者工作适用于认为被结案者担任该职务或者从事该行业或者工作，可能会给社会造成危害的情况。”

⑤ 越南《刑法》第 36 条第 1 款规定：“禁止居住是强制被结案者不得在一定的地区暂住或者常住。”

⑥ 越南《刑法》第 39 条第 1 款规定：“越南公民犯有危害国家安全罪或者本法规定的其他犯罪的，可以判处剥夺下列公民权利：(1)国家权力机关代表的选举权与被选举权；(2)在国家机关工作和在人民武装力量服役。”

公共秩序、行政管理秩序等方面的轻微犯罪及本法规定的其他犯罪的，在不同的诉讼阶段，检察院或者法院根据法医鉴定委员会的结论可以决定把患者送进专门医院进行强制治疗。如果认为不必要送入专门医院进行治疗的，可交给其家庭或者监护人在国家职能机关的监督下照管。其性质相当于我国的刑事强制措施，应将其与我国对依法不服刑事责任的精神病人的强制医疗程序相区别。

刑事强制措施是国家为了保障侦查、起诉、审判活动的顺利进行，而授权刑事司法机关对犯罪嫌疑人、被告人采取的限制其一定程度人身自由的方法，包括拘传、取保候审、监视居住、拘留和逮捕。刑事强制措施期限可以折抵刑期，如我国《刑法》第 74 条规定："指定居所监视居住的期限应当折抵刑期。被判处管制的，监视居住一日折抵刑期一日；被判处拘役、有期徒刑的，监视居住两日折抵刑期一日。"

我国《刑法》第 284 条规定："实施暴力行为，危害公共安全或者严重危害公民人身安全，经法定程序鉴定依法不负刑事责任的精神病人，有继续危害社会可能的，可以予以强制治疗。"第 285 条规定："根据本章规定对精神病人强制医疗的，由人民法院决定。"由此可知其适用条件有：(1)主体条件：行为人为精神病人。是否为精神病人并非一般的医疗诊断或者常识性判断，而是要经过法定程序进行鉴定。(2)行为条件：实施暴力行为，且危害公共安全或者严重危害公民人身安全。(3)社会危险性条件：有继续危害社会可能性。(4)决定机关：人民法院受理强制医疗的申请后，应当组成合议庭进行审理。其性质是一种保安处分制度，只是在我国刑事司法的传统称呼中，仍然是被冠之以非刑事处分的诉讼方式。因此，越南的强制医疗与我国的强制医疗程序是性质不同的两种规定。

(七)决定刑罚

第七章规定了决定刑罚。包括从轻减轻情节、从重处罚情节、累犯、危险累犯、数罪并罚制度、共同犯罪以及对犯罪未完成形态行为的处罚。其中第 52 条对犯罪预备、犯罪未遂决定刑罚的规定具有借鉴意义。

越南《刑法》第 52 条第 2 款规定在犯罪预备的情况下，如果相关条款规定的法定最高刑是终身监禁或者死刑，则对犯罪预备行为所处刑罚最高不得超过三十年有期徒刑；如果相应条款规定的是有期徒刑，则对犯罪预备行为所判刑期不得超过该条规定刑期的二分之一。该款表明了越南刑法对于预备犯采用必减主义。而我国刑法则采用的是得减主义。我国《刑法》第 22 条第 2 款规定：对于预备犯，可以比照既遂犯从轻、减轻处罚或者免除处罚。亦即对于预备犯，其处罚可以较同一犯罪中的既遂犯轻甚至免除处罚，也可以不轻甚至可能重于既遂犯。显然，这是不太合理的。因为刑罚是根据行为的社会危害性来决定的。预备犯的社会危害性显然是轻于最起码不会重于既遂犯，那么对其所做处罚就应该轻于既遂犯。因此采用必减主义应该更为符合预备犯的处罚原则。另外我国刑法只是规定了可以比照既遂犯从轻、减轻处罚或者免除处罚，但没有作具体规定，有过分扩大法官自由裁量权之嫌，无法保证刑罚的公平实现，而越南刑法则对预备犯的最高限作了明确的规定。

(八)执行判决的时效、免予执行刑罚、减刑

第八章规定了执行判决的时效、免予执行刑罚、减刑。越南《刑法》第 55 条规定：1. 刑事判决的执行时效，是指本法规定的期限结束后，经宣判的生效判决不再执行。2. 执行刑事判决的时效为：(1)对于罚金刑，监外改造或者三年以下有期徒刑的执行时效为五年；(2)对于三年以上十五年以下有期徒刑的执行时效为十年；(3)对于十五年以上三十年以下有期徒刑的执行时效为十五年。3. 执行判决时效的期限从判决生效之日起计算。对于本条第 2 款规定的时效，如果被执行人又重新犯罪，则已经执行过的时效不再计算，时效从犯罪之日起重新计算。

时效分为两种，一是追诉时效，二是行刑时效，亦即执行时效。追诉时效是指刑法规定的对犯罪分子追究刑事责任有效期限的制度。超过法定追诉期限，司法机关或有告诉权的人不得再对犯罪人进行追诉，已经追诉的，应撤销案件或不起诉，或终止审判。追诉时效完成，是刑罚请求权消灭的重要事由之一。行刑时效是指刑事法律规定的，对被判刑人执行刑罚有效期限的制度。犯罪人被科处刑罚后，只有在行刑时效期内，刑罚机关才有权对犯罪人执行所判处的刑罚。行刑时效期内所判处的刑罚未执行，超过行刑时效期，便不能再对犯罪人执行所判处的刑罚。行刑时效完成，是刑罚执行权消灭的一项重要事由。

越南《刑法》第 61 条规定了暂不执行死刑的四种情况，其中被判处徒刑者是家中唯一的劳动力，且送监执行将使其家庭陷入特别苦难境地的，可暂缓一年，暂不执行徒刑，但所犯之罪为危害国家安全罪或者其他很严重、特别严重之罪的除外。这条规定体现了越南重视维护家庭这个社会基本利益单元，值

得我国借鉴。

(九)取消案籍制度

第九章规定取消案籍制度。根据该章的规定,对被免于刑罚者或者被判处警告、罚金、监外改造、缓刑或者有期徒刑,判决执行完毕或者执行时效结束后的一定期限内未犯新罪的犯罪人,可以取消案籍。被取消案籍者视为未被结案,并由法院发给证明。取消案籍制度的建立,可以使曾经犯过罪的人可以更好地融入社会,成为一个守法公民,不必再走上犯罪的道路。

(十)未成年人犯罪的刑罚适用

第十章规定了未成年人犯罪的刑罚适用问题,处理未成年人犯罪的原则,对未成年人使用的司法措施以及适用于未成年人犯罪的各种刑罚。

越南刑法规定有必要对未成年人判处有期徒刑时,量刑标准相对低于成年人。在该原则下,越南刑罚典规定了具体执行标准,限制了法官的自由裁量权,保证了同案同判。越南《刑法》第 74 条规定未成年人有期徒刑的适用,对与已满十六周岁不满十八周岁的未成年人所犯之罪,如果本法对成年人规定应适用终身监禁或者死刑,则对该年龄段的未成年人所使用的刑罚不得超过十八年有期徒刑;如果本法对成年人规定应适用有期徒刑,则对该年龄段的未成年人所适用的刑罚最高不得超过成年人标准的四分之三。而我国刑法只是规定了“已满十四周岁不满十八周岁的人犯罪,应当从轻或者减轻处罚”,缺乏具体的可操作性规定。

二、关于分则

越南刑法典分则共 14 章,按照犯罪所侵害的社会关系类型或者法益分为 14 类,按顺序分别是:危害国家安全罪;危害他人生命、健康、人格名誉罪;侵犯公民自由、民主权利罪;侵犯财产罪;侵犯婚姻家庭罪;侵犯经济管理秩序罪;破坏环境罪;关于毒品的犯罪;危害公共安全、公共秩序罪;破坏行政管理秩序罪;职务犯罪;妨害司法活动罪;侵犯军人义务、责任罪;破坏和平罪、反人类罪。

类罪名的排列顺序通常体现了一国立法者的价值取向,也是一国通过刑法保护各类社会关系或者法益的一个优先顺序。越南《刑法》将危害国家安全罪排在第一位,这是国际上大多数国家通行的做法。越南刑法典第二章至第五章则规定了侵犯公民自由、民主权利罪,侵犯财产罪,侵犯婚姻家庭罪,分别保护了公民的生命、健康、人格名誉、自由、民主、财产以及婚姻家庭等法益,而将侵犯经济管理秩序罪,破坏环境罪,关于毒品的犯罪,危害公共安全、公共秩序罪,破坏行政管理秩地位等罪名放在后面。笔者认为,越南此种排序体现了越南刑法典彰显人权保护的特点。越南刑法典将公民的生命、健康、人格名誉、自由、民主、财产及婚姻家庭等放在仅次于国家安全的罪放在后面几章,是越南立法者价值取向的体现,体现了越南立法者对公民作为社会最基本单元的优先保护。发展经济不是目的,只是手段,是为了给人提供更为完善的生活条件,是为了改善民生,最终实现人的全面发展。因此,发展经济应当让位于公民权利的保护。正如人生来就是平等的,没有什么比人的生命、健康和尊严更宝贵的了。

(一)危害国家安全罪

越南《刑法》第十一章规定了 14 种危害国家安全罪名,分别是背叛祖国罪、实施颠覆人民政权活动罪、间谍罪、侵犯领土安全罪、暴乱罪、土匪活动罪、恐怖罪、破坏社会主义物质罪、技术基础罪、破坏社会经济政策罪、破坏团结政策罪、煽动反对越南社会主义共和国罪、破坏安宁罪、劫狱越狱罪、逃往国外或者滞留国外反对人民政权罪。其中,有八种罪名基本刑罚配置为十二年以上二十年以下有期徒刑、终身监禁或者死刑。刑罚配置相对较重,特别是死刑运用较多。

(二)危害他人生命、健康、人格名誉罪

越南《刑法》第十二章从第 93 条到第 122 条规定了 30 种危害他人生命、健康、人格名誉罪,分别是杀人罪,杀害婴幼儿罪,精神受强制刺激杀人罪,防卫过当造成他人死亡罪,执行公务造成他人死亡罪,过失致人死亡罪,因违反行业规程或者行政规章而过失致人死亡罪,逼死他人罪,唆使或者帮助他人自杀罪,对处于危险境地者故意不救罪,威胁杀人罪,故意伤害罪,在精神受强刺激下故意伤害罪,防卫过当伤害罪,执行公务给他人造成伤害罪,过失伤害罪,虐待罪,强奸罪,强奸少女罪,骚扰妇女罪,骚扰少女罪,与未成年少女发生性行为罪,奸污少女罪,传染艾滋病罪,故意传播艾滋病罪,拐卖妇女罪,买卖、偷盗儿童罪,侮辱罪,诬告罪,诽谤罪。

越南《刑法》第93条第1款之规定：有下列杀人情节之一的，处十二年以上二十年以下有期徒刑、终身监禁或者死刑：(1)杀害多人的；(2)明知是怀孕妇女而杀害的；(3)杀害少年儿童的；(4)杀害正在执行公务的人员的；(5)杀害自己的祖父母、父母、抚养人、老师的；(6)在杀人之前或之后，犯有其他重罪的；(7)为实施或者掩盖其他犯罪的；(8)为获取受害者的部分肢体的；(9)野蛮实施犯罪的；(10)利用职务犯罪的；(11)犯罪方法可能导致多人死亡的；(12)雇佣杀手杀人或者杀害凶手的；(13)有流氓性质的；(14)有组织的；(15)危险累犯；(16)有卑鄙动机的。第2款规定如果犯罪人没有第1款所规定的情节，则处七年以上十五年以下有期徒刑。对比我国第232条故意杀人罪[①]的规定，越南《刑法》对严重情节进行了列举，犯罪行为具有严重情节则适用第1款规定，处十二年以上二十年以下有期徒刑、终身监禁或者死刑，反之适用第2款从轻规定，有效地限制了法官的自由裁量权，值得我国借鉴。但其并不完全排斥自由裁量权，比如判断何种行为属于野蛮犯罪行为，何种动机为卑鄙动机等等，都是需要法官运用自由裁量权的。另外，越南《刑法》未规定放火罪、爆炸罪等以危险方法危害公共安全的罪名，而是将犯罪方法可能导致多人死亡的杀人行为规定为杀人罪的一种严重情节，进行定罪量刑。

越南《刑法》第95条规定了精神受刺激杀人罪：(1)由于他人对自己或者亲属的严重违法行为造成强烈精神刺激而杀害他人的，处六个月以上三年以下有期徒刑。(2)在精神受到强烈刺激下杀死多人的，处三年以上七年以下有期徒刑。对比普通杀人罪，精神受到刺激杀人罪法定刑明显较轻，这充分考虑到被害人的过错行为对于行为人的影响，类似于我国学界的义愤杀人。义愤杀人基本内容是出于义愤当场杀人。义愤原因是被杀者做了有违伦理道德的或违法之事，而出于义愤进行的杀人行为。因此笔者认为，我国应对故意杀人罪情节较轻的情形予以明确的列举，其中可将义愤杀人作为情节较轻情形之一。这样既可以为法官定罪量刑提供依据，又节省了将义愤杀人作为独立罪名的法律资源。

越南《刑法》第102条规定对生命处于危险境地者故意不救罪："1.在他人正处于危险境地，有条件而不救的，处以警告、二年以下监外改造或者三个月

① 我国《刑法》第232条规定："故意杀人的，处死刑、无期徒刑或者十年以上有期徒刑；情节较轻的，处三年以上十年以下有期徒刑。"

以上二年以下有期徒刑。2.属于下列情节之一的，处一年以上五年以下有期徒刑：(1)不救者本人就是过失引起危险情况发生的人；(2)不救助者有职务上或者法律上的救助义务的；3.对犯罪人还可处以在一至五年内禁止担任一定的职务、从事一定的行业或者工作。”构成对生命处于危险境地者故意不救罪，分为两种情形，一是危险情况发生是由于不救助者本人的过失行为引起的或者不救助者有职务上或者业务上的救助义务，该情形下法定刑相对较重；二是不救助者既没有因自己的过失行为造成危险情况发生，也没有法律上或者业务上救助的义务，在他人处于危险境地，有条件救助而不救助的行为。该条是越南刑法将道德义务上升为法律义务的集中体现，也是越南立法者追求法律与伦理价值一致性的体现。

(三)侵犯公民自由、民主权利罪

越南《刑法》第十三章之第123条至第132条分别规定了非法拘禁罪，侵犯公民住宅罪，侵犯他人隐私或者通信、电话、电信安全罪，侵犯公民选举权、被选举权罪，伪造选举结果罪，违法强迫劳动者、干部、公职人员辞职罪，侵犯公民集会、结社、信仰自由罪，侵犯妇女平等权利罪，侵犯著作权罪，侵犯申诉、控告权罪。

越南《刑法典》第129条第1款规定：“任何人有阻碍公民行使符合国家和人民利益的机会、结社权或者宗教信仰自由权被纪律处分或者行政处罚后又为之的，处警告、一年以下监外改造或者三个月以上两年以下有期徒刑。”第2款还对犯罪人选择判处一定的资格刑，规定“对犯罪人还可处以在一至五年内禁止担任一定的职务，从事一定的行业或者工作”。

公民的集会、结社权以及宗教信仰自由是宪法规定的宪法性权利，是任何人、组织单位都不得侵犯的，因此将破坏革命行使集会、结社权或者宗教信仰自由的行为纳入刑法保护是必要的。我国《刑法》破坏社会管理秩序罪一章中第296条规定了非法集会、游行、示威罪，是国家为了保障社会秩序，防止不稳定分子利用集会、结社、游行、示威破坏社会管理秩序，是可以理解的。但权利(权力)对等性要求国家应该将侵犯公民正常集会、结社权利的行为进行定罪处罚，但我国并未对此作出规定，仅是规定了公民的义务甚至将其上升为犯罪，而没有规定现实中侵犯公民民主权利行为的责任，是权利的不对等。

(四)侵犯财产罪

越南《刑法》第十四章之第133条至第145条分别规定了抢劫罪,绑架罪,敲诈勒索罪,抢夺罪,公开侵占罪,盗窃罪,诈骗罪,合同诈骗罪,侵占罪,违法使用财产罪,破坏财产罪,玩忽职守给国家财产造成严重损失罪以及过失损害财产罪。

1.越南《刑法》第142条规定了违法使用财产罪,即任何人以营利为目的违法使用他人财产价值在五千万盾以上并引起严重后果,或者曾因违法使用他人财产被行政处罚或者被刑事处罚后未取消案籍又再犯的,处五百万盾以上五千万盾以下罚金、二年以下监外改造或者三个月以上二年以下有期徒刑。笔者认为,越南《刑法典》将其纳入犯罪圈,是越南市场经济制度不完善、不彻底的体现,仍带有一定的计划经济思想。

2.越南《刑法》第144条规定玩忽职守给国家造成严重损失罪,规定直接管理国家财产者由于疏忽职守致使国家财产遗失、毁损、浪费,造成损失在五千万盾以上二亿盾以下的,处三年以下监外改造或者六个月以上三年以下有期徒刑。

越南《刑法》第285条规定,任何人由于缺乏责任心不履行或者不正确履行职务造成严重后果的构成缺乏责任心造成严重后果罪。据此,越南刑法是将玩忽职守行为造成的后果区分了财产损失与其他严重后果,如果造成了财产损失则构成玩忽职守给国家造成财产损失罪,如果是非财产损失的严重后果,则构成缺乏责任心造成严重后果罪。

(五)侵犯婚姻家庭罪

越南《刑法》第146条至第152条分别规定了强迫结婚、阻碍婚姻自由罪,破坏一夫一妻罪,组织早婚罪,违法登记结婚罪,乱伦罪,虐待父母、配偶、子女罪,拒绝、逃避供养义务罪。

越南《刑法》第150条特别规定,与直系血亲、同胞兄弟姐妹、同父异母或者同母异父兄弟姐妹发生性关系的,处6个月以上5年以下有期徒刑。越南《刑法典》将乱伦行为入罪,将不道德行为上升为犯罪行为,维护了公序良俗,是越南受中国传统儒家思想影响的体现。

越南《刑法》第151条规定,任何人虐待父母、配偶、子女或者抚养人造成严重后果,或者因虐待被行政处罚后又再犯的,处警告、三年以下监外改造或者三个月以上三年以下有期徒刑。另外，越南《刑法》在危害他人生命、健康、人格名誉罪一章中，第110条规定了虐待罪，残暴对待家庭成员的，处警告、一年以下监外改造或者三个月以上二年以下有期徒刑。有下列情节之一的，处一年以上三年以下有期徒刑：(1)虐待老人、儿童、怀孕妇女或者残疾人的；(2)虐待多人的。如果行为人虐待的是普通家庭成员，则可能构成虐待罪，侵犯了他人的生命、健康、人格名誉权；如果虐待的家庭成员是行为人的父母、配偶、子女或者抚养人，并且造成严重后果，则此时既构成虐待罪，也符合虐待父母、配偶、子女罪，则依照虐待父母、配偶、子女罪定罪处罚；如果没有造成严重后果，则依照虐待罪定罪处罚。

(六)侵犯经济管理秩序罪

越南《刑法》第153条至第181条规定了走私罪，违法运输商品、货币过境罪，生产、储存、运输、买卖违禁物品罪，生产、经营假货币罪，生产、经营假药或者不符合食品安全标准的粮食、食品罪，生产、经营假饲料、假化肥、假兽药、假种子罪，违法经营罪，投机罪，偷税罪，欺骗顾客罪，高利贷罪，伪造票据、票证罪，买卖伪造的票据、票证罪，故意违反国家经济管理规定造成严重后果罪，非法设立小金库罪，虚报经济信息罪，广告欺诈罪，故意违反财金、救助物资分配制度罪，违反规定颁发工业所有权证书罪，侵犯工业产权罪，违反资源研究、勘探、开发规定罪，违反土地使用规定罪，违反土地管理规定罪，违反森林开发、保护规定罪，违反森林管理规定罪，违反电力供应规定罪，违反使用信用组织储备基金规定罪，违反信用组织间拆借规定罪，伪造、储存、运输、使用假币、假汇票、假公债券罪，伪造、储存、运输、使用假支票及其他有价证券罪。

本章的罪名集中体现了越南刑法犯罪分类的作用，许多罪名如欺骗顾客罪，违反资源研究、勘探、开发规定罪等，越南刑法将其纳入犯罪圈规定为轻微犯罪，但刑罚较轻，法定最高刑为三年以下有期徒刑，既打击了犯罪，又不会造成刑罚的滥用。

(七)破坏环境罪

越南《刑法》第182条至第191条规定了造成空气污染罪，污染水源罪，污染土地罪，进口不符合标准的淘汰技术、机械或者物品罪，人类危险疾病传染蔓延罪，动植物危险疾病传播蔓延罪，破坏水产资源罪，破坏森林罪，违反保护野生珍稀动物规定罪以及违反自然遗产特别保护制度罪。

越南《刑法》第 186 条规定:任何人有下列行为之一,造成危险疾病在社会上传染、蔓延的,处一年以上五年以下有期徒刑:(1)将动物、植物或者动植物产品或者其他能传染危险疾病的物品带出疫区的;(2)将带传染性危险疾病或者携带病原的动物、植物或者动植物产品带入或者批准其带入越南境内的;(3)其他有导致危险疾病传播蔓延行为的。

越南《刑法》将其规定在破坏环境罪一章中,认为该罪侵犯的法益是环境保护,笔者认为是值得商榷的,侵犯法益不应该是环境保护,而是社会管理秩序中公共卫生秩序的破坏。

(八)关于毒品的犯罪

越南《刑法》第 192 条至第 201 条规定了种植罂粟或者各类含有麻醉品成分的植物罪,违法制造麻醉品罪,违法储藏、运输、买卖、侵占麻醉品罪,违法储藏、运输、买卖或者侵占用于制造麻醉品的制剂罪,违法生产、储藏、买卖用于制造或者使用麻醉品的设备、用具罪,违法组织使用麻醉物品罪,容留非法使用麻醉品罪,违法使用麻醉品罪,强迫、引诱他人违法使用麻醉品罪,以及违反关于成瘾药品或者其他麻醉制剂的管理、使用规定罪。

越南《刑法》第 192 条规定:任何人种植罂粟、古柯树、芹砂树或者其他含有麻醉品成分的植物,经多次教育、行政处罚并为其创造了稳定的生活条件后又再犯的,处六个月以上三年以下有期徒刑。有下列情形之一的,处三年以上七年以下有期徒刑:(1)有组织的;(2)累犯。对比我国《刑法》第 351 条规定的非法种植毒品原植物罪,非法种植罂粟、大麻等毒品原植物的,一律强制铲除。有下列情形之一的,处五年以下有期徒刑、拘役或者管制,并处罚金:(1)种植罂粟五百株以上不满三千株或者其他毒品原植物数量较大的;(2)经公安机关处理后又种植的;(3)抗拒铲除的。越南刑法处罚的一个前提是政府为其创造了稳定的生活条件后又再犯的,我国处罚的前提则是数量达到一定程度,抗拒铲除或者经处理后又再犯的。现实生活中,种植毒品原植物的大部分是贫困人口,他们种植大麻、罂粟等往往是迫不得已的,是生活所必需的,不种植后很难找到别的合适的经济生活来源,因此铲除之后再犯的可能性很大,则入罪的可能性很大。而越南刑法规定入罪前提为政府为其提供了稳定的生活条件后又再犯的,则具有合理性。因为政府已经提供了种植罂粟之外的稳定的生活条件,这种情况下,仍然种植的即可认定为犯罪,因为此时的种植已经不是为解决生活来源,而是追求暴利。

越南《刑法》第194条规定：任何人违法储藏、运输、买卖或者侵占麻醉品的，处二年以上七年以下有期徒刑。越南刑法将购买麻醉品的行为[①]也纳入到犯罪圈中，可以起到打击毒品犯罪的作用。因为购买毒品是需求行为，有需求就会有供应，因此就会产生制造、储藏、运输、贩卖毒品的行为，从源头上打击购买毒品的行为，根据供求关系，具有遏制毒品犯罪的作用。但是，每个人是自由的，吸食毒品是也是个人自由的体现，刑法未将自残等行为规定为犯罪，而将购买毒品的行为纳入到犯罪圈中是值得商榷的。

（九）危害公共安全、公共秩序罪

越南《刑法》第202条至第256条分别规定了公路交通肇事罪，阻碍交通道路罪，不具备驾驶条件或者让不具备驾驶条件的人驾驶公路交通工具罪，违法组织汽车比赛罪，违反铁路交通设施驾驶规定罪，违反水路交通设施调度规定罪，违反航空安全规定罪，侵占飞机、船只罪，制造、传播、扩散计算机病毒罪，违法使用通信网络罪，违反规定使用童工罪，违法制造、储藏、运输、使用、买卖或者侵占爆炸物罪，违法打胎罪，窝藏、销赃罪，洗钱罪，容留卖淫罪以及介绍卖淫罪等。

越南《刑法》第203条规定了阻碍公路交通罪：任何实施下列阻碍公路交通行为之一，造成他人死亡，或者给他人健康、财产造成严重损害的，处五百万盾以上三千万盾以下罚金，或者处二年以下监外改造或者三个月以上三年以下有期徒刑：……（2）违法设置障碍物，造成公路交通堵塞的；……（4）违法在有间隔设施的道路上开通交叉道路的；（5）侵占、占用人行道、路肩的；（6）侵占公路护栏的；（7）在公路上施工时违反交通安全保障规定的；（8）其他制造公路交通阻塞行为的。除此之外，越南《刑法》第202条规定了公路交通肇事罪，第204条规定了将不能保障安全的交通工具投入使用罪，第205条规定了不具备驾驶条件或者让不具备驾驶条件的人驾驶公路交通工具罪，第206条和第207条分别规定了违法组织汽车比赛罪、违法参加汽车比赛罪，第220条规定了违反交通保养设施、维修、管理规定罪。越南刑法为保障道路安全不仅规定的罪名完善，而且每个罪名下的罪状规定具体，既便于司法者的裁量，也有利

① 此处的购买是为吸食而购买的行为，如果是为了贩卖等目的而购买，则可依其贩卖毒品等目的行为进行定罪处罚。

于公众的认知。

越南《刑法》第250条规定，任何人未事先约定而窝藏、销售明知是犯罪所得财产的，构成窝藏、销赃罪。同时，第251条规定，任何人通过财政、银行或者其他业务使犯罪所得的财产合法化，或者用犯罪所得财产从事经营或者其他经济活动的，构成洗钱罪。越南刑法关于洗钱罪，其从行为手段方法上予以限制与区别于窝藏、销赃罪，即不论洗钱罪的上游犯罪是毒品犯罪还是黑社会性质的组织犯罪抑或是其他犯罪，只要是通过财政、银行或者其他业务使得犯罪所得财产合法化，即构成洗钱罪；如果采用的方法不是上述方法，则可能构成窝藏、销赃罪。

对比我国《刑法》第191条关于洗钱罪的规定，笔者认为越南刑法的规定更为合理。我国洗钱罪规定的侵犯法益是国家的金融管理秩序，因此只要是通过各种金融机构或者运用金融操作手段，使非法所得合法化的就应该侵犯了金融管理秩序，构成洗钱罪，而不应该将上游犯罪限制为毒品犯罪、黑社会性质的组织犯罪、恐怖活动犯罪、走私犯罪、贪污贿赂犯罪、破坏金融管理秩序犯罪、金融诈骗犯罪7种犯罪。

（十）破坏行政管理秩序罪

越南《刑法》第二十章第257条至第284条分别规定了妨碍公务罪，利用民主自由权侵犯国家利益、社会组织或者公民的合法权益罪，逃避军事义务罪，不执行征召预备役军人入伍令罪，违反军事义务罪，阻碍履行军事义务罪，故意泄露国家秘密罪，侵占、买卖、销毁国家秘密材料罪，过失泄露国家秘密或者丢失国家秘密材料罪，假冒职务、级别罪，修改、使用证件或者机关组织材料罪，伪造机关组织印章、材料罪，不执行有权国家机关作出的收容教养、强制医疗、行政强制等行政决定罪，违反书报、音像制品出版、发行法规罪，违反保护、使用历史文化遗产、名胜古迹法规造成严重后果罪，组织、强迫他人逃往外国或者违法滞留外国罪等。

越南《刑法》第236条规定：任何人故意泄露国家秘密或者侵占、买卖、销毁国家秘密材料的，如果不属于第80条规定的情形，处二年以上七年以下有期徒刑。相比我国《刑法》第398条的规定，国家机关工作人员违反保守秘密法的规定，故意或者过失泄露国家秘密，情节严重的，处三年以下有期徒刑或者拘役；情节特别严重的，处三年以上七年以下有期徒刑。非国家机关工作人员犯前款罪的，依照前款的规定酌情处罚。越南刑法将故意泄露国家秘密罪的犯罪主体规定为一般主体，而非我国的特别主体，即国家机关工作人员，而后又采用特别规定，对非国家机关工作人员犯有该罪的处罚进行规定说明，不仅显得累赘，而且又与该章的犯罪客体不相吻合。我国刑法将故意泄露国家秘密罪规定在渎职罪一章中，即认为该罪侵犯的法益是国家机关工作人员依据《保守国家秘密法》及其实施细则的规定保守国家秘密的要求。同时，非国家工作人员也可以构成该罪，但因为其不具有国家机关工作人员的身份，故意泄露国家秘密当然不会侵犯该罪法益，因此就造成了不相吻合的局面。笔者认为我国可以借鉴越南的相关规定，将故意泄露国家秘密罪的主体规定为一般主体，并且将其规定在扰乱社会公共秩序罪一章。

(十一)职务犯罪

越南《刑法》第 277 条规定职务犯罪是指国家公职人员在执行公务时实施的侵犯国家机关、组织活动的正确性的各种严重违法行为。上述公职人员是指经过任命、选拔、合同或者其他形式产生的享有工资或者不享有工资的被交付完成一定公务并享有一定职权的人员。该罪的犯罪主体主要特征是被交付完成一定任务并享有一定的职权。我国《刑法》规定职务犯罪的犯罪主体为四类人员，分别是：(1)国家工作人员；(2)国有公司、企业或者其他国有单位中从事公务的人员；(3)国有公司、企业或者其他国有单位委派到非国有公司、企业以及其他单位从事公务的人员；(4)受国家机关、国有公司、企业、事业单位、人民团体委托管理、经营国有财产的人员。需要说明的是，此处的职务犯罪主体以贪污罪犯罪主体为准，因为在职务犯罪中，贪污罪的犯罪主体范围最广。同时，说明越南刑法职务犯罪主体的范围要广于我国犯罪主体范围，体现了越南立法者打击渎职犯罪行为的决心。

越南《刑法》职务犯罪分为两节，第一节为贪污财产罪。该节第 278 条至第 284 条分别规定了贪污财产罪，受贿罪，滥用职权侵占财产罪，执行公务时利用职权牟利罪，执行公务时滥用职权罪，斡旋受贿罪，公务作假罪。

越南《刑法》第 279 条规定：任何人利用职权直接或者间接收受或者将来收受金钱、财产或者其他任何形式的物质利益，价值在五十万盾以上一千万盾以下并为行贿人的利益或者应行贿人的要求做或者不做某事并有下列情节之一的，处二年以上七年以下有期徒刑：(1)造成严重后果的；(2)曾因该行为被纪律处分后又再犯的；(3)曾犯本章第一节规定的罪之一被刑事处分后未取消案籍又再犯的。第 280 条规定：任何人滥用职权侵占他人财产价值在五十万盾以上五千万盾以下，或者价值虽在五十万盾以下但造成严重后果被纪律处分或者刑事处罚未取消案籍又再犯的，处一年以上六年以下有期徒刑。

越南《刑法》通过这两条分别规定了两种形式的受贿罪，如果行为人是利用职权收受或者将来收受物质利益，并且为行贿人的利益或者应行贿人的要求做或者不做某事，即构成第 279 条规定的受贿罪，该罪的构成要件有两个：一是行为人利用职权直接或者间接收受或者将来收受了行贿人的物质利益；二是受贿人为行贿人的利益或者应行贿人的要求做或者不做某事。而第 280 条规定的受贿罪则是要求行为人滥用职权侵占他人的财产，该罪并不要求为行贿人谋取利益。这两种形式的受贿罪类似于我国受贿罪规定的两种形式，即索贿与受贿并谋取利益。越南《刑法》将其分开作为两罪予以规定，一定程度上是对立法资源的浪费。

越南《刑法》职务犯罪第二节规定了其他职务犯罪，分别为缺乏责任心造成严重后果罪，故意泄露工作秘密罪，过失泄露工作秘密、丢失工作秘密材料罪，脱离岗位罪，行贿罪，介绍受贿罪，以及利用对有职权者的影响牟利罪。

越南《刑法》第 286 条规定，任何人故意泄露工作秘密或者侵占、买卖、销毁工作秘密材料，且不属于本法第 80 条、第 263 条规定的情形的，处三年以下监外改造或者三个月以上三年以下有期徒刑。值得说明的是，该罪的犯罪主体为特殊主体，即第 277 条规定的经过任命、选拔、合同或者其他形式产生的享有工资或者不享有工资的被交付完成一定公务并享有一定职权的公职人员。因此，该罪与第 263 条规定的故意泄露国家秘密罪有以下三个主要区别：一是犯罪主体，故意泄露国家秘密罪的犯罪主体为一般主体，而该罪的犯罪主体为公职人员；二是犯罪对象，故意泄露国家秘密罪的犯罪对象为国家秘密，而该罪为工作秘密；三是犯罪侵犯的法益，故意泄露国家秘密罪侵犯的法益是行政管理秩序，而该罪侵犯的法益是公职人员保守工作秘密的要求。区分这两个罪，首先应该判断主体，如果是一般主体，既不具有公职人员的身份，则只可能构成故意泄露国家秘密罪；如果具有公职人员身份，则应该判断泄露信息的密级，如果达到了国家秘密的密级，可能构成故意泄露国家秘密罪；如果只是普通的工作秘密，则只可能构成故意泄露工作秘密罪。

（十二）妨碍司法活动罪

越南《刑法》第二十二章规定了妨碍司法活动罪，是指妨碍国家侦查机关、检察机关、审判机关和执行机关维护国家利益、组织或者公民的合法权益活动的正确性并情节严重的行为。具体包括第293条至第314条分别规定的对无罪人追究刑事责任罪，对有罪人不追究刑事责任罪，违法判决罪，违法作出决定罪，强迫司法人员违反法律罪，使用肉刑罪，逼供罪，案件材料弄虚作假罪，缺乏责任心致使被监禁人员脱逃罪，违法释放被监禁人员罪，利用职权违法监禁罪，拒不执行判决罪，执行人员不执行判决罪，阻碍执行判决罪，虚假口供或者提供违背事实材料罪，拒绝做证、拒绝鉴定或者拒绝提供材料罪，收买或者强迫他人做伪证或者提供违背事实的材料罪，侵犯冻结、查封财产罪，逃离被监禁场所或者在被押解、审判时脱逃罪，私放被监禁人员、被押解人员或者被告罪，包庇罪，不举报犯罪罪。

越南《刑法》第293条、第294条分别规定了对无罪人追究刑事责任罪、对有罪人不追究刑事责任罪，对两罪施以不同的刑罚，具体见表7-1。

表7-1　两罪刑罚比较

对有罪人不追究刑事责任罪	对无罪人追究刑事责任罪
职权人员明知某人有罪而不追究其刑事责任的，处六个月以上三年以下有期徒刑	职权人员明知某人无罪而追究其刑事责任的，处一年以上五年以下有期徒刑
有下列两种情形之一的，处二年以上七年以下有期徒刑：(1)对犯有危害国家安全罪或者其他特别严重犯罪的人不追究刑事责任的；(2)造成严重后果的	有下列两种情形之一的，处三年以上十年以下有期徒刑：(1)将明知是无罪的人定位危害国家安全罪或者其他特别严重的罪的；(2)造成严重后果的
造成很严重或者特别严重后果的，处五年以上十二年以下有期徒刑	造成很严重或者特别严重后果的，处七年以上十五年以下有期徒刑
对犯罪人还可以处以在一至五年内禁止担任一定职务	

通过对比，相同情节下，对无罪人追究刑事责任罪的刑罚幅度明显高于对有罪人不追究刑事责任罪的刑罚幅度。本质上，对无罪人追究刑事责任与对有罪人不追究刑事责任，都是法官枉法裁判。但，两者有很大的不同。对无罪人追究刑事责任不仅扰乱了正常的司法秩序，更加是对公民人权的践踏；而对有罪人不追究刑事责任，只是对嫌疑人的纵容，扰乱了正常的司法秩序，不关乎人权保障。因此越南刑法如此规定，体现了越南刑法更加注重对公民人权的保障，也是努力践行“无罪推定”原则的体现。

越南《刑法》第 297 条规定，任何人利用职权强迫司法人员在侦查、起诉、审判、执行活动中违反法律造成严重后果的，处六个月以上三年以下有期徒刑。有下列情形之一的，处二年以上七年以下有期徒刑：(1)使用暴力、以暴力相威胁或者其他危险、狡诈手段的；(2)造成很严重或特别严重后果的。司法公正依赖于法官独立，在当前我国司法改革的大背景下，保障法官的独立，必须消除党政官员的干预。因此，为追求法官独立，可借鉴该条规定并结合我国实际立法情况，将利用职权强迫司法人员在侦查、起诉、审判、执行活动中违反法律的行为，作为滥用职权罪的一种具体表现形式，予以明确的规定。

越南《刑法》第 308 条规定：任何人拒绝做证，且不属于本法第 22 条第 2 款规定的情形，或者逃避做证、拒绝做证、拒绝提供材料且无正当理由的，处警告、一年以下监外改造或者三个月以上一年以下有期徒刑。

(十三)侵犯军人义务、责任罪

越南《刑法》第 23 章规定了侵犯军人义务、责任罪。具体罪名包括：违抗命令罪，执行命令不严谨罪，阻碍履行义务、责任罪，对指挥人员、上级领导行凶罪，侮辱、体罚部属罪，侮辱、行凶同事罪，投降罪，被俘后供述情报或者为敌服务罪，放弃战斗据点罪，故意泄露军事秘密罪，侵占、买卖或者销毁军事秘密材料罪，过失泄漏军事秘密罪、丢失军事秘密材料罪，谎报军情罪，违反作战值班规定罪，违反保卫规定罪，违反作战安全、训练安全规定罪，违反军用武器使用规定罪，毁坏军用武器、军事技术设施罪，丢失或者过失损坏军用武器、军事技术设施罪，违反战时伤兵、烈士政策罪，侵占或者毁坏战利品罪，骚扰百姓罪，执行任务时滥用军需罪，虐待俘虏、降兵罪。

值得注意的是，对侵犯军人义务、责任罪承担刑事责任的人员是现役军人、集训期间的预备役军人、在军队服务的公民、参战或者为作战服务的自卫民兵。

(十四)破坏和平罪、反人类罪

越南《刑法》第 24 章规定了破坏和平罪，反人类罪。具体罪名包括：破坏和平罪，引起侵略战争罪，反人类罪，战争罪，招募雇佣军罪，充当雇佣军罪。

第 239 条规定：任何人宣传、激起侵略战争或者准备、实施参加侵略战争以反对另一国家的独立、主权或者领土完整的，构成破坏和平罪、引起侵略战争罪，处以十二年以上二十年以下有期徒刑、终身监禁或者死刑。

第240条规定:任何人在和平时期或者战争时期有下列行为之一的构成反人类罪,处十年以上二十年以下有期徒刑:(1)杀害一个区域内大批居民的;(2)破坏生活来源的;(3)破坏一国的精神文化生活的;(4)打乱社会基础的;(5)种族灭绝的;(6)破坏自然环境行为的。

第241条规定:任何人在战时下令或者直接杀害平民、受伤者、俘虏、抢夺财产、破坏居民区、使用禁用武器或者方法及实施其他严重违反国际法或者越南社会主义共和国签订或者参加的国际条约的行为的,构成战争罪,处十年以上二十年以下有期徒刑或者死刑。

第242条规定:任何人招募、训练或者使用雇佣军以反对越南友好国家或者民族解放组织的,构成招募雇佣军罪,处十年以上二十年以下有期徒刑或者终身监禁。

任何人充当雇佣军的,构成充当雇佣军罪,处五年以上十五年以下有期徒刑。

第三节　中国与越南刑法之交流借鉴

对比我国与越南的法律制度,目的是为了我国与越南法律制度的相互借鉴,从而可以更好地完善各自的法律制度。越南制度的优点在于其将传统道德中的制度吸收完善在现有法律制度中,更好地继承了传统文化,更紧密地衔接了道德约束,实现了对行为更好的规制。但是,越南法律制度的不足则是,法律制度的规定不够精细,仍然带有计划经济的烙印,难以更好地促进市场经济的发展。相反,这是我国刑法的长处,两国应该相互借鉴,更好地完善两国法律。

一、我国刑法对越南刑法之借鉴

(一)刑法溯及力借鉴

越南社会主义共和国国会第十届六次会议关于施行《刑法》的决议规定:自本法颁布之日起:对于某行为,旧刑法规定为犯罪而本刑法未规定为犯罪的,不给予刑事处罚;如果案件正在侦查、起诉、审判的,必须终止;如果已经作出判决正在执行刑罚的,不再执行剩余刑罚;如果尚未执行或缓刑的,免于执行全部刑罚。该规定相比我国关于溯及力的规定更加实事求是,符合刑法精神。

我国的规定是新刑法施行以前,依照当时的法律已经作出的生效判决,继续有效。我国如此规定的初衷是为了维护法院判决的权威性,如果因为法律规定的变化,导致行为人原来的行为依据修改后的刑法不构成犯罪,但并不代表其原先行为的社会危害性已经消除,我国社会危害性的判断标准是以行为时的法律规定为依据,以体现罪刑法定原则。我国追求的是以事实为根据,以法律为准绳,坚持事实求是原则。但笔者认为越南的规定更加体现事实求是。法院的权威是需要维护,但其并不绝对的。法院的权威是需要依据事实与法律来维护的,在查明事实的前提下,依据法律作出定罪量刑。但立法是具有滞后性的,某个行为例如投机倒把行为,在改革开放之前是具有社会危害性的,因而构成犯罪,但实行改革开放之后,其社会危害性已经消失,甚至是有利于市场经济发展的行为。但法律的修改是相对滞后的,是不适应社会发展的需要的,其修改需要一个过程,并且这个过程往往很长,一个已经没有社会危害性的行为因为法律的滞后性而要承担刑事责任,在法律修改之后仍然"将错就错",维持原先的判决,难道就是真的事实求是,不尽然。这样不仅不会维护法院的权威性,更会为一般公众所不能理解,不知所措,对当事人也是不公平的。

(二)"亲亲相隐"制度的规定

越南《刑法》第 22 条规定了不告发罪,第 22 条第 2 款规定,如不告发者为罪犯的祖父母、父母、子女、孙子女、同胞兄弟姐妹、妻子、丈夫时,只有当犯罪为危害国家安全或者本法第 313 条规定的特别严重犯罪时,才承担不告发罪的刑事责任。越南《刑法》该款规定体现了"亲亲相隐"制度,不告发者与犯罪人有上述关系时,不告发不构成犯罪,除非犯罪为危害国家安全或者本法第 313 条规定的特别严重犯罪时,才承担不告发罪的刑事责任。

"亲亲相隐"思想的体现,是维护伦理道德的价值取向。我国汉朝刑事法就有"亲亲得相守匿"的规定,唐朝的刑事法也有"同居有罪相为隐"予以减轻处罚的内容,我国古代立法皆有维护伦理关系的价值取向,越南法律规定不告发罪同样是继承了该立法传统。而在我国,虽然《刑事诉讼法》规定了夫妻、配偶、子女的可不出庭做证权,目的是为了保护家庭的和谐,但刑法对此则毫无规定,将之抛弃,不能不说是一大遗憾。我国应借鉴越南《刑法》,将其纳入到我国刑法规定之中，既照顾了人间的基本亲情，维护了伦理价值秩序，同时也符合刑法中期待可能性的理论要求。

(三)执行时效的规定

越南《刑法》第55条规定：1.刑事判决的执行时效，是指本法规定的期限结束后，经宣判的生效判决不再执行。2.执行刑事判决的时效为：(1)对于罚金刑，监外改造或者三年以下有期徒刑的执行时效为五年；(2)对于三年以上十五年以下有期徒刑的执行时效为十年；(3)对于十五年以上三十年以下有期徒刑的执行时效为十五年。3.执行判决时效的期限从判决生效之日起计算。对于本条第2款规定的时效，如果被执行人又重新犯罪，则已经执行过的时效不再计算，时效从犯罪之日起重新计算。

时效可分为追诉时效与执行时效(即行刑时效)。执行时效是指刑事法律规定的，对被判刑人执行刑罚有效期限的制度。犯罪人被科处刑罚后，只有在行刑时效期内，刑罚机关才有权对犯罪人执行所判处的刑罚。执行时效期内所判处的刑罚未执行，超过执行时效期，便不能再对犯罪人执行所判处的刑罚。执行时效完成，是刑罚执行权消灭的一项重要事由。我国刑法总则只规定了追诉时效①，对执行时效未作规定。

笔者认为我国应对行刑时效予以规定。因为行刑时效有其独立的讼诉价值与社会价值。(1)可以更好地实现我国的刑罚目的。在我国，适用刑罚的目的是通过刑罚的适用，惩罚犯罪，达到特殊预防与一般预防的目的。如果犯罪人在被审判机关宣告有罪之后，长时间没有被执行刑罚，仍然没有再犯罪，即表明其社会危害已不复存在，其已经可以正常地适应与遵守社会生活的准则，达到了改造罪犯的目的。(2)可以更好地维护社会的秩序与稳定。刑罚执行的最终目的应该就是稳定社会秩序，当刑罚长时间没有被执行，有的当事人之间的隔阂与怨恨已经消失，犯罪行为所破坏的社会关系在很大程度上已经得到修复，形成新的稳定的社会秩序。此时再对犯罪人执行原有刑罚，则很有可能会破坏业已形成的社会秩序，造成社会资源的浪费。(3)可以更好地促使行

---

① 我国《刑法》第87条规定："犯罪经过下列期限不再追诉：(一)法定最高刑为不满五年有期徒刑的，经过五年；(二)法定最高刑为五年以上不满十年有期徒刑的，经过十年；(三)法定最高刑为十年以上有期徒刑的，经过十五年；(四)法定最高刑为无期徒刑、死刑的，经过二十年。如果二十年以后认为必须追诉的，须报请最高人民检察院核准。"

刑人员履行职责。现有“执行难”的一个原因就是执行人员缺乏紧迫性观念。规定行刑时效,行刑权就会因行刑人员疏于行使或者个别人员的枉法行为而丧失,这必然会导致舆论的谴责甚至构成犯罪受到刑事处罚,这样就会促进行刑人员努力自觉地行使行刑权,达到处罚之目的。

(四)“见死不救”罪的规定

越南《刑法》第102条规定对生命处于危险境地者故意不救罪:“1.在他人正处于危险境地,有条件而不救的,处以警告、二年以下监外改造或者三个月以上二年以下有期徒刑。2.属于下列情节之一的,处一年以上五年以下有期徒刑:(1)不救者本人就是过失引起危险情况发生的人;(2)不救助者有职务上或者法律上的救助义务的;3.对犯罪人还可处以在一至五年内禁止担任一定的职务、从事一定的行业或者工作。”“见死不救”罪,分为两种情形,一是危险情况发生是由于不救助者本人的过失行为引起的或者不救助者有职务上或者业务上的救助义务;二是不救助者既没有因自己的过失行为造成危险情况发生,也没有法律上或者业务上救助的义务,在他人处于危险境地,有条件救助而不救助的行为。第一种情形就是我国刑法中的不作为犯罪,第二条则是将道德义务上升为法律义务的集中体现,体现了越南立法者对法律与伦理价值一致性的追求。

传统刑法理论认为,作为犯罪构成要件要素的危害行为是基于人的意志实施的客观上侵犯法益的身体活动,包括作为与不作为。大多数犯罪行为表现为作为,即行为人以积极的身体活动实施刑法所禁止的行为;而不作为行为构成犯罪必须满足三个条件:一是行为人必须负有实施特定积极行为的义务;二是行为人有能力履行特定的义务而未履行;三是行为人未履行特定的义务,造成了一定的危害结果。其中,特定义务一般有四个来源:一是法律明文规定的特定义务,二是职务或业务上要求履行的义务,三是法律行为引起的义务,四是现行行为引起的义务。我国现行刑法规定与传统刑法理论是一致的。其实,越南《刑法》第102条第2款规定的情形即是我国不作为犯罪的情形之一,但是重大道义下的见死不救行为才是我们急需要去规制的。回想近些年屡屡发生的见死不救行为,笔者认为将重大的道义上的义务上升为法律义务是必要的,具有弘扬民族美德、彰显社会正义的现实意义。

(五)取消案籍制度的建立

越南《刑法》第九章规定取消案籍制度,“对被免于刑罚者或者被判处警告、罚金、监外改造、缓刑或者有期徒刑,判决执行完毕或者执行时效结束后的一定期限内未犯新罪的犯罪人,可以取消案籍。被取消案籍者视为未被结案,并由法院发给证明。”

刑罚不仅是惩罚犯罪人,更要改造犯罪人,使其可以融入社会,自食其力,成为一个守法公民。然而,犯罪记录如同时刻提醒着社会,他是一个犯罪人,因此在当前就业形势如此严峻的情况下,找到一份工作是如此的难,从而可能导致犯罪人难以融入社会,重新走上犯罪的道路。《刑诉修正案八》建立了未成年人犯罪纪录封存制度,是刑事制度发展的一大进步,但这远远不够,我们应该尝试着建立取消案籍制度,使那些释放人员可以无包袱地融入社会。

二、越南刑法对我国刑法之借鉴

首先,越南《刑法》第 142 条规定了违法使用财产罪,即任何人以营利为目的违法使用他人财产价值在五千万盾以上并引起严重后果,或者曾因违法使用他人财产被行政处罚或者被刑事处罚后未取消案籍又再犯的,处五百万盾以上五千万盾以下罚金、二年以下监外改造或者三个月以上二年以下有期徒刑。

行为人以营利为目的使用他人的财产,其手段行为可能是合法的,也可能是违法的。如果是违法的,其手段行为如果构成犯罪就可以构成盗窃罪、侵占罪等侵犯财产的犯罪,而手段行为之后的使用行为无论是否是以营利为目的,都应该视为一种事后处分行为,是不可罚的。如果手段行为不构成犯罪,只是一种违法行为或者民法上的无因管理,也不可以行为人是以营利为目的使用了财产,对行为人进行定罪处罚。市场经济追求利益的最大化,如果是一种无因管理行为,行为人因营利为目的使用了财产,只需要令其将财产归还并将原财产产生的孳息予以归还即可。此时,财产原所有人没有因此遭受利益损失,也没有对社会各种秩序产生危害或者扰乱,甚至有效利用了闲置的资源,创造了新的利益。笔者认为,越南《刑法》将其纳入犯罪圈,是越南市场经济制度不完善、不彻底的体现,仍带有一定的计划经济思想。越南立法者应该充分相信市场经济的调节作用,通过立法鼓励人们积极地将财物的效用发挥到最大,实现经济的发展。

其次,越南《刑法》第 144 条规定玩忽职守给国家造成严重损失罪,规定直接管理国家财产者由于疏忽职守致使国家财产遗失、毁损、浪费,造成损失在五千万盾以上二亿盾以下的,处三年以下监外改造或者六个月以上三年以下有期徒刑。越南《刑法》第 285 条规定,任何人由于缺乏责任心不履行或者不正确履行职务造成严重后果的构成缺乏责任心造成严重后果罪。

越南《刑法》是将玩忽职守行为造成的后果区分了财产损失与其他严重后果,如果造成了财产损失则构成玩忽职守给国家造成财产损失罪,如果是非财产损失的严重后果,则构成缺乏责任心造成严重后果罪。对比这两罪的规定,立法者将玩忽职守给国家造成严重损失罪规定在侵犯财产罪一章,缺乏责任心造成严重后果罪规定在职务犯罪一章中。越南立法者将玩忽职守行为写入侵犯财产犯罪一章中,认为该罪侵犯的法益是财产,笔者认为是不妥的。因为玩忽职守行为虽然造成了严重的财产损失,但这种损害是先行行为即玩忽职守行为造成的,其与造成其他严重后果是没有本质区别的,都是侵犯了国家机关公务的合法、公正、有效的执行以及国民对此的信赖。假设玩忽职守行为造成了他人的死亡,是否应该将其规定在侵犯公民生命、健康权利一章中呢,答案显然是否定的。因此,笔者建议应该取消这种划分,统一将玩忽职守罪规定在职务犯罪一掌,以更好地保障国家机关公务活动的合法、公正、有效性,强化国民的可信赖性。

最后,越南《刑法》第 186 条规定:任何人有下列行为之一,造成危险疾病在社会上传染、蔓延的,处一年以上五年以下有期徒刑:(1)将动物、植物或者动植物产品或者其他能传染危险疾病的物品带出疫区的;(2)将带传染性危险疾病或者携带病原的动物、植物或者动植物产品带入或者批准其带入越南境内的;(3)其他有导致危险疾病传播蔓延行为的。

笔者认为,行为人实施了上述危害行为,实际上是对社会管理秩序中公共卫生秩序的破坏。社会管理秩序,是指由社会生活所必须遵守的行为准则与国家管理活动所调整的社会模式、结构体系和社会关系的有序性、稳定性与连续性。上述行为除侵害了公共卫生秩序外,严重的可能会危害公共安全,因此将其规定在危害公共安全一章中也是合理的。例如我国《刑法》第 114 条以危险方法危害公共安全罪以及 2003 年“两高”《关于办理妨害预防、控制突发传染病疫情等灾害的刑事案件具体应用法律若干问题的解释》的规定[①]。

第四节　中国与越南刑事司法合作展望

国际刑事司法协助是指，为有效制裁跨国犯罪，各国的司法机关依据双边条约、国际公约或互惠关系，在刑事事务方面，协助他国履行一定的诉讼实体或程序的活动。中越两国是友好近邻，更是战略合作伙伴，有理由更有必要深化两国刑事司法合作，共同打击跨国犯罪和国际犯罪。

国家间刑事合作的法律依据是国际条约和国内法。这里的国际条约包括专门调整国际刑事合作关系的双边条约和区域性多边条约，也包括旨在防止和惩治国际犯罪的区域性和普遍性国际公约中关于国际刑事合作的规定。

法理上，国际刑事司法协助的含义在三个层次上适用：狭义的刑事司法协助，仅指国家之间相互给予的文书、证据方面的支持或者协助，包括文书的送达、传唤证人、代为调查取证、搜查扣押财产、交流刑事信息等；广义的国家刑事司法协助，除了前述狭义的协助事项外，还包括引渡；最广义的国际刑事司法协助，既包括狭义上的协助事项，也包括外国刑事判决的承认与执行、刑事诉讼的移管和对人员的引渡。我国《刑事诉讼法》采纳的是最广义的司法协助概念，但我国与东盟国家签订的司法协助条约采用的是狭义的概念，其他协助事项单独缔结条约予以规定。因此，下文笔者将从对人员的引渡、刑事司法协助、刑事诉讼的移管和外国刑事判决的承认与执行四个方面进行探讨。

一、中国与越南的犯罪人引渡

引渡是指国家根据条约或基于其他理由把在其境内而被别国指控或判定犯罪的人，应该国的请求，移交该国审判或处罚的行为。是国家之间刑事司法协助的一种形式。引渡以双边条约为依据，以相互尊重主权和平等互利为基

① 2003 年 5 月 14 日最高人民法院、最高人民检察院《关于办理妨害预防、控制突发传染病疫情等灾害的刑事案件具体应用法律若干问题的解释》第 1 条规定："故意传播突发传染病病原体，危害公共安全的，依照刑法第 114 条、第 115 条第 1 款的规定，按照以危险方法危害公共安全罪定罪处罚。"

础。请求引渡应遵循的原则包括:(1)双重犯罪与最低刑罚标准相结合的原则;(2)被请求引渡人非政治犯罪、非军事犯罪原则;(3)本国公民不引渡原则;(4)一案不再审原则。当前,我国与东盟国家中的泰国、菲律宾、老挝、柬埔寨以及印度尼西亚缔结了引渡条约,但尚未与越南缔结相关条约。因此,为加强相互之间的司法协助,引渡条约的缔结势在必行。事实上,2015 年 4 月 10 日,越南总书记阮富仲访华结束后,两国联合发布的公报内容之一即是签署了《中华人民共和国和越南社会主义共和国引渡条约》。需要说明的是,由于我国《刑法》第 10 条"在我国领域外犯罪的,虽经外国审判,我国仍可依据刑法对其追究责任"的规定,我国国内基本刑事法律与引渡"一案不再审"原则不一致,即使缔结了司法协助条约,这也可能成为他国拒绝刑事司法协助的理由,因此,应在保障我国刑事主权的前提下,使国内刑事立法与司法协助条约保持一致,更好地实现司法协助。同样,这也是其他协助事项存在的问题,下文将不再赘述。

二、中国与越南的刑事司法协助

狭义的刑事司法协助的内容是国家之间受托相互代为履行某些刑事诉讼行为的行为,主要内容上文已有所论述,在此不赘述。中越两国已经于 1998 年 10 月 19 日签订《中华人民共和国和越南社会主义共和国关于民事和刑事司法协助的条约》(以下简称《协助条约》)。《协助条约》第 4 章规定了送达文书、调查取证、证人和鉴定人的出庭与保护、赃款赃物的移交以及刑事判决的通报。如果被请求方认为执行司法协助请求可能损害其主权、安全、公共秩序、基本利益或法律的基本原则,可以拒绝提供此项协助,并应将拒绝的理由通知请求方。我国与越南没有签署专门的刑事司法协助条约,而是民事和刑事司法协助条约,无论是关于协助事项的规定还是拒绝事项的规定都显得过于简单,因此,为加强司法协助,在自愿平等互利的前提下,细化相关事项是切实可行的。

三、中国与越南的刑事诉讼移管

国际刑事诉讼移管是指一国在下列特定情况下,将对某些涉外案件的管辖权移交给他国的一种国际刑事司法协助形式:(1)由于本国国民不引渡的限制，一国对在本国犯罪的他国国民在犯罪后又逃往他国而导致无法引渡的情形；(2)由于罪行较轻，诉诸引渡程序不符合诉讼效益；(3)由于案件的主要知情人或证据在他国，因而由他国进行诉讼更有利于查清案件事实；(4)嫌疑人正在被请求国接受或将要接受涉及剥夺自由的刑罚；(5)请求国认为在被请求国执行刑罚可能促进被判刑人重返社会生活；(6)请求国认为即使诉诸引渡也不可能使判决得到执行，而被请求国却可能执行。

刑事诉讼移管是为弥补引渡制度天然存在的缺陷而形成的一种制度，一定意义上，诉讼移管制度的建立也是对引渡制度的完善。引渡制度的缺陷一是遵循本国国民不引渡原则，当被请求引渡人是被请求方国民的，拒绝引渡。例如当甲国国民在乙国犯罪后又逃回甲国，此时甲国不可能同意其引渡到乙国进行审判的引渡请求，而可能由于犯罪证据主要集中于乙国或者即使在甲国对其判决却难以执行，因此使该犯罪人难以得到应有的惩罚，从而使该犯罪人逃脱法网。正是为了克服引渡制度的这一缺陷，刑事诉讼移管制度应运而生。在这样犯罪人无法引渡的情况下，通过刑事诉讼移管来解决这一问题，就使犯罪人的国籍国根据请求将对该案件的刑事管辖权转移给犯罪地国，从而使犯罪人受到相应的处罚。引渡制度缺陷二是条约前置主义，即两国之间进行引渡形式的刑事协助，必须缔结有双边或者多边引渡条约。而刑事诉讼移管则不需要有此前提，与他国没有缔结引渡条约时，可以通过互惠协商，委托他国对该案件行使刑事诉讼管辖权。如中国与土耳其没有签订引渡条约，在有关司法协助协定中也没有规定引渡条款，但是协定中规定："缔约一方有义务根据请求，按照其本国法律，对于在提出请求的缔约一方境内犯罪的本国国民提起诉讼。"这表明，在未建立引渡条约的情况下，可以就刑事诉讼移管开展合作，以克服引渡的缺陷，进而达到打击犯罪的目的。

遗憾的是，笔者查阅相关资料，并未发现我国与越南有刑事诉讼移管的相关规定，因而笔者建议，中越双方可平等协商在《协助条约》中作出相关规定或者缔结《中越刑事诉讼移管条约》，弥补中越双方在刑事诉讼移管制度方面的空白。

四、中国与越南的刑事判决的承认与执行

外国刑事判决的承认，是指根据国际条约和国内法的规定，一国承认另一国对特定犯罪作出的法律效力。外国刑事判决的执行，是指根据国际条约和

国内法的规定，一国应另一国的请求，在承认该另一国对特定犯罪作出的刑事判决的法律效力的基础上，在本国领土上执行该判决确定的刑罚。刑事判决的承认与执行是国际刑事合作的一种新形式，其实质是国家在相互的基础上赋予对方国家司法机关作出的刑事判决以与本国司法机关的刑事判决相同的法律效力，以实现司法公正和共同打击犯罪的目的。

我国与越南尚未对对方刑事判决的承认与执行签订协议，只在《协助条约》中规定了刑事判决的通报。我国《刑法》第 10 条则规定，凡在中华人民共和国领域外犯罪，依照本法应当负刑事责任的，虽然经过外国审判，仍然可以依照本法追究，但是在外国已经受过刑罚处罚的，可以免除或者减轻处罚。越南《刑法》也有本国人在领域外犯罪，享有管辖权的规定。这体现了国家主权的平等；但是，既然双方是司法合作关系，本着两国友好外交的目的，根据互惠原则，相互承认对方作出的刑事判决的效力应是最佳选择。当然，在相互承认与执行司法判决过程中，双方应该遵守下列原则：承认对方刑事判决不得危害本国的主权和安全，也不能与本国法律的一般原则或具体规定相违背；作出刑事判决的外国对有关犯罪拥有管辖权；被判决的犯罪行为符合双重犯罪原则；外国的刑事判决应是具有合法性的终局判决。

两国法律制度的对比，不仅仅是为了简单地借鉴、完善各自的法律，更是司法协助的要求。当今时代，是一个全球化的时代，交流频繁，同时，犯罪特别是国际犯罪、跨区域犯罪也随之增加，因此，区域协作成为打击犯罪的必要手段。只有加强司法协助，才能有效打击犯罪；只有加强法律制度的交流与借鉴，才能更好地进行司法协助。

第八章

缅甸刑法研究

第一节　缅甸国家概况

缅甸全称缅甸联邦共和国(The Republic of the Union of Myanmar),位于中南半岛西部,东北与中国毗邻,西北与印度、孟加拉国相接,东南与老挝交界,西南濒临孟加拉湾和安达曼海,海岸线长3200公里,国土面积共676578平方公里。全国分七个省、七个邦和联邦区。省是缅族主要聚居区,邦多为各少数民族聚居地,联邦区是首都内比都。1044年形成统一的国家后,经历了蒲甘、东吁和贡榜三个封建王朝。19世纪英国发动三次侵略战争后占领了缅甸,1886年将缅甸划为英属印度的一个省。1937年缅甸脱离英属印度,直接受英国总督统治。1942年5月被日本占领。1945年3月全国总起义,缅甸光复。后英国重新控制缅甸。1948年1月4日,缅脱离英联邦宣布独立。以吴努为首的政府实行多党民主议会制。1962年,缅国防军总参谋长奈温将军发动政变,推翻吴努政府,成立革命委员会。1974年1月,颁布新宪法,成立人民议会,组建了"社会主义纲领党"(简称"纲领党"),奈温任"纲领党"主席,定国名为"缅甸联邦社会主义共和国"。1988年9月军队接管政权,成立"国家恢复法律与秩序委员会"(后改为"国家和平与发展委员会",简称"和发委"),改国名为"缅甸联邦"。2010年11月7日,缅甸举行全国大选。2011年1月

31日，缅甸联邦议会召开首次会议，改国名为“缅甸联邦共和国”。[①] 根据2008年宪法，缅甸是一个总统制的联邦制国家，实行多党民主制度。总统既是国家元首，也是政府首脑。缅甸实行“军人主导型”的多党制政党制度。缅甸现有政党依据其奉行的政治理念和意识形态基本可以划分为三个不同的政治集团：一是民主派，包括昂山素季为首的“全国民主联盟”和缅甸国内一些推崇西方自由民主价值观的民主派政党和组织如“88青年”等，及部分少数民族政党；二是亲军方政党集团，代表军方利益的主要有两大政党，即缅甸“联邦巩固与发展党”及民族团结党；三是中间势力集团，是指那些既不亲军方也不属于民主反对阵营的第三方政治势力，多数中间力量政党均参加了2010年大选，但所得议席很少。[②]

缅甸的司法权属于最高法院和各级法院，检察权属于最高检察院和地方检察院。缅甸法院和检察院共分4级，设最高法院和最高检察院，下设省邦、县及镇区三级法院和检察院。最高法院为国家最高司法机关，最高检察院为国家最高检察机关。1974年缅甸制定了《缅甸社会主义联邦宪法》。1988年军政府接管政权后，宣布废除宪法，并于1993年起召开国民大会制定新宪法。2008年5月，新宪法草案经全民公决通过，并于2011年1月31日正式生效。

第二节　缅甸刑法典主要内容

缅甸的刑事法律是由《刑法典》、单行刑事法律和规定于其他法律中的附属刑法规范组成的。而规定在缅甸法典第八卷第九部分刑事法律的《刑法典》作为缅甸刑事法律规定的集合，是其中最为重要的部分。

一、关于基本结构

缅甸现行刑法典称为《刑法典》(The Penal Code)，其体例为章(chapter)、

① 参见：http://www.fmprc.gov.cn/mfa_chn/gjhdq_603914/gj_603916/yz_603918/1206_604498，访问日期：2014年10月10日。

② 参见：http://www.21ccom.net/articles/qqsw/qyyj/article_2013020576578_2.html，访问日期：2014年10月10日。

节(section)、条(art)、款(paragraph)、项(rule 或 subsection),共计二十三章,511 条。虽然《刑法典》并未明文区分总则和分则,但从章节分布来看,第一章到第五 A 章属于总则的内容,分别是第一章介绍、第二章一般解释、第三章刑罚、第四章排除责任、第五章教唆、第五 A 章犯罪共谋。从第六章开始进入分则具体犯罪,分别是:第六章国事罪,第六 A 章与宪法及议会法令中某些规定相关的犯罪,第六 B 章诽谤外国势力罪,第七章与武装力量有关的犯罪,第八章破坏公共秩序罪,第九章公务员犯罪或与之有关的犯罪,第九 A 章与选举有关的犯罪,第十章藐视公务员法定权力罪,第十一章伪证及破坏公正司法罪,第十二章与货币及政府印花票有关的犯罪,第十三章与度量衡有关的犯罪,第十四章危害公共卫生、安全、便利、礼仪和道德的犯罪,第十五章与宗教有关的犯罪,第十六章侵犯人身的犯罪,第十七章侵犯财产罪,第十八章与文书以及商标、产权号印有关的犯罪,第十九章违反服务协议的犯罪,第二十章与婚姻有关的犯罪,第二十一章诽谤罪,第二十二章恐吓、侮辱和骚扰罪,第二十三章未遂犯罪。

值得注意的是,《刑法典》中包含有"释义"和"说明"两种形式。"释义"是对条文本身的解释,"说明"通常是举例说明哪种行为构成或不构成犯罪或构成何种犯罪。

二、关于适用范围

《刑法典》第一章共五个条文,均是对本法典适用范围的规定。同大多数国家刑法的适用范围相似,大致可以分为属地原则和属人原则。属地原则规定在《刑法典》第 2 条和第 3 条:任何一个在缅甸境内犯罪的人都将依此法典受到处罚,除非每一个作为或不作为与法典中的条款规定相矛盾;任何人要对其在缅甸境外的犯罪行为承担责任,根据本法对行为人在缅甸境外的任一犯罪行为进行处罚,就像处罚以相同方式发生在境内的犯罪行为一样。《刑法典》第 4 条和第 5 条体现了属人原则:法典的规定对缅甸公民无论在何地的犯罪行为都适用;对政府供职的官员、士兵、海军、飞行员的惩罚行为及任一特别法或地方法律不受此刑法典的影响。

三、关于犯罪

(一)犯罪的定义

《刑法典》第40条对"犯罪"的定义进行了分类规定:(1)除了下面第2款和第3款提到的章、节之外,"犯罪"一词是指依照本法值得处罚的行为;(2)在第四章、第五A章中,以及在第64条、第65条、第66条、第67条、第71条、第109条、第110条、第112条、第114条、第115条、第116条、第117条、第187条、第194条、第195条、第203条、第211条、第213条、第214条、第221条、第222条、第223条、第224条、第225条、第327条、第328条、第329条、第330条、第331条、第347条、第348条、第388条、第389条、第445条中,"犯罪"是指依本法或以下定义的特别法和地方法值得处罚的行为;(3)在第141条、第176条、第177条、第201条、第202条、第212条、第216条、第441条中,"犯罪"是指依据特别法和地方法值得处罚且无论是否附加罚金、被判处六个月以上监禁的行为。

这与我国刑法规定的犯罪的定义有较大的区别,我国刑法对犯罪的定义属于混合的犯罪概念,不仅详细列举了犯罪的行为表现形式,而且规定了"但是情节显著轻微危害不大的,不认为是犯罪"的但书内容。这一犯罪定义既有入罪功能又有出罪功能,是入罪和出罪机制的统一。相比之下,缅甸刑法典对犯罪的定义属于形式的犯罪概念,并对具体条文中的"犯罪"进行了区别定义,相对简单明了。两国刑法对犯罪的定义各有特色。

(二)犯罪的分类

一是教唆犯和共谋犯。《刑法典》第五章详细规定了教唆犯罪,根据规定,教唆犯是指教唆他人犯罪或者教唆法律规定可能构成犯罪的人实施可能构成犯罪的行为。值得注意的是,本法将公职人员隐瞒其有责任阻止的企图实施犯罪的行为也规定在"教唆"一章,并予以严厉的处罚。《刑法典》第五A章规定了犯罪共谋,共谋犯是指两个以上行为人协议共同实施一个违法行为或以违法方式实施的合法行为。二是故意犯罪与过失犯罪。本法第39条对"故意"作出解释,一个人"故意地"引起某一后果,是指此人实施该行为时使用了企图引起这种后果的方法,或者其在使用这些方法时知道或有理由相信可能会引起这种后果。此外,本法有一部分罪名直接用“故意”表述,如本法第321条故意伤害、第436条故意用火或爆炸物毁坏房屋等而造成损害等。《刑法典》虽未对过失犯罪单独明确规定,但从罪名表述中可以看到过失犯罪。如本法第337条因危及他人生命或者人身安全的行为造成伤害:“任何人轻率或疏忽地实施了危及他人生命或者人身安全的行为,且给他人造成伤害的,处……”这里的“轻率或疏忽地”即是“过失”的表述方式之一。三是按照犯罪完成与否,分为犯罪既遂与犯罪未遂。《刑法典》第二十三章专章规定了未遂犯罪。

四、关于责任

《刑法典》关于责任的规定主要集中在第四章“排除责任”一章。本章内容相当于我国刑法理论中的“排除犯罪性行为”,详细规定了哪些行为不构成犯罪。根据第76条至第106条的规定,以下行为可成立排除责任。

(一)行为人由于自我认识错误或者遵守法律而实施的行为

本法第76条规定,行为人由于事实认识错误而非由于法律错误而遵守法律做出的行为,不是犯罪。如本条“说明”中所例举的士兵A执行上司的命令,向一群暴徒开枪,且符合法律的要求,则A的行为不构成犯罪。该项排除责任行为与我国刑法理论中“其他排除犯罪性行为”中的“执行命令行为”类似。

(二)公正的裁判行为

本法第77条规定,法官公正地行使权力或根据法律规定所做出的行为不构成犯罪。

(三)按照法院判决或者命令实施的行为

本法第78条规定,在法院的判决或命令生效期间,尽管法院并没有管辖权通过这一判决,但行为人认为法院有管辖权并根据判决或命令做出行为,行为人不构成犯罪。

（四）依法实施的正当行为或者因事实错误而确信是依法实施的正当行为

本法第79条规定，任何人善意地认为其依法实施的是正当行为，或者因事实认识错误而非法律认识错误而认为所实施的是正当行为，不构成犯罪。

（五）实施合法行为过程中的意外事件

本法第80条规定，不具有犯罪动机或者意识，以适当的注意与谨慎并以合法方式和合法手段实施合法行为而产生意外或不幸的，不构成犯罪。如本条说明中所阐述的，A正在用斧头工作，斧头掉了并杀死了站在旁边的人。如果不需要A有适当的注意，A的行为是可原谅的并不构成犯罪。这里的"实施合法行为过程中的意外事件"与我国刑法中的意外事件一致。

（六）为防止其他伤害，非出于犯罪故意而实施的可能造成伤害的行为

本法第81条规定，为了防止或者避免对人或财产造成其他的伤害，仅认识到所实施的行为可能引起危害，但并非出自故意的犯罪动机而善意实施的引起危害的行为，不构成犯罪。这种排除责任行为要求被防止或避免的危害的性质和急迫程度足以豁免该造成危害结果的行为或使其正当化。如本条"说明"中(b)项列出的：A在一场大火中摧毁了一幢房屋以阻止大火蔓延。他这样做是出于故意且是善意地为了抢救生命或财产。在此，被阻止的损害是真实且紧迫的，因此，A的行为可以得到豁免，即不构成犯罪。

（七）具有特殊刑事责任年龄和刑事责任能力的情形

1.不满7岁儿童的行为

本法第82条规定，不满7岁的儿童实施的行为，不构成犯罪。据此，缅甸刑法中的最低刑事责任年龄为7岁。与之不同的是，我国刑法中规定的最低刑事责任年龄为14岁。

2.缺乏足够理解判断能力的7岁以上不满12岁儿童的行为

本法第83条规定，7岁以上不满12岁的儿童，在实施行为时对行为的性质和后果缺乏足够理解判断能力的，不构成犯罪。

3.智力缺乏者的行为

本法第84条规定，行为人因智力缺陷，在实施行为时对行为的性质缺乏认识或者不可能判断其行为是错误的或违法的，则行为人的此种行为不构成

犯罪。

4.因非自愿醉酒而丧失判断能力的人的行为

本法第85条规定,在不知情或违反本人意志的情况下醉酒而不能认识其行为性质,或不清楚自身行为违反法律的人所实施的行为不应视为犯罪。本法对醉酒者不构成犯罪的情形也作了比较严格的限定,如本法第86条进一步规定,醉酒者实施的行为不被视为犯罪,但由于可归责于自身的原因导致醉酒的情况除外。与我国不同的是,本法并未对病理性醉酒的情形予以规定,而是将非自愿性醉酒作为排除犯罪性事由。

(八)几种"同意行为"

1.基于权利人的同意,且不是出自故意或者不知道可能引起死亡或重伤害的结果而实施的行为

本法第87条规定,如果行为人并非故意致人死亡或重伤害,并且不知道会引起死亡或重伤害的结果,而18岁以上之人明示或默示同意忍受该伤害,则行为人不因其可能引起或故意引起的伤害而构成犯罪;行为人对甘冒受伤危险的人所实施的可能引起伤害的行为也不构成犯罪。本条规定与我国刑法理论中的"被害人承诺行为"类似。

2.为了某人利益且征得其同意而善意实施的并非故意引起死亡的行为

本法第88条规定,只要征得他人同意,受害者同意忍受此种伤害或甘冒受到此种伤害的危险,则不论其明示或默示同意,不论此种伤害是行为人行为可能引起的,或故意引起的,或行为人明知可能引起的,为他人利益而善意实施的造成伤害的行为不是犯罪。本条"说明"中例举了医生对生命垂危的病人进行可能致其死亡的手术而不构成犯罪。据此,本条规定与我国刑法理论中的"正当业务行为"类似。

3.为了儿童或者智力缺陷者的利益,由其监护人或者征得监护人的同意而善意实施的行为

本法第89条规定,为不满12岁儿童或智力欠缺者的利益而善意实施的对该人构成伤害的行为,如果由其监护人或其他负有法律监护责任的人实施,或者征得其监护人或其他负有法律监护责任的人的明示或暗示的同意,则无论此种伤害是行为人行为可能引起的,或故意引起的,或明知可能引起的,都不构成犯罪。同时,本条第2款列举了四项例外规定,分别是:(1)故意引起死亡或企图引起死亡的;(2)除了为防止死亡或重伤害,或者治疗严重疾病或虚

弱之外，实施行为时明知该行为可能导致死亡的；(3)除了为防止死亡或重伤害，或者治疗严重疾病或虚弱之外，故意引起重伤害或企图引起重伤害的；(4)任何上述犯罪的教唆行为。

4.未经同意为某人利益而善意实施的行为

此种排除责任行为要求是在当事人不可能或无能力作出同意，且无监护人或其他法定代理人以获取同意的情况下实施。且本条第2款列举了四项例外规定，这四项例外规定与本法第89条第2款的例外规定一致，不再赘述。

以上四种“同意行为”受本法第90条和第91条的限制。本法第90条规定，因害怕或者错误认识而同意的行为不构成本法任何条文中的同意行为，具体包括三项内容：(a)同意行为是基于害怕受到伤害或因事实认识错误而作出的，且行为人知道或有理由相信同意行为是此种害怕或错误认识而导致的；(b)同意行为是由不能理解其同意行为的性质和后果的智力缺陷者或醉酒者作出的；(c)同意行为是由不满12岁的儿童作出的，除非从上下文判断并非如此。

同时，独立于造成同意者伤害而成立的犯罪，不适用于第87条至第89条关于排除责任的规定。本法第91条规定，对作出同意的人或由他人代表其作出同意的人实施的犯罪行为，无论是否可能产生、意图产生或明知可能产生危害均构成犯罪，则对此情形，不得适用第87条至第89条的例外规定。

(九)除谋杀与可以判处死刑的反政府罪行之外，行为人在受到死亡威胁的情况下所实施的行为

本法第94条规定，除谋杀与可以判处死刑的反政府罪行之外，行为人在受到死亡威胁的情况下所实施的行为不被视为犯罪。前提为该行为人不能因自身作出的协议而为此行为，或在受到的威胁并非生命威胁实施侵害行为，或行为人因自身原因导致自己处于受控制的境地。

(十)轻微伤害的行为

本法第95条规定，一种伤害行为造成、意图造成或者极有可能造成的伤害如果过于轻微以至于不被具有正常思维的人所控诉的话，则不被视为犯罪。

(十一)个人防卫权

本法第96条至第106条详细地规定了个人防卫权，这里的“个人防卫权”

与我国刑法中的“正当防卫”相近。本法第 96 条规定,基于个人防卫权所实施的行为不视为犯罪。

1.个人防卫权实施的对象和范围

个人防卫权包括对人和对物的防卫权,根据本法第 97 条的规定,前者为自己或其他人的身体,对抗侵犯人身的犯罪行为,后者为自己或他人的动产或不动产,对抗包括盗窃、抢劫、毁坏及非法侵入他人土地或房屋的行为,或企图进行盗窃、抢劫、毁坏及非法侵入他人土地或房屋的行为。

2.个人防卫权的存续期间

根据本法第 102 条和第 105 条的规定,针对人的个人防卫权开始的时间为对身体受伤害的恐惧或受到侵犯威胁产生之时,即使此时犯罪并未开始实施,且持续至对身体受伤害的恐惧消失为止;针对财物的个人防卫权开始于对财产受侵犯的威胁开始之时,终止时间因犯罪的不同而不同:针对抢劫的对财产的个人防卫权持续至加害人企图杀害、伤害或拘禁被害人的行为或被害人对即时死亡、即时受伤及即时被拘禁的恐惧消失之时;针对故意毁坏或故意伤害的对财产的个人防卫权持续至加害人的故意毁坏或故意伤害行为终了之时;针对夜晚入侵住宅的个人防卫权持续至入侵者离开住宅之时。

3.个人防卫权的限制

与我国刑法对“正当防卫”的规定相近,本法对“个人防卫权”的行使也作了限制,这种限制体现在对象和程度两方面。

(1)个人防卫权的对象限制

个人防卫权对对象的限制主要体现在本法第 98 条、第 99 条。本法第 98 条规定,如果一行为因为行为人为青少年、缺乏成熟的理解能力、神志不清、行为时处于醉酒状态或对被侵害一方存在误解而不构成犯罪,任何人仍有权像对待犯罪行为那样实施个人防卫。这是对对象的非限制规定。本法第 99 条规定了对公务员行使公务行为的个人防卫限制:公务人员在善意执行公务时所实施的行为如果不足以造成重伤或死亡的话,不得对其进行个人防卫,即使该行为并不是严格地符合法律规定;在有时间寻求公权力救济的情况下不得实施个人防卫。本条第 6 款、第 7 款的两个释义强调了面对公务人员的行为公民并不丧失个人防卫的权利,除非他明知或有理由知道实施该行为的人为公务人员,同时面对公务人员指挥下的行为公民并不丧失个人防卫的权利,除非他明知或有理由知道实施该行为是在公务人员指挥下进行的,或者行为人已经向他证明自己有权实施该行为,或他有书面文件证明自己的权力,除非依正当法律要求他出示。

(2)个人防卫权的程度限制

个人防卫权的程度限制主要体现在本法第99条、第100条、第101条、第103条、第104条、第106条。本法第99条第4款规定,个人防卫权不得扩展至防卫需要以外的伤害程度。这与我国刑法对正当防卫的程度限制表述相近,我国《刑法》第20条第2款规定,正当防卫明显超过必要限度造成重大损害的,应当负刑事责任,但是应当减轻或者免除处罚。本法第100条、第103条的规定与我国刑法理论中的"特殊防卫"相近,针对人身危险性较高的犯罪,防卫的程度应当随之加深。本法第100条规定,对以下六种行为的攻击者可以实施包括致其死亡在内的防卫行为:一是这样的侵犯在一般情况下会带来死亡的恐惧;二是这样的侵犯在一般情况下会带来重伤的恐惧;三是企图实施强奸的侵犯;四是意图满足变态欲望的侵犯;五是意图实施绑架或拐骗的侵犯;六是对被害人实施非法拘禁的侵犯,被害人在此环境下有理由担心自己无法向公权力机关求助来获得解救。除此之外,本法第103条还规定对抢劫、夜晚入侵住宅、对供人居住或存放财物的建筑物、住处或舰船实施的纵火行为、不实施个人防卫就会有死亡或重伤威胁的盗窃、伤害或入侵住宅行为可以实施包括致其死亡在内的防卫行为。

五、关于刑罚

《刑法典》第三章规定了刑罚种类和刑罚的具体运用。

(一)刑罚种类

根据本法第53条的规定,缅甸的刑罚种类有四种,分别是死刑、流放、徒刑、罚金。拘役和没收财产在1948年《缅甸联邦法律适应化法令》中被删除。此外《鞭刑法案》还规定了鞭刑作为《刑法典》的补充。

(二)刑罚的具体运用

1.关于死刑

值得注意的是死刑的减刑规定,与我国所不同的是,缅甸死刑减刑的依据不是罪犯在服刑期间的表现,而是总统的决定。本法第54条规定,每一个已被通过的死刑案件,总统可以不经罪犯的同意将死刑减为刑法规定的其他刑罚。

2. 关于流放

流放终身是流放的最高惩罚。根据本法第 57 条，流放终身是指流放 20 年。每一个已被通过的判处流放的案件，在被流放之前，罪犯按判处附加劳动的监禁处置，监禁期间，视为已开始执行流放。同死刑一样，流放的减刑也由总统决定，本法第 55 条规定，每一个已通过的流放终身案件，总统可以不经罪犯同意将流放终身减为刑期不超过十四年的徒刑。此外，流放还可以替代徒刑，本法第 59 条规定，在被判处七年以上徒刑的案件中，主管法院有权判处罪犯不少于七年的流放，且不得超过刑法规定的应判处监禁的刑期，以此来代替监禁。

3. 关于徒刑

值得注意的是，缅甸的徒刑分为两种，一种是重徒刑，即服刑期间需要从事繁重劳动的，一种是轻徒刑，即服刑期间不需要从事繁重劳动的。具体判处何种徒刑，由法官根据具体案件事实而定。

4. 关于罚金

《刑法典》第 63 条至第 70 条详细规定了罚金刑的具体运用。罪犯应负担的罚金总额没有限制，但是不能太过分，具体罚金数额由法官根据案件事实而定。根据规定，每一个有被判处罚金的罪犯，包括被判处徒刑并处罚金的，被判处徒刑或处罚金的，或者单处罚金的，如果没有支付罚金，都会被判处确定期限的徒刑。但“被罚”的徒刑是有限制规定的：当罪犯被判处徒刑并处罚金时，对其没有支付罚金而应判处的徒刑不应超过其原判最高刑期的四分之一；当罪犯只被处以罚金时，法院由于罪犯未支付罚金而判处的徒刑应是轻徒刑，法院判处徒刑的刑期不应超出以下范围：罚金不超过五十卢比，刑期不超过两个月；罚金不超过一百卢比的，刑期不超过四个月，且在任何情况下，刑期都不得超过六个月。在由于未支付罚金而被判处徒刑的刑期届满前，如果已支付或被征收的罚金不少于未付罚金的，监禁应当被终止。本法第 70 条规定，罚金或未付部分可在刑期届满之后六年内任一时候被征收，如果罪犯被判处六年以上徒刑，罚金可在期满前任一时间被征收；罪犯死亡不免除其财产责任，其死后仍要对其债务负法律责任。由此可见，缅甸对罚金刑的执行特别严厉。

5. 关于鞭刑

缅甸《鞭刑法案》源于印度法，较为详细地规定了鞭刑这一古老的刑罚方式，包括鞭刑的适用范围、处刑方式等。值得注意的是，本法特别规定了对青少年处以鞭刑的条件，以及处刑中的一些特别注意事项，体现了人道主义关怀。

(三)其他规定

本法第71条规定了对同时构成不同犯罪的犯罪行为处罚的限制，如果一种犯罪行为是由本身就是犯罪行为的几个行为构成，除非法律明文规定，罪犯不得因其犯罪行为被处以两次以上处罚。如果一个犯罪行为依据目前生效的法律存在两种或两种以上定义，如果几个犯罪行为，其中一个本身就是犯罪行为或由几个犯罪行为构成，或结合在一起构成一个不同的犯罪行为，罪犯不得被处以比法院判处的任一犯罪行为的刑罚更严厉的惩罚。

六、关于具体罪名

《刑法典》分则共有十八章，将所有具体罪名按犯罪所侵犯的法益不同分为十八类予以规定。

(一)危害国家安全类

第六章国事罪，第六A章与宪法及议会法令中某些规定相关的犯罪，第六B章诽谤外国势力罪是有关危害国家安全类的犯罪，与我国刑法中的危害国家安全罪相近。所不同的是，本章规定的犯罪除了通常意义上的危害国家安全犯罪外，部分公务员的渎职犯罪也被纳入进来。如本法第128条公职人员主动释放本国的罪犯及战俘罪、第129条公职人员由于疏忽大意致使罪犯脱逃罪。值得注意的是，缅甸对友好国家的国家安全予以极高的重视，这在《刑法典》中也得以体现，如本法第125条对与本国结盟的亚洲国家发动战争罪，第126条侵略与本国和平相处的国家的领土罪、第130B条诽谤外国势力罪。

(二)军事国防类

第七章与武装力量(陆军、海军、空军)有关的犯罪与我国刑法中的危害国防利益罪相近，均是与国家军事武装力量紧密相关的犯罪。所不同的是，相较于我国刑法，本章罪名较少，且多为煽动型教唆类犯罪，且主要集中点在人(即军官或服役者)，而对针对武器装备和军事设施的犯罪几乎没有规定。

(三)妨害社会秩序类

第八章破坏公共秩序罪与我国刑法第六章妨害社会管理秩序罪中的扰乱公共秩序罪相近，均是破坏公共秩序的犯罪。本章罪名主要集中在非法集会和暴乱两种犯罪行为，相比之下，我国刑法关于扰乱公共秩序罪的规定范围更广，更加详尽。

(四)公务员特殊主体类

第九章公务员犯罪或与之相关的犯罪、第九A章与选举有关的犯罪与我国刑法中的贪污贿赂犯罪相对应，大多是公务员非法收受钱财的贪污贿赂犯罪。不同的是，本章除了规定公务员贪污贿赂犯罪外，还规定了公务员故意违反法律规定给他人造成损害、假冒公务员等其他犯罪，而在我国刑法中这些犯罪并非规定在贪污贿赂犯罪一章。本法第166条公务员故意违反法律规定给他人造成损害罪、第167条公务员故意伪造错误文件给他人造成损害罪在我国刑法中属于渎职罪的内容。而本法第170条假冒公务员罪，第171条穿着或佩戴公务员服饰、标志欺骗他人罪，这两种犯罪相当于我国刑法第六章第一节扰乱公共秩序罪第279条招摇撞骗罪。本法第168条至第169条规定了我国刑法中所没有的犯罪。第168条规定了公务员非法从事贸易罪，第169条规定了公务员非法购买或者出价竞购财产罪，这两种行为在我国并不构成犯罪，只是违反行政法中《公务员法》关于公务员纪律的有关规定。[①]

第九A章规定了与选举有关的犯罪，旨在打击选举过程中的舞弊贿赂行为，体现了缅甸这一联邦制国家对于选举公正性的高度重视。

(五)维护公务员权威类

第十章藐视公务员法定权力罪与我国刑法第六章第一节扰乱公共秩序罪中的妨害公务罪类似。所不同的是，本章内容规定的藐视公务员法定权力(或妨害公务)的行为比我国对妨害公务的理解更加广泛。除了以暴力、威胁方法阻碍国家机关工作人员依法执行职务外，还包括其他一些较为轻微的妨害公

① 我国《公务员法》第53条规定："公务员必须遵守纪律，不得有下列行为：……(十四)从事或者参与营利性活动，在企业或者其他营利性组织中兼任职务……"

务的行为，一些在我国仅构成一般违法行为的行为在本法典中被规定为犯罪，如第 178 条拒绝公务员要求进行的宣誓、第 179 条拒绝回答有权提问的公务员的问题等。由此可见，《刑法典》对妨害公务行为的规定相当详细，缅甸非常重视对国家公权力权威的保护。

（六）保障司法公正类

第十一章伪证及破坏公正司法罪与我国刑法第六章第二节妨害司法罪相对应，规定的均是妨害司法公正的犯罪行为。所不同的是，本章规定的犯罪集中在“伪证”和“窝藏”两部分内容，除此之外，还规定了一些我国刑法中第九章渎职罪的内容。如第 217 条公务员不遵守法律规定故意使应受刑法处罚或者罚没财产的人免受法律追究（与我国《刑法》第 399 条徇私枉法罪类似），第 223 条公务员因疏忽大意而致使他人逃脱（与我国《刑法》第 400 条失职致使在押人员脱逃罪类似）等。

（七）货币与金融票证类

第十二章与货币及政府印花票有关的犯罪与我国刑法第三章第四节破坏金融管理秩序罪相对应，规定的均是与货币、票据有关的破坏金融管理秩序的犯罪。所不同的是，本章罪名集中在“货币”（包括“通货”）和“政府印花票”两部分，没有规定与信用卡有关的犯罪。但本法典相较于我国刑法规定得更加详细具体，将持有犯罪工具或材料也规定为犯罪，如第 256 条拥有伪造政府印花票的工具或者材料罪。

（八）商业诚信类

第十三章与度量衡有关的犯罪规定了我国刑法所没有规定的与度量衡有关的犯罪。本章规定的罪名内容即我国俗话所说的“缺斤短两”行为，在我国，这种行为并不构成犯罪，只是一般的道德败坏的无良奸商行为。缅甸将这种行为规定为犯罪加以处罚足以证明了其对诚信品质的重视程度。

（九）公共安全与社会道德类

第十四章危害公共卫生、安全、便利、礼仪和道德的犯罪与公共卫生、安全、便利、礼仪、道德有关，根据罪名的不同，分别与我国刑法中的不同犯罪类型相对应：一是危害公共卫生罪，如本法第 269 条可能导致某种致命疾病传染的过失行为、第 270 条可能导致某种致命疾病传染的恶意行为等；二是二是危害公共安全罪，如第 279 条在公路上轻率驾车或者骑车、第 284 条处理有毒物质的疏忽行为等；三是扰乱公共秩序罪，如本法第 268 条公共滋扰罪；四是生产、销售伪劣商品罪，如第 273 条销售有毒的食品或者饮料、第 275 条销售假药等；五是破坏环境资源保护罪，如本法第 277 条污染公共泉水或者水库中的水、第 278 条制造有害健康的气体等；六是制作、贩卖、传播淫秽物品罪，如本法第 292 条销售淫秽书籍等。

(十)保护宗教情感类

第十五章与宗教有关的犯罪规定了我国刑法所没有规定的与宗教有关的犯罪，这与缅甸的具体国情相适应。自古以来缅甸就是宗教信仰极其丰富重要的国家，尤其是对佛教的信仰。经历代缅甸封建国王的支持，小乘佛教在缅甸长盛不衰，成为缅甸人信奉的主要宗教，深深地扎根于缅甸人的心目当中，反映在缅甸社会的各个角落，成为缅甸人判断是非的尺度和伦理道德的标准。对缅甸政治、经济、文化、文学、艺术、建筑、服饰、传统节日、风俗习惯等各个方面都有很深的影响。[①] 这种影响当然也体现在法律制度这一上层建筑上，《刑法典》专章规定与宗教有关的犯罪，对宗教相关事宜和教徒的情感加以保护便可以证明。

(十一)人身安全类

第十六章侵犯人身的犯罪分八个小节具体规定不同类型的侵犯人身的犯罪，分别是危害生命的犯罪；引发流产、伤害胎儿、弃婴、隐瞒婴儿出生；伤害；非法阻止和非法限制；非法暴力和攻击；绑架、劫持、奴役和强迫劳动；强奸；非自然性犯罪。

1. 危害生命的犯罪

本节规定的犯罪与我国《刑法》第 232 条故意杀人罪和第 233 条过失致人死亡罪所规定的内容相近。具体对比分析，有以下不同之处：一是本法关于危害生命的犯罪规定较我国更加详细具体；二是本法区分了“刑事杀人”与“谋

① 姜永仁：《缅甸文化结构及其特点》，载《东南亚纵横》2002 年第 3 期。

杀”两种危害生命的杀人行为；[①]三是本法将教唆自杀行为单独定罪，如本法第 305 条教唆儿童或者精神病患者自杀罪、第 306 条教唆自杀罪。

2. 引发流产、伤害胎儿、弃婴、隐瞒婴儿出生

本节规定的是我国刑法所没有规定的危害胎儿、婴儿生命的犯罪，如本法第 312 条引发流产、第 318 条秘密处置婴儿尸体隐瞒婴儿出生等。本法将危害胎儿、婴儿生命的犯罪单独予以详细规定，足以说明其对保护胎儿、婴儿生命权的重视程度。

3. 伤害

本节规定的犯罪与我国《刑法》第 234 条故意伤害罪、第 235 条过失致人重伤罪所规定的内容相近。具体对比分析，有以下不同之处：一是本法关于伤害的犯罪规定较我国更加详细具体。二是本法以法条形式明确区分了“伤害”与“重伤害”，除了定义上的区分外，各罪罪名也对此予以区分，如第 321 条故意伤害、第 322 条故意重伤害。三是本法关于伤害的罪名多以方法（手段）和目的分类命名，如第 328 条利用投毒等方法故意犯罪造成伤害是以方法为中心，第 330 条故意造成伤害以逼取口供或者强制返还财产则是以目的为中心。

4. 非法阻止和非法限制

本节所规定的非法限制与我国《刑法》第 238 条非法拘禁罪的内容相近，而非法阻止是我国刑法所没有规定的。本法第 339 条规定，任何人故意阻止他人，以妨碍此人按照其有权行进的方向行进的，称作非法阻止此人。由此可见，缅甸刑法对于人的合法范围内的自由权的保护更加全面具体。

5. 非法暴力和攻击

本节规定的非法暴力和攻击是我国刑法所没有规定的。根据本法对“暴力”和“攻击”的定义可知，非法暴力是伤害等侵害他人人身行为的前行为，攻击是非法暴力的前行为。本法第 350 条规定，任何人未征得他人同意，故意对

---

① 本法第 299 条规定：“任何人意图引起他人死亡，或者意图引起可能导致他人死亡的身体伤害，或者明知其行为可能导致他人死亡，而实施一项行为致使他人死亡的，构成刑事杀人罪。本法第 300 条规定，除后面的例外规定外，下列刑事杀人构成谋杀：(a)如果致死行为是故意致人死亡行为；(b)如果故意造成身体上的侵害且罪犯明知可能会因此伤害而引起被害人的死亡；(c)如果故意对任何人造成身体上的侵害，而该侵害足以合规律地引起被害人的死亡；(d)如果行为者明知所实施的行为具有迫在眉睫的危险，可能致人死亡或造成可能引起死亡的身体侵害，且没有导致上述死亡或身体上的侵害的豁免理由，而实施了该行为。”

他人使用暴力，旨在实施任何犯罪，或者故意通过使用此种暴力非法地引起，或明知其使用此种暴力会非法地导致受暴力攻击者的伤害、害怕或烦恼的，构成对他人实施非法暴力。本法第351条规定，任何人作出任何姿势或准备，故意或明知这样做可能会引起任何在场的人理解为自己将要对其实施犯罪暴力的，称为实施攻击。

6. 绑架、劫持、奴役和强迫劳动

本节罪名分别与我国《刑法》第239条绑架罪、第240条拐卖妇女、儿童罪(本法所规定的犯罪对象部分为任何自然人)，第358条强迫卖淫罪，第244条强迫劳动罪相对应。所不同的是，本法对“绑架”和“劫持”行为进行了区分。同时，从缅甸国情出发，规定了买卖奴隶的犯罪，如第370条作为奴隶购买他人或者处置他人。

7. 强奸

本节所规定的犯罪与我国《刑法》第236条强奸罪的内容相对应。本法第375条规定，除后面的例外规定之外，一名男子在下述五种情况下和一名女子发生性关系的，构成强奸：(a)违背她的意愿；(b)未征得她的同意；(c)虽然征得她的同意，但同意是在使其处于死亡或受伤害的恐惧情况下获得的；(d)征得了她的同意，而行为人明知其不是她的丈夫，同意是因为该妇女认为他是她要或她相信自己要与之合法结婚或她愿意的另外一个人；(e)该妇女不满14岁，征得或未征得她的同意的。

8. 非自然性犯罪

值得注意的是，同性恋行为被纳入到犯罪评价中来。本法第377条规定，任何人违背自然规律故意同一位男子、女子或动物发生淫乱关系的，处流放终身或处十年以下有期徒刑，并处罚金。

(十二)保护私有财产类

第十七章侵犯财产罪分十个小节具体规定不同类型的侵犯财产的犯罪，分别是盗窃；敲诈；抢劫和结伙抢劫；侵占财产罪；背信罪；收受被盗财产；诈骗；对财产的欺诈行为和处置；损害；非法侵入罪。

1. 盗窃

本节所规定的盗窃与我国《刑法》第264条盗窃罪基本一致。本法第378条规定，任何人未经动产拥有人的同意，故意移动动产，意图不诚实地使该动产脱离其拥有人的占有的，构成盗窃。

2. 敲诈

本节所规定的敲诈与我国《刑法》第 274 条敲诈勒索罪基本一致。本法第 383 条规定，任何人故意使任何人处于怕自己或其他人受伤害的恐惧之中，因此不诚实地诱使处于恐惧之中的此人交出任何财产或有价证券，或者任何可以兑换成有价证券的签字或盖印的东西，称为"敲诈"。

3. 抢劫和结伙抢劫

本节所规定的抢劫与我国《刑法》第 263 条抢劫罪相近。所不同的是，本法将"抢劫"规定在"盗窃"和"敲诈"两种犯罪行为中①同时，本法规定了我国刑法所没有规定的"结伙抢劫"。本法第 391 条规定，5 人以上联合实施或企图实施抢劫，或共同实施或企图实施抢劫的总人数或者参与以及协助实施或企图实施抢劫的总人数达到 5 人以上的，则每一个实施、企图实施或协助实施的成员均构成"结伙抢劫"。

4. 侵占财产罪

本节所规定的侵占财产罪与我国《刑法》第 270 条侵占罪相近。所不同的是，我国刑法将侵占罪的犯罪对象规定为代为保管的他人财物、他人的遗忘物和埋藏物，而本法对侵占财产罪的犯罪对象没有明确限定，只要是他人财物或他人享有份额的财物均可成为本罪犯罪对象。

5. 背信罪

本节所规定的背信罪与我国《刑法》第 270 条侵占罪第 1 款的规定基本一致。所不同的是，本罪的犯罪对象主要是委托物，即代为保管的他人财物。同时，本节还规定了特殊身份者犯背信罪的处罚，如第 407 条承运人等犯背信罪、第 408 条职员或雇员等犯背信罪。

6. 收受被盗财产

本节所规定的收受被盗财产与我国《刑法》第 312 条掩饰、隐瞒犯罪所得、犯罪所得收益罪相近。

7. 诈骗

本节所规定的诈骗与我国《刑法》第 266 条诈骗罪基本一致。本法第 415 条规定，任何人通过诈骗，即欺诈地或不诚实地诱使被骗者将任何财产送给任何人，或者同意任何人保留任何财产，或者故意诱使被骗者做或不做如果他未

① 根据本法第 390 条的规定，抢劫既可以在盗窃中又可以在敲诈中发生。

被骗则不愿意做或不做的事,该作为或不作为导致或可能导致此人身体、精神、荣誉或财产上的损害或伤害的,称为“诈骗”。

8.对财产的欺诈行为和处置

本节规定了我国刑法所没有规定的对财产的欺诈行为和处置。本节犯罪虽然也是对财产的欺诈,但与诈骗有所区别。本节所规定的对财产的欺诈行为和处置包括以下四种犯罪行为:一是不诚实地或者欺诈地转移或隐匿财产以阻止财产在债权人之间的分配;二是不诚实地或者欺诈地阻止应由犯罪人承担的债务或支付请求生效;三是不诚实地或者欺诈地以虚假报价进行让与;四是不诚实地或者欺诈地转移或者隐匿财产或放弃权利请求。

9.损害

本节所规定的损害与我国《刑法》第275条故意毁坏财物罪相近。本法第425条规定,任何人故意或明知可能会引起对公众或任何人的非法损失或损害,而造成任何财产的毁坏、改变,或者破坏或减少财产的价值或使用效果,或对财产造成损害性影响的,称为实施了“损害”。所不同的是,本法所规定的损害对象除了一般财物外,还包括影响公共交通和安全的公共财物,如铁路机器、火车等(如本法第430A条影响铁路机器、火车等而造成损害等),损害方法除了一般破坏方式(如砸、敲打)外,还包括用火或爆炸物引起财产损失等(如第436条故意用火或爆炸物毁坏房屋等而造成损害等),而我国刑法将这些行为规定在危害公共安全犯罪而非侵犯财产罪一章。

10.非法侵入罪

本节所规定的非法侵入罪与我国《刑法》第245条非法侵入住宅罪相近。本法第441条规定,任何人进入或到达他人拥有的财产之中,意图实施一项犯罪,或威胁、侮辱或烦扰该财产的拥有人,或者合法地进入或到达他人拥有的财产之中后,非法地在此财产中逗留,意图威胁、侮辱或烦扰此财产的拥有人,或实施一项犯罪的,称为实施“非法侵入”罪。此外,本节对非法侵入的时间、方式等都有作不同规定,处以不同刑罚,如本法第443条潜伏侵入住宅、第444条夜晚潜伏侵入住宅等。

(十三)金融管理秩序类

第十八章与文书以及商标、产权号印有关的犯罪与我国刑法第三章第四节破坏金融管理秩序罪相近,主要规定了“伪造”和“制作假文件”两种犯罪行为。所不同的是,本章所规定的伪造和造假的对象范围比我国刑法有关此罪的规定更加广泛，除了有价证券、银行票据外，还包括遗嘱、法院记录、政府出生登记、账目等。

（十四）保护弱者类

经过几次法律修改，第十九章违反服务协议的犯罪现仅存一个犯罪，即违反对无助的人照顾和供给必需品的协议。本法第491条规定，受法定合同约束照顾或者供给必需品给由于年幼、精神不健全、疾病、体弱而无助或者无能力满足自己的安全或者供给必需品的人，故意不作为，处三个月以下监禁，并处或者单处200卢布以下的罚金。

（十五）婚姻关系类

除了与我国《刑法》第258条重婚罪相近的重婚外，第二十章与婚姻有关的犯罪中还包括“骗婚”和引诱、拐走、容留已婚女子的行为。值得注意的是本法第497条的通奸罪：明知或者应当知道是别人的妻子，在没有得到丈夫同意或者默许的情况下，仍与其发生性行为的，构成通奸罪。通奸在我国刑法中并未认为是犯罪，在很大程度上是当事人双方的道德问题。

（十六）人格尊严类

第二十一章诽谤罪、第二十二章恐吓、侮辱和骚扰罪均是与人格尊严相关的犯罪，其中第二十一章诽谤罪与我国《刑法》第246条诽谤罪基本一致。本法第499条规定，除下述例外规定之外，任何人使用口头或者书面语言，通过符号或者可视表达，制造或公布诋毁他人的言论，意图损害他人名誉，或者明知或有理由相信此种诋毁将会损害他人名誉的，成为诽谤他人。本章特别详细地规定了十项诽谤罪的例外情况。而第二十二章恐吓、侮辱和骚扰罪则着重规定了我国刑法所没有规定的恐吓罪。本法503条规定，任何人以侵害他人人身、名誉或财产或者与其有利益关系的人之人身或名誉相威胁，以警告他人，或导致他人做依法不应做的事，或不做其依法应做的事，称为实施恐吓行为。

（十七）犯罪未遂

第二十三章未遂犯罪与我国《刑法》第23条犯罪未遂相近。仔细阅读对比法条，二者具有以下区别：一是所属法条版块不同，我国刑法将犯罪未遂规定在总则部分，而缅甸刑法将其规定在分则部分；二是条件不同，我国刑法中的犯罪未遂针对所有犯罪，而本法所称的未遂犯罪只适用于实施本法典规定的可处流放或徒刑的犯罪；三是对未遂犯的处罚不同，我国《刑法》第 23 条第 2 款规定，对于未遂犯，可以比既遂犯从轻或者减轻处罚；而缅甸《刑法典》第 511 条规定，未遂犯罪处流放或应处最长刑期的二分之一，单处或并处罚金。

七、其他刑事法案

为了更好地惩治犯罪，除了《刑法典》以外，缅甸还有其他一些比较重要的刑事法案值得一提。一是《鞭刑法案》，源于 1909 年《印度第四法典》，专门规定了鞭刑的适用问题，作为《刑法典》的补充；二是《博彩法案》，这一法案对赌博行为和赌场作了专门解释，详细规定了赌博罪、开设赌场罪等与博彩有关的犯罪，还对博彩相关犯罪的查处和处罚等刑事诉讼问题作了详尽规定；三是 1946 年《战时犯罪豁免法案》，本法详细列举了战时犯罪的诸多豁免情形。

第三节　缅甸刑法典主要特色

综观缅甸刑法，其展现出诸多具有自身特色的规定。相较于我国刑法，缅甸刑法的特色之处主要包括以下方面。

一、分则部分罪名规定详尽全面

缅甸《刑法典》对各个罪名的规定详细全面，主要体现在以下几方面。

（一）体例上，个罪分类详细

前面已经介绍到，《刑法典》分则共有十八章内容，分别根据所侵犯的法益的不同划分。在重要的法益上，同一大类的犯罪划分多章或者在专章下设多节来详细规定。如在维护公务员权威方面，除了第九章公务员犯罪或与之有关的犯罪外，紧接着第十章又规定藐视公务员法定权力罪。再如公民的人身安全、财产安全等与公民关系最密切最重要的法益，在专章规定犯罪的同时，还下设八到十个小节根据不同类罪详细规定。

(二)罪名上,个罪设置详细全面

《刑法典》对同一类别的个罪规定非常详细,罪名的设置非常全面,尤其体现在第十六章侵犯人身的犯罪一章。首先,区分刑事杀人罪和谋杀罪,同时单独明确规定教唆自杀罪,且因对象的特别而规定为教唆儿童或者精神病患者自杀和教唆自杀两个不同的犯罪,而非像我国刑法统一将其规定为故意杀人罪。其次,区分故意伤害和故意重伤害,这种根据伤残程度设置具体罪名的方式对不同程度的伤害罪予以详细全面规定,能够较有针对性地惩治不同伤害程度的伤害罪。且根据伤害的手段和方法区别定罪,如第 324 条故意使用危险的武器或者手段造成伤害、第 328 条利用投毒等方法故意犯罪造成伤害等。最后,区别伤害和非法暴力与攻击。与我国刑法统一将其规定为伤害行为不同,《刑法典》将伤害行为和非法暴力攻击行为加以区别定罪,细化了对人身权利的保护。

(三)具体个罪上,要件列举详细全面

在具体个罪的规定上,每一个具体罪名的行为主体、行为方式、行为对象、危害结果等要件规定得相对细致、全面。例如,本法第 378 条盗窃罪,本罪第 1 款首先界定了盗窃的内涵是任何人未经动产拥有人的同意,故意移动动产,意图不诚实地使该动产脱离其拥有人的占有的行为,接着用五条释义具体解释了什么是盗窃,再用 16 项说明详细例举了哪些行为构成盗窃罪,哪些不构成盗窃罪。又如第 320 条对重伤害损伤结果的规定,本条采用列举的方式详细列出了八种属于重伤害的情形,一是阉割,二是一只以上的眼睛的视力永久丧失,三是一只以上的耳朵的听力永久丧失,四是任何部分器官或连接处的丧失,五是任何部分器官或连接处功能的损坏或永久损坏,六是头部或脸部的永久变形,七是骨折或骨头脱位,八是任何危及生命的伤害,或者使受害者 20 天内承受身体上的极端痛苦或不能从事一般自理活动的伤害。这样详细全面列举犯罪行为主体、行为方式、行为对象、危害结果等的具体罪名规定,能够全面掌握和理解具体罪名,也有利于具体犯罪的认定。

二、刑事责任年龄偏低

《刑法典》第 82 条规定："不满 7 岁的儿童实施的行为，不构成犯罪。"该法典第 83 条规定："7 岁以上不满 12 岁的儿童，在实施行为时对行为的性质和后果缺乏足够理解判断能力的，不构成犯罪。"因此，在缅甸，最低刑事责任年龄为 7 岁。与世界上其他国家相比较，缅甸属于刑法中规定的刑事责任年龄下限最低的国家之一。相较于我国最低刑事责任年龄为 14 岁的规定，这也是缅甸刑法的特色之一。近年来，随着 14 岁以下儿童做出的成立犯罪但不能被处以犯罪的行为的曝光，越来越多的学者和普通民众提出应当降低我国的刑事责任年龄，原因是现在的孩子心理和行为上都成熟得很快，14 岁的最低刑事责任年龄已经不能满足很好地打击犯罪的需要了。但也有学者和民众从保护儿童的角度出发反对修改最低刑事责任年龄。缅甸刑法将最低刑事责任年龄规定为 7 岁的做法和产生的社会影响对我国在最低刑事责任年龄问题方面是很好的经验借鉴。

三、专章规定与宗教有关的犯罪

缅甸《刑法典》第十五章专章规定了与宗教有关的犯罪，这与缅甸这个国家的政治、文化等方面的历史传统有重要关系，本章前面在介绍分则时有涉及此问题的论述，故不再赘述。设专章规定宗教类犯罪，运用刑法保障国家的宗教事业和活动，维护国民的宗教信仰自由和宗教情感体现了缅甸对于宗教文化的重视。

根据我国宪法的规定，我国对宗教的政策是公民有信仰或者不信仰宗教的自由，任何人不得干涉。因而与缅甸不同，我国在刑法这一上层建筑上并没有过多地涉及宗教这块，刑法关于宗教方面的规定只有第 253 条的非法剥夺公民宗教信仰自由罪，即国家机关工作人员非法剥夺公民的宗教信仰自由，情节严重的，处二年以下有期徒刑或者拘役。当然，缅甸用刑法的手段来干涉宗教信仰、保护宗教财产、规制宗教行为的做法实际效果如何，仍需进一步研究。

四、部分道德行为纳入刑法评价范围

《刑法典》中的一些犯罪在大多数国家中并未被规定为犯罪，而是一般的道德评价问题。值得注意的就是《刑法典》第377条非自然性犯罪，即我们通常意义上的同性恋犯罪。第377条规定，任何人违背自然规律故意同一位男子、女子或动物发生淫乱关系的，处终身流放，或处10年以下有期徒刑，并处罚金。缅甸保留第377条“同性恋条款”也有其特别的立法和宗教上的原因。立法方面，缅甸《刑法典》来源于1860年《印度第十四法案》，而该法案又是在当时印度的殖民国英国的主导下制定的，实际上1885—1948年缅甸也被英国殖民统治着。在这种历史背景下，缅甸的社会制度、社会文化等不免有英国的影子，当然这也体现在法律上。尽管缅甸《刑法典》的源头——英国刑法已经废除同性恋入罪条款，但缅甸却保留了此条款。宗教方面，缅甸受佛教影响极大，小乘佛教自从公元前3世纪佛教从印度传入缅甸以后，在缅甸古骠国获得了极大的发展，尤其是公元11世纪，蒲甘王朝建立以后，小乘佛教被定为国教，在阿奴律陀等历代国王的支持下，佛教在缅甸人心中深深地扎下了根。[①]与基督教和伊斯兰教相比，佛典中有对同性恋的歧视，态度较不那么严厉。但在一般世界观或文化观上，佛教、道教、儒教和印度文化可能有某种共同价值，它们都把大家庭看作是社会的自然单位，把共同体的重要性置于个人之上：这些价值对于法律都具有深刻影响。[②] 无论是从宗教个体教义还是整体包容性而言，同性恋入罪都是极可能的倾向。

随着时代的进步，同性恋不再被视为一种疾病，美国精神病学会在第4版的《诊断与统计手册：精神障碍》中已经将同性恋删除，并在删除时声明：“同性恋本身并不意味着判断力、稳定性、可信赖性，或一般社会及职业能力的损害。”其他国家，比如英国，以及国际组织，比如联合国世界卫生组织都不把同性恋视为精神疾病。[③] 此外，在刑法轻缓化的背景下，刑法介入同性恋这一社

① 姜永仁：《缅甸文化结构及其特点》，载《东南亚纵横》2002年第3期。

② ［英］A. 哈丁：《东南亚的比较法与法律移植：“习俗杂音”的意蕴》，载D. 奈尔肯、J. 菲斯特编：《法律移植与法律文化》，高鸿钧等译，北京：清华大学出版社2006年版，第281页。

③ 周丹主编：《同性恋与法》，桂林：广西师范大学出版社2006年版，第4页。

会道德层面的问题也有待商榷。复杂的社会需要多种调整手段才能保证社会的有序发展，刑法只是行为调整方式中社会规范调整的构成部分之一，它是法治社会解决行为冲突的最后手段，要严格限制其适用的范围，不能因为其特有的国家强制力而侵及或取代其他社会规范或调整手段应有的调整作用。我们应当尊重其他社会调整手段的作用，相信道德规范自有刑法不能施力之处。

第四节　缅甸刑法典主要瑕疵

一、章节编排与法律条文的逻辑性欠佳

首先，章节体例编排上，总则内容缺失，分则法益轻重体现不明显。《刑法典》在体例上并未明确区分总则与分则，只是具体内容上呈现出由总则内容到分则具体罪名的顺序。总则共五章，分别是介绍、一般解释、刑罚、排除责任、教唆与犯罪共谋，对刑法基本原则、刑事责任、犯罪分类等方面的内容均未作规定，而只是在分则具体罪名和法条表述中略微得以体现，如此一来，整部《刑法典》的总领性和指导性就相对较弱。分则按照犯罪所侵犯的法益不同分成十八章，但仔细对比发现，章节顺序与法益轻重存在一些不合逻辑的地方。分则首先规定了与国家政权相关的国事罪，其次是与军事相关的武装力量犯罪，政权与军事是国家安定发展的根本保障，这样规定并无不妥。但是，接着第八章破坏公共秩序罪就存在问题了，良好的社会秩序是国家安定团结的基础，这里的社会秩序不仅指公共秩序，更包括公共安全，而《刑法典》却将危害公共安全的犯罪放到第十四章的中间位置。此外，仔细观察缅甸刑法，公共秩序与公共安全在法益和罪名设置上本身就存在诸多重合之处。还有比较突出的是侵犯人身的犯罪和侵犯财产罪，作为与最广大民众最密切相关的法益——生命安全和财产安全，却被放到第十六章和第十七章这样的中后位置，居于公务员犯罪、与度量衡有关的犯罪、与宗教有关的犯罪等之后，不合理之处显而易见。

其次，缅甸刑法条文之间内容重复，划分不明确。比较突出的是第十四章危害公共安全的内容与第十七章第九节损害。仔细对比两部分具体罪名与法条内容可知，损害的一些罪名不但侵犯了财产权，更多地侵犯了社会公共安全，如第430A条影响铁路机器、火车等而造成损害，第431条侵害公路、桥梁

或者河流而造成损害，第433条毁坏、挪动灯塔、航标，或者使灯塔、航标失去作用而造成损害等。众所周知，铁路、火车、公路、桥梁、河流以及灯塔、航标等都是涉及公共安全的重要公共设施，一旦被不法分子所侵害，其造成的损害和影响并不只是财产上的损失，更多的是造成对公民生命安全的极大危险。而第十四章危害公共卫生、安全、便利、礼仪和道德的犯罪中对危害公共安全犯罪的规定相对较少。

二、宗教色彩浓厚，注重保护宗教利益和宗教情感

与缅甸的政治文化背景相适应，缅甸刑法显示出浓厚的宗教主义色彩，这可以在缅甸《刑法典》条文规定上找到根据。《刑法典》第十五章专章规定与宗教有关的犯罪，尽管只有四个条文，但已足以显示其对宗教利益和宗教情感的维护程度。第295条规定，任何人破坏、损害或亵渎任何宗教圣地或者被任何群体朝圣的物品，意图侮辱任何群体的宗教信仰，或者明知任何群体可能会将此种破坏、损害或亵渎行为视为对其宗教信仰的侮辱的，处2年以下有期徒刑或罚金，或两罚并处。本条犯罪旨在规制侵害或者污损朝觐场所，侮辱任何类型的宗教的行为，散发着鲜明的宗教主义色彩。

《刑法典》非常注重保护宗教事业的合法顺利开展和民众的宗教情感。第295A条蓄意侮辱宗教或宗教信仰以侮辱任何类型的宗教感情、第298条以讲话等方式蓄意伤害他人宗教感情都是对缅甸民众根深蒂固的宗教情感的保护。第296条扰乱宗教集会罪，专门保护依法举行的各种宗教集会，依照规定，任何人故意扰乱依法举行的履行宗教信仰或者宗教仪礼的任何集会的，处1年以下有期徒刑，或罚金，或两罚并处。

值得注意的是，侵犯墓地等罪被规定在与宗教有关的犯罪之中，这与缅甸的葬礼习俗有着密切关系。佛教是缅甸的国教，缅甸有将近90%的人信仰佛教，大约5%的人信仰基督教，3.7%的人信仰伊斯兰教，约0.5%的人信仰印度教，1.21%的人信仰泛灵论。[①] 在此全民信教的文化背景下，缅甸对葬礼风俗等各方面的事项的重视程度就比一般国家高许多。第297条规定，任何人

① 参见：http://www.fmprc.gov.cn/ce/cemm/chn/xnyfgk/t256864.htm，访问日期：2014年11月5日。

意图伤害任何人的感情，或者侮辱任何人的宗教信仰，或者明知任何人的感情可能会遭伤害或者任何人的宗教信仰可能会受侮辱，而侵犯任何宗教信仰地、墓地、为举行葬礼留出的地方或者停尸场，或者侮辱任何人尸体，或者扰乱正在举行葬礼集会的任何人的，处 1 年以下有期徒刑，或罚金，或两罚并处。由此可见，缅甸刑法对举行葬礼的场所、停尸场、尸体、墓地的保护非常全面。且各条文之间不断重复强调侵犯宗教信仰、侮辱宗教情感等字眼，足以说明缅甸刑法浓厚的宗教主义色彩。

三、道德与法界限不清，犯罪圈扩张

法律是最低标准的道德，刑法更应如此。社会中的一些行为在道德层面可能被作严厉的否定评价，但在法律层面，却不被禁止。合理的犯罪圈的设置不仅关系到刑法理论的研究，更关系到刑法实务适用，关系到刑法功能和机能的充分而有效发挥。合理的犯罪圈的设置是一项综合工程，不仅要处理好刑法与其他法律的关系，还要处理好刑法与本国政治、经济、文化、科技等诸多因素的关系，更要处理好道德与法律特别是刑法的关系。刑法不能过多地干涉道德层面的问题，否则可能造成道德与法的混杂，导致犯罪圈的不必要扩张。

缅甸刑法就存在这方面的问题。缅甸《刑法典》里，个别法律条文和具体罪名显示出了明显的道德色彩，道德范畴的个别事项被纳入刑法调整的轨道中，道德等与刑法相互交织、互相混杂。《刑法典》第十四章为危害公共卫生、安全、便利、礼仪和道德的犯罪，仔细阅读条文发现，这里的危害公共道德犯罪包括销售淫秽书籍、向年轻人出售淫秽物品、淫秽歌曲、开设赌场罪等四项内容。虽然条文中并无道德的字眼，但第十四章篇名以公共道德概括则彰显了浓厚的道德气息。

此外，比较突出的是《刑法典》将同性恋、通奸、堕胎规定为犯罪。同性恋犯罪问题前面已作论述，便不再赘述。将通常作为道德评价的通奸和堕胎行为纳入犯罪评价是缅甸刑法犯罪圈扩张的重要体现。第 312 条引发流产罪规定，任何人并非为了确保拯救怀孕妇女生命而故意致使怀孕妇女流产的，处 3 年以下有期徒刑，或罚金，或两罚并处；若该妇女临产，则应处 7 年以下有期徒刑，并处罚金。本条第 2 款“解释”明确了妇女本人构成引发流产罪：妇女导致自己流产，应属于本条所规定的犯罪。根据第 312 条，不合法的堕胎将构成犯罪。就引发流产罪而言，由于缅甸是佛教国家，堕胎行为在缅甸被视为严重有违伦理的行为，但是在刑法理论中，尚在孕妇身体里的胎儿本身并不是刑法意义上的生命，且妇女享有生育与不生育的自由，仅因堕胎有违佛教教义和传统伦理道德观念而将其作为犯罪处理，值得商榷。第497条通奸罪规定，明知或者应当知道是另一名男子的妻子，在没有得到该名男子的同意或者默许的情况下，仍与其发生性行为的，构成通奸罪，处五年以下有期徒刑，或罚金，或两罚并处。在这种情况下，妻子不作为教唆犯予以处罚。如此一来，违背传统夫妻忠贞道德的通奸行为被作为犯罪予以处罚，只是缅甸刑法只处罚通奸中的男子，对妇女不予处罚。随着社会的发展和性开放程度的加深，通奸行为在日常生活中层出不穷，许多家庭的破裂都由此引发。但我们不能因为通奸有违传统道德，会造成许多家庭的破裂就将刑法的手伸进来干预。在大多数国家中，对通奸行为都不作为犯罪处理，仅在道德层面上予以评价规范，这样的处理方式也不见得会导致社会的混乱不安。刑法不是万能的，刑法只能在特定的范围内发挥其作用。缅甸的做法模糊了刑法与道德的界限，刑法僭越了道德的领地，从而使得伦理道德与刑法混杂，犯罪圈设置在这里出现了不必要的扩张，其不合理性显而易见。

第五节　中缅刑事司法合作展望

国家主权原则禁止审理刑事案件的法院超越管辖权的界限行使其权力，禁止法院在其他国家自行收集与案件的结果有关的证据。因此，法院必须请求外国提供援助（除非该国接受法院所在国的代理人在其领土上进行干预）。因此，将司法协助定义为国家之间为取得刑事调查和起诉所需要的证据而相互合作的机制。[①] 近年来，中国与东盟国家之间的交流与合作不断加强，包括政治、经济、文化等在内的各领域合作的广度和深度前所未有，这也对中国与东盟在刑事司法协助领域的合作提出新要求。在中国-东盟加强全方位合作的新形势下，中国与缅甸加强包括刑事司法在内的各领域合作更凸显其重要意义。

---

① 联合国毒品和犯罪问题办公室：《刑事事项上的国际合作：打击恐怖主义》，联合国维也纳办事处英文、出版和图书馆科2012年版，第77页。

一、中缅刑事司法合作现状

(一)中缅刑事司法合作基础

首先,中国与缅甸都参加了《联合国反腐败公约》《联合国打击跨国有组织犯罪公约》等一系列国际公约,为中缅两国进行包括引渡、被判刑人移交、资产没收、司法协助、联合调查、特殊侦查手段、刑事诉讼的移交、执法合作等在内的刑事合作提供了法律依据。其次,在中缅两国均在中国-东盟控制跨国犯罪现行合作机制内,一是东盟与中日韩(10+3)打击跨国犯罪部长级会议机制,中缅两国均积极参加到会议当中,签订了《非传统安全领域合作谅解备忘录》等会议文件成果;二是东盟与中国(10+1)打击跨国犯罪部长级非正式及正式会议机制,就续签 2004 年 1 月 10 日签署的《中国与东盟非传统安全领域合作谅解备忘录》达成原则共识;三是中国-东盟总检察长会议,中国与包括缅甸在内的东盟国家共同协商合作方面的重大问题,深入探讨打击跨国有组织犯罪的策略,探索建立边境地区检察机关定期会晤和直接合作机制;四是中国与东盟各国间的禁毒合作机制,1991—2002 年间,中国先后与缅甸签署通过了《禁毒谅解备忘录》《东亚次区域禁毒合作谅解备忘录》《北京宣言》《次区域禁毒行动计划》等一系列禁毒合作项目;五是中国与东盟各国间的警务合作机制,中国与包括缅甸在内的东盟国家在反恐、打击非法移民、洗钱以及南海海上安全等领域都开展了警务合作,通过近年来的摸索,取得了包括《中国与东盟关于非传统安全领域合作联合宣言》《非传统安全领域合作谅解备忘录》等在内的一系列成果。

然而,中缅现行的刑事司法合作机制存在某些不利因素。中国目前与越南、老挝、印尼、泰国签署了双边刑事司法协助条约,与泰国、柬埔寨、缅甸和老挝四个国家签署了引渡条约,但缅甸却没有与我国签订任何形式的刑事司法协助法律文件,因而中国与缅甸在刑事司法协助实践中难免出现以此为由拒绝提供协助的情况。因此,我国应积极与缅甸开展磋商,在互信互惠的基础上,加快签订具有硬法性质的双边条约或协定的步伐,以弥补中缅两国在刑事司法合作方面的立法不足。

(二)中缅刑事司法合作现实背景

首先,中缅两国之间的特殊地理环境为跨国犯罪提供了便利。缅甸与中国陆地直接接壤,这一特殊的地理优势促进了中缅两国间的经济贸易发展。然而,一些不法分子也正是利用这一特殊的地理环境,在国边境上甚至是跨越国边境从事抢劫、爆炸、走私、贩毒、抢劫等违法犯罪活动,严重扰乱了边境地区的正常社会秩序,影响了双边经济贸易的正常交往。[①]

其次,中缅两国之间交往日益密切,人口流动活跃,为犯罪敞开了方便之门。随着中国与东盟自由贸易区的建立和发展,中缅两国间联系日益紧密,双边贸易和投资也日益扩大,人口的跨境双向流动呈不断上升趋势。加上中国与缅甸直接接壤的特殊地理状况,更是为区域间的人口流动提供了便利。一些犯罪分子利用旅游、探亲、访问、投资、经商等途径在区域间频繁流动,从事各种违法犯罪活动。

最后,中缅两国法治理念不同,导致法律制度和规范存在差异,这就给了犯罪分子可乘之机。各国文化背景、历史传统、价值观念和国家体制的不同决定了各国法治理念存在较大差异。一些国家由于历史上崇尚对自由的追求,保护公民个人的人权被认为是法治的最高价值,因而刑事司法过程中也就把权利保障作为首要的价值目标,不允许为了控制犯罪过多地妨害公民个人的自由和权利。[②] 而另一些国家的法治理念则更为重视对犯罪的控制。各国法治理念的不同必然导致各国的法律制度和规范也存在较大差异。中缅两国也存在这种问题,例如在中国,堕胎、通奸都不成立犯罪,只是在道德层面予以规范,而缅甸刑法却明文规定引发流产罪和通奸罪。

二、中缅两国刑事司法合作意义

首先,中缅两国开展刑事司法合作,顺应了世界潮流,也顺应了经济全球化的实际需要。在当今世界,跨国刑事司法合作是一个世界性的潮流。它已

---

① 蒋人文:《中国与东盟经济自由贸易区跨国经济犯罪及其控制策略研究》,载《河北法学》,2008 第 10 期。

② 蒋人文:《中国与东盟经济自由贸易区跨国经济犯罪及其控制策略研究》,载《河北法学》,2008 第 10 期。

成为各国间平等互利、和平共处的重要标志。在中国东盟自由贸易区的各成员国中，中国作为一个大国，在国际事务中负有重要的使命。中国有责任通过国际刑事司法合作的途径和手段来履行我国所承担的国际义务。通过与缅甸的合作，有利于实现两国间的相互支持、便利和援助。同时，随着经济全球化和区域经济一体化，知识、信息、资金、人才等要素在国际及区域间多向流动，在促进全球生产力及区域经济高速发展的同时，也引发了诸如恐怖主义、贩毒、腐败及其他各种跨国犯罪以及相关的刑事法律冲突。因此，在经济全球化和区域经济一体化的背景下，加强中缅两国间的刑事司法合作就显得尤为重要了。

其次，开展中缅两国刑事司法合作，有利于发展两国友好关系。国家间关系的好坏直接影响到能否开展国际刑事司法合作，两国关系处于友好状态时，双方会乐意互相进行这种合作，否则，这种合作便难以进行了。开展中缅两国间的刑事司法合作，有助于确定两国外交部门在刑事司法合作中的地位，并充分运用这种法律地位来推动两国的和平外交事业向国际司法合作领域发展，从而不断发展我国与缅甸的友好合作关系。

最后，加强中缅两国之间的刑事司法合作，能够有效地破除各国法律制度和规范的差异所带来的各种障碍，更有力地打击跨国犯罪。前面已经提到，中缅两国分属不同的法律体系，在法律制度方面存在诸多差异，积极开展中国与缅甸之间的刑事司法合作，能有效地解决各国法律制度和规范的不同所带来的问题，有助于两国司法机关进行涉外刑事诉讼活动。

三、中缅刑事司法合作的开展

中缅两国进行刑事司法合作是打击跨国犯罪的利器，中缅两国需要进一步加强刑事司法领域的合作，提高刑事司法合作能力，提升刑事司法合作水平。就目前实际情况而言，中缅两国需要进一步加强在以下几类犯罪方面的司法合作。

（一）反恐怖主义犯罪合作

中国和缅甸都面临着恐怖主义的威胁，加强两国在恐怖主义犯罪方面的刑事司法合作是共同打击该类犯罪的需要。笔者认为，中缅两国针对恐怖主义犯罪需要在以下方面加强合作。

1. 加强反恐联合执法。中国与缅甸交界，且边界情势复杂，恐怖主义犯罪分子很容易通过我国边境逃往缅甸。在打击恐怖主义犯罪上，中缅两国为防止犯罪分子外逃，需要加强执法方面的合作。

2. 建立反恐情报信息库，实现双方反恐情报信息的共享。反恐情报信息是精准打击恐怖主义犯罪的重要条件。东盟国家非常重视反恐情报信息的合作，2007 年东盟国家签订了《东盟反恐公约》。中缅之间可以效仿菲律宾与马来西亚及印尼三国就反恐达成情报信息合作协议，并在此基础上建立反恐情报信息库，对反恐情报信息实现实时共享，以更有效更快速更广范围内打击恐怖主义犯罪。

3. 扩展刑事司法协助内容，加强恐怖主义犯罪的诉讼的移管。被判刑人移管和刑事诉讼的移管已经成为当前及今后国际刑事司法协助的新的内容。狭义的刑事司法协助在一定程度上已经难以满足当前的刑事司法协助的需要，因而需要扩展刑事司法协助的内容，恐怖主义犯罪同样如此。恐怖主义犯罪是具有严重社会危害性的犯罪，一般都与当事国政治相关，因而将恐怖主义犯罪分子移交给当事国相对较好，中缅之间加强恐怖主义犯罪的移管是符合现实需要的。

(二)反毒品犯罪合作

中国与东盟国家之间的毒品犯罪有较多的毒品犯罪，我国云南省是受"金三角"毒品犯罪影响最深的省份。打击毒品犯罪是中国与东盟国家之间合作最早、成效较好的领域之一。中国-东盟所有国家都加入了《联合国禁毒公约》，1991 年到 2002 年间，中国与缅甸先后签署通过了《禁毒谅解备忘录》《东亚次区域禁毒合作谅解备忘录》《北京宣言》《次区域禁毒行动计划》等文件，这都为中缅两国进行打击毒品犯罪的刑事司法合作创造了条件。中缅两国在共同打击毒品犯罪上可以在以下方面进行有效的合作。

1. 毒品犯罪信息交流共享。毒品犯罪信息交流与合作是打击毒品犯罪的前提和基础。中缅两国应共同建立毒品犯罪信息库，对毒品犯罪人员信息进行管理，实现双方之间毒品犯罪信息的实时共享，为精准打击毒品犯罪提供契机。

2. 继续加强打击毒品犯罪的联合执法。双边或多边就毒品犯罪进行联合行动是有力有效打击该类犯罪的重要手段。2004 年 6 月 25 日，走私 5 吨毒品进入中国的大毒枭谭晓林被昆明市中级人民法院依法判处死刑。此案经过

5 年侦查，在中缅泰三国警方以及国际刑警组织的通力合作下，彻底摧毁了以谭晓林为首的制贩海洛因犯罪集团。1993 年移居缅甸的谭晓林，曾经控制中缅边境上 50％的毒品交易。从 1995 年开始，频繁组织向中国境内贩运毒品。谭晓林案是打击毒品犯罪联合执法显著成效的典型。因此，中缅两国应当在现有条件下，继续深化加强打击毒品犯罪的联合执法，加强中缅双方之间就毒品犯罪的联合调查取证、跨境追捕逃犯、移交逃犯等。

第九章

柬埔寨刑法研究

第一节　柬埔寨刑法立法概况

一、柬埔寨国家概况

柬埔寨王国(the Kingdom of Cambodia),通称柬埔寨,旧称高棉,位于中南半岛,西部及西北部与泰国接壤,东北部与老挝交界,东部及东南部与越南毗邻,南部则面向暹罗湾。柬埔寨领土为碟状盆地,三面被丘陵与山脉环绕,中部为广阔而富庶的平原,占全国面积四分之三以上。境内有湄公河和东南亚最大的淡水湖——洞里萨湖(又称金边湖),首都金边。

柬埔寨是个历史悠久的文明古国,建国于公元1世纪下半叶,历经扶南、真腊、吴哥等时期。9~14世纪吴哥王朝为鼎盛时期,国力强盛,文化发达,创造了举世闻名的吴哥文明。1863年沦为法国保护国,1940年被日本占领,1945年日本投降后再次被法国殖民者占领。1953年11月9日,柬埔寨王国宣布独立。1954年7月,法国被迫同意撤军。1970年3月18日,朗诺在美国策动下发动政变,23日西哈努克亲王宣布成立柬埔寨民族统一阵线,5月5日成立以宾努亲王为首相的柬埔寨国民族团结政府。1975年4月17日,柬全国解放。在1975年至1979年间,红色高棉获得柬埔寨执政权。在这期间,有

170 万普通柬埔寨人被处死、强迫劳动致死、压迫致死。1976 年 1 月颁布新宪法，改名为民主柬埔寨。1978 年底越南出兵侵占柬埔寨。1979 年 12 月，民柬决定终止宪法，改组政府。1982 年 7 月 9 日，西哈努克亲王、宋双、乔森潘三派抵抗力量实现联合，组成民族柬埔寨联合政府。1990 年 9 月，柬埔寨抵抗力量三方同金边方面的代表在雅加达会晤后宣布组成柬埔寨全国最高委员会。1991 年 7 月，西哈努克被推举为柬全国最高委员会主席。10 月 23 日，柬埔寨问题国际会议在巴黎召开，签署了《柬埔寨冲突全面政治解决协定》(通称《巴黎协定》)。11 月，西哈努克亲王返回祖国，全国最高委员会在金边设立总部。1993 年 5 月 23～28 日，柬埔寨在联合国驻柬埔寨临时权力机构的组织和监督下举行大选，选举产生制宪会议。9 月 21 日。制宪会议通过新宪法，决定恢复君主立宪制。9 月 24 日，西哈努克亲王签署新宪法，制宪会议转为国民议会。9 月 26 日，联柬机构宣布结束在柬的使命。11 月 2 日，柬王国政府正式成立，拉纳烈和洪森分别任第一、二首相。11 月 15 日，联合国驻柬埔寨维持和平部队全部撤离，柬王国进入和平重建历史新时期。①

1994 年柬埔寨国会通过立法宣布民柬为非法组织。1997 年 7 月，联合执政的人民党(以下简称“人党”)和奉辛比克党(以下简称“奉党”)爆发军事冲突，拉纳烈被废黜第一首相，流亡国外。1998 年 7 月 26 日，柬举行第二次全国大选，人党获胜成为第一大党，11 月 30 日成立以洪森为首相的第二届联合政府，奉党国会议席居次，拉纳烈出任国会主席。12 月，前民柬领导人乔森潘、农谢归顺政府，柬民族和解取得重大进展，进入和平与发展的新时期。2003 年 7 月，柬举行第三届全国大选，人党获胜。人、奉、森三党在权利分配上分歧严重，组阁陷入僵局。2004 年 7 月 15 日，组阁僵局被打破，人党和奉党就联合执政达成协议，拉那烈和洪森分别任国会主席和政府首相，第三届王国政府正式成立。2004 年 10 月 6 日，西哈努克国王在北京宣布退位。14 日，柬王位委员会 9 名成员一致推选西哈莫尼为新国王。29 日，西哈莫尼在王宫登基即位。柬王位继承问题获得圆满解决。②

---

① 参见 http://baike.sogou.com/v6722.htm?fromTitle=%E6%9F%AC%E5%9F%94%E5%AF%A8，访问日期：2017 年 8 月 10 日。

② 参见 http://baike.sogou.com/v6722.htm?fromTitle=%E6%9F%AC%E5%9F%94%E5%AF%A8，访问日期：2017 年 8 月 10 日。

二、柬埔寨刑法的渊源

总体而言，柬埔寨刑法的渊源主要有以下两种：

（一）刑法典

刑法典是国家以刑法名称颁布的，系统规定犯罪及法律后果的法律。当前，柬埔寨所使用的刑法典，是 2009 年经过修订的颁布的《柬埔寨刑法典》。

（二）单行刑法

单行刑法是国家以决定、规定、补充规定、条例等名称颁布的，规定某一类犯罪及其法律后果或者刑法某一事项的法律。为了对一些严重危害社会稳定与安宁的罪行予以重点打击，柬埔寨规定了一些单行刑法。

1.《打击拐骗、买卖和剥削人口法》。该法是柬埔寨在 1996 年 2 月 29 日通过，是一部规范打击拐卖人口的特别刑事法律，对有关罪名及刑罚进行了规定。

2.《禁止赌博法》。该法是柬埔寨在 1996 年 1 月 26 日通过，对赌博有关的刑事问题进行了具体规定。

3.《毒品控制法》。该法是柬埔寨在 1997 年 1 月 24 日通过，对于毒品有关的犯罪问题进行了具体规定，加大了打击毒品的力度。

第二节　柬埔寨刑法典主要内容

一、关于基本结构

《柬埔寨刑法典》共分为四部分，每一部分都是由数目不同的卷、编、章、节组成。

第一部分内容为“基本原则”。该部分是柬埔寨刑法适用的基本规定，其内容、作用和地位类似于中国的刑法总则规定。该部分又分为 2 卷，分别是刑法实施的一般规定和刑罚。前者分为 3 编，分别是刑法实施的条件、刑事责任和某些加重情节的定义。其中，刑法实施的条件，又包括 3 章内容，分别是一般规定、刑法适用的时间效力和刑法适用的空间效力;刑事责任,有4章内容,分别为犯罪者,教唆者和共犯(同谋者)刑事责任或责任的原因未成年人的刑事责任、法人的刑事责任;第三编某些加重情节的定义,只有特别加重情节这一单章内容。后者分为7编内容,这7编依次为刑罚种类、加重和减轻处罚的情形、量刑制度、适用于并合罪行的规则、影响处罚执行的一般原因、适用于未成年人的罚则、适用于法人的处罚。具体到章,刑罚种类一编共有主要刑罚、附加的惩罚、代替惩罚3章内容;加重和减轻处罚的情形一编包括累犯和减轻处罚的情节2章内容;量刑制度一编有6章,分为一般制度、缓刑、试用缓刑、暂停宣告刑罚、半自由、分割罚则;适用于并合罪行的规则一编分为一般规则和单独规则2章;影响处罚执行的一般原因一编共有处罚的时效、恩典、一般意见、调整和撤销某些附加的定罪4章;适用于未成年人的罚则一编包括一般规定和单独条款2章;适用于法人的处罚一编分为一般规定和附加处罚2章。

第二部分内容为反人类罪。该部分内容共分为三卷,依次为种族灭绝罪、人道主义罪、战争罪、侵犯人类生命罪和对未成年人和家庭的侵犯,是柬埔寨刑法为保护人类生存权、生命权、健康权、自由权、隐私权、人格权等人身权利而做出的具体罪名规定。第一卷共有3编内容,分别是种族灭绝罪、人道主义罪、战争罪,每编都是独立成章。第二卷共有6编,分别是侵犯人类生命、对个人完整性的侵害、性侵犯、侵犯自由、侵犯尊严、侵犯隐私。侵犯人类生命一编包括故意侵犯人类生命和非故意侵害生命2章;对个人完整性的侵害一编涵盖酷刑和野蛮的行为、暴力、威胁、过失伤害4章;性侵犯一编分强奸与其他性侵犯2章;侵犯自由一编共有非法逮捕,拘留和监禁和侵犯其他自由2章;侵犯尊严一编共分侵犯死者尊严、歧视、工作条件与人格尊严、雇员的腐败、组织卖淫罪、侵权尊严的其他类型6章;侵犯隐私一编共包括侵犯隐私权、诽谤与侮辱、诽谤谴责、侵犯专业机密、侵犯电子通讯秘密共5章。第三卷只有1编,即对未成年人和家庭的侵犯,分为遗弃未成年人、遗弃家庭、侵犯关照的未成年人、对儿童的侵犯、侮辱未成年人、其他侵犯家庭的犯罪共6章。

第三部分内容是有关侵犯财产的规定。该部分内容共2卷,分别是欺诈他人的财产所有权与侵犯财产。前者又可分为4编,具体为盗窃和类似罪行、欺诈和类似行为、违反信托法律和类似犯罪行为、补充罪。其中,盗窃和类似罪行编又包括盗窃、敲诈、勒索3章;欺诈和类似行为编包括欺诈、类似欺诈的犯罪2章;违反信托法律和类似犯罪行为编分违反信托规定、侵吞被扣押的物品2章;补充罪编分接收被盗财物、洗钱2章。后者分破坏、减损和损害和侵犯其他财产 2 编。其中，破坏、减损和损害编包括破坏、减损和损害与造成破坏、减损和损害的危险 2 章；侵犯其他财产编包括信息技术领域的犯罪和侵害动物罪 2 章。

第四部分内容是有关危害国家罪的规定，共包括侵害国家主要机构罪、侵犯司法罪、侵犯选举规则、行政侵权、违背公共信赖、对社会公共生活的侵犯 6 卷内容。具体如下：

1. 侵害国家主要机构罪卷共有侵害国王罪、危害国家安全罪、危害公共安全罪、侵犯国家机关罪、侵犯国家宗教罪 5 编内容。其中，(1)侵害国王罪又分为 2 章，分别是弑君和侵害国王罪、侮辱国王罪；(2)危害国家安全罪又分为 6 章，分别是叛国和间谍罪、犯罪未遂和共犯、叛乱罪、篡权和建立武装部队罪、侵犯武装安全罪、侵犯国防秘密罪；(3)危害公共安全罪又分为 4 章，分别是黑社会性质组织、有关武器、弹药、爆炸物罪、挑衅罪、犯罪集团；(4)侵犯国家机关罪只有侮辱和叛乱单独 1 章；(5)侵犯国家宗教罪又分为 2 章，分别是反对佛教罪违反佛教僧侣、僧尼或信徒罪。

2. 侵犯司法罪卷共有侵犯法院罪、侵犯法院活动罪、关于监禁的犯罪、违反法院某项决定 4 编内容。其中，(1)侵犯法院罪又分为 2 章，分别是侵犯法官和法庭助理和侵犯法院判决罪；(2)侵犯法院活动罪又分为 3 章，分别是向法庭起诉、向法庭起诉、翻译、口译和法医检查；(3)关于监禁的犯罪又分为 4 章，分别是越狱的要素、关于越狱和帮助越狱的加重情节、向被监禁者非法交付金钱或物品犯罪未遂及其刑罚；(4)违反法院某项决定只有不执行法院施加的某些刑罚单独 1 章。

3. 侵犯选举规则卷是由侵犯选举规则单编且单章组成的。

4. 行政侵权卷由公共机关代表行政侵权和个人侵犯公共行政 2 编组成。其中，(1)公共机关代表行政侵权又分为 3 章，分别是违反义务、腐败及其类似犯罪、损坏和侵占；(2)个人侵犯公共行政又分为 5 章，分别是腐败及其类似罪行、损坏和侵占干扰行政和官方立场、其他罪行、犯罪未遂及其刑罚。

5. 违背公共信赖卷由伪造和伪造公共机关文件 2 编组成。其中，(1)伪造又分为 2 章，分别是伪造文件、伪造货币；(2)伪造公共机关文件又分为 2 章，分别是伪造信用卡、伪造机关证章。

6. 对社会公共生活的侵犯卷是由对社会公共生活的侵犯单编构成，包括 2 章内容，分别是动物引起的侵权和废物和其他扰乱。

柬埔寨刑法的体例安排与我国明显不同，我国刑法共分为两编，一是总则，二是分则。前者又包括五章，分为刑法的任务、基本原则适用范围；犯罪；刑罚；刑罚具体运用；其他规定。后者包括十章，分为危害国家安全罪；危害公共安全罪；破坏社会主义市场经济秩序罪；侵犯公民人身权利、民主权利罪；侵犯财产罪、妨害社会管理秩序罪、贪污贿赂罪、渎职罪、军人违反职责罪。比较两国刑法体例安排，我国的刑法结构安排较之于柬埔寨更清晰、合理，逻辑层次感更强。

二、关于基本原则

《柬埔寨刑法典》(以下简称《刑法典》)在第一部分“基本原则”中，主要体现了两大基本原则，即罪刑法定原则和责任主义原则。其一，罪刑法定原则作为保障人权最为重要的原则，是任何国家法治走向文明必不可少的原则。柬埔寨刑法毫无例外的也规定了该原则。这体现在《刑法典》第 3 条，即只有行为构成了现行刑法条款规定的罪行才会产生刑事处罚。只有犯罪后才能施加现行刑法规定的刑罚。言外之意，刑法无规定的不能进行处罚，刑罚需以犯罪为前提。这与罪刑法定原则大致内涵相同。其二，现代法治理念要求，行为人只能对自己的行为承担法律后果。换言之，他人不能代替行为者承担法律责任，行为人也不承担除自己行为之外的多余责任。这既是为了防止打击无辜，也是出于保护行为人考虑，避免承担了不属于本人的责任。柬埔寨刑法同样也毫无例外地规定了该原则。这体现在《刑法典》第 4 条规定，即每个人只负责他/她自己的行为。

除柬埔寨规定的基本原则外，我国刑法基本原则还包括刑法适用平等原则、罪刑相适用原则，内容不仅全面而且有利于保障人权，防止司法擅断。

三、关于适用效力

《刑法典》适用的效力分为时间效力和空间效力。其一，就时间效力而言，《刑法典》第 10 条、11 条规定了刑法适用的时间效力。《刑法典》第 10 条(严重程度较低的法律适用)规定，取消罪行的新规定立即适用。该行为是在有效日期不会被起诉之前实施的。正在进行的法律程序必须终止。如果最终判决已经执行的，从判决中产生的处罚绝不执行或停止执行。第 11 条(严重程度较轻或者较重的法律适用)规定，新的条款中规定了更轻的处罚，则立即适用。

但如果最终的判决已执行,则不管作出判决的严重程度。如果新的条款中规定了更为严重过的刑罚,其只适用于这些规定生效后实施的行为。可见,柬埔寨刑法的溯及力问题采用的是从旧兼从轻原则。

其二,就空间效力而言,《刑法典》第 13 条至第 18 条规定了刑法适用的属地原则。《刑法典》第 13 条(刑法适用的领地原则)规定,就犯罪行为而言,柬埔寨刑法适用在柬埔寨王国境内犯下的罪行。柬埔寨王国的领土包括领空和领海。第 14 条(犯罪地点)规定,自犯罪行为在本领域内发生时起视为在柬埔寨王国领域内犯罪。第 15 条(柬埔寨船舶犯罪)规定,就犯罪行为而言,柬埔寨刑法适用于犯罪行为承载柬埔寨国旗的船只,无论他们在哪里。第 16 条(外国船舶犯罪)规定,就犯罪行为而言,柬埔寨法适用于在柬埔寨当局通过国际协议允许进行检查或逮捕的发生在外国船舶上的犯罪行为。第 17 条(柬埔寨航空器上的犯罪)规定,就犯罪行为而言,柬埔寨法适用于犯罪行为发生在柬埔寨王国注册的航空器上,无论其在哪里。第 18 条(柬埔寨刑法适用于罪行始于本国的情形)规定,就犯罪行为而言,如果满足以下两个条件,柬埔寨刑法适用于在柬埔寨领域内教唆和共谋且在外国实施的重罪或同谋罪的教唆者和共谋者。(1)该罪行受到柬埔寨法律和外国法律的惩罚。(2)罪行已经得到外国法庭的最终决定证实。《刑法典》第 20 条、第 21 条以及第 23 条,分别规定了属人原则、保护原则以及国家利益原则。由此可见,柬埔寨在刑法空间效力方面适用的原则有属地原则、属人原则、保护原则以及国家利益原则。从法条的规定数量以及适用的范围限度来看,柬埔寨刑法适用原则是以属地原则为主,属人原则、保护原则以及国家利益原则为补充。

柬埔寨刑法的空间效力同我国规定的内容大致相同,但其属人原则定罪比我国要严、保护原则要更充分。

四、关于犯罪

(一)犯罪的定义

《刑法典》第 2 条第 1 款确定了犯罪的定义,即自然人或法人实施的某些扰乱社会的行为是犯罪行为。因此,柬埔寨刑法认定的犯罪范围是较为广泛的,划定的犯罪圈很大,其把我国许多应当受到治安处罚的行为也纳入到刑法制裁的范畴当中。

(二)犯罪的分类

根据《刑法典》的第2条规定，罪行根据其严重程度，可分为：重罪、轻罪和轻微犯罪。第5条规定，如果没有犯罪意图，那么就没有罪行。然而，在法律预先规定的情况下，犯罪行为可能产生于粗心、疏忽、过失或不尊重某些义务。可以得出，《刑法典》将犯罪划分为两类：一是根据罪行严重程度，分为重罪、轻罪和轻微罪；二是根据犯罪主观意图，分为故意犯罪和过失犯罪。前者在《刑法典》第2条中有明确规定，并且第53条、第54条和第55条分别对重罪、轻罪和轻微罪的内涵进行了界定。根据规定，柬埔寨将5年以上30年以下的监禁以及终身监禁视为重罪(比如刑法第193条战争罪的规定)；将监禁期限超过6天但少于5年的，视为轻罪(比如刑法第261条有关侵犯尸体的完整性的规定)；将小于或等于6天的监禁称为轻微罪(比如，刑法第421条关于造成轻微损害的规定)。后者可在《刑法典》第5条中有所体现，即如果没有犯罪意图，那么就没有罪行。然而，在法律预先规定的情况下，犯罪行为可能产生于粗心、疏忽、过失或不尊重某些义务。另外，从具体的罪名中也可以体现出该种分类，比如故意犯罪的，可见于《刑法典》第200条(预谋杀人罪)、第217条(蓄意暴力)等(《刑法典》规定的犯罪中大多数都是故意犯罪)。过失犯罪的，可见于第207条(过失杀人)、第236条(过失伤害)等。同时，根据当然解释的原则，如果行为人非基于故意、粗心、疏忽、过失或不尊重某些义务而造成的损害后果，不应认定为犯罪。

五、关于责任

柬埔寨刑法中关于刑事责任的规定可分为三部分内容：一是免责或减轻刑事责任；二是未成年人的刑事责任；三是加重情节(加重责任)。

其一，免责或减轻刑事责任。《刑法典》将具有精神障碍、法律授权、正当防卫、推定正当防卫、道德必要性、意外事件情节的，规定为不负或减轻刑事责任。具体而言，第31条规定，当行为人实施犯罪时遭受精神障碍，精神障碍抑制其辨别的，行为人不负刑事负责。当行为人实施犯罪时遭受精神障碍，精神障碍减弱其辨别的，行为人仍然承担刑事负责。但是，当法院判处刑罚时必须考虑到这种情况。当行为人实施犯罪时遭受精神障碍，由于使用酒精，成瘾药物或法律禁止的物质造成精神障碍时，不能免除刑事责任。由此规定可知，精神障碍程度能够决定行为人是否承担刑事责任以及承担多大刑事责任，但因醉酒、成瘾药物等原因导致精神障碍的，不妨碍承担刑事责任。第 32 条规定，行为人实施法律规定或授权的行为，不是犯罪。行为人实施的行为是合法机构强迫实施的，不是犯罪，除非该行为是明显违法的。但是，种族灭绝、反人类或战争罪的犯罪者、教唆者或同谋者不能免除其刑事责任，即使有如下所述的原因：(1)实施现行法律规定、授权或禁止的行为；(2)按照合法授权的命令行事。因此，可以认为，柬埔寨刑法原则上不追究因法律授权性质实施的行为的刑事责任，但排除明显违法以及任何理由下实施的种族灭绝、反人类以及战争罪的犯罪者。第 33 条规定，行为人在正当防卫下实施的犯罪，不负刑事责任。正当防卫必须符合以下条件：(1)犯罪是对抗不公正的侵犯所必要的；(2)防卫和侵犯必须同时发生；(3)使用防御手段与侵犯的严重性没有不成比例的情况。第 34 条规定，在以下情况下推定正当防卫：(1)犯罪行为是为了击退夜晚闯入、暴力或者通过诡计进入居住地区的行为人。(2)犯罪是为了应对暴力偷盗或抢劫行为进行自卫。合法防卫的推定不是绝对的，这个推定可能会因相反的证据被放弃。柬埔寨刑法不仅认可正当防卫的合法性而且将某些特殊情节也推定为正当防卫，赋予正当防卫更广的内涵。第 35 条规定，因道德必要性而实施犯罪的行为人不负刑事责任。必要的美德状态必须符合以下条件：(1)为了保护自我、保护他人或保护财产免受真实或即将发生危险，必须有违法行为。(2)使用的防御手段与危险的严重程度之间的比例相一致。该条规定类似于我国的紧急避险条款，虽然都是为了防止国家利益、自己或他人生命财产免于正在进行的危险的损害，但紧急避险是通过损害第三方利益达到避险效果，而本条款并未限定于此。第 36 条规定，在行为人不能抵制的暴力或强制的影响下犯罪的人是不负刑事责任的。暴力或强制只能是独立于人类意志事件的结果，其必须是不可预见和不可避免的。本条规定可以概括为因意外事件而不负刑事责任，正好与本法第 5 条确立的构罪所需的主观方面的条件相契合。如果一旦认定行为人因具有上述任何之一或多种不负刑事责任的情节的，则行为人不受刑事惩罚。

其二，未成年人的刑事责任。根据《刑法典》第 38 条(刑事责任的法定年龄)、39 条(未成年人适用的措施)和 40 条(措施类型)的规定，柬埔寨刑事责任年龄为 18 岁，但已满 14 周岁不满 18 周岁犯罪的未成年人犯罪的，可以宣告刑事定罪，但需交由父母、其他监护人、社会服务机构、有资格接受的私人组织、专门医院或司法保护下安置。换言之，柬埔寨对已满 14 周岁不满 18 周岁未成年人犯罪的，要予以定罪，但不科处刑罚，而是以保安处分的形式对犯罪的未成年人进行教育、监督、保护和援助。应当认为，柬埔寨刑法中的“刑事责任年龄”外延和内涵与我国的规定不相一致，其内涵更接近于我国“未成年人”的含义。我国界定的刑事责任年龄是行为人承担刑事责任的起始年龄，即14周岁。在我国，未满刑事责任年龄实施犯罪的不能定罪处罚。而按照柬埔寨刑法规定不满“刑事责任年龄”犯罪的，仍要定罪并要接受保安处分。若非要按照我国刑事责任年龄含义来界定柬埔寨刑事责任年龄含义的话，笔者认为，根据第39条规定，可以推定，14周岁以下的未成年人不负刑事责任，则正好可以说明柬埔寨刑事责任年龄在中国语境下的理解是14周岁。

其三，加重情节(加重责任)。虽然柬埔寨刑法未将加重情节与刑事责任置于同一“编”进行规定，但考虑到犯罪的加重情节本身就是加重责任的重要依据甚至是某些犯罪加重责任的唯一依据，笔者认为，在刑事责任语境下谈论加重情节未尝不可，相反地，更有利于论述的类型化和协调性。根据《柬埔寨刑法典》第43条至第48条规定，柬埔寨将以下列为加重责任情节：有组织团伙、预谋、破坏进入、跳过、武器及被视为武器的物体、埋伏。其中，有组织团伙、破坏进入、跳过、武器和被视为武器的物体、埋伏可认为是因为犯罪手段恶劣而加重责任；预谋是因为犯罪心态比较恶劣而加重处罚。这与我国加重刑事责任的因素有共同之处。

六、关于刑罚

(一)刑罚种类

柬埔寨刑罚分为主要刑罚和附加刑罚。前者包括监禁和罚款(特别注意的是，柬埔寨已经废除死刑的适用)。其中，在判处犯罪分子监禁的同时可以根据规定适用罚款处罚。后者包括(1)剥夺一些公民权利；(2)当执行专业任务，发生犯罪行为时，禁止从事职业；(3)禁止驾驶各种机动车；(4)没收驾驶执照；(5)禁止居住权；(6)禁止离开柬埔寨王国的领土；(7)对于被判有罪的外国人，禁止进入并居住在柬埔寨王国的领土；(8)没收用于犯罪或故意犯罪使用过的任何工具、材料或物品；(9)扣押故意犯罪的物品或者资金；(10)没收违法所得的收入或者财产；(11)没收犯罪器具、材料和可移动的物品；(12)没收属于被定罪人的车辆；(13)禁止持有或携带武器弹药；(14)从公开交易或者协议中排除;(15)关闭服务犯罪或实施犯罪的机构;(16)禁止向公众开放或使用经营的企业;(17)发布判决的决定;(18)在报纸上出版判决决定;(19)通过各种视听手段广播判决决定。法律可以根据犯罪的特点和预防犯罪的需要对犯罪者适用一种或多种附加刑罚。比如,《柬埔寨刑法典》第 199 条(杀人)与第 207 条(过失杀人)适用的附加刑的种类、数量和强度因犯罪特点和预防犯罪的必要性而迥异。

关于二者的关系,原则上根据《刑法典》第 60 条规定,附加处罚只有在所施加的重罪、轻罪或轻微罪特别规定的条件下才会被宣布。附加处罚的宣布可能是可选择的。如果法律明确规定则可能是强制性的。由于行为人一旦施加重罪、轻罪或轻微罪,就要面临监禁或罚款主要刑罚的处罚,所以,附加刑罚的适用也必然伴随与主要刑罚的适用,即附加刑罚不能单独适用,只能与主要刑罚一并适用,但也存在例外,《刑法典》第 100 条确立了以补充处罚方式代替主要罚则的规定,即当法院决定以一个或几个补充罚则替代主要罚则,此法院不得宣告监禁或罚款。因此,在此情况下对某种犯罪或犯罪者而言,是不存在主要刑罚的。

我国主刑的种类不同于柬埔寨,在适用上有更多的选择性。比如,管制。管制没有短期自由刑带来的弊端,更有利于犯罪人回归社会。虽然我国还保留死刑,但死刑的适用受到严格的控制,近几年适用死刑的案件不断下降,死缓制度在替代死刑适用方面发挥了功不可没的作用。从附加刑来说,我国的规定的种类明显少于柬埔寨,附加刑种类的多样化更有利于根据犯罪性质、特点配置刑罚,实现罪刑适用。

(二)其他相关规定

1. 替代性惩罚

《刑法典》第 78 条和 82 条确立了柬埔寨刑法中的替代性惩罚措施,分别是社区工作和训诫。前者的适用条件,根据第 78 条的规定是,当被告收到监禁刑罚时,其最大限度是小于或等于 3 年,法院可以宣布社区工作的处罚。后者适用的条件,根据第 82 条规定是,当被告收到监禁刑罚时,其最大限度是小于或等于至 3 年,法院可以宣告训诫,如果满足以下三个条件:(1)由于犯罪而扰乱公共秩序;(2)修复损害;(3)罪犯表明他/她重新融入社会的愿意。柬埔寨刑法中规定了以补充处罚方式代替主要罚则的规定。《刑法典》第 100 条规定,法院如果决定对主要刑罚增加一个或几个补充罚则,适用替代性惩罚则需满足如下条件:(1)被告人被科处罚款作为单一主要刑罚;(2)当被告人被判处最高等于或小于3年的监禁期。当法院决定以一个或几个补充罚则替代主要罚则,此法院不得宣告监禁或罚款。可见,并非任何犯罪都能宣告替代性惩罚,只有当犯罪者触犯的是轻罪或轻微罪时,才有适用替代性惩罚的可能性。替代性惩罚在减少犯罪标签带来的不利后果以及促进犯罪分子积极改造、充分融入社会方面具有积极功效。

2.加重或减轻处罚情形

(1)累犯加重情形。《刑法典》第84条规定了构成累犯的情形,即以下情况下构成累犯:当一个人已经被确定为重罪时,其在10年内再次犯重罪的;当一个人已经被确定为重罪时,其在5年内犯轻罪的;当一个人已被确定为轻罪,判处3年以上监禁时,其在5年内犯重罪的;当一个人已经被确定为轻罪时,其在5年内犯同样的轻罪。概而言之,柬埔寨刑法中的累犯,因初次与再次犯罪的罪行轻重的不同,构成累犯的时间间隔要求有所区别。罪行越重的,两罪时间要求越长。对于累犯加重的惩罚程度,也会因罪行的不同,加重的力度有所不同,具体而言,前后两罪行愈严重,惩罚愈严重。从《刑法典》第85条至第88条有关对重罪、轻罪累犯加重处罚的规定可知,行为人已犯重罪,10年后再犯重罪,且新实施的重罪监禁刑不超过20年的,犯罪者最高将被科以新罪刑罚的两倍。如果新罪的监禁超过30年的,则最高科以犯罪者终身监禁。当行为人已经被确定为重罪被定罪时,其在5年内犯轻罪的,施加于该轻罪的最高监禁刑是新罪刑罚的2倍。当行为人因前罪被科以监禁刑不超过3年,其在5年的期间内犯下重罪的,对重罪的处罚依次增加按照以下比例:如果对重罪判处的最高刑罚不超过20年,最高监禁刑新罪刑罚的2倍;如果对重罪强加的最高刑罚是30年,最高刑罚成为终身监禁。当行为人已经被确定为轻罪,其在5年内犯同样的轻罪,对新的轻罪的最高刑罚是新罪刑罚的2倍。如下图:

已确定的罪(前罪)	期限	新实施的罪(后罪)	累犯处罚(上限)
重罪	10年	重罪,且监禁不超过20年	后罪处罚的2倍
重罪	10年	重罪,且监禁超过30年	终身监禁
重罪	5年	轻罪	后罪处罚的2倍
不超过3年监禁的轻罪	5年	重罪,且监禁不超过20年	后罪处罚的2倍
不超过3年监禁的轻罪	5年	重罪,且监禁超过30年	终身监禁
轻罪	5年	轻罪	后罪处罚的2倍

(2)减轻处罚情形。《柬埔寨刑法典》第 93 条对减轻处罚的情节做出了规定,即当犯罪的性质或犯罪者的个性合法化时,法院可以为被告提供减轻处罚情节的好处。第 94 条确立了减轻处罚的最低限度,如下图:

所施加的最低刑罚	减刑后的最低刑罚
等于或超过 10 年监禁	2 年监禁
等于或超过 5 年,不足 10 年监禁	1 年监禁
等于或超过 2 年,不足 5 年监禁	6 个月监禁
等于或超过 6 天,小于 2 年监禁	1 天监禁
罚款	减少到一半
终身监禁	15 年至 30 年的监禁

3. 缓刑制度。《刑法典》第 107 条、第 113 条明确了适用缓刑的条件,即被判处的监禁不超过 5 年的或罚款的。另外,第 108 条规定,缓刑可以适用于一部分已经设定了时间限制的监禁刑或已设定的总量的一部分罚款。也就是,缓刑可适用于判决的一部分内容。第 109 条、第 114 规定,如果确定重罪或轻罪判决的 5 年期间内,适用缓刑,行为人然后触犯一个新的确定的重罪或轻罪,或者如果在 1 年期间对轻微犯罪产生明确判决并适用缓刑,且发生了一个新的重罪、轻罪或轻微罪的明确判决,缓刑将被合法撤销。对于缓刑的效果,柬埔寨刑法认为,如果适用缓刑的法定期间没,没有发生新的犯罪,则先前的判决被认为是无效的。

4. 暂停宣告刑罚制度。根据《刑法典》第 124 条、第 125 条的规定,柬埔寨的刑事判决并非都是定罪与刑罚同步的,如果满足以下条件:(1)因犯罪而对公共秩序的干扰已经结束;(2)被定罪者保证社会再融合;(3)被定罪者请求延期赔偿损失;在起诉轻罪的情况下,法院可以在宣布被告有罪后,推迟宣告刑罚判处罚款。同时,适用暂停宣告,还要求被告人出庭聆讯,刑罚的决定也必须在暂停宣告刑罚后 1 年内做出。

5. 半自由制度。对于刑罚的执行,柬埔寨规定了半自由制度。所谓半自由制度,就是法院宣判监禁小于或等于 6 个月时,为了允许被定罪的人进行专业活动、接受教育或培训,接受治疗或支持其家庭的需要,允许被定罪人在规定的时间内离开监狱。半自由制度及废除由法院决定,检察院对此可以提出要求。如果半自由期限届满被定罪人未及时返回监狱,检察院可以发出逮捕或拘留的命令。

6.分割刑罚执行制度。如果法院宣判犯罪人的监禁期不足1年的时,法院可以根据家庭、医疗、专业或社会方面的重要依据,作出分开执行处罚的决定。分割刑罚的每次拆分不少于1个月。执行处罚的总时间,考虑到中断,可能不超过2年。法院可以随时根据检察官的要求确定拆分方式或废除分割刑罚制度,检察官可以对在中断期限届满时不返回监狱的被定罪人发出逮捕和拘留命令。

7.调整或撤销某些附加处罚。柬埔寨刑事判决中的附加处罚并非一成不变,满足一定条件,可以申请撤销或调整。根据《刑法典》152条之规定,行为人如果符合(1)因犯罪而对公共秩序的干扰已经结束;(2)修复损坏;(3)决定修改或撤销的安排本质上是促进罪犯的社会再融合,且判决附加的刑罚属于第59条(附加处罚类别)中第1、2、3、4、5、6、7、14、15和16款,经检察官或犯罪者的请求,法院可以命令修改或撤销一个或几个处罚。比如,在剥夺公民权利的情况下,法院可以重新确定如第61条(可能被剥夺的民权)的全部或部分权利;法院可以修改或撤销禁止从事专业或社会活动或禁止驾驶汽车的判决;如果暂停驾驶执照,法院可以下令恢复驾驶执照等。

8.适用于未成年人的罚责。在柬埔寨,14周岁以上的未成年人实施犯罪的,按照相关罪行进行定罪,但判决的刑罚按照如下规定减少(第160条):监禁的最高刑罚减为一半;如果最高刑罚是终身监禁,则减为20年监禁;如果监禁刑最低超过1天,监禁的最低刑罚减为一半;最低和最高罚款减少到一半。其中,适用的附加刑罚也仅限于以下几种(第161条):(1)没收任何曾经犯该罪行或意图犯罪已经有的仪器,材料或物品;(2)没收实施违法犯罪的物品或资金;(3)没收犯罪所得的收入或财产;(4)没收在犯罪地的器具,材料和可移动物体;(6)禁止拥有或携带武器。未成年人犯罪的,不适用累犯的规定。为充分保护未成年人,防止狱中的不良行为的交叉感染,被监禁的未成年人被拘留在与大人分离的特别区域。

9.适用于法人的刑罚。柬埔寨对法人的处罚主要有罚款和附加处罚。根据《刑法典》168条之规定,适用于法人的附加刑包括:(1)解散;(2)在司法监督下安置;(3)禁止进行一次或多次活动;(4)从公共场所移除;(5)禁止为上市活动而募集资金;(6)除银行认证的可交换票据外,禁止发行其他可交换的票据;(7)禁止使用可支付的信用卡;(8)关闭已经准备或实施犯罪的机构;(9)禁止经营向公众开放或由公众利用的机构;(10)没收犯罪或意图犯罪曾经用过的仪器、材料或任何曾经用过的物体;(11)没收违法犯罪的物品或资金;(12)没收由犯罪所得的收入或财产;(13)没收犯罪地使用的用具、材料和可移动物体;(14)在报章上或通过一切视听通讯方式进行广播、公布有关定罪的决定。

柬埔寨规定的许多刑罚执行制度都是特有的,我国没有类似规定。刑罚执行手段的多样化体现了柬埔寨刑法人性化的一面,更有利于鼓励犯罪人的诚心改造。

七、关于具体罪名

(一)反人类罪

1. 种族灭绝罪、人道主义罪、战争罪。柬埔寨刑法具体罪名的第一部分内容就是为有关保护国家、人类生存的法益设立的罪名。本卷罪名包括种族灭绝罪、人道主义罪、战争罪,构成本卷罪名的主体是自然人和法人,主观方面是故意。刑罚方面,自然人判处的刑罚为终身监禁的确定刑和若干附加刑,法人则被科处罚款和其他若干附加刑处罚。

第三卷只有 1 编,即“对未成年人和家庭的侵犯”,分为“遗弃未成年人”“遗弃家庭”“侵犯看护的未成年人”“对儿童的侵犯”“侮辱未成年人”“其他侵犯家庭的犯罪”共 6 章。

2. 侵犯人类生命罪。本卷共有 6 编,分述如下:(1)侵犯人类生命罪,分为故意杀人和过失杀人 2 章。其中,故意杀人罪规定了基本犯罪构成,故意和杀害行为外,还规定了杀人的加重处罚情节,包括预谋、使用毒药、杀害弱势被害人、因被害人的合法行为杀害他人、杀害公务员、使用残酷行为、强奸杀害他人的行为。故意杀人的基本行为法定刑为 10～15 年的监禁,故意杀人的加重处罚中,除预谋杀人需终身监禁外,其余法定刑皆为 15～30 年。过失杀人的法定刑为 1～3 年的监禁。(2)对个人完整性的侵害,分为酷刑和野蛮的行为、暴力、威胁、过失伤害共 4 章。分别规定了酷刑野蛮行为、暴力、威胁基本的罪行、法定刑和各自的加重情节及加重法定刑。从本章的规定可以看出,柬埔寨刑法的法定刑配置较低,比如,过失伤害的仅处以 6 天至 2 年期间的监禁。故意伤害的加重情节的最高配刑也不过 7～15 年的监禁。(3)性侵犯,包括强奸与其他性侵犯 2 章。无论是同性还是异性通过暴力,胁迫,威胁或突袭等任何形式的性交,或任何物体进入某人性器官,构成强奸。强奸可被处以 5 年至

10年监禁刑。需要注意的是,同性亦能成为强奸罪的主体。另外,柬埔寨刑法将性器官暴露以及性骚扰纳入刑法调整范围。(4)侵犯自由,包括非法逮捕,拘留或者监禁以及强制控制交通工具的行为。(5)侵犯尊严,侵犯死者尊严、歧视、工作条件与人格尊严、雇员的腐败、组织卖淫罪、侵权尊严的其他类型共6章。侵犯死者尊严包括侵犯尸体完整性与亵渎坟墓两种罪行。歧视一章规定拒绝供货或者服务的行为、有条件提供商品或服务、拒绝雇用人的行为、拒绝某人就业的行为、因歧视而解散或者解雇某人、公务员歧视和拒绝权利。本章将许多道德性质的行为列入了刑法打击的范畴。雇员腐败一章主要规制雇员腐败、贿赂雇员行为。组织卖淫一章,包括对组织卖淫行为的处罚、对组织者的处罚以及管理卖淫、授权机构卖淫、提供卖淫场所等行为的处罚。另外,在公共场所醉酒以及拉客的,亦受到刑法处罚。(6)侵犯隐私罪,包括侵犯隐私权、诽谤与侮辱、诽谤谴责、侵犯专业机密、侵犯电子通讯秘密,共5章。侵犯隐私权涉及的罪名有私闯住宅、偷听或者记录私人谈话、侵犯肖像权。诽谤与侮辱规制的行为有公众诽谤、通过媒体诽谤、公开侮辱、通过媒体侮辱等行为。本编其他罪名还包括专业机密侵权、侵犯邮件、侵犯电话通讯秘密。本编规制的行为许多都是轻微的罪行,这些罪行放在我国,大多数都是治安管理法来调整,尚不构成犯罪。

3. 对未成年人和家庭的侵犯。本卷只有1编,包括6章,分别是遗弃未成年人、遗弃家庭、侵犯看护的未成年人、对儿童的侵犯、侮辱未成年人、其他侵犯家庭的犯罪共6章。本编包含的罪名有遗弃未成年人、遗弃家庭、拒绝移交未成年人、非法带走未成年人、煽动遗弃儿童、作为收养人和遗弃人的中介、作为收养人与孕妇之间的中介、替代、假装或隐瞒儿童存在的行为、对15岁以下未成年人剥夺食物或关怀的行为、煽动未成年人使用上瘾药物、煽动未成年人运输、保存或供应上瘾药物、煽动未成年人习惯、过度饮酒、煽动未成年人行乞、唆使未成年人犯轻罪或者重罪、有未成年人参与的性展览或性关系聚会、滥用父母权利、重婚、近亲属对于未成年人性侵犯、血缘关系的性侵犯。本编保护的法益主要是未成年人的健康成长与家庭权利,以专编的形式规制对未成年人和家庭的侵犯凸显了柬埔寨对未成年人的关爱和对家庭的重视。其在刑法体例的以及出入罪安排上明显同我国相异。

(二)侵犯财产犯罪

1. 欺诈他人的财产所有权。本卷共4编,包括盗窃和类似罪行、欺诈和类似行为、违反信托法律和类似犯罪行为、补充罪。具体如下:(1)盗窃和类似罪行。在柬埔寨,盗窃家庭财物的免罪,盗窃的加重情节包括入室盗窃、暴力、致被害人伤残或死亡的。不同于我国,柬埔寨刑法规定的盗窃罪法定刑偏低,盗窃数额并未被列入加重情节,且行为人实施暴力行为致被害人伤残等行为的仅作为加重情节,而非构成另外罪行,以盗窃罪一罪从重处理。有关敲诈、勒索的规定同盗窃相似。(2)欺诈和类似行为,本编包括的罪行有欺诈、利用劣势、欺骗、侵犯投标自由。(3)违反信托法律和类似犯罪行为,本编的罪行包括违反信托、侵吞被扣押物品。(4)补充罪,本编罪行包括接收被盗物品、洗钱。

2.侵犯财产。本卷分为破坏、减损和损害与侵犯其他财产2编。(1)破坏、减损和损害。本编罪行包括故意损害财产、因过失或违反规定造成的损害、破坏海报或机关通告罪、造成损害的危险罪、伪造信息罪。(2)损害与侵犯其他财产。本编包括的罪行有欺诈性访问自动化数据处理系统、妨碍自动数据处理系统操作罪、欺诈性的引进、删除或改变数据罪、参加犯罪组织或为组织犯罪做准备、虐待或折磨驯养动物,被囚禁动物罪、迫害驯养动物、囚禁动物罪、非必要宰杀家畜、驯养动物或被囚禁的动物罪。

(三)危害国家

1.侵害国家主要机构罪。本卷共有侵害国王罪、危害国家安全罪、危害公共安全罪、侵犯国家机关罪、侵犯国家宗教罪5编内容。(1)侵害国王罪涉及的罪行有弑君罪、对国王实施残暴、虐待行为罪、暴力反对国王罪、侮辱国王罪、利用媒体侮辱国王罪。(2)危害国家安全罪包括叛国和间谍罪、向外国国家或其代理人交付全部或部分领土罪、向外国国家运送过武装力量罪、向外国国家运送装备,国防装备罪、间谍罪、为外国或其代理人提供侵略手段罪、为外国提供信息破坏国防罪、收集可能损害国防信息罪、销毁可能破坏国防材料罪、提供虚假信息罪、叛乱罪、领导叛乱罪、篡权罪、煽动颠覆国家政权罪、煽动他人武装对抗部分公民罪、煽动士兵在国外服役罪、妨碍军事设备正常运行罪、妨碍军事人员和物资流动罪、煽动军事人员违背命令罪、军事人员腐败罪、欺诈进入军事基地罪、国家国防保密原则、故意或无意揭露国防机密罪、占有国防机密罪、破坏和复制国防机密罪。(3)危害公共安全罪,该编包括的罪行有参与黑社会性质组织罪、组织黑社会性质组织罪、制造或运输武器、爆炸物或其他危险物质罪、生产或销售其他暴力性武器罪、在公共场所遗弃武器罪、挑衅罪、歧视挑衅罪。(4)侵犯国家机关罪，该编涉及的罪行有侮辱公务人员、暴力反抗法令、煽动叛乱罪。(5)未经授权颂扬佛教仪式罪、盗窃佛教物品罪、破坏宗教专用物品罪、暴力反对佛教僧侣、僧尼或信徒、侮辱佛教僧侣、僧尼或信徒罪。

2.侵犯司法罪。共有侵犯法院罪、侵犯法院活动罪、关于监禁的犯罪、违反法院某项决定4编内容。(1)侵犯法院罪，包括的罪行有法官受贿罪、贿赂法官罪、对法官或律师恐吓罪、侮辱法官罪、干涉法院履行职能罪、拒绝执行法院判决罪、发布或留置非法命令罪、发表言论对司法施加压力罪、质疑法院决定罪、谴责法院当局罪。(2)侵犯法院活动罪，涉及的罪行有恐吓起诉罪、未向法院起诉重罪或轻罪、未投诉虐待未成年人、窝藏尸体罪、隐藏线索罪、毁灭证据罪、破坏文件罪、破坏密封罪、破坏或毁灭被封印物品罪、拒绝回答询问罪、拒绝出庭罪、利用他人身份、拒绝遵守秩序、司机拒绝接受检查、恐吓证人、证人受贿伪造证言罪、发表对证人施加压力的出版物、曲解翻译、口译、专家曲解报告罪、恐吓专家或翻译员、口译者、翻译者受贿、贿赂口译者、翻译者、专家受贿罪、贿赂专家罪。(3)关于监禁的犯罪，涉及的罪行有越狱、提供越狱方法、守卫者帮助越狱、被授权进入监狱的人帮助越狱。(4)违反法院某项决定，涉及的罪行有违反禁止居住刑、不遵守监管措施、违反公布判决的决定、违反职业禁止的规定、违反限制某项权利的规定、违法没收规定、拒绝交出驾驶执照、违反社区服务义务、违反法人的义务。

3.侵犯选举规则。侵犯选举规则卷是由侵犯选举规则单编且单章组成的，涉及的罪行有侵犯自由选举的权利、传播虚假信息阻止选举、使用虚假身份参加选举、候选人收买选举人、负责投票计数的人操纵选举结果、恐吓投票站成员、盗窃选票箱、损坏选票箱。

4.行政侵权。该卷包括公共机关代表行政侵权和个人侵犯公共行政2编。(1)公共机关代表行政侵权，包括的罪行有采取措施阻止执法、非法延续职务期限、侵犯个人自由、拒绝释放被非法拘留的人、非法拘留和非法释放、非法延长拘留、挪用公款、受贿罪、有影响力交易、非法利用职务、从事非法活动、偏私。(2)个人侵犯公共行政，包括的罪行有贿赂罪、主动有影响力的交易、胁迫、损坏和侵占、非法干扰公共职能的执行、误导公共职能的执行的行为、使用引起混淆的函件或文件、非法穿戴公共部门服装、非法使用专业证书、未经授权使用由公共部门颁发的奖章、未经授权使用与军警专用类似的交通工具、使用与军警类似的制服、不规范使用名称、在公共事务中使用不同于官方认证的身份认证、违章罪、移动边界划分。

5.违背公共信赖。该卷由伪造和伪造公共机关文件2编组成。(1)伪造,包括以下罪行,伪造罪、使用伪造的文件、伪造公文、使用伪造的公文、欺诈提供公文、欺诈请求公文、虚假申报、提供伪造的文件、伪造证词、使用篡改、伪造的证明文件、受贿提供伪造文件罪、行贿获取伪造文件罪、卫生组织成员受贿提供伪造证明文件、向卫生组织成员行贿获取伪造证明文件、伪造有价值的柬埔寨货币、伪造有价值的外国货币、流通伪造货币、持有伪造的货币、伪造没有价值的货币、非法持有生产货币设备、再流通伪造的货币。(2)伪造公共机关文件,包括以下罪行:伪造柬埔寨债券、伪造外国债券、使用伪造的债券、伪造邮票、使用伪造的邮票、伪造柬埔寨王国印章、使用伪造的印章、伪造公函头文件、使用伪造的公函头文件、伪造同官方文件相同的印刷品。

6.对社会公共生活的侵犯。本卷是由对社会公共生活的侵犯单编构成。涉及的罪行有让动物四处游走危害人类、鼓动动物造成危险、在公共场所非法处置垃圾、在公共场所非法处置车辆残骸和其他物体、在私人领域非法处置垃圾、在私人领域非法处置车辆残骸、在公共道路上非法处置残骸和其他物体、制造噪音。

在具体犯罪规定上,我国同柬埔寨刑法有以下不同之处:第一,犯罪圈的划定方面。我国刑法规定的是排除了行政违法行为的犯罪行为,而柬埔寨刑法包括所有违法行为,并且包含了在我国认为是民事违法的行为;第二,保护法益全面性方面。我国刑法保护的法益更全面,比如柬埔寨刑法尚未涉及生态资源环境方面的刑法保护。第三,刑罚适用轻重方面。柬埔寨规定的法定刑普遍比我国低,比如常见的盗窃罪、强奸罪、过失杀人等。

第三节　柬埔寨特别刑事法律内容

一、《打击拐骗、买卖和剥削人口法》

该单行刑法的主要内容如下。

1.拐骗人口买卖或卖淫罪:对犯此罪的人可处以10～15年的监禁;如果

受害者是未满15周岁的未成年人,可处以15～20年的监禁。对于共犯、买者、卖者都按此类规定处罚。那些提供金钱等手段从事犯罪的人也被视为共犯。

2.组织卖淫罪:对犯此罪的犯罪人可以处5～10年的监禁;对重复犯罪者,给以前述刑罚的双倍处罚。

如果有下列情形,可处以10～20年的监禁:受害者为未满15周岁的未成年人;使用暴力或威胁使用武器;组织受害者到国外卖淫或受害者是在柬埔寨境内卖淫的外国人;犯罪人属于夫妻关系、男女朋友关系、父母或监护人与子女的关系之一方者。

3.淫乱罪:对组织淫乱的任何人可处以1～5年的刑罚和500万～3000万瑞尔的罚款,如果是重新犯罪,则须加倍处罚。

对任何与未满15周岁的未成年人发生淫乱行为的人,可处以10～20年监禁。

二、《禁止赌博法》

该单行刑法的主要内容如下。

1.非经政府允许,柬埔寨境内所有的赌博活动均属违法行为。

2.对任何参与赌博者,可处以1万～5万瑞尔的罚款或处以1周至1个月的监禁;对屡教不改者,可处以5万至50万瑞尔罚款或1个月至1年的监禁。

3.对开设、拥有或管理赌场、赌馆或赌博代理人,可处以500万至2000万瑞尔的罚款并处1～5年的监禁;屡教不改者,将被处以最高罚款和最高监禁。

4.对任何未经政府批准,为经营或销售之目的生产、进口赌具或赌博设备者,可处以50万～500万瑞尔罚款,并处1个月至1年的监禁;屡教不改者,将被处以最高罚款和最高监禁。

5.除柬埔寨政府外,任何部门都无权批准在任何地方开设赌馆或赌场。对任何违法批准开设赌博的政府官员或代理人,可处以1～5年的监禁。

三、《毒品控制法》

该法的主要内容如下。

1. 麻醉、精神物品的分类以及用于药品制造的麻醉、精神物品；
2. 禁止麻醉植物的种植及生产、使用、销售、走私毒品；
3. 医学、教学和科学研究；
4. 检查和记录违法行为；
5. 处罚；
6. 预防和侦查与毒品有关的洗钱活动；
7. 对怀疑洗钱活动的报告与侦查；
8. 刑罚等内容。

第四节　柬埔寨刑法主要特色

一、刑法立法细密化

柬埔寨刑法立法规定非常细密，主要表现在：

1. 解释性规定众多

或许是基于《柬埔寨刑法典》第 6 条（在刑事案件中，法律是严格解释。法官既不能扩大适用范围，也不能以类比的方式进行）的缘故，为防止法官擅断，铲除其客观基础，柬埔寨刑法中除了一般原则性规定以及个罪规定外，包含了大量的解释性规定，用以解释上下文某些犯罪构成要件要素的内涵。柬埔寨刑法中的解释性规定大致可以分为如下几类：其一，对犯罪主体的解释。例如，《柬埔寨刑法典》第 25 条至第 30 条，分别对犯罪者、共同犯罪者、教唆者、共犯以及受公众要求委托通过选举产生公民和公职人员的定义进行了界分。其二，对加重情节的解释。例如，《柬埔寨刑法典》第 43 条至第 48 条，以名词解释的形式分别对有组织团伙、预谋、破坏进入、跳过、武器和被视为武器的物品、埋伏特别加重情节的定义做出详细性的解释。其三，对犯罪类型的解释。重罪、轻罪和轻微罪是柬埔寨刑法犯罪类型的重要分类之一，《柬埔寨刑法典》第 52 条至第 54 条分别界定了重罪、轻罪、轻微罪的含义。其四，对附加刑罚的解释。《柬埔寨刑法典》第 61 条至第 76 条对可能引发争议性的附加刑的含义进行了明确规定。第 170 条至第 181 条规定了法人科处的附加刑的内涵。

我国刑法解释性规定的数量极其有限，很难在条文中发现对法律术语有如此大量地规定，更多的是交由司法机关具体掌握。但这也难免为司法擅断提供了客观基础。

2.个罪规定细密

柬埔寨刑法将犯罪分为重罪、轻罪和轻微罪，采用犯罪一元论，这从《柬埔寨刑法典》第2条犯罪的定义（自然人或法人实施的扰乱社会的某些行为是犯罪行为）与第647条（任何违反行政规章的行为都应判处5千以上10万以下瑞尔的罚款）的规定中能够得到答案。因此，柬埔寨刑法中存在许多在我国被认为行政违法行为并不足为奇。同我国刑法立法过多使用情节严重、情节较轻这类概括性术语不同，柬埔寨刑法对犯罪客观危害区分相当细致。柬埔寨刑法明文列举减轻或加重情节以解决立法上的罪刑相适用问题。以杀人罪为例，《柬埔寨刑法典》中共分7个条文，分别规定了故意、预谋、使用毒药、杀害弱势群体等，每个条文都具有独立的罪名。因此，在《柬埔寨刑法典》中，杀人罪是一个集合罪名。其中，第199条规定，使用或不使用武器杀害他人，没有第200～205条规定的，处以10～15年的监禁。第200～205条，是指预谋、使用毒药、杀害弱势群体等杀人的规定。所以，故意杀人是杀人罪的一个基本规定，它和其他杀人罪的法条之间存在普通法与特别法的关系。

我国没有采用这种立法方式，而是概括性地以情节严重作为划分罪质的层次从而区分相应罪责的等级，至于情节的具体内容，我国刑法没有明文列举或详细规定，而是由司法机关具体掌握。但是，由此出现的立法过于粗放、概括的缺陷，不符合法律报应的严格要求。[①]

二、刑罚处罚轻缓化

判断一个国家刑罚是否严苛的标准无外乎两点：一是看最高刑罚及适用范围，二是看大多数犯罪刑罚适用力度。所以，一个国家刑罚严厉程度同最高刑罚及适用犯罪、大多数犯罪刑罚适用程度成正比。柬埔寨刑法中规定了监禁（包括终身监禁）与罚款两种主要刑罚，其余为附加刑。可见，柬埔寨是一个早已废除死刑适用的国家，其最高刑罚为终身监禁。根据《柬埔寨刑法典》第

---

① 陈兴良：《刑法哲学》（下），中国政法大学出版社2009年版，第369页。

95 条可知，柬埔寨刑法中的终身监禁是可以减刑的，且最高减刑 15～30 年的监禁处罚。因此，放眼世界各国，柬埔寨的最高刑罚比之于尚未废除死刑的国家绝对可以称得上“人性化”。从最高刑罚适用的范围来看，柬埔寨刑法规定的适用终身监禁的罪行仅包括种族灭绝罪、人道主义罪、战争罪、预谋杀人、带有酷刑或残酷行为或强奸的杀人、弑君罪、向外国国家或其代理人交付全部或部分领土罪、向外国国家运送武装力量罪，共 8 种罪行。相较于世界各国，这种适用范围都是较小的。且从该 8 类犯罪侵犯的法益以及造成的社会危害来看，该八种行为侵害的是人类生存法益、生命法益以及国家安全法益，对其适用重刑符合刑罚的目的，所以，对该 8 种罪行适用终身监禁具有正当性和合理性。若将该 8 种罪行放在未废除死刑的国家，基本都以死刑处之或即便在已废除死刑的国家中，适用终身监禁的范围却远不止于该 8 种行为，因此，无论从何种角度来说，柬埔寨的最高刑罚以及适用范围都低于世界大多数国家，这体现了其刑罚的轻缓。就其他犯罪或大多数犯罪适用的刑罚力度而言，柬埔寨的刑罚也彰显了其轻缓的一面。以过失杀人为例，柬埔寨刑法对过失杀人的，仅科处 1～3 年的监禁刑，其处罚力度要小于大多数国家(我国对过失杀人的处 3～7 年有期徒刑，情节较轻的处 3 年以下有期徒刑)。再如，以蓄意暴力为例，柬埔寨刑法对蓄意暴力的，仅科处 1～3 年监禁，有加重情节的为 2～5 年的监禁。相比于世界各国，这些规定都略显轻缓。不仅如此，综观柬埔寨刑法的全部规定，大多数条款的刑罚适用都低于 5 年监禁。

对犯罪分子处罚的轻缓，是立足于这样一种思想，即犯罪分子也是人。构成犯罪的原因有多种，在排除犯罪分子个人歪曲心态，丧失个人理智实施犯罪外，犯罪分子所处的社会环境，来自于各方面的压力，不公正对待等亦是造成犯罪的间接原因。因此，对待犯罪分子刑罚也应尽可能怀有宽容的心态，动辄以重刑威慑犯罪、打压犯罪的思想是与人道主义发展相悖的。刑罚虽然要满足报应和预防犯罪的需求，但随着所处社会的发展，这种报应和预防所要求的刑罚量会有所变化，基于人性的要求，这种要求越来越低，刑罚也应越来越轻。柬埔寨轻缓的刑罚为世界各国过度依赖刑罚治理社会，往减轻刑罚力度方向发展提供了榜样。

三、刑罚执行人性化

对被告人宣告适用监禁刑并非意味着其只能在判决所确定的期限内在监

狱中度过。比如,大多数国家都规定了缓刑制度,如果判决被告人适用缓刑,则被告人无须在监狱中服刑。但柬埔寨的刑罚执行制度却不限于缓刑,其规定了几种较为灵活的刑罚执行方式,以更好地改造犯罪者,彰显刑罚的人性。

其一,确立社区工作和训诫两种替代性刑罚。适用社区工作和训诫替代性惩罚的法律条件都是判处被告人的监禁刑不超过 3 年。此外,社区工作还要求被告人为国家利益、社区领域、公共法律支配的法人以及协会或非政府组织的无偿工作,且工作的时间满足 30～200 小时之间。训诫则还要满足因犯罪而扰乱的公共秩序结束、修复损害、罪犯有表明重新融入社会的愿意三个条件。该替代性刑罚制度的确立,有利于鼓励犯罪人改过自新,使其重新融入社会。

其二,暂停宣告刑罚制度。被告人在触犯轻罪的前提下,法院宣告定罪时,可以向法院申请推迟判处罚款处罚。同时,还需满足因犯罪而对公共秩序的干扰已经结束、被定罪者保证社会再融合以及被定罪者请求延期赔偿损失三个条件。该制度的设计不仅考虑了犯罪者的处境,充分体现了刑法的人道主义,而且有助于罪犯认识自身错误,从而认罪伏法,原意回归社会。

其三,半自由制度。法院宣判监禁不超过 6 个月的,为了允许被定罪的人进行专业活动、接受教育或培训,接受治疗或支持其家庭的需要,可以决定在半自由的制度下执行处罚。也就是说,被置于半自由制度的被定罪人被允许在规定的时间内离开监狱。

其四,分割刑罚制度。法院宣判犯罪人的监禁期不足 1 年的时,可以根据家庭、医疗、专业或社会方面的重要依据,作出分开执行处罚的决定。每次拆分不少于 1 个月。执行处罚的总时间,考虑到中断,可能不超过 2 年。

以上柬埔寨刑法确立的四种刑罚执行制度,体现了国家对犯罪分子的宽大处理的政策精神,它可以消除犯罪人的抵触情绪,使其自觉接受施加于自己身上的刑罚,从而对犯罪分子起到攻心作用。许多犯罪分子在受到法律的宽大处理后,都对政法怀有感恩之情,决心弃恶从善,脱胎换骨,重新做人,这就是刑罚通过宽大处理感化犯罪者的最好说明。对犯罪分子的刑罚感化,不仅体现在量刑中,而且表现在行刑过程中,通过各种行刑措施感化犯罪人,才能收到更为良好的效果。

第五节　柬埔寨刑法主要瑕疵

一、罪名体系欠协调

柬埔寨刑法罪名体系不协调体现在以下方面。

1.罪名体系分类不协调

据以分类的上位概念恐难以包含下位概念，没有严格按照侵害的法益进行分类，使得许多罪名在分类上处于不适当的位置。比如，柬埔寨对具体罪名最广义上的分类，可分为反人类罪、侵害财产罪、危害国家罪。具体到卷，反人类罪包括种族灭绝罪、人道主义罪、战争罪卷，侵犯人类生命罪和对未成年人和家庭的侵犯罪。反人类罪(Crime Against Humanity)理解有误，难以涵盖侵犯人类生命罪和对未成年人和家庭的侵犯罪。根据危害人类罪(英语：Crimes Against Humanity)，旧译为“违反人道罪”，又译为“反人类罪”，于2002年7月1日生效的《国际刑事法院罗马规约》(Rome Statute of International Criminal Court)将该罪名中文译名确定为“危害人类罪”。规约中的定义为“是指那些针对人性尊严极其严重的侵犯与凌辱的众多行为构成的事实。这些一般不是孤立或偶发的事件，或是出于政府的政策，或是实施了一系列被政府允许的暴行。如针对民众实施的谋杀，种族灭绝，酷刑，强奸，政治性的、种族性的或宗教性的迫害，以及其他非人道的行为”。[①] 因此，根据反人类罪的定义和特点，本部分应只能包括种族灭绝罪、人道主义罪、战争罪三种罪名。其次，至于侵犯人类生命罪、对未成年人和家庭的侵犯罪，当前规定使得罪名、法益难以在逻辑上理顺，应当进行重新设置。比如，侵犯人类生命一卷中除了侵害生命的规定外，主要包含了大量地侵害人类健康、自由、尊严、隐私等罪名，这由侵害人类生命来概括恐难以对罪名实现合理包容。另外，对未成年人和家庭的侵犯罪本质上就是对未成年或家庭成员的侵害，其侵害形

---

① https://baike.baidu.com/item/%E5%8D%B1%E5%AE%B3%E4%BA%BA%E7%B1%BB%E7%BD%AA/4405861? fr=aladdin，访问日期：2017年8月15日。

式也包括于对生命、健康、自由、隐私等的侵害，因此，由于本质上都是对人身权利的侵害，没有必要将二者分开规定，否则容易造成适用上的不便。强调对未成年人的特殊保护，并非是通过单卷规定就能解决的，更应当从罪刑配置以及社会综合治理上予以解决。基于此，笔者认为，将本部分的后两卷设为“侵犯人身权利罪”单独一部分，与反人类罪并列，可能更为妥当。同样的问题也出现在侵害财产罪、危害国家罪分类中，其未做到充分概括下位犯罪的地步，依旧存在侵害法益不同却规制在相同编章的情况。

2.罪名设置不合理

罪名体系的设置和安排，应根据本国实际需要，按照侵害法益的不同进行设计，但无论分为几章、几类都应当遵循前后一致协调性的原则，避免重复规定。换言之，如果按照已有罪名能够充分保护某种法益，规制某种罪行就没必要再另行设置新罪名。但柬埔寨罪名体系的设置似乎没有兼顾前后协调的原则，致使条文看起来异常烦琐、多余。例如，侵害人类生命罪一卷中的第 199 条杀人罪（包括第 200～205 条的加重情形）与危害国家罪中的第 440 条弑君罪，就存在明显重复规定的嫌疑。杀人罪保护的法益是人的生命权，国王作为一国之主，在代表国家行使权力的同时不能否认其作为生命个体的存在。将杀害国王的行为作为杀人罪的从重情节有何不妥？况且，作为杀人罪加重情节的第 204 条——杀害公务员罪就是基于犯罪对象的重要性而加重处罚。应当说，将杀害国王的行为作为杀人罪的加重情节是有章可循的。而且，杀人罪与弑君罪的最高刑罚都是终身监禁，既然依据杀人罪的规定能够惩治杀害国王的行为，又何必多此一举地规定另行规定他罪？笔者对此感到尤为困惑。

二、既、未遂同罚不当

柬埔寨刑法规定实施轻罪行为未遂的，比如实施其他性侵犯、侵犯死者尊严、工作条件与人格尊严、雇员的腐败等章轻罪有关犯罪未遂的，应按照轻罪处罚。换言之，行为人实施轻罪行为未遂的，如果没有减轻处罚情节，同样以轻罪处罚，不允许从轻或减轻处罚。《柬埔寨刑法典》第 27 条对犯罪未遂做了界定，即企图犯重罪，或在法律规定的情况下，是轻罪。当满足以下条件时可以处罚：(1)犯罪者已经开始实施犯罪的最初步骤，这意味着犯罪者直接执行了其意图的犯罪；(2)犯罪者没有自愿停止的行为，但其意志之外的情况所打扰而被迫中断。总结柬埔寨对犯罪未遂的规定，主要有 3 点：一是企图犯重罪或轻罪；二是已经着手实施犯罪；三是因意志以外原因被迫停止。由此可见，柬埔寨界定的犯罪未遂同我国的犯罪未遂含义有异曲同工之妙，内涵基本相同。最大的不同莫过于犯罪未遂的处罚，我国对未遂犯的处罚是比照既遂，从轻或减轻处罚。事实上，世界上绝大多数国家对未遂犯的处罚都是从轻的，比如德国、日本、法国、俄罗斯、美国等。本文赞同大多数国家对未遂犯的处罚，否定柬埔寨处罚未遂犯的规定。将未遂犯同既遂犯科以同样的处罚，有失公允。

未遂犯的处罚之所以应轻于既遂犯，主要基于未遂犯的不法要轻于既遂犯，社会危害性小。主观恶性和客观危害是判断行为构成犯罪的标准，缺一不可。未遂犯虽然同既遂犯有相同或更高程度的主观恶性，但未遂犯因为没有进一步实施侵害行为，使得其社会危害要小于既遂犯。以侵犯尸体完整性为例，行为人具有实施侵犯他人尸体的故意和侵犯尸体的实行终结的行为构成侵犯尸体完整性罪。如果行为人虽具有侵犯尸体的故意，但尚处于实施侵犯尸体的最初步骤，由于意志以外原因而中断行为，比如行为人刚到达停放尸体处意图破坏身体，动手之际，因家属发现一声呵斥，行为人仓皇而逃。将前后两个案例进行对比，不难发现，行为造成的损害截然不同。后者由于行为人尚未对尸体造成破坏，其危害性尚小。倘若硬要给予同样处罚，有违罪责相适用原则。而不当的刑罚不仅难以实现刑罚目的，而且存在侵犯人权的可能。

三、刑法谦抑性不足

刑法谦抑是指国家运用刑罚权要注意克制。刑法理论上把刑法谦抑分为刑事立法谦抑和刑事司法谦抑。前者是指立法在规定犯罪和刑罚时要注意克制，防止刑罚的打击面过宽和法定刑过重。后者是指司法机关在追究犯罪嫌疑人、被告人时要注意克制，防止定罪量刑过度或过分。本文重要探讨柬埔寨刑法立法谦抑性的问题。

上文提及的柬埔寨刑法特色之一，是刑罚特别轻缓。其不仅废除了死刑，而且在自由刑的适用上，相较于世界各国，也格外轻缓。比如盗窃罪，非使用暴力行为盗窃的，仅处以 6 个月至 3 年的监禁；使用暴力导致被害人伤残的，科处的刑罚也不过为 10～20 年的监禁。这种处罚力度在世界各国中也比较罕见。暂且不论这种刑罚力度的设置是否合理，单就柬埔寨使用刑罚的力度来看，其极度克制刑罚的适用，有过之而无不及，完全符合刑法谦抑的要求。但从犯罪圈的划定上来看，其有违刑法谦抑之嫌。柬埔寨对待犯罪，坚持的是犯罪一元化模式。也就是说，柬埔寨刑法规定的犯罪行为相当于我国的犯罪行为与行政违法行为的总和。柬埔寨刑法的轻罪和轻微罪与我国大部分的行政违法行为相重叠。本文不讨论犯罪一元化和犯罪二元化模式究竟孰优孰劣，但无论采用何种模式都不能违背刑法谦抑原则，肆意入罪。综观柬埔寨刑法规定，其包括了许多由社会道德规制、民事规制方面的行为，将这些行为入罪(轻微罪)有待商榷。例如，将性骚扰、拒绝供货或者服务的行为、有条件提供商品或服务、明显醉酒、侵犯肖像权、虐待或折磨驯养动物或被囚禁动物罪、迫害驯养动物、囚禁动物罪、非必要宰杀家畜、驯养动物或被囚禁的动物罪等行为入罪，侵犯的人权比保护的法益更多，甚至更重要。行为人囚禁动物，刑法就要囚禁行为人。难道人的自由要比动物的自由廉价、低贱？刑法的任务不仅在保护法益，更重要的是保护人权。刑法绝不能因为保护某种法益而践踏人权，必须处理好保护法益与保障人权的关系。刑法的触角伸展的过长必然要以侵害或者限制公民的自由为代价。在任何国家刑法永远是社会保护的最后一道屏障，如果任何法益遭到破坏就动用刑法遏制，那么不单单是浪费司法资源的问题，一旦民众无法忍受刑法过宽的管束，势必会造成对法律和国家的反动。

第六节　中国和柬埔寨刑事司法合作展望

一、合作现状

2016 年 10 月 13 日，习近平主席对柬埔寨进行国事访问期间，在中柬两国元首共同见证下，时任国家发展改革委主任徐绍史代表中国政府与柬埔寨政府代表、财政与经济部大臣安蓬·莫尼拉签署了《中华人民共和国和柬埔寨王国关于编制共同推进“一带一路”建设合作规划纲要的谅解备忘录》。[①] 近几年，中国同柬埔寨在经贸、农业、交通、文化、教育、卫生、信息产业、体育、旅游、人才培训等方面及地方和民间的交流与合作不断加强。该备忘录的签署，将推动中柬在“一带一路”框架下全面务实合作，树立中国—中南半岛国家双边合作又一典范。刑事司法作为两国加强多边安全事务协调，开展国内安全保卫、打击跨国犯罪、拐卖人口和电信诈骗、反恐、禁毒、打击走私、执法能力建设和案件协查等方面的合作的基础，强化中柬两国的刑事司法合作，不仅为推进两国“一带一路”建设合作保驾护航，而且能够维护各自国家安全和地区和平稳定。

当前，我国与柬埔寨形成的刑事司法合作机制包括：

其一，东盟与中日韩(10＋3)打击跨国犯罪部长会议机制。该会议机制是由中国在 2002 年倡议召开的，在 2003 年 10 月东盟中日韩会议上由领导人确认通过。2015 年 9 月在第七届东盟与中日韩(10＋ 3)打击跨国犯罪部长会议机制上，中国同东盟各国肯定了该机制在打击毒品犯罪、经济犯罪、拐卖人口犯罪、电信诈骗、偷渡犯罪中发挥的作用，并提出推动 10＋3 打击跨国犯罪合作机制建设、探索创新合作模式、促进区域整体执法能力建设等合作倡议。[②]

其二，东盟与中国(10＋1)打击跨国犯罪部长级非正式会议。2005 年为第一届，目前已召开过四届。2015 年 9 月通过了《第四届东盟与中国打击跨国犯罪部长级会议的联合声明》，并通过了中国与东盟《关于非传统安全领域合作谅解备忘录》。

其三，中国与东盟成员国总检察长会议。该会议由中国最高人民检察院在 2004 年同东盟各国建立的会议机制。旨在强化中国与东盟各国检察机关的交流，促进打击跨国犯罪。

其四，中国东盟国家间和次区域的禁毒合作机制。1993 年，中国、老挝、缅甸、泰国、越南、柬埔寨和联合国禁毒署创立六国七方禁毒合作《谅解备忘录》机制。2000 年在曼谷召开第一届东盟和中国禁毒合作国际会议，通过了

① http://www.gov.cn/xinwen/2016-10/14/content_5119051.htm，访问日期：2017 年 8 月 16 日。

② 参见：《第四届东盟与中国和第七届东盟与中日韩打击跨国犯罪部长级会议举行》，载《人民公安报》2015 年 10 月 9 日第 001 版。

《曼谷宣言》和《东盟和中国禁毒合作行动计划》[①]。

其五，中国同柬埔寨签署《中华人民共和国和柬埔寨王国引渡条约》。1999年中国同柬埔寨王国签署了《中华人民共和国和柬埔寨王国引渡条约》。

除此之外，中国同东盟各国积极开展法律合作高层次论坛、法律事务论坛等，这对打击跨国犯罪，强化我国同柬埔寨司法合作提供了基础。然而，以上合作机制对中国同柬埔寨打击跨国犯罪而言只起到框架指导作用，距离双边开展司法协助合作还相距甚远，中国与柬埔寨合作打击跨国有组织犯罪还需要进一步完善。此外，从整体来看，随着中国——东盟贸易自由区的建立，发生在中柬两国乃至多个国家的跨国犯罪会与日俱增，这必然会增加案件侦破的难度。而且随着犯罪组织化越来越明显，国际分工越来越严密，犯罪手段越来越残忍，犯罪形式越来越复杂，有从经济领域向政治领域渗透的迹象，社会危害性越来越大。因此，大力开展中柬刑事司法合作迫在眉睫。

二、中柬刑事司法合作的前景

当前，我国同柬埔寨刑事司法领域的合作较之于经贸、农业、文化等领域的合作力度稍显薄弱。主要表现在：第一，尚未与柬埔寨签署刑事司法协助的条约。刑事司法协助是国家间交往频繁、人员流动增多、跨国犯罪不断出现的产物。签署刑事司法协助对合作国而言具有重要意义，尤其在有效地打击跨国犯罪方面。按照国家法，尊重主权的原则，一国司法机关不得进入他国进行逮捕、扣押犯罪嫌疑人等行为，因此，开展司法协助合作就显得尤为重要。第二，尚未与柬埔寨确立被判刑人移管制度。被判人移管制度是指把判处一定刑罚的被判刑人从审判国移送到该犯人国籍国或者居住地国执行，并且依照执行国的法律执行判决的制度。目前，中国和乌克兰、俄罗斯、西班牙、葡萄牙以及泰国签署了被判刑人移管条约，这为与柬埔寨签署该条约提供了经验和可能。第三，缺乏执法合作机构。中柬两国在打击跨国犯罪方面尚未建立一个长效的执法合作机构，如果等到发生犯罪才组

① 参见王君祥：《中国东盟打击跨国犯罪刑事合作机制探析》，载《河北法学》2008年12月。

建临时性的合作机构，必然会降低犯罪侦破效率，为犯罪分子逃脱法网提供了有利条件。第四，信息情报难以共享。跨国犯罪的打击难度大，外因是双边、多边沟通合作阻力大，内因就是各种犯罪情报难以共享。所以，建立中柬情报共享机制至关重要。

三、中国和柬埔寨未来刑事司法合作的建议

其一，推进中柬刑事司法协助进程。在东盟十国中，与中国签署双边刑事司法协助条约的国家有泰国、越南、菲律宾、老挝和印度尼西亚5个国家。为了进一步强化中柬两国刑事司法合作，中国必须与柬埔寨在协助的范围、拒绝、途径、使用语言、协助费用、协助请求及认证等内容上达成共识。从我国同以上5个国家签署的司法协助条约来看，司法协助的领域大都局限于起诉以及侦查环节，尚未扩展到审判以及刑罚执行环节，因此，随着国际合作的加强以及打击跨国犯罪的需要，应尽量避免司法协助条约的简单化、单一化，主动向更多的领域谋求多层次、多环节的合作。

其二，确立中柬判刑人移管制度。我国同其他国家适用判刑人移管制度，为中柬确立该制度提供了基础。况且两国也存在合作的可能性。比如，2015年江西省高级人民法院审理了胡某、贝某等人组织他人偷越国境一案，并以组织偷越国境罪对以上被告人判处刑罚。其中，贝某是一个具有柬埔寨国籍的人。倘若中柬两国确立判刑人移管制度，则可将贝某移送至柬埔寨执行刑罚。将在域外犯罪的行为人移送至国籍国或长期居住国服刑，有利于犯罪人的改造，使其顺利回归社会，同时也是刑法人性化的体现。因此，为保障中柬两国犯罪人的利益，实现刑罚目的，确立判刑人移管制度是双方保障人权，司法文明的重要体现。

其三，建立中柬执法合作机构。为有效开展中柬两国刑事合作，在中柬两国形成打击跨国犯罪的长效机制，有必要建立中柬执法合作机构。由统一的机构负责收集、分析、侦破跨国犯罪；参与双边犯罪法律文件的制定；解决两国在跨国犯罪上的争议；参与其他国际组织的合作等。

其四，完善信息情报交换机制。现代信息时代为打击跨国犯罪增加了难度，如果双边犯罪信息不共享，单凭某一个国家的实力恐难以实现对案件的侦破。因此，为提高案件的侦破效率，有必要完善中柬两国在打击跨国犯罪方面的信息搜索与共享机制。该情报的内容至少包括：犯罪人的基本信息、犯罪记

录;一国掌握的某犯罪人或犯罪集团的犯罪规律和犯罪特点;一国传递的需要的情报信息;涉案的公司相关状况等。

总之,中柬两国在打击跨国犯罪刑事司法合作方面,既要看到双方努力的成果,又要认识到目前的不足。在彼此信任的前提下积极履行自己的职责,努力推进后续刑事司法合作的开展。双方不仅要把当前工作做好,更好开拓新的合作模式,从而形成中柬打击跨国犯罪有效的刑事司法合作模式。

第十章

文莱刑法研究

第一节　文莱刑法制度沿革

一、文莱国家概况

文莱，全名文莱达鲁萨兰国，又称为文莱伊斯兰教君主国(马来语：Negara Brunei Darussalam；Negara 意为“国家”，而 Darussalam 意为“和平之邦”，寓意警惕，并求安定)，是一个君主专制国家。

公元 8 世纪，文莱就开始有人定居。13 世纪后开始伊斯兰化，并于 14 世纪建立伊斯兰教君主国。16 世纪中叶，葡萄牙、西班牙、荷兰、英国等相继入侵文莱，欧洲人的影响使得这一政权走上末路。1888 年沦为英国保护国，1941 年被日本占领，1946 年英国恢复对文莱控制。20 世纪 50 年代后半期，文莱出现第一批政党，最早成立的是人民党。在民族民主运动压力下，英国被迫同意于 1959 年颁布宪法，撤销驻扎官，实行部分内部自治和行政改革，建立地方议会和立法会议。规定国防、治安和外交事务由英国管理，其他事务由文莱苏丹政府管理。1984 年 1 月 1 日，苏丹宣布，文莱已成为一个完全独立国家，并宣布新内阁组成名单。1984 年 1 月 7 日，文莱正式加入东南亚国家联盟，9 月加入联合国，成为第 159 个会员国。独立以后，苏丹政府大力推行“马来化、伊斯兰化和君主制”政策，巩固王室统治，重点扶持马来族等土著人的经济，在进行现代化建设的同时严格维护伊斯兰教义。[①]

文莱司法体系以英国习惯法为基础。一般刑事案件在推事庭或中级法院审理，较严重的案件由高级法院审理。最高法院由上诉法院和高级法院组成。最高法院首席大法官基弗拉维。民事案件最终可上诉至英国枢密院。此外，还设有伊斯兰教法院审理穆斯林的宗教案件。[②] 文莱于1959年颁布第一部宪法，并于1971年和1984年对宪法进行重大修改。2004年9月，立法院第一届会议审议并通过宪法修正案，内容涉及司法、宗教、民俗等多个方面，共13项内容，包括赋予苏丹无须经立法院同意而自行颁布紧急法令等法令的权利；制定选举法令，让人民参选从政；增加立法院议员人数；伊斯兰教仍为国教，但人民有宗教信仰自由；仍以马来语作为官方语言，英语可作为法庭办案语言等。[③]

二、文莱刑事法发展历程

文莱的法律发展历程与其国家自身的发展进程有关，总的来说，文莱的刑事法发展历程主要受伊斯兰教的传入及西方列强殖民影响。早在15世纪之前，文莱国王为摆脱领近强国室利佛逝国及麻喏巴歇国的支配和统治于1414年与满剌加国苏丹女儿结婚，随后文莱国王皈依伊斯兰教。此后，文莱国王苏丹将伊斯兰教作为争取独立和巩固政权的有力武器加以大力传播，文莱国国民逐渐接受伊斯兰教，文莱成为一个主权独立的伊斯兰国家，伊斯兰教从此融合进入文莱刑事法律之中。

18世纪中期，英国插足文莱。1847年，英国迫使文莱苏丹签订不平等的《英国文莱友好通商条约》，该条约的签订标志着文莱已经由一个独立自主的主权国家变为受英国支配的半殖民地。在文莱沦为英国的殖民地后，文莱的

---

① 有关文莱的国家发展历程参见邵建平、杨建章编著：《文莱概况》，世界图书出版广东有限公司2012年版，第38～87页。

② 梁立俊、莫洁玲编著：《文莱社会文化与投资环境》，世界图书出版广东有限公司2012年版，第118页。

③ http://www.fmprc.gov.cn/web/gjhdq_676201/gj_676203/yz_676205/1206_677004/1206x0_677006/.访问日期：2017年8月21日。

政治、经济、外交、国防受到英国全方位的控制,在此期间,文莱刑事法律不可避免地受到英美法系的影响。M. S. H. 麦克阿瑟在担任英国政府驻文莱首任驻扎官期间制定了刑法,建立了审判制度,并组织了警察部队,驻扎官法庭成为文莱当地的最高法庭。

20 世纪 50 年代,随着世界反法西斯战争的胜利,文莱刑事法律建设迎来了新的曙光。1962 年,文莱爆发了人民党领导的政变,但被文莱苏丹镇压,文莱苏丹的政治权力得以巩固,带有伊斯兰教性质的刑事法律同样得以延续和巩固。

因此,可以说文莱刑事法律发展历程主要是受到伊斯兰教的传入及西方列强殖民影响,在刑事法律发展的 20 世纪,其在保留原有传统法律的基础上又不得不受到英美法系等的影响。文莱刑事法发展在历史进程中形成了"宗教法+英美"这样的极富特色的法律体系。在英国统治前,文莱刑法具有政教合一的特征,是典型的以伊斯兰教教义治理国家的方式。在英国殖民统治时期,文莱刑事法律,文莱刑法受到英国海洋法的深刻影响。而到了文莱完全成为独立自主的主权国家时期,英国殖民时带来的法律依然未被剔除,而是被保留融合于刑事法律之中。文莱独立之后,随着其国家经济、政治等方面的快速发展,其刑法也一直处于被调整、修改的状态中,最终形成了我们现在看到的基本成型和稳定的文莱刑事法律体系。

文莱现行刑事法律不仅指 1951 年制定的其间又经过多次修改的《刑法典》,还包括,应对某些特殊需要而制定的一些单行刑事法律,如于 1982 年颁布实施的《防止贿赂法》,该法对贿赂罪、与贿赂罪有关的其他犯罪的犯罪构成要件,责任追究程序和处罚作了规定。另外,还有 1978 年制定的《反毒品法》, 1983 年制定的《公共秩序法》。2014 年 5 月起文莱正式分阶段在国内推行伊斯兰刑事法。根据伊斯兰刑法,穆斯林若涉及通奸、偷窃、饮酒和堕胎等行为,将会受到石刑、砍手、鞭刑等严厉惩罚。推行这部法典目的之一是维护伊斯兰教在文莱的统治地位、阻吓犯罪、抵御外部世界的不良影响。[①] 从整个刑事法律的内容上来看,文莱刑事法律实行双轨制度,第一种制度是英国习惯法为基础建立起来的;第二种刑事法律制度是以伊斯兰教为基础建立起来的,它

① http://news.sohu.com/20140505/n399166197.shtml. 访问日期:2017 年 8 月 22 日.

主要处理违反伊斯兰教教义的案件，尤其是与婚姻有关的案件，但是，其伊斯兰法庭的结构依然和习惯法法院类似，除了没有中级法院，上诉法院是终审法院。

第二节 文莱刑法典主要内容

文莱的刑事法律是由《刑法典》、单行刑事法律和规定于其他法律中的附属刑法规范组成的。而《文莱刑法典》作为文莱刑事法律规定的集合，是其中最为重要的部分。

一、基本结构及适用范围

文莱刑法有广义与狭义之分，广义刑法是指一切规定犯罪刑事责任和刑罚的法律规范的总和，包括刑法典，单行刑法，以及非刑事法律中的刑事责任条款，狭义刑法是指刑法典，即 1951 年制定的，期间又经多次修改的刑法典，除刑法典之外，文莱还根据某些特殊需要制定的有关的单行的刑事法律，如 1982 年颁布实施的《防止贿赂法》，该法对贿赂罪、与贿赂罪有关的其他犯罪的犯罪构成要件，责任追究程序和处罚作出了规定，另外还分别制定了武器与爆炸物法，反毒品法，公共秩序法，等特别刑事法律，另外在文莱的其他民事商事和经济，等法律中，还对一些相应的犯罪以及处罚作出了专门的规定。本文所探讨的是文莱狭义刑法，即《文莱刑法典》。

《文莱刑法典》的体例为章（chapter）、节（section）、条（art）、款（paragraph）、项（rule 或 subsection），共计二十三章，511 条。虽然《刑法典》并未明文区分总则和分则，但从章节表述内容来看，第一章到第五 A 章属于总则的内容，具有统帅整个刑法分则的功能。《文莱刑法典》第一章为序言，主要对刑法的适用进行了规定，适用于在文莱境内的犯罪，一定条件下，也适用于在文莱境外的犯罪[①],第二章为一般解释,对刑法典中一些重要术语和概念进行了解释,第三章为刑罚,规定刑罚的种类,包括死刑终身监禁,有限期的监禁,没收财产罚金和鞭刑等,虽然文莱刑法中保留死刑,但文莱事实上废除了死刑的国家,第四章为一般例外,对不属于犯罪行为的若干情形进行了详细的规定,在文莱承担刑事责任年龄是12周岁,第五章为教唆与犯罪共谋,对实施的各种教唆犯罪的行为根据不同的情况规定了不同的处罚方式,规定对共谋的成员按共谋实施的罪行进行处罚。

分则从第六章到第二十三章规定的不同种类的犯罪,第六章为危害国家安全罪,第七章为危害公共秩序的罪行,第八章为与陆军、海军、空军和警察有关的犯罪,第九章为与公共官员有关的犯罪,第十章为藐视公共官员法律权威的犯罪,第十一章为伪证和危害司法公正的犯罪,第十二章为与货币和官方标记有关的犯罪,第十三章为与度量衡有关的犯罪,第十四章为影响公共卫生安全便利、行为准则和道德的犯罪,第十五章为与宗教有关的犯罪,第十六章为侵害人身的犯罪,第十七章为侵犯财产的犯罪,第十八章为与文件或贸易或财产标志有关的犯罪,第十九章为违反执行合同义务的犯罪(已经取消),第二十章为与婚姻有关的犯罪,第二十一章为诽谤罪,第二十二章为与恐吓、侮辱、骚扰有关的犯罪,第二十三章为预谋犯罪。

二、关于犯罪

(一)犯罪定义

《刑法典》于第二章第40条规定了什么样的行为是犯罪:(1)除了在该章和第2款和第3款提到的章、节之外,"犯罪"指的是应受本法刑罚处罚的行

---

① 《文莱刑法典》在刑法的适用范围上采用了一般性的属地原则和属人原则双重原则。属地原则规定在《刑法典》第1条:该法案可以被称作刑法典,对于文莱达鲁萨兰国领域内的犯罪适用刑罚。《刑法典》第2条、第3条及第4条体现了属人原则:在文莱国境外实施的犯罪,根据法律规定,可以在文莱国对该犯罪追究起诉;在文莱国境外实施犯罪而受到追究起诉的人应当受到与在文莱国境内实施同一种刑法规定的犯罪行为而受到追究起诉的人平等对待;本法并不旨在废除,改变,暂停实施或则影响任何特别法或则地方法,以及任何对于军官,士兵或则军队中的治安官和警察的行为的惩罚的规定。

为;(2)在第四章和第66、71、109、110、112、114、115、116、117、187、194、195、203、211、213、214、221、222、223、224、225、327、328、329、330、331、347、348、388、389及445条,“犯罪”指的是应受本法刑罚处罚或者其他有效成文法处罚的行为;在第141、176、177、201、202、212、216及441条,“犯罪”与在特别法和地方法规定的能给予6个月或以上监禁的处罚的行为同义,无论是否并处罚金。

(二)犯罪类型

一是教唆犯和共谋犯。《刑法典》第五章详细规定了教唆犯罪,根据108条之规定,108条、教唆犯指的是教唆实施犯罪,或者教唆由有刑事责任能力、与教唆犯有相同动机或同等知识的人实施即属于犯罪的行为。《刑法典》第五(A)章第120A条规定了犯罪共谋:当两人或两人以上,达成协议去做或者促使其被做非法的行为;通过非法的手段完成合法的行为(原文用的并非非法的行为)这样的协议就是犯罪共谋。除了为了实施犯罪的协议外,只有协议中的一些行为被协议的一方或多方为实现协议目的而实施才属于犯罪共谋。

二是故意犯罪与过失犯罪。本法第39条对“故意”作出解释:当实施行为时,蓄意造成该危害结果,或者在实施行为时,明知或者有合理的确信该危害结果可能发生,该人被认为自愿造成该危害结果。文莱刑法中大部分犯罪都是故意犯罪,但在具体条文表述上和我国刑法类似,并不直接是以“故意……罪”来表述,但是从法条表述及所犯之罪内在的逻辑来看成立该罪只能是“故意”。如刑法第378条盗窃罪规定的那样,“无论谁,打算在未经他人同意的情况下将任何动产从任何人的手中拿走,将财产转移,被称为‘盗窃’”。当然,文莱刑法典也有部分罪名直接用“故意……罪”的表述方式,如故意伤害。此外,还有部分罪名虽没有采用“故意……罪”的表述方式,但却在具体的条文内容中提及“故意”,如刑法第383条“敲诈勒索罪”,故意让人害怕任何伤害人或任何其他,从而不诚实引起恐惧的人所以将交付给任何人任何财产或有价值的安全,或任何签名或者盖章,可以转化为有价值的安全,构成“敲诈勒索”。文莱刑法典未对过失犯罪单独明确规定,仅可以在刑法文本中找到过失犯罪的身影。如本法第337条危害他人生命安全的行为:“有行为鲁莽、过失危及他人人身安全、生命安全的,处一年以下有期徒刑,不超过1000美元罚金或者以上两项”。从“行为鲁莽、过失危及”中可知本条规定的犯罪主观故意方面是“过失”。

三是按照犯罪完成与否，分为犯罪既遂与犯罪未遂。《刑法典》第23章专章规定了未遂犯罪(或称预谋犯罪)。《刑法典》第511条这样规定犯罪未遂："任何人企图犯一项应受本法惩罚的罪行任何其他成文法律监禁、罚款或鞭打或用这样的处罚相结合的方式，或试图做出这样的罪行，在尝试做任何行动对该罪行，委员会应在没有明文规定的代码或通过其他的成文法，视情况而定，如未遂的处罚，被罚这样的处罚是其罪行：但规定的刑期不得超过该犯罪最长期限的一半。"

四是按照犯罪行为方式的不同区分作为犯罪与不作为犯罪。《刑法典》第33条规定："作为"包括一个作为行为和数个作为行为；"不作为"包括一个不作为行为和数个不作为行为。第36条则规定了作为犯与不作为犯结合之情形：通过作为或者不作为的方式，无论在何处造成影响，或者尝试去造成影响，属于犯罪。据此，当作为与不作为的结合而造成该影响时，也属于犯罪。

五是规定了共同犯罪情形。《刑法典》第34、35、37规定：基于共同蓄意，数人实施同一(应受刑罚惩罚的)犯罪行为，每一个人都应当为该行为承担责任，就像该行为被一人实施时一样；当一个行为只有在行为人明知或者蓄意而实施该行为的才被认定为是犯罪行为，数人共同实施该行为，每一个共同实施行为的行为人是基于明知或者蓄意的，应当对该行为承担责任，就像该行为由其单独实施时一样；当一个犯罪是由于数个行为而构成，无论谁，只要是基于蓄意的共同合作而实施行为，无论该行为是独立或者与他人共同实施，构成犯罪。

三、刑罚种类及适用

(一)刑罚种类

文莱刑法典于第三章规定了关于刑罚种类及适用规则，刑法典第53条规定，刑罚种类包括(a)死亡；(aa)终身监禁；(b)监禁；(c)没收财产；(d)罚金；(e)鞭打六种刑罚。此外伊斯兰教刑法还规定了断肢、石刑等刑种。

(二)刑罚的具体运用

1. 监禁刑罚的减刑

《文莱刑法》第55条规定了监禁刑罚的减刑，凡任何被处以不少于7年监禁刑罚的犯罪人，部长[①]可未经被判刑的人同意将刑罚更换为将其从文莱达鲁萨兰国暂缓或永久驱逐出境。

2. 罚款金额

《文莱刑法》第 63 条规定，没有任何罚款可以延期，犯罪者的罚款数额是无限额的，但不能过多。罚金刑可以单处也可并处，如第 506 条规定犯恐吓罪应处 3 年以下监禁，单处或并处罚金。

3. 数罪并罚

本法第 71 条，数罪并罚的限制，(1)当犯罪是由数个行为构成，而其中每个行为有单独构成一项犯罪时，除非法律另有规定，不能对犯罪人按两个以上的罪名进行处罚；(2)如果某一犯罪行为在发生时有效的法律中具有两个或两个以上独立的规定并规定分别判处刑罚，或者构成某一犯罪的几个行为分别单独构成犯罪，则对所犯罪行、所判处的刑罚不应超过法院任一个独立构成犯罪的行为所处的刑罚。如例释阐明的那样，甲用棍子打了乙 50 下，本案中甲可能因为整个行为构成故意伤害罪，也可以因每一下殴打行为而单独构成该罪。如果甲要对其每一下殴打行为承担刑事责任，每一下殴打判处一年监禁的话，他要被处以 50 年的监禁，但本案只能以整个行为作为一罪处理；(b)但如果甲在殴打乙的时候，丙前来干涉，而甲故意殴打丙，本案中，对丙的殴打行为并不是甲故意伤害乙的行为的一部分，因此，甲要对其故意伤害乙的行为负责，而且也应当另外为其故意殴打丙的行为负责。文莱刑法典规定的数罪并罚实质上与我国刑法所规定的数罪并罚并不相同，我国刑法第四章第四节所规定的数罪并罚主要是各种刑罚在司法实务中的具体运用，包括判决宣告前一人犯数罪的并罚、判决宣告后刑罚执行完毕前发现漏罪的并罚，以及判决宣告后刑罚执行完毕前又犯新罪的并罚，而文莱刑法典中规定的数罪并罚相当于我国刑法学理中关于犯罪个数的判断理论。

此外，《文莱刑法》第 72 条规定了对构成数罪而对构成哪一罪有疑问的情况下如何处理的办法，即对于数个犯罪行为，按照一罪进行处罚的，在不能明确按哪一个罪名量刑的情形中，如那个犯罪行为的量刑不同的，则按照法定量刑最低的犯罪定罪量刑。

---

① 该项权力自 1997 年 7 月 26 日起由法律部长转至总理办公室常务秘书处。

4. 累犯

《文莱刑法》第 75 条及第 75 条 A 规定了刑罚执行完毕后在监禁的一种犯罪定罪后又犯罪的刑罚，曾被根据本法典第七章或第十七章的规定，判处三年以上监禁的犯罪人，或者曾在马来西亚其他地区文莱共和国，或文莱国实施了与本法第七章或第十七章，规定的相同或类似的违法行为，被判处有罪的犯罪人，如在犯上述章节中应处以三年以上刑期的犯罪的，应当按照他的罪行法定量刑加倍处以刑罚。第 75A 条，对多次严重犯罪的强制关押的刑罚，任何人已经因两次以上严重犯罪而被判处刑罚，且每次量刑都实际服刑至少两年以上的，其第 3 次和之后的犯罪，应按照强制关押制度进行处罚，且按照曾所犯罪行的最长量刑的刑期的 2 倍来确定具体的刑期。可见，对前次适用刑罚而没有收到应有的改造效果的犯罪人员再次犯罪予从重处罚，这是因为犯罪分子在受刑法处罚后继续犯罪反映了犯罪分子主观恶性较深，对社会的危害比较大，有必要对其加大惩处力度。但是，文莱刑法中仅规定了一般累犯的处理方式，而我国则针对犯罪类型的不同规定了特殊累犯制度，对于危害国家安全犯罪、恐怖活动犯罪、黑社会性质的组织犯罪被判刑，在刑罚执行完毕或赦免以后，再犯上述犯罪的不受刑期及时间的限制。

四、刑事责任的一般例外

《文莱刑法典》关于责任的规定主要集中在第四章“责任的一般例外”之中。本章内容详细规定了哪些行为虽然具有犯罪行为的外衣，而实质上并不构成犯罪的情形，本章内容之规定相当于我国刑法理论中的“排除犯罪性行为”。

（一）依法应当实施的行为，或者因事实错误而确信是依法实施的行为

本法第 76 条规定，任何人依法应当实施某行为，并且是善意地认为他所实施的是依法应当实施的行为，不是犯罪。即使发生了事实上的错误，也不构成犯罪。如本条例释中所表述的“(a)士兵根据其长官的命令，并根据法律的授权向一群暴徒开枪，甲的行为不构成犯罪；(b)法庭的工作人员甲，依照法定的命令逮捕了乙，但经询问后发现误将丙当成了乙，从而将丙错误逮捕，甲的行为不构成犯罪”。该项排除责任行为规定与我国刑法理论中“执行命令行为”的规定基本上是一致的。

(二)司法活动中法官的行为

本法第 77 条规定，法官在依法执行职务，或者善意的认为自己在依法执行职务，其行为不构成犯罪。

(三)根据法院的判决或命令行事

本法第 78 条规定，无论所依据的判决或裁定是否超越了法院的管辖权，只要行为人是善意地相信法院具有管辖权，且执行的判决或者裁定正在生效期，则执行判决或裁定的行为不构成犯罪。

(四)有正当理由实施的行为或者因事实错误误信自己有法律依据的行为

本法第 79 条规定，一个人依法实施的行为，由于误解事实而非误解法律从而是善意地认为自己实施的是法律所许可的行为，不构成犯罪。如，甲看到乙在甲看起来是谋杀的行为，甲出于善意，行使了法律授予任何公民抓捕现行谋杀罪的权力，将乙抓住以便将乙扭送至适当的机关，虽然后来证实乙在被抓捕时正实施正当防卫，但是甲的行为不构成犯罪。

(五)合法行为中发生的意外事件

本法第 80 条规定，由于意外或者灾祸而造成的后果，即在没有犯罪意图且用合法手段，并在尽到了适当注意和谨慎的情况下实施的行为，不构成犯罪。如本条例释中所阐述的，甲在工作时，其手持的短斧的斧头脱落，造成其旁边的乙死亡，本案中，如甲已经尽到了适当的注意义务，那么这行为是可以原谅的，不构成犯罪。这与我国刑法中的意外事件相一致。

(六)为防止其他伤害，非出于犯罪故意而实施的可能造成伤害的行为

本法第 81 条规定，行为人虽然意识到自己的行为可能造成一定的损害，但如果是没有犯罪意图，而是基于善意，为了防止或避免对其他人人身、财产造成损害的行为，不构成犯罪。如本条例释中(a)项：甲是一艘汽轮的船长，在没有任何过错或者过失的情况下，他突然发现如果他不立刻停船，则一定会撞到一艘载有二三十名旅客的船乙，除非甲的船立刻转向，而如果船转向又会对载有两名乘客的丙船造成危险，本案中如果甲没有与丙船相撞的故意，而是善意的试图避免对乙船上的乘客带来危险，尽管甲的船撞到了丙船，且甲明知这

一后果，作为一个事实问题，只要能够证明甲的积极的行为避免的危险足以原谅他对丙船造成的危险，甲的行为就不构成犯罪。这一规定类似于我国刑法中的紧急避险，文莱刑法中的“紧急避险”制度同样要求避险行为是为了预防或避免伤害的发生，在紧急状态下而紧急避险。

（七）具有特殊刑事责任年龄和刑事责任能力的情形

1.不满7岁儿童的行为

本法第82条规定，不满7岁的儿童实施的行为，不构成犯罪。据此，文莱刑法中的最低刑事责任年龄为7岁，而我国刑法中规定的最低刑事责任年龄为14岁。

2.理解能力尚未充分成熟的7岁以上不满12岁儿童的行为

本法第83条规定，7岁以上不满12岁的儿童，在不具有判断其行为性质和后果的能力的情况下所实施的行为，不构成犯罪。

3.精神病人的行为

本法第84条规定，精神不健全者在不能识别自己行为的性质是否违法时所实施的行为，则行为人的此种行为不构成犯罪。

4.醉酒作为抗辩理由

本法第85条规定，醉酒能够作为抗辩理由的情形有两种：第一种是在未经其认同的情况下，被恶意或者他人疏忽大意的方式造成醉酒，在这种情况下，醉酒人可以以醉酒作为抗辩理由免除责任；第二种是被指控者实施犯罪行为时，因醉酒而精神失常，且不可归责于自身的原因导致醉酒的情况时方可作为抗辩理由，进行无罪化处理。同时文莱刑法中的“醉酒”一词被扩大解释，刑法第86条中第3款规定，本条和前条的醉酒包含使用麻醉品或毒品后的状态。

（八）几种“同意行为”

1.不希望也不知道可能导致死亡或严重损害的，对方同意实施的行为。

本法第87条规定，行为人无意造成死亡或严重损害，也不知道有可能造成死亡或者严重损害的，或者行为人明知此行为会使人遭受伤害仍有意为之，但被害人已满18周岁并明示或默示同意承受此伤害，或者行为人明知其行为会造成受害人受到伤害，而被害人又同意冒受这种伤害的危险，以上行为均不构成犯罪。如，甲和乙同意互相击剑娱乐，这一约定按双方同意承受在击剑过程中可能遭受非恶意犯规所造成的任何伤害，如果甲根据此比赛规则击伤了乙，甲并未犯罪。本条规定与我国刑法理论中的“被害人承诺行为”类似。

2.为对方利益，不希望导致死亡，且经对方同意善意实施的行为

本法第88条规定，明知会发生伤害，但其行为是善意地为了被害人的利益，且被害人同意承受或同意冒受伤害危险的情况下实施的，无论是否造成伤害，只要意图并非致人死亡，均不构成犯罪。本条例释中例举了医生对生命垂危的病人进行病人同意但可能致其死亡的手术而不构成犯罪。

3.由监护人或经监护人同意善意实施的，为儿童或精神病人的利益考虑的行为

本法第89条规定，为不满12岁儿童或精神不健全者的利益，由监护人或其他合法法定管理人所实施的，或经监护人或法定管理人同意，无论明示或暗示，而实施的行为，尽管这种行为对这个人造成的伤害，或行为人意图使这个人发生任何伤害，或行为人明知这样会使这个人造成任何伤害的，都不构成犯罪。同时，本条第二款列举了四项例外规定，分别是：(1)故意引起死亡或企图引起死亡的；(2)除了为防止死亡或重伤害，或者治疗严重疾病或虚弱之外，实施行为时明知该行为可能导致死亡的；(3)除了为防止死亡或重伤害，或者治疗严重疾病或虚弱之外，故意引起重伤害或企图引起重伤害的；(4)任何教唆犯罪的行为。比如，甲基于善意，为了孩子的利益，在未经孩子同意的情况下，将孩子交给了外科医生做结石切除手术，虽然甲明知手术可能会引起孩子死亡，但并没有导致孩子死亡的意图，由于甲的目的是为了给孩子治病，甲的行为并不构成犯罪。

4.未经对方同意为而善意实施的行为

为了维护他人利益而实施的，但对他人造成一定伤害的行为，只要受害人处于不能表示同意或无法表示同意的情况下，并且在实施有利于他的行为时又无法取得监护人或者法定管理人的同意的情况下，尽管受害人并没有同意实施的行为，但并不构成犯罪。

5.善意的交流行为

《文莱刑法典》第93条规定，虽然对他人造成了损害，但是，行为人的行为是出于保护他人的利益而实施的善意交流行为，此善意交流行为不构成犯罪。比如外科医生A善意地将病人B将不久于人世的消息告诉了B，B因此而受刺激而导致了死亡，A的行为不构成犯罪。

（九）受威胁被迫实施的行为

本法第94条规定，除谋杀罪和根据第六章国事犯罪规定应处以死刑的罪名、第六章恐怖主义有关犯罪外，在确有死亡危险的威胁下而实施的行为不构成犯罪，但是，行为人受到立即死亡的威胁情况下，必须不是他的本意，或行为人虽有理由知道自己将会受到伤害，但没有料想到伤害会达到死亡的程度。例如，某人被一帮抢劫团伙捉住，在有立即死亡危险的威胁下，他被迫实施了一定的犯罪行为，该人不构成犯罪。

（十）导致轻微伤的行为

本法第95条规定，如果拥有通常感觉和情绪的人都认为危害很轻微，而不予以抱怨，那么造成，企图造成或明知会造成一定伤害的，不构成犯罪。

（十一）个人自卫权

本法第96～106条详细地规定了个人防卫权，即个人自卫中实施的行为不构成犯罪。这里的“个人自卫权”与我国刑法中的“正当防卫”类似。

1.个人自卫权自卫内容：人身和财产

根据本法第97条的规定，除第99条的限制外，任何人都具有下列权利，(a)为保护自己或他人人身免受犯罪侵害的自卫权利；(b)为保护自己或他人的财产，无论动产或不动产，免受盗窃、抢劫、损毁或非法入侵，免受企图实施盗窃、抢劫、损毁或非法入侵的自卫权利。

2.个人自卫权特殊防卫对象：未成年人、认识能力不成熟、醉酒的人、精神病人

《文莱刑法典》第98条规定，在未成年人、认识能力不成熟、醉酒的人、精神病人实施本属犯罪的行为，或因为认识错误不认为其行为是犯罪的，任何人都对这些行为具有自卫权，如同这些行为是犯罪时他应当具有的防卫权一样。如例释，甲在夜间进入一间他依法有权进入的房屋，乙出于善意错误地把甲当成一个破门而入的强盗而加以攻击，乙的行为不构成犯罪，但是假如仍然对乙的攻击行为具有个人防卫权。

3.个人自卫权的限制

与我国刑法对“正当防卫”的规定相近，本法对“个人自卫权”的行使也作了限制，这种限制主要体现在以下几个方面。

(1)个人自卫权的对象限制

《文莱刑法典》第 99 条规定了 3 种不得行使个人自卫权的情形，分别是(1)公职人员因职务上的理由，善意的实施或者打算实施通常不会引起死亡或者严重伤害的行为，尽管严格意义上这种行为不为法律所允许，但是，对这种行为不能进行个人自卫;(2)公职人员在善意地履行或试图履行职务行为，通常理解不会引起死亡或者严重伤害的，虽然该职务行为严格意义上在法律上没有依据，但对这种行为，没有个人防卫的权利;(3)在有机会向政府机关求助寻求保护的情况下，没有个人防卫的权利。

(2)个人防卫权的程度限制

个人防卫权的程度限制主要体现在本法第 99、100、101、103、104、106 条。《文莱刑法典》第 99 条第 4 款规定了在任何情况下，都不能造成超过防卫目的所必需的伤害，这与我国刑法对正当防卫的程度限制表述类似。本法第 100、103 条的规定类似于我国刑法理论中的"无限防卫"，针对那些人身危险性较高的犯罪，防卫的程度不以防卫目的所必需的伤害为限。本法第 100 条规定，对以下 6 种行为的攻击者可以实施包括致其死亡在内的防卫行为:(a)根据通常的理解，会引起死亡危险的暴行;(b)根据通常的理解，会引起严重伤害的暴行;(c)意图强奸而使用暴力;(d)意图实施违反自然的性交而实施暴力;(e)意图绑架或诱拐而使用的暴力;(f)意图非法拘禁他人而使用暴力，从而导致被害人无法向政府机关请求支援。与此同时，文莱刑法典第 103 条还规定了行使财产自卫权可致人死亡的情况，如果行使自我防卫权时，正在实施或企图实施的犯罪是属于下列情况之一的，可以故意造成侵害人死亡或任何其他伤害:(a)抢劫;(b)夜间入侵住宅;(c)对是为了居住或保存财产而使用的房屋帐篷或船只，放火烧毁的行为:(d)侵害人实施的是盗窃、损害或侵入住宅的行为，且若不行使个人自卫权，就有理由认为将会导致死亡或者严重伤害的情形。

(3)时间条件限制

根据本法第 102 条和第 105 条分别对行使人身自卫权和财物的个人防卫权的开始和继续时间加以规定。《文莱刑法》第 102 条规定人身自卫权从企图或威胁实施犯罪，引起人身合理恐惧时开始，即使该犯罪尚未实施，并且只要这种威胁人身的恐惧继续存在，这种个人防卫权利也就继续存在;刑法第 105 条对财产行使个人自卫权的规定较为细致，共有 5 点:(1)行使财产的个人自卫权从财产受到威胁的合理的恐惧发生时开始;(2)对盗窃罪行，个人自卫权可以持续到犯罪人携带财物逃离，或获得政府机关协助，或财物被追回前；(3)对抢劫罪行使个人自卫权，只要犯罪人已经或企图致人死亡、伤害或非法限制人身，或上述威胁继续存在，该个人自卫权就可以一直持续；(4)对非法侵入罪和毁坏罪，只要非法侵入行为和毁坏行为存在，该个人自卫权就可以一直持续；(5)对夜间侵入住宅罪，只要开始侵入房屋的情况持续存在，则该人自卫权一直持续。总的来说，不管是对于人身自卫权还是对财产自卫权，只要该侵害行为存在即可行使自卫权，但是对于人身自卫权而言，在存在现实威胁的情况下，个人自卫权仍然可以行使，而针对财产方面的个人自卫权却不能以“威胁”为由行使个人自卫权。

五、关于具体罪名

(一)危害国家安全类

第六章虽规定了危害国家犯罪(Offence Against The State)，但不如认为是“危害君主统治犯罪”。因为从文莱刑法典第六章规定的危害国家安全犯罪的法条来看，犯罪行为人的犯罪对象基本上是指“君主”而非国家，如《刑法》第121条规定的“发动或企图发动战争，或教唆发动反对君主的战争”就是如此。当然，这与文莱是君主制国家有关，君主苏丹在某种意义上代表了国家。同时，值得注意的是，《文莱刑法典》第123条还规定了战争罪，“故意企图促成战争”的行为构成犯罪，而没有其他条件限制，可见，文莱是一个十分热爱和平的国度。

(二)军事国防类

文莱刑法典第七章规定了与国防武装力量有关的犯罪，但与国家安全类犯罪一样，本章涉及的国防武装力量犯罪较少，仅有10条刑法条文，且多为煽动型教唆类犯罪，如刑法第132条“教唆军变，且发生的兵变与该教唆有因果关系”。同时，该章规定的军事犯罪主要针对的是军人，而不包括武器装备和军事设施。因此，笔者认为，文莱刑法典关于军事国防类犯罪的规定与我国比较显得有些粗糙，有待完善。

(三)妨害社会秩序类

第八章破坏公共秩序罪与我国刑法第六章妨害社会管理秩序罪中的扰乱公共秩序罪相近,均是破坏公共秩序的犯罪。本章罪名主要集中在非法集会和暴乱两种犯罪行为,如,《刑法典》第 141 条“非法集会罪”:如果构成该集会的人的共同目的是下列内容,则五人或者更多人的集会将被认定为“非法集会”:(1)在文莱达鲁萨兰国或政府公务员行使任何合法权力的过程中进行威慑,刑事犯罪或者表示要实施刑事犯罪;(2)抵制任何法律或任何法律程序的执行;(3)实施任何侵害、冲突或其他不法行为;(4)通过刑事犯罪手段,或向任何人展示犯罪的力量,去夺走或获得任何财产,或剥夺任何人享有的通行权、用水等其他无形财产权,或行使任何权利或所谓的权利;或(5)通过刑事犯罪或表示要实施刑事犯罪,强迫任何人做他在法律上没有义务做的事,或是阻止他去做依法可以做的事。再如《刑法典》第 148 条携带致命武器暴乱罪:任何携带致命武器或用于犯罪、可能造成死亡武器参与集会且构成暴动罪的人,处以 10 年以下有期徒刑,并处罚金。相比之下,我国刑法关于扰乱公共秩序罪的规定范围更广,更加详尽。

(四)公务员特殊主体类

第九章规定了公务员犯罪或与之相关的犯罪,值得注意的是,《文莱刑法典》以“公务员”为特殊犯罪主体设置的罪名较之我国刑法第八章“贪污贿赂”犯罪除了大多是公务员非法收受钱财的贪污贿赂犯罪之外,还于第 166 条规定了公职人员故意违反法律规定给他人造成损害罪:作为公职人员,故意违反法律规定,企图使他人遭受损害,或明知如果违反法律规定,会使他人受到损害的,处以 3 年以下监禁及罚金。而在我国刑法中这些犯罪并非规定在贪污贿赂犯罪一章。此外,《刑法典》第 167 条公务员故意伪造错误文件给他人造成损害罪,在我国刑法中属于渎职罪的内容。而本法第 170 条假冒公务员罪、第 171 条穿着或佩戴公务员服饰、标志欺骗他人罪从犯罪主体本质上来说已经超出“公务员”范畴,这两种犯罪相当于我国刑法第六章第一节扰乱公共秩序罪第 279 条招摇撞骗罪。本法第 168～169 条规定了我国刑法中所没有的犯罪。第 168 条规定了公务员非法经商罪,第 169 条规定了公务员非法购买或者投标财产罪,这两种行为在我国并不构成犯罪,只是违反行政法中《公务员法》关于公务员纪律的有关规定。因此,可以认为,《文莱刑法典》在公务员犯罪圈的划定上比较严格，并且其所设定的专章涵盖的犯罪主体延伸至与公务员身份相关的一般主体，体现了文莱国家对于惩治“公务员”犯罪的高度重视。

（五）维护公务员权威类

根据具体罪名与法条“说明”，第十章所规定的有关藐视公务员法定权力的犯罪与我国刑法第六章第一节扰乱公共秩序罪中的妨害公务罪类似。所不同的是，本章内容规定的藐视公务员法定权力（或妨害公务）的行为比我国对妨害公务的理解更加广泛。除了以暴力、威胁方法阻碍国家机关工作人员依法执行职务外，还包括其他一些较为轻微的妨害公务的行为，一些在我国仅构成一般违法行为的行为在本法典中被规定为犯罪。

本章规定的藐视公务员法定权力犯罪主要包括：《刑法》第 172 条潜逃避免传唤，通知或诉讼命令、第 173 条防止传票或其他程序或阻止其发布、第 174 条不遵守公务人员的命令、第 175 条有义务向公务人员出示文件，由法律上的责任人出示、第 176 条有义务给予公务人员的通知或资料，不合法给予、第 177 条提供虚假信息、第 178 条拒绝宣誓、第 179 条拒绝回答有权质疑的公务员、第 180 条拒绝签署声明、第 181 条对公职人员或被授权以宣誓或确认的人员的宣誓或确认的虚假陈述、第 182 条虚假资料，意图使公务员利用其合法权力对另一人造成伤害、第 183 条公务员合法权力抵制财产、第 184 条限制出售由公务员授权出售的财产、第 185 条非法购买或出售由公务人员授权出售的财产、第 186 条阻碍公职人员履行公职、第 187 条在法律规定的情况下省略协助公务人员提供协助、第 188 条不服从公职人员正式颁布的命令、第 189 条对公务员的伤害威胁、第 190 条造成人身伤害的威胁不得向公务人员申请保护。由此可见，《刑法典》对妨害公务行为的规定条文之多、内容之详细，反映出文莱非常重视对国家公权力权威的保护。

（六）保障司法公正类

第十一章虚假的证据和违反公共司法的罪行与我国刑法第六章第二节妨害司法罪相对应，规定的均是妨害司法公正的犯罪行为。所不同的是，本章规定的犯罪集中在“伪证”和“窝藏”两部分内容，除此之外，还规定了一些我国刑法中第九章渎职罪的内容。如第 219 条司法程序中的公务员腐败报告等违法（与我国刑法第 399 条徇私枉法罪类似），第 221 条公务员故意遗漏部分缉拿

(与我国刑法第 400 条失职致使在押人员脱逃罪类似)等。

(七)与货币及政府票证相关的犯罪

第十二章涉及金融与政府犯罪的罪行与我国刑法第三章第四节破坏金融管理秩序罪及第六章第一节的第 280 条第 1 款相对应,规定的均是与货币、印章有关的破坏金融管理秩序的犯罪。所不同的是,本章罪名仅仅针对货币及印章相关罪名予以细化规定,而没有规定类似我国刑法第三章第四节破坏金融管理秩序罪中与信用卡、股票等的犯罪。

(八)与度量衡器有关的罪行

《文莱刑法典》第十三章是较为有特色的一章,刑法单独设置一章用于规定与重量和方法有关的罪行,而从这些罪名及内容的表述来看,其实质上与我国刑法中的诈骗罪类似。如《刑法典》第 264 条骗性地使用假仪器进行称重、第 265 条欺诈性地使用(a)长度或容量的任何虚假重量或虚假量度;(b)任何重量或任何长度或容量的量度作为不同的重量或尺寸与其是什么。另外,《刑法典》第 267 条规定,“任何人制造,销售或处置他认为是虚假的任何称重,重量或任何长度或能力的方法的文书,以便该文书可能被视为真实的,或知道文书很可能被视为真实,应处以不超过 3 年的罚款或者两者的监禁”,未见我国刑法条文有类似表述。在我国,这种行为并不构成犯罪,只是一般的道德败坏的无良奸商行为。文莱将这种行为规定为犯罪加以处罚足以证明了其对诚信品质的重视程度。

(九)影响公共卫生,安全,方便,礼仪和道德的犯罪

第十四章危害公共卫生、安全、便利、礼仪和道德的犯罪与公共卫生、安全、便利、礼仪、道德有关,根据罪名的不同,分别与我国刑法中的不同犯罪类型相对应:一是危害公共卫生罪,如本法第本法第 269 条疏忽行为可能传播对生命危险的疾病感染、第 270 条恶性行为可能会传播对生命危险的疾病感染等;二是危害公共安全罪,如第 277A 条火灾引起的罪行、第 279 条任何人以任何公开的方式驾驶任何车辆或游乐设施,以破坏或疏忽的方式危及人命,或可能对其他人造成伤害或伤害的等;三是扰乱公共秩序罪,如本法第 291 条禁令后停止继续滋扰,任何重复或继续受到公害的人,由具有合法权限发出禁令重复或继续妨害的公职人员;四是生产、销售伪劣商品罪,如第 274. 任何人以

任何方式掺假任何药物或医疗准备——(a)减轻这种药物或药物制剂的疗效或改变其操作;(b)使其有害,意图出售或使用,或知道有可能出售或用于任何药用目的,犹如未经过这种掺假;五是破坏环境资源保护罪,如本法第277条污染公共水源或水库,无论何人,故意将公共水源或蓄水池中的水污染或使其腐坏,以致影响其正常使用的;六是制作、贩卖、传播淫秽物品、猥亵、卖淫罪,如本法第292条贩卖、销售淫秽物品罪。

(十)与宗教有关的罪行

第十五章与宗教有关的犯罪规定与文莱的具体国情相适应。伊斯兰教是文莱人信奉的主要宗教,独立以后,苏丹政府大力推行"马来化、伊斯兰化和君主制"政策,巩固王室统治,重点扶持马来族等土著人的经济,在进行现代化建设的同时严格维护伊斯兰教义。这种影响当然也体现在法律制度这一上层建筑上,《刑法典》专章规定与宗教有关的犯罪,对宗教相关事宜和教徒的情感加以保护便可以证明。[①]

(十一)婚姻关系类

除了与我国刑法第258条相近的重婚外,第二十章与婚姻有关的犯罪中还包括诱骗、强迫、非法拘禁已婚女性的行为,如《刑法典》第498条:(a)明知或应当明知对方为已婚女性,以令其与他人非法性交为目的,采用诱骗、强迫手段使其脱离配偶或其监护人;(b)以令其与他人非法性交为目的,藏匿或非法拘禁已婚女性的。值得注意的是,本法第496条的违法举办欺诈性质的结婚仪式罪:明知一方不具备合法婚姻资格,以欺骗为目的举办结婚仪式的,处七年以下监禁,并处罚金。违法举办欺诈性质的结婚仪式在我国刑法中本身并未认为是犯罪,但此行为通常涉嫌诈骗,即通过举行结婚仪式骗取财物。

(十二)人格尊严类

第二十一章诽谤罪、第二十二章恐吓、侮辱和骚扰罪均是与人格尊严相关的犯罪,其中第二十一章诽谤罪与我国刑法第246条诽谤罪基本一致,即本法

---

① 这里仅指的是《文莱刑法典》中关于宗教部分的规定,因为广义的文莱刑法还包括文莱伊斯兰刑法,因此关于伊斯兰教刑法将在下文予以单独阐述。

第 499 条诽谤罪:除下述例外规定之外,任何人以口头言词、书面文字、标识、明显举动、虚构或出版手段涉嫌诽谤他人名誉的(a)意图造成损害;(b)明知或应当明知其诽谤行为会造成损害。本章特别详细地规定了十项诽谤罪的例外情况,并通过举例方式加以生动释明。而第二十二章恐吓、侮辱和骚扰罪则着重规定了我国刑法所没有规定的恐吓罪。本法 503 条规定,故意以造成他人人身、名誉、财产受损,或已造成其利害关系人的人身、名誉、财产受损相威胁,迫使对方为了避免上述威胁成真而实施(a)使他人惊慌;(b)迫使他人作其不负法律义务的行为或不履行其法律义务的行为的,构成恐吓罪。同时,《刑法典》将制造、发布、散布(a)明知会或可能会造成文莱国的警察、海路空军及其他武装、暴力机关对国家、国王和领导人暴动,或违背命令、擅离职守的;(b)明知会或可能会造成公众恐慌、引发民众对国家发起叛乱、扰乱社会公共安宁的;(c)煽动或可能煽动任何阶层、社会团体之间发生斗乱的言论、谣言、报道的行为规定为犯罪,该罪规定类似我国刑法第 291 条之一规定的扰乱公共秩序的行为。《刑法》第 510 条则规定了骚扰罪,即任何人在醉酒或吸毒状态下在公共场合,或在非法侵入的场合中做出打扰他人的举动,与我国刑法中寻衅滋事罪类似,但成罪条件上比较宽泛。

(十三)犯罪未遂

第二十三章未遂犯罪与我国刑法第 23 条犯罪未遂相近的未遂犯罪。仔细阅读对比法条,二者既有共性也有区别。二者之间的共性在于对“犯罪未遂”概念的理解基本是相同的,我国刑法规定“犯罪未遂”是指“已经着手实施犯罪,由于犯罪分子意志以外的原因而为得逞”,而文莱刑法关于“犯罪未遂”的理解则主要是通过例释来加以形象表述的,“A 试图弄坏一个盒子,并偷走一些其中的珠宝,结果发现盒子里没有珠宝。他已经实施了盗窃行为,应以盗窃未遂处罚;A 试图扒窃 Z,并且已经将手伸进 Z 的口袋,因为口袋里没有东西而未如愿,A 成立犯罪未遂”。从例释中不难看出文莱刑法中的“犯罪未遂”也是已经着手犯罪,却因为行为人本身之外的原因而未能得逞,只不过我国刑法规定的“犯罪未遂”更加抽象概括。而二者的不同概括起来可以归纳出两点:一是所属法条分属章节不同,我国刑法将犯罪未遂规定在总则部分,而文莱刑法将其规定在分则第二十三章部分;二是对未遂犯的处罚不同,我国刑法第 23 条第二款规定,对于未遂犯,可以比既遂犯反从轻或者减轻处罚;而文莱刑法典第 511 条规定,本法或其他成文法未明文规定具体犯罪未遂行为的处罚,应以其实施罪行的刑罚处罚,所处刑罚不应超过其实施罪行刑罚的一半刑期。

六、其他刑事法律规定

除刑法典之外,文莱还根据某些特殊需要制定了有关的单行刑事法律,如1982年颁布实施了《防止贿赂法》。此外,在文莱其他民商事法律中也对一些相应犯罪及处罚作了专门规定。在这些刑法典之外的刑事法律中,《防止贿赂法》及违反《公司法》的刑事法律是比较重要的刑事法律。

(一)贿赂罪及其处罚

根据《防止贿赂法》的规定,贿赂罪主要指行贿与受贿两种行为,以及与受贿有关的拥有无法作出合理解释的财产罪。在文莱,贿赂既包括物质性利益,也包括非物质性利益或好处,具体而言,贿赂内容,主要包括八种《防止贿赂法》中规定的任何意义上的利益、服务、优惠、便利等,它不仅包括金钱、礼品等,可以被定义为动产或不动产的财产利益,也包括官职、荣誉、雇佣合同或服务以及达成基于雇佣或提供服务的协议等非物质性的利益或好处。可以说,贿赂罪中的贿赂内容十分充实和具体,使得贿赂犯罪的法网十分严密。

与我国贿赂犯罪中贿赂罪主体身份的二元划分不同,文莱《防止贿赂法》中关于贿赂罪的主体并不对公务员与非公务员犯罪主体身份区别对待,而是将代理人(所谓代理人是指被他人雇佣或为他人而活动的人,包括财产、业务等的受委托管理人、遗产管理人、遗嘱执行人以及服务于公共机构的人员,以及商务活动的人)及公共雇员(即所谓的公务员),都作为贿赂罪的主体,因而,《防止贿赂法》基本可以有效兼顾所有职务人员贿赂犯罪。

从《防止贿赂法》的刑罚设置来看,文莱对贿赂犯罪的处刑可谓严而不厉,所谓"严",是指该法对各类贿赂行为均设定的刑罚,规定了财产刑与自由刑的并科制度,使其无一能逃脱惩罚;所谓"不厉",是指文莱对贿赂犯罪的处罚,均限于财产刑与中、短期自由刑。根据《防止贿赂法》对一般的贿赂犯罪处3万元罚金和7年监禁,而被加重处罚的贿赂犯罪也只处3万元罚金和10年监禁,没有无期自由刑和生命刑。

(二)违反《公司法》的犯罪及处罚

公司法作为规定在文莱的公司和公司登记的法律，对各种违反强制性规定的行为规定了处罚的标准，对性质情节严重的行为规定了相应的刑事责任，其中主要有以下两类。

1. 仅处以罚金的轻微犯罪行为

公司和公司中每一雇员或是故意，或是只要违反了公司法的规定，都可以受到数额不等罚金的处罚，公司法对普通人员规定的罚金处罚都比较轻，罚金额都较少，一般为 200 元以下；但如果公司的“高管”，如董事、经理、秘书等人，尤其是明知违反规定而故意实施违法行为的公司法规定的，罚金处罚都比较重，罚金额一般都在 1000 元至 5000 元。文莱公司法中的罚金刑都具有约束性，没有规定可以由执法者自由裁量的幅度。

2. 既可以处以罚金，又可以处以监禁的行为

文莱公司法对于违法行为性质，或是社会影响恶劣的严重违法行为，规定了不仅可以处以数额较多的罚金，还可以对行为人处以监禁。如，公司的董事如果没有采取合理措施，保证公司遵守有关账册或账簿保存规定的，以及未按规定在法定时间内向股东大会提交利润、损失账目和资产负债表的，将被处以监禁 2 年或者罚金 5000 元的处罚；任何人，自己实施或者煽动介绍他人实施违反规定认购或者购买股祟的行为，要被处以罚金 2000 元和监禁 6 个月的处罚，对于实施这样行为的累犯，则要处以罚金 5000 元和监禁 1 年的处罚；任何人实施了违反招股说明书的发行、流通、分配或者股份，债券申请表的发行的违法行为，应当被处以 5000 元罚金和监禁两年的处罚，等等。

第三节　文莱刑法典特色

《文莱刑法典》是一部典型的“大马来”刑法，其体例结构、章节编排、罪名排列、罪名设置、具体罪名、刑罚的设置都与马来西亚、文莱等地区刑法具有高度的一致性。笔者认为，文莱刑法具有以下特色。

一、特定术语解释详细具体

刑法相关术语的解释是任何刑法典都无法回避的，但不同国家所采取的方式和详细程度存在较大差别。一般地，大多数国家对特定术语进行解释采取的是分散式的方式，在规定的相关犯罪的章节中遇到需要解释的术语时对其进行解释，在对术语的解释的详细程度上往往为司法留下较大的裁量空间。而我国刑法对相关术语的解释则采取了“总＋分”的模式，即在刑法总则中有关于部分概念的解释说明，也可以在分则中发现类似的术语解释。例如，我国刑法总则第 91 条关于“公共财产”的含义：“本法所称公共财产，是指下列财产：（一）国有财产；（二）劳动群众集体所有的财产；（三）用于扶贫和其他公益事业的社会捐助或者专项基金的财产。在国家机关、国有公司、企业、集体企业和人民团体管理、使用或者运输中的私人财产，以公共财产论。”而分则中也有对诸如对 136 条危险物品肇事罪中“危险物品”所列举的物品种类，即“爆炸性、易燃性、放射性、毒害性、腐蚀性物品。”

然而，文莱刑法对刑法术语的解释却呈现出另一番景象。首先，文莱刑法对涉及全篇的术语予以专章解释。《文莱刑法典》第二章以“一般解释”为章名对术语予以解释，从第 6 条至第 52B 条对几十个术语进行了详细解释。例如，第 21 条对“公职人员”作出详细解释，“‘人民公仆’（公务员）是指符合下列情形之一的人员：(a)所有被国王或者权力机构委任或者批准而担任公职的人；(b)所有委任的军队和警队的官员；(c)所有法官；(d)……(j)所有负有履行下列职责的公职人员：征用，接受，储存或者消耗任何财产；制订任何调查报告或评估；或者征收税收于非教会的村庄，城镇，行政区；或者制订，鉴定或保存任何有关任何村庄，城镇或行政区域的权利调查报告”。列举了十项属于“公职人员”的人。通过这一术语的解释可以清晰地判断出哪些人属于公职人员，哪些人不属于公职人员。又如第 24 条对“不诚实性”进行解释，“任何人存在使某人获得不正当收益或者遭受不正当损失的故意而实施行为，视为不诚实地实施行为”。这一解释虽未从正面对“诚实”进行解释，但从反面作出“不诚实性”的解释，通过审查行为人在做某事时是否使某人获得不正当收益或者遭受不正当损失的故意而实施行为就可以明确“善意”的含义。文莱刑法以专章形式对特定术语进行解释，一方面有利于对本术语的理解和掌握，另一方面对整部刑法典的理解和适用也大有裨益。

其次，各章对与其犯罪相关的术语进一步作出解释。《文莱刑法典》除在第二章以专章形式对术语进行解释外，在规定具体犯罪的各章中还对涉及的相关术语进一步解释。例如，本法典第五(A)章第120A条对“犯罪共谋”作出解释，即“当两人或两人以上，达成协议去做或者促使其被做(1)非法的行为；(2)通过非法的手段完成合法的行为，这样的协议构成犯罪共谋。”从本条解释可以清晰地看出成立刑事共谋的条件，一是主体必须是两人或两人以上，二是达成协议去做或者促使其被做(1)和(2)两项非法行为。又如，在第十一章虚假的证据和违反公共司法的犯罪中，其第191条对“虚假的证据”进行了解释，即任何法律上受法律约束的法律规定或明示的法律规定，陈述事实或受法律约束，对任何问题作出声明，作出任何虚假的陈述，他知道或认为是虚假的或不相信是真实的。通过对这些术语的解释，诸多犯罪的认定和处罚就更为清晰和公正。

最后，对相关术语的内涵进行详细列举。例如第293C条就是针对293A及293B中“不雅或淫亵的照片”等概念所做出的列举，该条规定，第293条A及第293条B中的不雅或淫亵照片，包括(a)不雅或淫秽的影片，不雅或淫亵的照片或电影的副本，以及影片中的不雅或淫秽的照片；(b)照片及虚拟照片(包括影片中的照片)，如果当中显示了儿童且是不雅或淫秽的，则应视为是本法所规制的涉儿童的不雅或淫秽照片；(c)本条所说的照片包括底片、存储在计算机光盘上的数据或能够转换为照片的其他电子装置的数据；(d)就第293A及293B条的目的而言，任何照片或虚拟照片，如果作为一个整体来说，在考虑了所有情形下，它的影响是会使任何看到它的人腐化堕落，它就会被视为是淫秽的；(e)“电影”包括任何形式的录影；(f)“小孩”是指18岁以下的人；(g)“虚拟照片”是指通过计算机图形或其他方式制作的似乎是照片的图像；(h)如果照片或虚拟照片给人的印象是，这是一个小孩的照片；或者照片、虚拟照片给人的主要印象是这是一个小孩的照片，尽管所显示的一些身体特征是成年人的，都被视为是涉及小孩的照片。在根据第293A及293B条进行的法律程序中，如从整体证据中显示任何人在当时年龄未满18岁，则该人在任何诉讼时段都是小孩。本条列举了293A条“拥有儿童不雅照片”及293B条“拍摄，分发，展示，广告和访问儿童不雅照片”中“照片”“儿童”等概念的内涵与外延，从本条的解释就可以对行为人的行为对象是否属于刑法规制范围作出快速的判断。

《文莱刑法典》中对刑法术语的解释采用的“专章解释＋各章分别解释”的

层层深入的解释方式以及详细列举的解释方法是独具特色的。这种独特的解释方式方法有助于准确而全面的理解相关术语的内涵,也有益于刑法理论的研究,更有利于司法人员对刑法典的全面理解和准确适用。

二、专门规定除罪化行为

文莱刑法典的一大特色就是其在诸多条文规定某种行为是犯罪的情况下,也规定了不属于该种犯罪的情形,以便司法工作人员能够将此类情形排除犯罪圈之外,避免扩大打击范围。这一点与我国刑法差别很大,在我国刑法中,刑法分则条文仅仅规定哪些行为属于犯罪行为,却没有将非犯罪行为表述在刑法条文之中,只在总则中对非罪行为作出原则性的规定,即第十三条的"但书"规定:"但是情节显著轻微危害不大的,不认为是犯罪"。但《文莱刑法典》中的诸多条文,却专门规定了除罪化行为,需要指出的是,这种现象不仅存在于刑法总则部分,刑法分则部分也有充分体现。

《文莱刑法典》总则部分第六条"对于一般例外的理解"中指出"在本法中,对于每一个犯罪的定义,每一个刑法条文,以及每一个关于犯罪定义和刑法条文的说明的理解都应当考虑'一般例外'章节中规定的例外情形,尽管这些例外情形不在这些定义,刑法条文或者说明中重复"。"一般例外"主要是指文莱刑法总则第四章中的31个非犯罪情形。但是,需要指出的是,这31个非犯罪情形并不是非犯罪行为的全部内容,只要是不违反刑事法律条文的所有行为均不是犯罪,即犯罪的成立应当遵循"罪刑法定原则"。概括起来,本法典第76～106条大致规定以下非罪行为:依法授权而实施的行为……特定情形下醉酒后实施的行为、经被害人同意而实施的行为、经被害人的监护人同意而实施的行为、为了对方利益而善意实施的行为、受威胁胁迫而实施的行为、造成轻微伤的行为等。通过这些列举的条款可以快速排除非犯罪行为,实现刑法精确打击犯罪的目标。

刑法分则部分的体现举例。《文莱刑法典》在第300条"谋杀罪"规定:"(a)如果造成死亡的行为是故意为之;(b)如果是有意造成这种身体伤害,因为罪犯知道有可能造成被害的人的死亡;(c)如果是为了对任何人造成这种人身伤害,并且在一般情况下这种身体伤害足以造成死亡;或者(d)如果行为人知道危险至关重要,人身伤害必然会导致死亡或可能导致死亡,并且采取这样的行动。"除规定这四种行为属于谋杀行为,构成谋杀罪,也规定了"如果罪犯虽然被严重和突然挑衅剥夺了自我控制的权力，导致了凶手的死亡，或错误地、意外地造成任何其他人的死亡，不构成谋杀；过失杀人不构成谋杀罪，如果罪犯在善意行使人身或财产防御权时，超过法律给他权利，并导致人的死亡，只要他行使这样的自卫权利没有预谋，也没有超出必要限度……过失杀人不是谋杀，当 18 岁以上的人的死亡或承受死亡的风险在他的同意之下”5 种例外情形。

总之，《文莱刑法典》对“犯罪”采取了正反结合的解释方法，通过一般的“正”犯罪定义可以现行划定范围，再通过“反”除罪化规定将疑似犯罪行为予以排除，从而使得合理界定犯罪圈范围。这些规定不仅能够方便司法实务人员准确做出刑事裁判，也有利于引导一般民众知法、守法。

三、“解释＋例释”的解释模式

“刑法一经制定，它就是一种客观存在，与立法原意产生距离。”[①]当代的中国刑法制度建设不可避免地为成文法的稳定性所“拖累”，一方面，社会关系的愈加复杂化不断挑战原有刑法文本设置的调整范围，立法者有限的预见能力不可能对未来事项做出完全判断，同时，成文法的明确性却要求法律必须保持相对稳定，不能朝令夕改。因此，法律漏洞也不会一经发现即被填补。但这二者之间的矛盾却是推动法律的适时改变的主要原因，可以说，刑法的发展史其实就是一部不断弥补漏洞的历史；另一方面，则是语言概念的使用不当的问题。包括两种情形，一是立法者所使用的语词表达出的意思内容与民众理解感知的内容相去甚远，语言在使用之时已经意味着法律漏洞出现的必然；二是语言概念的发展导致的意思的改变，原先概念表达的意思需要由新的概念予以展现，旧概念名存实亡。故此，鉴于立法者所具备的能力和对法律实施所面对的社会生活中出现的大量的错综复杂、各种各样情况的判断不足，要求依靠人类有限的理性制定毫无缺漏的刑法是苛刻的。于是，刑法条文解释就成为立法工作者一项永恒的事业。一般的，大多数国家对于刑法条文的解释都是置于刑法文本之外的，当然，对于适用性较为普遍的一些概念规定在刑法文本之中也是常见的，笔者这里所指的是刑法条文整体而非条文内的某个概念。

① 张明楷：《刑法的基础观念》，中国检察出版社 1995 年版，第 210 页。

如我国刑法，就是在刑法典之外采取特定的形式对刑法典条文进行形成解释文本的。但在《文莱刑法典》中，对刑法条文的解释较为特别，“解释＋例释”的释法模式被经常使用，形成了自身的特色。

第一，刑法条文之后直接添加相关解释。在本法典中，几乎每一条重要的并需要予以解释的刑法条文之后都附有对条文的解释。附于各个条文后的解释对于准确理解该条文的真实含义具有重要意义，不至于误读条文内容。对于理论研究和一般公众而言，附于条文后的解释有助于全面准确的理解刑法条文，有利于对刑法理论的深入研究。对于司法实务人员来说，这些解释是避免其在司法实务中发生失误的重要内容。例如，第108条教唆犯罪规定，“教唆犯指的是教唆实施犯罪，或者教唆由有刑事责任能力、与教唆犯有相同动机或同等知识的人实施即属于犯罪的行为”。本条后附有两条解释，解释1是“即使教唆犯对于不作为不负有特定义务，教唆他人不作为仍然构成犯罪”；解释2是“教唆犯罪的构成无须被教唆人实施教唆行为或者实现被教唆的犯罪结果”……解释5是“合谋实施教唆犯罪的，无须合谋之人知晓参与实施犯罪的全部人员，只要其参与为实施教唆犯罪的合谋即构成教唆犯”。从这些解释中可以得知，行为人在即使对于不作为不负有特定义务，教唆他人不作为仍然构成犯罪等五种情形都属于第108条的适用范围并受到本条规定的刑罚处罚。

第二，解释之后为使条文及解释更加生动易懂，解释之后还设有一个或多个案例说明，也即例释。仍以刑法第108条为例，刑法第108条之后设有5个例释，其中第2解释为“(1)甲教唆乙谋杀丙，乙拒绝，甲应对教唆乙实施谋杀犯罪承当刑事责任。(2)甲教唆乙谋杀丙，乙依据教唆捅伤丙，丙伤愈。甲仍应对教唆乙实施谋杀犯罪承当刑事责任”。从这两个例释可以得知，在判断行为人的行为是否构成教唆犯罪时有了更加生动直观的案例参照，能够使司法人员在作出判断之前更加谨慎。在刑法典中的各个条文之后设置案例说明对条文进行解释是《文莱刑法典》最具特色的地方之一。

四、宗教色彩浓厚

伊斯兰教规已成为文莱马来人的生活准则。1894年国家独立后，文莱政府一直致力于维护和提高伊斯兰教的地位，把伊斯兰教作为政府制定政策的依据和社会行为准则，力图使异教徒皈依伊斯兰教，使文莱成为一元化的穆斯林社会。之后的文莱又于1986年设立了主管宗教事务的宗教部，并专门聘请从中东学成归来的人在宗教机构担任重要职务，同时我们还积极参与国际伊斯兰组织，通过各种途径，融入伊斯兰国家体系中。在2013年10月，文莱苏丹宣布将分阶段实施严厉的伊斯兰教刑法，根据新的意思来叫刑事法律，通奸者可能招致掷石，偷窃者可能遭断肢，堕胎与喝酒者可能被判处鞭刑。《文莱刑法典》第十五章专章规定与宗教有关的犯罪，可见，其对宗教利益和宗教情感的维护程度。分则第十五章还专门规定了与宗教有关的犯罪。第295条“伤害或污秽场所，意图侮辱任何阶级的宗教信仰”犯罪规定任何人摧毁，损害或污秽任何场所，或任何类别的任何物体，目的是侮辱任何一类人的宗教信仰；或知道任何阶级的人都有可能将这种破坏，损害或污秽视为侮辱他们的宗教信仰，处五年以下有期徒刑。同时，刑法第296条至第298条还对扰乱宗教集会、侵犯墓地、尸体等行为予以犯罪化处理。总而言之，无论从相关条文的具体内容还是其精神实质来看，文莱刑法的宗教色彩都较为浓厚。

与文莱刑法典对宗教信仰的保护态度及力度相比较，我国刑法仅于第253条规定了国家机关工作人员非法剥夺公民的宗教信仰自由，情节严重的才是犯罪。我国在对于宗教信仰层面与文莱有着较大的文化差别，我国属于社会主义国家而非宗教国家，宗教对国家及全体国民的作用并不明显，传统的宗教大多数情形下也是作为文化遗产来加以保护的。可以说，国情不同造成了宗教刑法立法差异国家。

第四节　文莱刑法典主要瑕疵

一、章节及条文设置有失合理

首先，整部文莱刑法典在体例设置上并未像我国刑法那样明确区分总则和分则，虽然通过解读刑法文本内容可以认为先发点1到5章属于总则内容，分别是介绍、一般解释、刑罚、排除责任、教唆与犯罪共谋，其他章节为分则内容，但是，按照一般刑法理论应当属于总则的部分内容却被安排在分则内容中，同时，文莱刑法总论部分并未对刑法基本原则、刑事责任、犯罪分类等方面的内容作规定，而只是在分则具体罪名和法条表述中略微得以体现。这样就显得刑法典内容混乱，总则的总领性和指导性功能体现不足。同时，文莱刑法典中还出现了仅有某某条而没有具体内容的情况，这不仅使得文莱刑法典显得内容缺失，也不利于正常开展司法实务活动。

其次，文莱刑法分则部分在章节安排上也显得比较混乱。一般而言，刑法分则的章节设置应当是按照犯罪所侵犯的法益不同或其他类型化内容而进行划分的。但《文莱刑法典》分则设置的章节却不具有以上统一的类型化特征，而是按照不同标准设置的章节，比如，其中很多罪名的设置是以行为的实施方式、行为的对象、主观目的、既遂与否等为标准因而显得混乱。

最后，文莱刑法分则对各项犯罪所侵害的客体侧重点并不符合一般逻辑，这不仅表现在章节设置上，也体现在具体的刑法条文之中。文莱刑法典分则之中首先规定了与国家政权相关的国事罪，这样的规定与我国刑法典相类似，都是将国家安全作为刑法保护法益的首要内容。但是，文莱刑法典却将刑法应当着重保护的公共安全类犯罪放到第十四章的中间位置，这显然有违一般的刑法法益保护阶梯原则，无法显现出国家对于各类法益保护的轻重程度，因而不符合一般的刑法章节设置逻辑顺序。此外，文莱刑法具体条文保护的法益对象与所处章节并不十分融洽。如，在损害财产的犯罪之中毁坏、挪动灯塔、航标，或者使灯塔、航标失去作用的行为被归置于损害财产罪之中，但是若仔细分析条文，透过损害财产的表象其更多的是指向公共安全。因为铁路、火车、公路、桥梁、河流以及灯塔、航标等都是涉及公共安全的重要公共设施，一旦被不法分子所侵害，造成的财产损失与对公共安全造成的实害或现实威胁相比较就显得并不那么重要了。

二、宗教、道德有僭越法律之嫌

首先，应当明确的是法律与道德并不是不可融合的，法律也会把道德的某些要求法律化，使之规范化、制度化，并运用国家强制力来保障其实施。我国刑事法律同样把一些严重违反道德规则的行为用法律来加以制裁和打击，大多数自然犯也是从道德层面向法律规范转化而来的。但是，法律是最低标准的道德，刑法更应如此。刑法的任务或目的是保护法益而不是社会伦理道德，单纯侵犯社会伦理道德的行为通常仅受道德谴责即可，而不能武断地加以犯罪化处理。但是，单纯侵犯社会伦理道德的行为在一定情形下又显得并不那么单纯，它也有可能侵害了公共法益，这样违反道德行为则值得刑法的介入和惩罚。违反道德的哪些行为可以被作为违反刑事法律而受到制裁则是我们需要考虑的问题，因为那些违反道德的行为不可能全部被认定为刑事犯罪。既然法律是最低限制的道德要求，那么，社会中那些在道德层面可能被作严厉否定的行为可能并没有违反法律尤其是刑法。同时，如何规定哪些违反道德的行为可以作为犯罪来加以规制可能要因国而异，它需要刑事法律立法者在制定本国法律的时候充分考虑刑法与本国政治、经济、文化、科技等诸多因素的关系，制定出一部符合国家实际情况的“道德犯罪”，使道德与法能够和谐共处，让犯罪圈的划定范围合理。笔者注意到，文莱刑法典中有许多在我们看来属于违背道德或仅是行政违法的行为也被规定为犯罪的情形。刑法典第377条非自然犯罪中将“(a)男性与女性发生性行为的是他的母亲、祖母、孙女、女儿、姐妹或同父异母的妹妹；或者(b)一名女性与男性发生性关系，而这名男性是她的父亲、祖父、孙子、儿子、兄弟或同父异母的兄弟，将被处以监禁，期限不超过10年和罚款”的“乱伦”行为规定为犯罪是将我们认为的违背家庭道德的行为视为犯罪，且其法定刑设置也较为严厉。又如《文莱刑法》第十四章中专门规定了道德犯罪，销售淫秽书籍、向年轻人出售淫秽物品、淫秽歌曲、卖淫罪、同性恋、通奸、堕胎等罪并无与我国刑法相类似的要达到情节严重的才可入罪，这就使得上述道德犯罪的入罪标准极低，将原本可以处以行政处罚或道德谴责的行为纳入了刑法的调整范围。

此外，在文莱刑法典之外的伊斯兰刑法对宗教犯罪的规定更加严厉。如“伊斯兰法律所禁止的性犯罪，例如变装——‘男人穿着女装或反之亦然’(第198章)；与他人保持不正当的接触(通奸，第196章)；不雅的行为(第197章)；唆使已婚男女离婚或逃避家庭责任(第199章)；以及引诱妇女离家出走(第201—202章)”都被认为是犯罪行为。由于文莱是以伊斯兰教为国教的国家，因为上述行为并不符合伊斯兰教义，所以，这些行为在文莱也被视为严重有违伦理的行为。但是，有违伊斯兰教教义和传统伦理道德观念而将其作为犯罪处理却值得商榷。随着社会的发展和性开放程度的加深，这些行为日益多发，大多数国家这些行为都不作为犯罪处理，而背后的原因则是法律与道德界限的清晰划分。与此同时，国内外也对文莱施行伊斯兰刑法产生激烈批评。批评的焦点在于该刑法典对于国际人权标准的漠视。国际特赦组织亚太区副总裁 Rupert Abbott 认为：“该刑法典将文莱带回到黑暗时代，因为该刑法典使残忍和不人道的刑罚合法化。这是对国际人权决议的嘲弄,必须立即予以撤销。"[①]但实际上,外国根据国际人权的观念对于法典的批评通常来说对于文莱的国家政策很少有影响。这可能存在两个原因。第一,文莱并不是主要人权条约的签署国。文莱虽是《消除对妇女一切歧视公约》的签署国,但与许多其他穆斯林多数国家一样,它对于该公约包括了大量的保留事项,使该文书在文莱没有什么效力。在2015年,文莱还批准了《禁止酷刑和其他残忍的不人道或有辱人格的待遇或处罚公约》,但同样包括了广泛的保留事项。其次,文莱的苏丹和其他高级政府官员对刑法典的批评做出了强烈的反应,拒绝考虑任何形式的改变。早在2013年11月,文莱苏丹拒绝外国对刑法典的批评,说"他们的批评是基于对伊斯兰教的歪曲看法……没有必要浪费时间等待或希望他们改变他们的扭曲观点或者使他们保持对伊斯兰教的清晰看法"。[②]对于许多文莱人民来说,伊斯兰刑法典构建的秩序,是对于公共宗教道德的认可,该秩序比批评者强加给他们所描绘的中世纪的法律秩序更可以被认为是一种抽象的措施。毫无疑问,作为绝对君主制合法化意识形态的一个核心部分,文莱的伊斯兰教管理形式已经成为国家控制的一种机制,而现在伊斯兰刑法典发挥同样的功能。非正统的,甚至宗教争论,属于政治异议的方式,这些都是被严格禁止的。事实上,文莱已经被描述为"几乎无制度化的民众参与"。[③] 尽管如此,笔者依然认为,文莱这样将道德、宗教因素添赋予刑法之中虽与世界潮流相违背,但是否恰当则是另外一个问题,这的问题的回答恐怕需要将其置于文莱这个国家具体情境之中来加以探讨才可能有正确答案。

三、刑事责任年龄偏低

《刑法典》第82条规定:"不满7岁的儿童没有犯罪行为。"该法典第83条规定:"7岁以上不满12岁的儿童没有达到足够的理解熟练程度来判断其行

---

① Tim Lindsey & Kerstin Steiner ,Islam, the monarchy and criminallaw in Brunei: the Syariah Penal Code Order, 2013 Griffith Law Review, vol. 25,no. 4,2016,pp. 571-573.

② Rabiatul Kamit, His Majesty Hits Back at Critics of Syariah Law,The Brunei Times,3 November 2013.

③ Tey Tsun Hang,Brunei's Revamped Constitution:The Sultan as the Grundnorm?, Australian Journal of Asian Law,Vol. 9,no. 2,2007,p. 264.

为的性质和后果,不属于犯罪行为。”因此,在文莱,最低刑事责任年龄为 7 岁。与世界上其他绝大多数国家相比,尤其是在与我国最低刑事责任年龄为 14 岁的规定比较之时,文莱属于刑法中规定的刑事责任年龄下限很低。中国刑法之所以规定这样的犯罪年龄段,其目的是有效地关心少年儿童的健康成长,对于他们发生危害行为时,坚持教育为主、惩罚为辅的方针,着重于教育、改造、挽救,即使对极度少数非处罚不可的进行处罚,其还是为了教育。但随着我国近年来经济的迅猛发展,儿童心智越来越成熟,犯罪行为低龄化现象屡见报端,十四岁以下儿童的“犯罪行为”已经引起社会的广泛关注,越来越多的学者和普通民众提出应当降低我国的刑事责任年龄,降低刑事责任年龄可以有效遏制青少年儿童犯罪。因此,文莱关于刑事责任年龄的规定为我们提供了宝贵的经验,我国有必要适时调低刑事责任年龄以适应社会发展。

第五节 中国与文莱刑事司法合作展望

中国与文莱同为“一带一路”沿线重要国家,有着悠久的友好交往历史,日益频繁的政府间以及民间交流在增进彼此了解、加深彼此友谊的同时,现实实际需要也迫切期盼两国在司法协作领域有进一步的发展。中国的改革与发展,需要和平繁荣的区域国际环境,中国的法治建设和司法实践,需要借鉴和吸收包括文莱在内的世界各国的先进经验。只要凝聚中国与文莱双方的共识,加强刑事司法合作,就一定能够共同造福于本地区人民和世界各国人民,就一定能够为推动司法事业和法治文明进步作出更大的贡献。

中国和文莱山水相连、血脉相亲,友好关系源远流长,早在 1991 年中国与文莱就已经正式建立外交关系。20 多年来,中国和文莱相互尊重,平等相待,相互支持,共同发展,成长为拥有广泛共同利益的战略伙伴。当前,中国和文莱的关系正站在新的历史起点上,应当携手建设更为紧密的命运共同体,共同建设 21 世纪海上丝绸之路,为双方和本地区人民带来更多福祉。反映在刑事司法合作领域,两国应当共同致力于打击跨国刑事犯罪,如贩毒、洗钱、反贪污贿赂犯罪等。

中国与文莱国家唇齿相依,肩负着共同维护地区和平稳定的责任。在经济全球化、区域一体化深入发展的新形势下,中国-东盟自贸区建设的快速发展,给中国和文莱带来了巨大机遇,同时,中国与文莱的民商事争端也随之增多,犯罪活动呈现出区域化、国际化和有组织化的特点,贩毒、走私等跨国犯罪活动已对区域经济发展带来危害。如何加强中国和文莱相互间的司法交流与合作,特别是刑事司法的交流与合作,共同应对各种挑战,更好地解决纠纷、打击犯罪,进一步促进区域经济发展,是中国与文莱所面临的共同课题。

一、中文刑事司法合作现状

自中国—东盟自由贸易区建立以来,中国与东盟之间的刑事司法合作取得了一定实质性的进展。双方于 2002 年发表了《中国与东盟在非传统安全问题领域合作宣言》,于 2004 年则进一步签署了《东盟成员国政府与中华人民共和国政府在非传统安全问题领域合作谅解备忘录》,为开展双边合作提供了直接的法律基础。此后,双方建立了一系列控制打击跨国犯罪的合作机制,如东盟与中国(10+1)打击跨国犯罪部长级非正式及正式会议、中国-东盟总检察长会议、中国-东盟法律事务论坛等现行机制。[①] 以上的区域合作成果为中国与文莱之间的刑事司法合作奠定了基础。自 1991 年中国与文莱建交以来,两国在多个领域已经开展了较深层次的合作。其中,中国与文莱在刑事司法领域的合作成果显著。

1993 年,《中华人民共和国政府和文莱达鲁萨兰国苏丹陛下政府民用航空运输协定》第 14 条约定,中文双方应当特别遵守 1963 年 9 月 14 日在东京签订的《关于在民用航空器内犯罪和犯有某些其他行为的公约》、1970 年 12 月 16 日在海牙签订的《关于制止非法劫持航空器的公约》,以及 1971 年 9 月 23 日在蒙特利尔签订的《关于制止危害民用航空安全的非法行为的公约》的规定;第 14 条还约定,当发生非法劫持民用航空器事件或者以劫持民用航空器事件相威胁,或者发生其他危及民用航空器及其旅客和机组以及机场和导航设施安全的非法行为时,中文双方应相互协助,提供联系的方便并采取其他适当的措施,以便迅速、安全地结束上述事件或者以上述事件相威胁。

2002 年,中国与文莱签署《中华人民共和国最高人民检察院和文莱达鲁萨兰国总检察署合作谅解备忘录》,主要内容有:第一,双方及所属检察机关在

① 刘舒霞:《中国与东盟的跨国犯罪及其控制研究》,广西师范大学法学院硕士学位论文,2010 年 4 月。

各自职权范围内，加强和扩大彼此之间的互助合作。第二，双方司法协助的请求和提供通过外交途径进行。第三，双方互派检察人员，进行专业研究或培训，并相互交流法律信息。具体内容通过双方协商确定。第四，双方互派代表团访问，讨论双方工作中共同感兴趣的问题。第五，根据对方的书面请求，双方可以互相交流共同感兴趣的法律文件和检察工作的信息。

2004 年，中国与文莱签署《最高法院合作谅解备忘录》，主要内容有：第一，加强双方司法机构之间的交流与合作，保持两国司法高层交流互访，同时推动开展双方各层级法院间的人员交流互访。第二，加强双方对司法工作情况和信息资料的交流，特别是及时交换有关司法制度、司法改革、典型案例和法院信息化方面的资料。第三，通过双边或多边会议、研讨、论坛等形式，就双方共同关心的问题进行探讨。第四，开展司法史料和文物交换，并在各自国家组织有关对方司法文化和历史的展览。第五，推动有关文书送达、取证和裁判承认与执行等内容的双边司法协助条约。第六，进一步加强、促进两国法院间在刑事司法领域的合作，共同致力于打击跨国犯罪。

二、中文刑事司法合作的开展

（一）维护国家安全经验借鉴

文莱独立以来在发展过程中面临着许多问题和挑战，严重影响文莱社会的稳定，其中之一就是政治和宗教异端的挑战。由于文莱是伊斯兰君主制国家，宗教对政治的影响极其深远，许多持不同政见者借宗教问题意图颠覆国家政权。如 1961 年巴哈依教组织要求实行自治，反对君主制；1980 年，达鲁尔·阿卡姆组织在文莱产生巨大影响，反对伊斯兰教教义；1985 年文莱“民族民主党”（PKDB）要求苏丹让出首相的职位，立即实现选举。虽然这些词不同政见的组织，已经被解散，但是持有不同政见者仍然存在，他们已经成为影响文莱政府稳定的隐忧。目前，我国同样面临着一些妄图颠覆国家政权、分裂国家的组织及个人的存在，典型的如西藏达赖喇嘛分裂西藏、新疆暴力恐怖事件。此类事件的参与者多是与宗教有关的少数民族群众，或因为生活问题对社会和政府心生不满，或固执地认为汉族侵略了西藏、新疆，再加上境内外组织的煽风点火，对我国国家领土安全及政权稳定造成诸多不利影响。为此，笔者认为，我国可以借鉴文莱关于此类问题的解决思路。

第一，严防宗教异端，坚决打击犯罪活动。近年来，恐怖组织通过传播宗教极端思想在新疆、西藏地区煽动信教群众实施恐怖活动，对国家安全及当地社会造成了极大破坏。恐怖活动中，恐怖分子深受宗教极端思想影响，相信通过杀戮可以换取进入天堂的资格，只要进行“圣战”而死，死后就可以不受“审判”直接进入天堂。对于此类事件我们应如文莱处理极端宗教地方法一样依法对暴力恐怖犯罪予以坚决打击，只要是危害人民群众生命财产安全，只要是从事分裂国家、破坏民族团结活动，都要坚决依法处理。对于那些胆敢以身试法、搞暴力恐怖活动的犯罪分子，要严惩不贷，绝不姑息，绝不手软，坚决遏制暴力恐怖案件频发势头，增强各族群众的安全感。

第二，将宗教作为社会稳定的润滑剂。与文莱不同，我国并不是宗教性质的国家，我国不可能直接通过传播伊斯兰教等宗教来稳定社会各阶层关系，但《宪法》第36条规定：“中华人民共和国公民有宗教信仰自由。任何国家机关、社会团体和个人不得强制公民信仰宗教或者不信仰宗教，不得歧视信仰宗教的公民和不信仰宗教的公民。国家保护正常的宗教活动。任何人不得利用宗教进行破坏社会秩序、损害公民身体健康、妨碍国家教育制度的活动。宗教团体和宗教事务不受外国势力的支配。”也说明我国在对待宗教问题时也并非一棒子打死。其实，我们可以借鉴文莱苏丹及政府将宗教作为维护社会稳定的一剂良药。一方面，将社会主义核心价值观体系融入宗教，同时通过正面宣传弘扬正统宗教，避免广大人民群众误信极端宗教；另一方面，加大对极端宗教的谴责、警告、打击力度，让极端宗教失去生存的土壤。

（二）反腐败犯罪合作

改革开放以来，我国经济快速发展，居民生活水平不断提高，综合国力得到显著提升。但是，在辉煌的成就之下却潜滋暗长着大量贪腐行为。近年来，我国贪污贿赂犯罪呈高发态势，案件总量高居不下，大案要案逐年增加。尽管我国刑法中关于惩治贪污贿赂犯罪的条文经过多次修订已经形成了较为复杂严密的罪名体系，但“法律难免缺点”[①]。通过研究文莱《防止贿赂法》可以找出我国刑法关于贪污贿赂犯罪方面的不足并加以改进。

第一，犯罪成立标准应予平等。文莱为打击贪贿犯罪于1982年颁布、实

① 郑玉波：《法谚（一）》，法律出版社2007年版，第17页。

施了《防止贿赂法》，自实施以来打击贿赂犯罪取得效果良好。目前，我国《刑法》中规定的贿赂犯罪是以犯罪所侵犯的客体为标准将贿赂类犯罪分别规定在分则第八章贪污贿赂罪及分则第三章第三节妨害对公司、企业的管理秩序罪中，共13个罪名，包括行贿罪、对单位行贿罪、单位行贿罪、受贿罪、单位受贿罪、利用影响力受贿罪、对有影响力的人行贿罪、介绍贿赂罪、非国家工作人员受贿罪、对非国家工作人员行贿罪和对外国公职人员、国际公共组织官员行贿罪。笔者注意到，虽然贿赂类犯罪罪名种类繁多，但从我国刑法有关贿赂犯罪的罪名体系可以看出，犯罪主体的身份差异是构建贿赂犯罪的罪名体系的主要基础。依据贿赂犯罪的不同主体分别成立非国家工作人员、国家工作人员、单位贿赂犯罪三种不同的罪名，要成立这三种不同的罪名均需犯罪主体具有一定的特殊性，犯罪人必须具备罪名所描述的某种特殊身份才可能成立该犯罪。二元制体系贿赂犯罪规定并不仅仅只是在罪名上有所区分，在实质层面上实际上是一种差别待遇，即犯罪主体、国有经济与非国有经济予以差别待遇，比如司法解释中因犯罪主体身份的不同而配置了不同的入罪标准及法定刑升格条件，并由此导致司法适用困难，这些问题的存在使得惩治贪污贿赂犯罪的效果大打折扣。而与我国贿赂犯罪中贿赂罪主体身份的二元划分不同，文莱《防止贿赂法》中关于贿赂罪的主体并不对公务员与非公务员犯罪主体身份区别对待，而是将代理人（所谓代理人是指被他人雇佣或为他人而活动的人，包括财产、业务等的受委托管理人、遗产管理人、遗嘱执行人以及服务于公共机构的人员，以及商务活动的人）及公共雇员（即所谓的公务员），都作为贿赂罪的主体，因而，《防止贿赂法》基本可以有效兼顾所有职务人员贿赂犯罪。文莱《防止贿赂法》对于贿赂罪的主体未作区分的做法使得犯罪主体限定在执行一定职务的人员上，将整个贿赂犯罪纳入职务犯罪体系之中，较好地实现了罪责刑相适应原则，值得我们借鉴。

第二，完善贿赂犯罪内容。根据《防止贿赂法》的规定，贿赂既包括物质性利益，也包括非物质性利益或好处。具体而言，贿赂内容，主要包括八种《防止贿赂法》中规定的任何意义上的利益、服务、优惠、便利等，它不仅包括金钱、礼品等，可以被定义为动产或不动产的财产利益，也包括官职、荣誉、雇佣合同或服务以及达成基于雇佣或提供服务的协议等非物质性的利益或好处。可以说，贿赂罪中的贿赂内容十分充实和具体，使得贿赂犯罪的法网十分严密。一方面，文莱刑法将一切存在的不法利益都作为贪贿犯罪的对象范围，彰显了其打击贪贿犯罪的严厉态度，并且取得了良好社会效果；另一方面，社会的高度发展伴随着人们多样化需求，以非财产性利益实现贿赂目的已经屡见不鲜，通过非物质性利益贿赂造成的社会危害性并不亚于物质性利益贿赂。因此，我国有必要将现行刑法关于贿赂犯罪中地“财物”扩大至非物质性利益，这将对我国打击贿赂犯罪产生积极影响。

总的来说，从《防止贿赂法》的犯罪主体、贿赂内容来看，文莱对贿赂犯罪规定可谓达到了严而不厉的目标。《防止贿赂法》规定了较为全面的贿赂行为主体，使职务贿赂犯罪人员无一能逃脱惩罚，构建其严密的刑事法网。同时，《防止贿赂法》对贿赂犯罪的处罚均限于财产刑与中、短期自由刑，有利于犯罪分子积极改造，早日回归社会。

参考文献

一、中文著作类

1. 高铭暄、赵秉志主编:《当代国际刑法的理论与实践》,吉林人民出版社 2001 年版。

2. 黄风:《国际刑事司法合作规则与实践》,北京大学出版社 2008 年版。

3. 黄风:《中国引渡制度研究》,中国政法大学出版社 1997 年版。

4. 赵秉志、陈弘毅:《国际刑法与国际犯罪专题探索》,中国人民公安大学出版社 2003 年版。

5. 韩大元:《东亚法治的历史与理念》,法律出版社 2000 年版。

6. 何勤华、李秀清主编:《东南亚七国法律发达史》,法律出版社 2002 年版。

7. [新加坡]黄朝翰:《中国的东南亚研究:成就与挑战》,世界知识出版社 2007 年版。

8. [菲]格雷戈里奥·F. 赛义德:《菲律宾共和国:历史、政府与文明》,吴世昌、温锡增译,商务印书馆 1979 年版。

9. 杨家庆译、谢望原审校:《菲律宾刑法》,北京大学出版社 2006 年版。

10. [意]切萨雷·贝卡里亚:《论犯罪与刑罚》,黄风译,北京大学出版社 2008 年版。

11. 张明楷:《刑法分则的解释原理》(第2版)上,中国人民大学出版社2011年版。

12. 陈兴良:《刑法的人性基础》,中国人民大学出版社2006年版。

13. 俞可平:《权利政治与公益政治——当代西方政治哲学评析》,社会科学文献出版社2000年版。

14. 曾粤兴主编:《马来西亚刑法》,杨振发译,中国政法大学出版社2014年版。

15. [美]富勒:《法律的道德性》,郑戈译,商务印书馆2005年版。

16. 高铭暄、马克昌主编:《刑法学》(第4版),北京大学出版社、高等教育出版社2010年版。

17. 李立众、吴学斌:《刑法新思潮——张明楷教授学术观点探究》,北京大学出版社2008年版。

18. 马克昌:《近代西方刑法学史略》,中国检察出版社1996年版。

19. 林维:《刑法解释的权力分析》,中国人民公安大学出版社2006年版。

20. 曾粤兴:《刑法学方法的一般理论》,人民出版社2005年版。

21. 许玉秀:《当代刑法思潮》,中国民主法制出版社2005年版。

22. 张智辉:《国际刑法通论》,中国政法大学出版社1999年版。

23. 黄风、凌岩、王秀梅主编:《国际刑法学》,中国人民大学出版社2007年版。

24. 黄风、赵琳娜主编:《国际刑事司法合作:研究与文献》,中国政法大学出版社2009年版。

25. 马克昌:《比较刑法原理》,武汉大学出版社2002年版。

26. 吴光侠译:《泰国刑法典》,中国人民公安大学出版社2004年版。

27. 韩忠谟:《刑法原理》,中国政法大学出版社,2002年版。

28. 张明楷:《刑法的基本立场》,中国法制出版社2002年版。

29. 马克昌:《犯罪通论》,武汉大学出版社1999年版。

30. 陈兴良:《规范刑法学》,中国政法大学出版社2003年版。

31. 贾宇:《国际刑法学》,中国政法大学出版社2004年版。

32. 张旭:《国际刑法论要》,吉林大学出版社2000年版。

33. 黄风:《引渡问题研究》,中国政法大学出版社2006年版。

34. 赵秉志:《新编国际刑法学》,中国人民大学出版社2004年版。

35. 王君祥:《中国-东盟区域刑事合作机制研究》,中国人民公安大学出版社 2012 年版。

36. 张明楷:《行为无价值论与结果无价值论》,北京大学出版社 2012 年版。

37. 马呈元:《国际刑法论》,中国政法大学 2013 年版。

38. 黄风:《国际刑事司法协助国内法规则概览》,中国方正出版社 2012 年版。

39. 苏彩霞:《中国刑法国际化研究》,北京大学出版社 2006 年版。

40. 赵秉志、钱毅、郝兴旺:《跨国跨地区犯罪的惩治与防范》,中国方正出版社 1996 年版。

41. 杨丽燕:《东盟的法律和政策与现代国际法》,广西师范大学出版社 2000 年版。

42. 申华林:《东盟国家法律概论》,广西民族出版社 2004 年版。

43. 米良:《东盟国家宪政制度研究》,云南大学出版社 2006 年版。

44. 程信和:《中国-东盟自由贸易区法律模式研究》,人民法院出版社 2006 年版。

45. 贺圣达、陈明华、马勇、孔建勋:《世纪之交的东盟与中国》,云南民族出版社 2001 年版。

46. 何秉松:《全球化时代犯罪与刑罚新理念》,中国民主法制出版社 2011 年版。

47. 张智辉:《国际刑法问题研究》,中国方正出版社 2002 年版。

48. 任克勤:《新型毒品犯罪问题研究》,中国人民公安大学出版社 2004 年版。

49. 黄立、王水明等编:《国际犯罪专题探索》,中国检察出版社 2012 年版。

50. 张筱薇:《新型国际犯罪研究》,法律出版社 2012 年版。

51. 李云泉:《朝贡制度史论——中国古代对外关系体制研究》,北京新华出版社 2004 年版。

52. D. 奈尔肯、J. 菲斯特编:《法律移植与法律文化》,高鸿钧等译,清华大学出版社 2006 年版。

53. 周丹主编:《同性恋与法》,广西师范大学出版社 2006 年版。

54. 联合国毒品和犯罪问题办公室:《刑事事项上的国际合作:打击恐怖主义》。

55.《越南刑法典》,米良译,中国人民公安大学出版社 2005 版。

56. 张小虎:《刑罚论的比较与建构》,北京:群众出版社 2010 年版。

57. 张明楷:《刑法学》,北京:法律出版社 2011 年版。

59. 高铭暄、马克昌主编:《刑法学》,北京:北京大学出版社 2000 年版。

60. 杨家庆译:《菲律宾刑法》,北京:北京大学出版社 2006 年版。

61 黄伟明:《死缓制度的当代价值》,北京:科学出版社 2007 年版。

62. 任志忠:《死刑适用问题研究》,北京:知识产权出版社 2012 年版。

63. [法]孟德斯鸠:《论法的精神》,张雁深译,北京:商务印书馆 1997 年版。

64. 翟中东主编:《刑种适用中疑难问题研究》,长春:吉林人民出版社 2001 年版。

65. 高铭暄主编:《刑法修改建议文集》,北京:中国人民大学出版社 1997 年版。

66. 王洪青:《附加刑研究》,上海:上海社会科学出版社 2009 年版。

67. 马克昌主编:《刑法学》,北京:高等教育出版社 2003 年版。

68. 陈兴良:《口授刑法学》,北京:中国人民大学出版社 2007 年版。

二、期刊论文类

1. 黄风:《刑诉法应增加承认与执行外国判决的制度》,载《现代法学》2007 年第 2 期。

2. 蒋人文:《中国与东盟经济自由贸易区跨国经济犯罪及其控制策略研究》,载《河北法学》2008 年第 10 期。

3. 张蕴岭:《如何认识东盟》,载《当代亚太》2006 年第 7 期。

4. 徐善宝:《冷战后中国与东盟国家多边关系发展的若干特点》,载《东南亚研究》2005 年第 4 期。

5. 杜宝庆:《中国与东盟刑事司法协助浅析》,载《东南亚纵横》2008 年第 12 期。

6. 王君祥:《〈东盟反恐公约〉——区域合作反恐法律机制及评析》,载《东南亚纵横》2009 年第 7 期。

7. 王君祥:《中国-东盟打击跨国犯罪刑事合作机制探析》,载《河北法学》2008 年 12 期。

8. 赵常庆:《东盟、上海合作组织与中国》,载《当代亚太》2003 年第 11 期。

9. 黄风:《我国主动引渡制度研究:经验、问题和对策》,载《法商研究》2006年第4期。

10. 张金平、李宝林:《东南亚恐怖主义的国际性及对云南国际大通道建设的影响》,载《云南行政学院学报》2005年第4期。

11. 张晶:《中国与中亚国家反恐合作机制评析》,载《兰州学刊》2007年第4期。

12. 邓浩:《中亚毒品问题:现状与前景》,载《国际问题研究》2001年第4期。

13. 高铭暄:《宽严相济刑事政策与酌定量刑情节的适用》,载《法学杂志》2007年第1期。

14. 邓正来:《中国的毒品交易和消费:两个案例研究》,载《国际社会科学杂志(中文版)》2002年第3期。

15. 梁根林:《罪刑法定视域中的刑法适用解释》,载《中国法学》2004年第3期。

16. 隋立双、赵励宁、刘博识:《新加坡反腐倡廉的经验及其当代启示》,载《甘肃警察职业学院学报》2013年第12期。

17. 贾学胜:《新加坡反贪刑事法治的特色》,载《东南亚研究》2009年第2期。

18. 何立荣、何明凤:《我国与新加坡受贿犯罪立法比较及其启示》,载《广西社会科学》2014年第9期。

19. 邹平学:《新加坡法治的制度、理念和特色》,载《法学评论》2002年第5期。

20. 邓崇专:《刑事法与民事法的冲突与融合——菲律宾刑法典中的“民事责任”条款及其启示》,载《河北法学》2011年第7期。

21. 钮松:《东盟“伊斯兰化”与东盟10国对以关系的互动研究》,载《南洋问题研究》2012年第4期。

22. 李辉:《中国的腐败越反越严重吗?——基于国际测评数据的一项观察》,载《河南社会科学》2011年第4期。

23. 姜永仁:《缅甸文化结构及其特点》,载《东南亚纵横》2002年第3期。

24. [英]A. 哈丁:《东南亚的比较法与法律移植:“习俗杂音”的意蕴》,载D. 奈尔肯、J. 菲斯特编:《法律移植与法律文化》,高鸿钧等译,清华大学出版社2006年版。

25. 陈忠林:《我国刑法中的属人原则》,载《法商研究》2004 年第 1 期。

26. 宋英辉、李哲:《一事不再理原则研究》,载《中国法学》2004 年第 5 期。

27. 梅传强:《论"后劳教时代"我国轻罪制度的构建》,载《现代法学》2014 年第 2 期。

28. 陈兴良:《刑种设置的法理分析》,载《中国检察官管理学院学报》1996 年第 2 期。

29. 邱兴隆:《死刑问题三人谈之六——中国死刑问题反思》(下),载《中国律师》1999 年第 3 期。

30. 赵秉志、时延安:《中国刑法中死缓制度的法理研析》,载《中国司法评论》2001 年第 1 卷。

31. 邢绡红:《罚金刑立法配置研究》,吉林大学 2013 年博士学位论文。

三、外文类资料

1. The Singapore Penal Code.

2. The Philippines Revised Penal Code.

3. Laws of Malaysia Act 574:Penal Code.

4. The Kingdom of Thailand's Criminal Code.

5. The Indonesia Criminal Code.

6. Lao People's Democratic Republic's Penal Law.

7. The Socialist Republic Of Vietnam's Criminal Law.

8. The Republic of the Union of Myanmar's Penal Code.

9. Norbani Mohamed Nazeri,"Criminal Law Codification and Reform in Malaysia:An Overview",Sing. J. Legal studies,375(2010).

10. AmyTan, Singapore death penalty shrouded in silence", Reuters, SINGAPORE, April 12,2002.

11. Michael Hor,"Singapore's Innovations to Due Process",presented at the International Society for the Reform of Criminal Law's Conference on Human Rights and the Administration of Criminal Justice,Dec 2000,Johannesburg.

12. Introduction to Singapore Law & Legal System,at http://www. s. sma. org. sg/ whats new/ethics/Y1_S2_siva_article.

13. Judical System of Singapore, at http://en. wikipedia. org/wiki/Judicial_ system_of_ Singapore.

四、网络数据

1. http://www. fmprc. gov. cn/mfa_chn/gjhdq_603914/gj_603916/yz_603918/1206_604786/.

2. http://www. ynpxrz. com/n300709c1416. aspx.

3. http://www. fmprc. gov. cn/mfa_chn/gjhdq_603914/gj_603916/yz_603918/1206_604162/.

4. http://baike. so. com/doc/3304549. html.

5. http://www. fmprc. gov. cn/mfa_chn/gjhdq_603914/gj_603916/yz_603918/1206_604426/.

6. http://baike. haosou. com/doc/5351128-5586585. html. 6. http://www. fmprc. gov. cn/mfa_chn/gjhdq_603914/gj_603916/yz_603918/1206_604642/.

7. http://www. npc. gov. cn/wxzl/gongbao/2000-12/28/content_5003113. htm.

8. http://www. npc. gov. cn/wxzl/gongbao/2004-02/12/content 5327914. htm.

9. http://www. fmprc. gov. cn/mfa_chn/gjhdq_603914/gj_603916/yz_603918/1206_604354/.

10. http://www. fmprc. gov. cn/mfa_chn/gjhdq_603914/gj_603916/yz_603918/1206_604498/.

11. http://www. 21ccom. net/articles/qqsw/qyyj/article_2013020576578_2. html.

12. http://www. fmprc. gov. cn/ce/cemm/chn/xnyfgk/t256864. htm.

13. http://www. docin. com/p-541653001. html.

14. http://www. chanrobles. com/revisedpenalcodeofthephilippines. htm#ACT%20NO. %203815.

后　　记

受中国-东盟法律研究中心的委托，我们承担了《东盟国家刑法比较研究》课题。课题负责人梅传强初拟研究提纲，并且确立研究内容与写作体例和要求，最后，对整个课题成果统稿和定稿。

课题组成员均为梅传强指导的刑法专业研究生，每章节写作的具体分工如下：第一章　新加坡刑法研究 邓 巧；第二章　菲律宾刑法研究 黄美强、王冠群；第三章　马来西亚刑法研究 黄美强；第四章　泰国刑法研究 张公典；第五章　印度尼西亚刑法研究 韩 超；第六章　老挝刑法研究 张公典；第七章　越南刑法研究 韩 超；第八章　缅甸刑法研究 邓 巧；第九章　柬埔寨刑法研究 藏金磊；第十章　文莱刑法研究 李国权。

此外，黄美强、张永强在统稿过程中协助梅传强做了大量的具体工作。

最后，感谢中国-东盟法律研究中心的信任与支持！

梅传强

2017 年 10 月 1 日